徽州文书与中国史研究

HUIZHOU WENSHU YU ZHONGGUOSHI YANJIU

王振忠　张小坡　主编

（第三辑）

中西書局

前　言

王振忠

2019 年 9 月 27—28 日，由安徽大学承办的第三届“徽州文书与中国史研究”学术研讨会在合肥召开。此次会议共收到学术论文 30 篇(另有摘要及口头报告 4 篇)，其中有 17 篇直接以徽州文书为基本史料从事明清以来中国史的研究；此外，还有一些则涉及更为广泛的地域和议题。①

① 在本文集定稿的过程中，经征询与会者的意见，米盖拉、朱小阳、夏维中与陈波、廖华生、朱玫、袁为鹏、梁诸英、丁修真、王灿、刘芳正、张小坡、刘猛等诸位先生的论文因故未加收录，而阿风、黄忠鑫、康健、王开队、韩燕仪和伊藤正彦则替换以新的论文。其中，阿风以徽州文书为中心，分析了明末清初田宅交易税契制度的演变，指出：“通过现存徽州文书中保存下来的田宅交易税契凭证的考察，可以看出清承明制与清朝税契制度创新的过程，并了解明清两朝税契财政理念的异同。”黄忠鑫在《明清之际徽州清丈人役的承充、组织与田土处置》一文中指出：明清之际徽州清丈人役之佥选依托图甲，具有多层的承充结构，每一差役名目背后的实际承担人员众多；从民间社会角度评估，清丈活动对于地方经济社会有着多方面的影响。王云云(安徽医科大学)、康健(安徽师范大学)《晚清徽州乡村社会的经济生活图景——以〈局董日记〉为中心的考察》一文，首先对《局董日记》及其作者作了考证，在此基础上，勾勒出晚清徽州乡村社会实态和纷繁复杂的经济生活图景。卢东、王开队《“并力作于山”：生存空间拓展、水资源利用与清前中期屯溪村落的空间分布演变(1693—1823)》一文指出：随着清前中期社会经济和人地关系的发展、变化，以农业耕作为表征的地域开发更趋深化，而生存空间的拓展则在一定程度上引起了乡村聚落体系的空间分布变化。韩燕仪(中山大学)《清代盐价制定中的政商关系——基于雍正初年湖广盐务风波和官员受贿案的考察》指出：两淮盐商通过官商之间的金钱、人际关系，对两次朝廷定价产生了实质性影响，反映了清代盐价之制定呈现出结合市场和行政等多种力量共同运作的机制，而政商关系在湖广盐价制定中具有突出意义。在此次提交的论文中，伊藤正彦再次聚焦于徽州休宁县二十七都五图。他利用万历黄册底籍，细致入微地探讨了土地买卖的频度与土地所有之变更，指出：“频繁的土地买卖使明代里甲制度处于高度流动的状态中，从而形成了支撑里甲制度的以自耕农为中心的‘小农自立’型阶层构造。”此一构造与日本有着本质的不同，“赋役黄册是国家为征调赋役而制成的基本册籍，将各户的土地买卖情况一笔笔登记在册，(转下页)

一、徽州文书与区域社会研究

1984年10月,安徽休宁县档案馆接收了一批重要的历史档案,计有4 200余册。关于这批档案的来历及性质,以往学界虽稍有了解,但却一直难知其详。2017年10月,栾成显先生(中国社会科学院)应邀参加了国家档案局"休宁县鱼鳞图册档案保护与开发"项目工作,他于当年10月至11月和翌年的3月至4月,花了3个多月的时间摘录、拍摄。其后,又一一核实、校对这些鱼鳞图册,并作了初步整理,进而确认休宁县档案馆共藏明清鱼鳞图册总计1 168册。在本次会议上,他根据自己的工作经验,作了题为"休宁县档案馆藏鱼鳞图册编目考辨"的报告,对各册所属时间之判断、都图字号编排等问题,都提出了自己的意见。此外,他还在休宁档案馆藏鱼鳞图册原编目的基础上,列出一份《休宁鱼鳞图册遗存简表》。根据他的鉴定与确认,明清时期休宁县的33都中,六都、三十都和三十二都的册籍全佚,其他都图的册籍亦有程度不同的缺佚。但从总体上看,绝大部分都图的鱼鳞册仍被保存下来。"长时段地详细登录土地流转与产权变动等信息,是这批鱼鳞册最突出的特点。休宁县大批遗存的鱼鳞册,对鱼鳞图册制度及其攒造史的研究不可或缺,并具有经济与社会的多方面研究价值。"阿风(清华大学)《明末清初江南土地交易税契制度的变化》一文,以徽州文书、苏州文书为中心,细致探讨了明代的南直隶与清初江南省土地税契制度的演变过程,进而分析了清朝江南统治的确立过程。上述这些成果,是徽州土地文书整理与研究方面的基础工作,具有颇为重要的学术价值。

在徽州文书研究中,对赋役制度的探讨始终是涉及明清经济史、社会史研究的重要问题。诚如刘道胜(安徽师范大学)所指出的那样:"由明至清,图甲既是与贡赋体制密切相关的基层行政单位,也是乡治体系的结构性共同体。对明清里(图)甲相关问题的具体探讨,有助于进一步了解明清基层

(接上页)其本身就反映了与日本封建社会完全不同的中国特有的社会组织原理"。此外,收入本集的王浩论文与先前参会的标题稍有修改,但主体内容并没有很大的改动,特此说明。

行政和基层治理之实态。”关于民间赋役问题，黄忠鑫(暨南大学)发表了《明代徽州民间赋役合同的形成》一文，在他看来，赋役合同是民间社会针对各种赋役事务自行订立的一种契约文书，或以散件形式存在，或载于置产簿、誊契簿、合同簿以及家谱等簿册之中，包含的赋役信息较为丰富，体现了基层赋役运行的实态。徽州文书群中留存了数百件明清赋役合同，其中一部分可与相关宗族文书、官府文书相呼应，具有较长时段上的连续性。为此，他在论文中分别讨论了四个方面的问题，即：洪武九年(1376)婺源清华赋役合同之辨伪，《窦山公家议》中的军役协商，赋役改革与明代中期合同的新变化，以及里役津贴合同的演变。他指出：“元代至明初，徽州民间社会已经通过订立合同协商赋役，但都局限于家户内部。随着明代中叶里甲运行与黄册登记的脱离，超越家户，以图甲、宗族等为单元，记录赋役运作方式相关条款的合同文书由此涌现。土地利益是保证户役乃至里甲组织运转的基本元素，应用于承役人选、规避风险等方面。”

与黄忠鑫的研究相关，刘道胜、宋杰(安徽师范大学)提交的《照丁粮朋贴、置产立会与明清徽州图甲职役的津贴》一文，则聚焦于明清时代繁重的里(图)甲职役使费如何筹措的问题，较为细致地梳理了明清图甲职役津贴使费朋贴的主要途径及其运作实态，他指出：“从遗存的徽州相关文书资料记载看，照丁粮朋贴、置产立会是职役使费筹措的主要方式。……明清时期，我国基层治理以及地方公共事务主要由民间自我承担，而从里甲到图甲的嬗递，实为基层社会释放了巨大的实际运作空间。……图甲体制下的赋役实际运作，集中体现为聚居宗族的实际应对。照丁粮朋贴、置产立会是徽州基层应对赋役的实践，基于朋贴、置产、立会而形成的赋役性公产，为朋充、轮充、承揽、津贴等提供了保障，从而使得赋役负担不断在村族社区得以协调和分配。”除了土地关系、赋役制度的研究，伊藤正彦(日本熊本大学)提交的《休宁县二十七都五图所属人户娶妻的地域范围》一文，利用安徽博物院收藏的黄册底籍作了细致的探讨，重点研究了二十七都五图所属人户的婚姻圈，并分析了其中的原因。

在徽州，主佃关系或大小姓纷争及贱民开豁是传统时代的一个重要议题，迄今为止，仍有不少问题尚未厘清。例如，大姓在开豁小姓时，究竟是通过何种方式实现的？开豁之后,小姓又是如何生存、发展并融入徽州宗族社会的？这些重要问题,学界仍然所知甚少。为此,郑小春(安徽师范大学)撰有《开豁为良与徽州小姓的家族建设——以祁门县溪头坞江姓为中心的考察》一文,较为细致地研究了徽州小姓之开豁以及开豁之后家族建设的实态,指出:“咸丰九年,祁门县溪头坞江姓通过一纸契约得到开豁放赎,与在城方姓脱离了自明代即已形成的主仆名分和经济依附关系。改贱从良之后,江姓开展了一系列家族建设活动:通过建祠堂、修族谱、选族长等组织化建构,实现了家族社会地位的华丽转身;通过持续购置田地,为家族的生存发展准备了必要的物质条件;通过协作生产、接受找价、租田取利等生产经营活动以及联姻联亲、联合办会、教育子弟等社会文化活动,适应了地方社会生活。……这些活动都是围绕着家族建设这一核心而展开的,促使江姓……最终实现了由小姓之家到庶民家族的根本转变,从而顺利地融入徽州宗族社会。”江姓的改贱从良与家族建设实态,“为系统考察清代徽州小姓的开豁以及开豁之后建构家族、发展经济、适应社会的方式和途径提供了典型案例”。此一论文,从一个侧面弥补了徽州小姓家族史乃至徽州宗族研究之不足。

大田由纪夫(日本鹿儿岛大学)《徽州文书遗存考——以〈率东程氏置产簿〉为中心》一文,围绕着安徽博物院所藏《率东程氏置产簿》,作了颇为细致的研究,他指出:从率东程氏土地买卖的趋势可以看出,所购置的不动产中,田产等耕种地的比例虽然减少,但宅基地等不动产之买卖反而变得活跃,此一趋势,反映了徽州一带的普遍情况。在他看来,15世纪后半期以来,徽州的“不动产泡沫”造成土地资产价值的异常高腾,同时也导致剧烈的土地争夺。在土地所有流动化、不稳定化之趋势下,为了稳定地拥有价值极为昂贵的不动产,徽州人对筹措各种书证倾注了很大的努力,从而增强了“契约观念”、重视赤契的意向。顺着这个脉络考察,在徽州,为了预备诉讼等纠纷,记载有关地权信息的各种书证(土地买契、家谱、置产簿、鱼鳞图册和黄册底籍等)的制作、保管备受重视,从而使得这些文书成为一种“遗产”,进而出现民间文书的长期遗存现象。15世纪后半期开始制作并传承下来的《率东程氏置产簿》,可以看作体现“徽州文书”形成、遗存这一历史现象的象征性事例。该文从区域经济史的角度,阐释了明代徽州文书巨量遗存的原因。由此看来,现有地域性文书之遗存,既有生产制作方面的背景,也与保存文书的环境密切相关。

关于诉讼问题,廖华生(江西师范大学)作了题为"试论明清婺源的诉讼文卷与地方社会"的口头报告,探讨了历史建构和历史记忆、诉讼文卷与社会舆论等问题。王灿(安徽医科大学)《从互控文书看明清徽州健讼之风》则指出:徽州官府通过严饬乡约、规定状纸的文本格式、规范诉讼程序、整治诉讼过程中的钻营和官府内部之不良行为、推行和息合同等措施,治理健讼行为。而徽州宗族则利用族规家法,约束因葬地风水、宗族财产、主仆关系、伪造土地房屋交易契约等引发的诉讼行为。丁修真(安徽师范大学)《身家何以清白:道光休宁县王栋诉讼案的解读》一文,利用新近出版的《徽州民间珍稀文献集成》中披露的诉讼案卷,指出:在科举时代,尽管历朝政府均对人才选拔的资格有着明确规定,措施也日趋严密,但仍不时有人能够通过各方营求,打通关节,在身家并不"清白"的情况下,厕身士林,冠带荣身。论文聚焦于地方社会围绕着"身家清白"这一概念所展开的缠斗,具体分析了社会下层群体之上升策略、传统国家治理的逻辑与困境。

此外,还有多位学者利用徽州文书,研究了颇为广泛的社会史问题。例如,宋杰、刘道胜(安徽师范大学)探讨了清代徽州乡约与乡村社会治理的相关问题。张小坡(安徽大学)以乾隆黟县社仓亏空案为例,考察了明清徽州社仓的设置与运行困境。林济(华南师范大学)提交了《徽州文书所见人生礼仪活动中的亲属与非亲属》的论文摘要并作了口头报告,主要探讨了人生礼仪活动中的情感分享与亲属非亲属关系,婚姻家庭结构与人生礼仪活动中的亲属关系,以及人生礼仪活动与宗族社会关系的构造。与林济类似,伍跃(日本大阪经济法科大学)则提交了《徽州地区的捐纳和诉讼——以〈徽州千年契约文书〉所收资料为中心》的摘要,并在口头报告中指出:捐纳作为国家的一项政策,在运作阶段离不开地方社会的响应。为此,他重点考察了捐纳政策在地方社会的响应,以及报捐方式和与捐纳有关的诉讼问题。另外,刘伯山(安徽大学)介绍了《黟北卢氏文书的发现及其研究价值》;王开队、卢东(安徽大学)二人则提交了《冲击—回应? 数字人文与徽学研究》,尝试探讨数字时代"徽学"研究之发展前景。

二、徽州文书与徽商及相关问题研究

在此次会议中,也有多篇文章是利用徽州文书从事徽商研究。例如,有关明代皇木采办、徽州山林经济和徽州木商的经营活动,学界一向颇为关注。范金民教授(南京大学)认为,专论明代徽州木商的论文极为少见,为此,他收集明人文集奏疏、实录志书和相关文书,专文考察明代徽州木商的经营活动,所提交的《明代徽州木商经营活动述略》一文,对徽商在江浙赣、川贵湖广地区的木植砍伐运销和参与全国范围的"皇木"采办,以及徽州木商的内部竞争及与牙人、地方势力之纠纷诉讼等,都作了颇为细致的勾勒。在此基础上,他指出:"明代正德、嘉靖之际,明廷采木增加招商采办一途,大批徽商应时而起,参与到皇木采办的宏大工程中,显示出雄厚的资本实力和行业优势,说明在此之前的成、弘之际,同盐商一样,徽州木商也已在全国范围的木业采伐运销中取得优势。徽州木商的地位和实力,也是徽州商帮形成的标志性反映。"

韩燕仪(中山大学)《以合同为中心的交易市场——基于清前期淮南场商和运商之间交易的讨论》一文,通过对《徽州民间珍稀文献集成》收录的张振隆盐店卖盐合同等的考察,指出:"清前期淮南盐区场商和运商之间的食盐交易,是在专卖体制的约束下,通过签订合同进行期货交易而形成的自由流通市场,而合同具有不完全性以及缺乏违约和解决争议条款的特征,导致复杂交易关系和交易纠纷的产生。虽然合同在交易纠纷中受到地方官员的尊重,但是纠纷解决仍然具有极大的不确定性,由此总体形成传统中国交易费用较为高昂的市场环境,最终塑造出不同于西方的独特市场属性。"笔者所提交的《晚清徽商在皖西大别山区的贸易与纠纷——以〈照抄知单议约禀帖告示稿〉抄本为中心》一文,不仅展现了徽州药商与长江中下游茯苓贸易的具体状况,还聚焦于黟县徽商在皖西大别山区与当地土著挑夫之纠纷。由诉讼纠纷的渐次演进中,可见外地商帮、土著挑夫、在地士绅和地方官府之不同立场及其应对策略。此一以潜、皖二水流经地区为中心的冲突,在传统时代具有相当的典型性和普遍性。

此外,吴秉坤(黄山学院)《旅浙徽属保商公会考述》一文,在前人相关研究的基础上,进一步探讨了清末徽商在浙江省建立的同乡组织——旅浙徽属保商公会,认为该公会的定位为商会组织,维护旅浙徽商之权益,并能够在新安江上征收厘捐,组织武装巡船以保障旅外徽商的行旅安全。康健(安徽师范大学)《乾嘉时期运河地区的商业贸易——李泰远抄本商编路程研究》一文,则介绍了成书于乾嘉时期的婺源商人李泰远抄本商编路程。朱小阳(安徽师范大学)利用近代报刊资料,试图勾勒旅沪徽馆业之兴衰。张绪(安徽大学)聚焦于《清康熙中期旅汉口谢氏徽商文书》,考察了清代徽商与汉口乃至长江中下游地区城镇商业发展的密切关系。梁诸英(安庆师范大学)撰文探讨了徽商老字号工匠精神及其当代价值。梁仁志(安徽师范大学)提交了《概念・理论・方法：明清商人社会地位与士商关系新论》的论文摘要并作了口头报告,指出：利用新方法,对相关概念加以重新解读,进而提出新的理论,当是今后明清商人社会地位与士商关系问题再研究的基本路径。

三、徽州文献及其他历史问题的研究

除了文书研究之外,对其他传世徽州文献的研究也同样重要。如米盖拉(Michela Bussotti,法国远东学院)《领谱单与徽州族谱数量信息的几个问题》,根据法国远东学院与国家图书馆合作的族谱数据库,从书籍史的角度,讨论了中国传统刊刻、印刷费用等问题。章毅(上海交通大学)以婺源汪叡为例,对明初师儒的政治认同及其地方性转向作了细致的探讨,指出:“晚明以降的诸多官私史籍,常将汪叡视为开国时期重要的循良师儒,而却忽略了他对于洪武朝廷所秉持的疏离态度。”“汪叡早在壮年即定下‘贞心自持’的心志,归乡后转而致力于地方事务的经营,从庙堂到乡里的转向,才使其最终达到了‘出处’之间的平衡。”王浩(安徽大学)《明前期新安卫建置沿革考》一文,细致勾勒了明代前期徽州地区的军政机构,从建置沿革的角度,展示了王朝力量在一个区域确立统治的过程。刘猛(安徽大学)提交的《传统与现代:民国〈歙县志〉纂修研究》,专门探讨了民国时期歙县的修志实践及其历史意义。孟义昭(安徽大学)《乌聊山与徽州地域社会——以人文景观为中心》一文,则分析了徽州人文景观与地域社会的关系,指出:"地域景观表述体系的变化,不仅反映出徽州本土文人在品赏山水景观中话语权的增强,也是徽州地域认同的生动体现。"祝虻(安徽师范大学)《居乡论执政》一文,探讨了退职乡居时的汪道昆对于地方官府治理的讨论。刘芳正(黄山学院)撰写的《战火中的教育》,则考察了抗战时期徽州的地方教育。

除了徽州研究外,此次会议还有一些相关的其他研究。袁为鹏、黄英伟(中国社会科学院)《抗战时期一位企业经理人员的经济与社会生活透视:董士账本(1936—1942)的证据》,探讨了抗日战争时期工作或生活在安徽宿县及江苏常州一带的企业管理者所记录的日常收支账本,通过聚焦于民间日常经济与社会生活,指出:中国传统文化与市场经济并非不可兼容。朱玫(中山大学)《朝鲜后期户籍大帐的职役登记——以17世纪丹城县户籍大帐为主》一文,虽然是在朝鲜史的脉络里从事户籍相关研究,但对于徽州文书研究,具有他山之玉的参照价值。夏维中(南京大学)、陈波(南京财经大学)的《宋元以来江南宗族与祠庙关系的长时段考察——以宜兴叶塘陈氏和善权寺为中心(初稿)》,在全面梳理宋元以来宜兴祠庙兴衰的基础上,对宜兴叶塘陈氏和善权寺之间的寺庙立祠关系加以长时段考察,并以清康熙善权寺大案为重点,探讨了宗族与祠庙博弈的过程及其各自依据,分析宜兴祠庙在清代基本终结的原因。此一区域个案,对于进一步深化社会文化史的研究,也颇具学术意义。

余　论

在此次会议上,一些论文发掘了新史料,也提出了新的问题。例如,近年来出版的《徽州文书》和《徽州民间珍稀文献集成》,受到与会学者的关注。徽州是宗族社会,有关强宗巨族的研究历来较多,但对于棚民、小姓与地方社会的关系,现有的成果仍然相当有限。郑小春聚焦的溪头坞江姓文书,是考察清代徽州小姓开豁为良的珍贵史料。不过,此一案例在徽州是否具有代表性，仍然需要发掘更多的民间文献加以进一步探讨。此外，康健利用的李泰远抄本商编路程，是以往未曾读到的新资料，相当珍贵，不过因该抄本后半部多与漕运有关，显然需要更为细致地解读，以最大限度地阐释该书的学术价值。还有一些问题则引起了与会学者的讨论。例如，范金民教授对傅衣凌先生的看法有所修正，认为“明代徽州木商，……主要来自祁门、休宁，而不是婺源，徽州木商以婺源人为主体，恐怕是清代的事”。对此，也有学者指出：早在宋代，婺源的木商就已开始活跃，婺源的五通神信仰，即与木商的活动密切相关。因此，婺源木商的经营历史源远流长。另外，清代清水江贸易中的徽州木商，也多来自婺源。因此，婺源木商如何逐渐成为徽州木商之中坚，这样的变化过程，仍然有待进一步的考察。

近年来，有关民间文献的研究方法，颇为一些学者关注和谈论。或许，不同地域的民间文献纷繁多样，研究方法亦不尽相同。但从此次会议的情况来看，对于徽州文书的解读，首先应是对文字的识读，其次是要解释清楚所涉文书的制度、风俗与文化，尽可能熟悉徽州的整体史料环境，明了所见文献在徽州史料坐标体系上的位置，在此基础上，才谈得上更为宏观的分析与阐发。

近数十年来，国内各地民间文献大批发现，但同质化的资料（尤其是买田卖地的土地契约）仍然占绝大多数，就史料之多样性、内容的丰富性而言，徽州文书可以说是无出其右者。现在有学者颇为在意文书之真伪，有的还想当然地以为，由于徽州文书有不少是从市场上辗转而来，造假情况严重。其实，这完全是一种误解。因为至少在徽州，抄本、稿本绝无作伪的可能，没有人有本事凭空造出一部内容完全没有破绽的文本。至于普通契约之赝品，当然存在，但绝不像有的人所说的那么严重。退一步说，即使是假的，也并不是完全没有研究价值。黄忠鑫在论文中就指出：婺源《清华东园胡氏昧贤总谱》中收录了大批诉讼案卷，其中有一份《一图津贴二图约迎接办公合墨（禀案批附）》之合同，宣称是洪武九年（1376）所订立，这是迄今所见唯一的明初赋役合同，但其中疑点颇多。根据他的综合分析，无论从图甲和用银等细节推断，还是结合赋役制度的背景，这份所谓洪武九年合同当属明清之际的伪造品，只是其在清初成功地成为地方家族维护自身利益的工具而已，不能视作明初合同的抄件。此一研究表明,即使是在传世的族谱中,造假的资料亦不罕见。而这,端赖于学者的眼光与辨识能力,也有赖于学者辩证地认识文书之真伪并从中发现各类现象的学术价值所在。

由此看来,文书之真伪,并不构成困扰专业研究者的大问题,因为辨伪求真本来就是历史学者的基本功之一。我以为,对徽州文书的识读与解读,更重要的是应加强对制度史的探索,以便尽最大可能地解释清楚文本涉及的所有问题,将民间文献放在整体史料环境与区域社会史的脉络中加以考察,这才是我们真正需要重视的重要问题。

目　　录

休宁县档案馆藏鱼鳞图册编目考辨*

栾成显
（中国社会科学院古代史研究所）

摘　要：休宁县档案馆现藏明清鱼鳞图册总计1 168册，先后进行了几次整理，在编目上做了很多工作，构建了该鱼鳞册编目的基础。但该编目仍然存在一些问题，尚须进一步修正。其中的主要问题表现在两个方面：一是对有的册籍所属时间判断不确，二是部分册籍的都图字号编排有误。本文对原编目中存在的问题略加考辨，试作修正，并在原编目基础之上，制作“休宁鱼鳞图册遗存简表”。休宁县档案馆所藏这批鱼鳞册，因年代较久，流转多次，保管不善，而颇有破损，亦有相当缺佚。但总体来看，该县大部分都图的鱼鳞册仍被保存下来。长时段地详细登记土地流转与产权变动等信息，是这批鱼鳞册最突出的特点。休宁县大批遗存的鱼鳞册，对鱼鳞图册制度及其攒造史的研究不可或缺，并具有经济与社会的多方面研究价值。

关键词：休宁；档案馆；鱼鳞图册；编目

一、档案由来

1984年10月，徽州（后改为黄山市）休宁县档案馆接收了一批重要历史档案，一共有4 200余册。这是怎样一批历史档案？其来历又如何呢？原来，这是休宁县在中华人民共和国成立之初，从旧政权那里接管的一批档案，最初归

---

* 本文曾发表于《徽学》第14辑，北京：社会科学文献出版社，2020年。

县财税局保管。因其数量巨大,无处存放,便置于当时属财税局管辖的旧城钟鼓楼的阁楼之上。钟鼓楼是旧休宁县城最高的建筑,上面的阁楼很少有人光顾。其后,这批历史档案长期被束之高阁,无人问津,久而久之,似乎被人们淡忘了。“文革”中曾有人提议将这些“废纸”烧掉,被当时的财税局局长朱启祥制止了。1983 年,县里为改善当时文管所的办公条件,将原属县财税局管辖的钟鼓楼及其平房,一起划拨给县文物管理所。于是,这批历史档案被重新发现。不过,在移交过程中,如何处置这一大堆财税局遗留的“财税档案”? 人们仍感到困惑,以致有人提议将其卖给造纸厂打纸浆算了。当时县文管所所长吴仁宏,刚从省文物局举办的文博培训班回来,一种文博的职业敏感促使他断然否定了这一打算。随后,吴所长一方面找到县财税局局长宁来根,让他仔细检查其中是否还有需要的档案;另一方面,其他古旧资料,则由文管所 3 人,与临时聘请来的县图书馆馆长朱典鄗一起,费时 2 个月,将这批古旧资料粗略整理打包,并与有关部门联系。休宁县档案馆慧眼识珠,愿意接收这批档案。1984 年,这批档案被正式移交给休宁县档案馆。至 1993 年前后,中国社会科学院还曾派人前来联系,打算购买这批鱼鳞图册,最后因省里没有批准而作罢。①

经过整理发现,其中有清代鱼鳞图册 1 143 册,编审册 160 册,实征册 390 册,底册 48 册;民国丘亩图积丈量簿 112 册,丘领户册 731 册,户领丘册 1 164 册,土地陈报单 344 册,土地陈报丘形图 108 件等。可以看出,这批历史档案乃清代和民国时期的土地文书档案。其中清代的主要为鱼鳞图册以及编审册、实征册等赋役册籍;民国时期,政府仍利用这批鱼鳞图册进行土地管理并重新装订修补过,又攒造了与土地陈报相关的各种档册。其数量巨大,共有 4 200 余册;内容丰富,种类颇多;跨越时间长,从清顺治至民国晚期,长达 300 余年;虽有残缺,但从整体上看,实为休宁县清至民国时期比较系统而完整的土地文书档案遗存。

二、编 目 考 辨

其中鱼鳞图册文书档案,休宁县档案馆在接收之后,于 1989 年曾组织安

① 参阅江志伟《“鱼鳞图册”: 朱元璋的“美政档案”》,《东方收藏》2011 年第 11 期。

徽大学历史系人员对其进行过初步整理,总数为 1 143 册。至 1992 年 2 月,该馆从社会上征集到 5 册民间所藏鱼鳞册入馆。2017 年 10 月,又从该县流口乡政府接收 14 册鱼鳞图册入馆,笔者曾见证其事并鉴定其中有 1 件为明代鱼鳞图册。笔者于 2017 年 10 月至 11 月和 2018 年 3 月至 4 月,花了 3 个多月的时间摘录拍摄,其后,又一一核实、校对了这些鱼鳞图册,作了初步整理。现确认,休宁县档案馆共藏明清鱼鳞图册总计 1 168 册。

休宁县档案馆鱼鳞册现存编目(见图 1),主要是 1989 年经安徽大学历史系人员初步整理而成的一个目录。

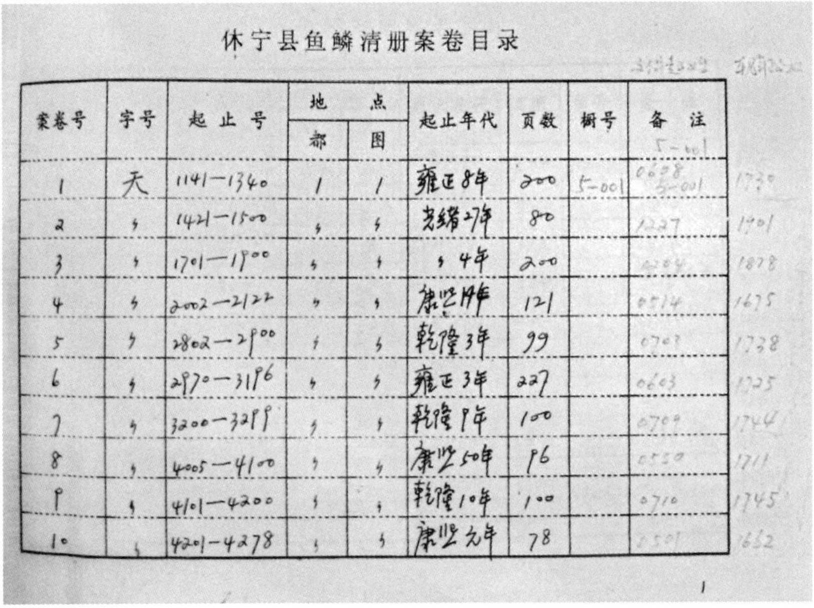
休宁县鱼鳞清册案卷目录

案卷号	字号	起止号	地点		起止年代	页数	橱号	备注	
			都	图				5-001	
1	天	1141—1340	1	1	雍正8年	200	5-001	0608 5-001	1730
2	〃	1421—1500	〃	〃	光绪27年	80		1227	1901
3	〃	1701—1900	〃	〃	〃4年	200		0204	1878
4	〃	2002—2122	〃	〃	康熙14年	121		0514	1675
5	〃	2802—2900	〃	〃	乾隆3年	99		0703	1738
6	〃	2970—3196	〃	〃	雍正3年	227		0603	1725
7	〃	3200—3299	〃	〃	乾隆9年	100		0709	1744
8	〃	4005—4100	〃	〃	康熙50年	96		0550	1711
9	〃	4101—4200	〃	〃	乾隆10年	100		0710	1745
10	〃	4201—4278	〃	〃	康熙元年	78		0501	1662

1

图 1　休宁县鱼鳞清册案卷目录第 1 页

其后于 2006 年底,档案馆又组织相关人员作了进一步整理,每册均附一份“清代档案著录单”,如下页图(图 2)。其上已登录的项目有“全宗号”“目录号”“案卷号”“官职爵位”(馆藏所属单位)、“题名”“主分类号”“文件起始时间”“地区”“公元纪年”“朝年政权标识”“档案数量”“数量单位”“载体规格”“档案属性”等。除上述信息外,又对各册鱼鳞册中所见土名作了整理,一一列出土名及其起止号数,附于单后。

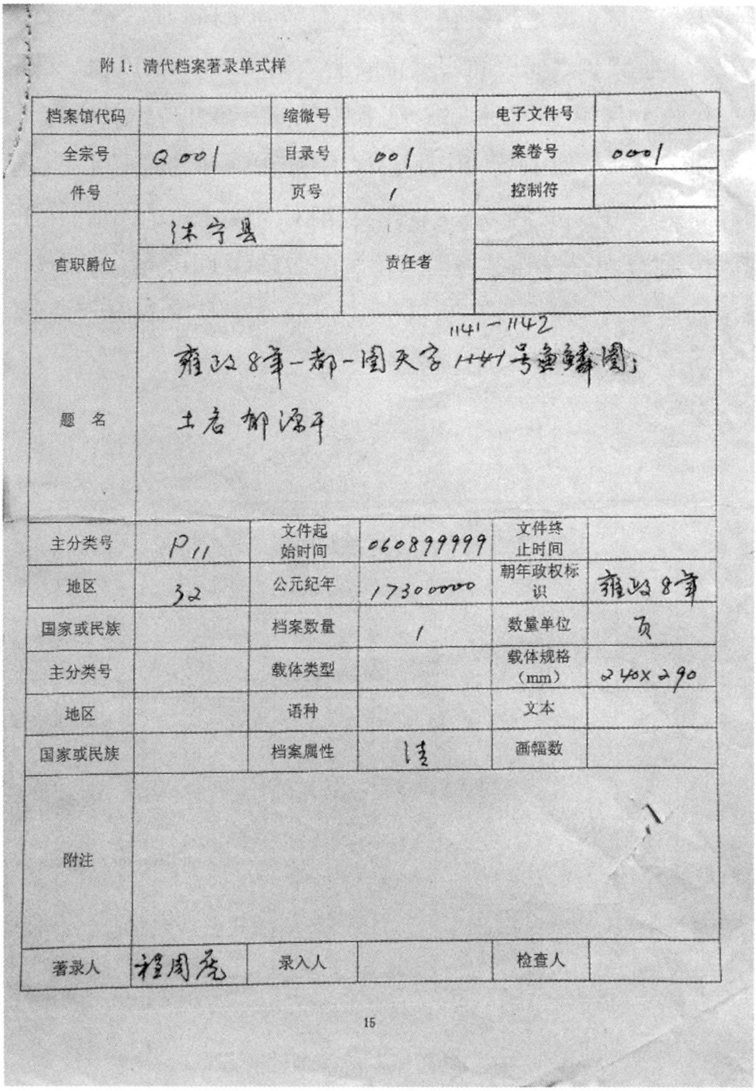
附1：清代档案著录单式样

档案馆代码		缩微号		电子文件号	
全宗号	Q001	目录号	001	案卷号	0001
件号		页号	1	控制符	
官职爵位	休宁县	责任者			
题名	1141－1142 雍政8年一都一图天字1141号鱼鳞图; 土名 都源平				
主分类号	P11	文件起始时间	0608999999	文件终止时间	
地区	32	公元纪年	17300000	朝年政权标识	雍政8年
国家或民族		档案数量	1	数量单位	页
主分类号		载体类型		载体规格(mm)	240×290
地区		语种		文本	
国家或民族		档案属性	清	画幅数	
附注					
著录人	程周屁	录入人		检查人	

15

图2　“清代档案著录单”式样

现存鱼鳞图册档案,每册保管与装订的情况大致是,首附上述“清代档案著录单”,每册首为牛皮纸封面,其上墨书题名、字号、都图、案卷编号,当为1989年整理装订所题;次为民国时期整理时所加封面,题有某字起止号、共几本等;再次即为鱼鳞图册文本正文。

休宁县档案馆藏鱼鳞图册现存编目的基本原则是,以遗存鱼鳞册的原都图《千字文》字号为序，排列先后，编排目录，这是完全恰当的。休宁县档案馆在接收这批鱼鳞图册档案之后，先后进行了几次整理，在编目上做了很多工作，下了很大功夫，其对各册都图字号的判断和编排大部分也是准确的，构建了该鱼鳞册编目的基础。2017 年 10 月，笔者应聘参加了国家档案局“休宁县鱼鳞图册档案保护与开发”项目工作。笔者利用这一编目，逐册查阅了休宁县档案馆所藏鱼鳞图册。在这一过程中，也发现了一些问题，该编目尚须作进一步修正。其中主要的问题在以下两个方面。

一是对各册所属时间的判断。在著录表上有一项为“朝年政权标识”，其填写很不全面，不够准确，且在案卷目录上变为“起止年代”，又填入这一信息，这很容易被误读为各册的所属时间。其实，在该馆所藏鱼鳞册中，很多册籍之中都有不同朝代、不同年份的各种批注，有的一个页面号数之下，就有数十笔批注，从顺治朝起，直至民国时期，蝇头小楷，密密麻麻，填满了整个页面。形成这种情况的原因是，在鱼鳞图册造成以后，往往发生买卖、典当、析产等产权变动情况，于是就利用原有册籍加以批注，以便及时地反映土地流动情况，它是该号田土在鱼鳞图造成之后发生各种土地流转的情况的记录，其上多钤各种戳记，是具有法律效力的。这种情况相当普遍。这是休宁县档案馆所藏鱼鳞图册的一大特点。而在此前的整理中，只选取这些批注中的一个年份加以著录，这是不全面的。而若以此作为该册籍的所属年代，则是不准确的。

二是部分册籍的都图字号编排有误。如上所述，休宁县档案馆遗存的鱼鳞图册，有部分册籍是残缺的，有的头尾均残，且册中字号一栏没有填写，亦付阙如；有的一本册籍之上同时标有不同字号，这些都给鱼鳞图册的都图字号编排带来不少困难。造成错排的一个主要原因是，不够了解清初休宁县鱼鳞图册攒造经过与都图字号演变的复杂情况。遗存文书表明，清初休宁县的土地清丈与鱼鳞图册攒造，在顺治四年（1647）之前就已开始，至顺治四年则正式实施，如顺治四年十月十五日所立休宁县九都一图《十排清丈田土合同》①；至今也有顺治六年（1649）攒造完成的鱼鳞图册实物遗存下来，如

---

①《康熙陈氏置产簿》，南京大学历史学院资料室藏。

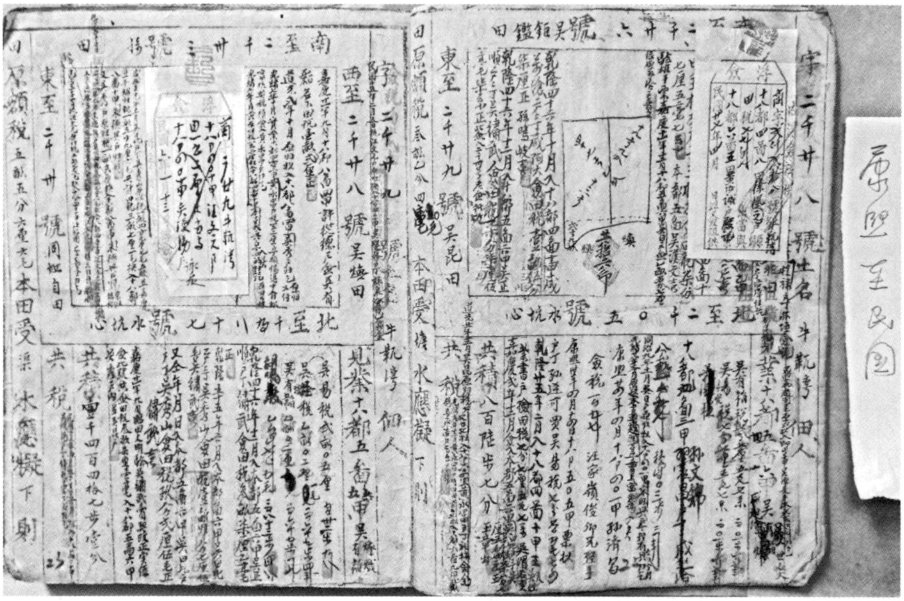

图3　休宁县档案馆藏鱼鳞图册第506册第22—23页

休宁县三十都一图“欲”字号《顺治陆年丈量鱼鳞清册》①。休宁县至顺治八年(1651),增编五里,正式新编字号,“国朝顺治八年清丈,自东北隅一图改甲字,又自一都一图改‘天’字起至三拾三都八图‘贤’字止,编二百一拾四里”②。在顺治八年之前所造鱼鳞图册之中,有的已按新编字号攒造,如上述三十都一图“欲”字号鱼鳞册。但其中有的册籍所标字号则比较复杂,同一种册籍之上,却标有不同的《千字文》字号。如休宁县档案馆现存《休宁县二都四图弓口册》,该册书口印“休宁县二都四图弓口册”,其为休宁县二都四图的鱼鳞册无疑;册中版刻印刷项目栏中有“顺治　年　月　日丈　票”一栏,其中填写的有“顺治四年”“顺治五年”“顺治六年”等,可知该册为顺治年所造。然同一种《休宁县二都四图弓口册》却填有不同字号,有的填写“往”字,有的填写“月”字(见图4、图5)。于是,馆藏现编目将其中一部分编为二都四图“月”字号(编目第33—44号),另一部分则编为三都七图“往”字

① 中国社会科学院古代史研究所藏,316010600003号。

②《休宁县新丈都图字号乡村地名便览》,安徽省图书馆藏,2:38589号。

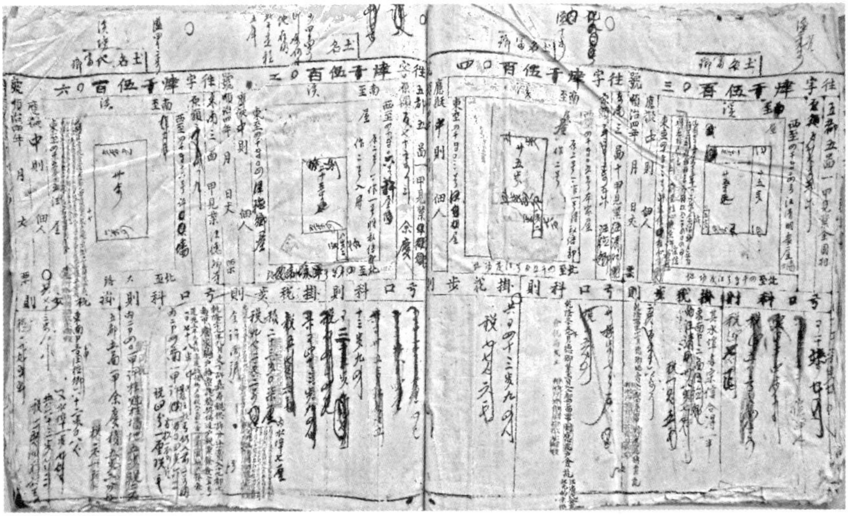

图4 休宁县二都四图弓口册

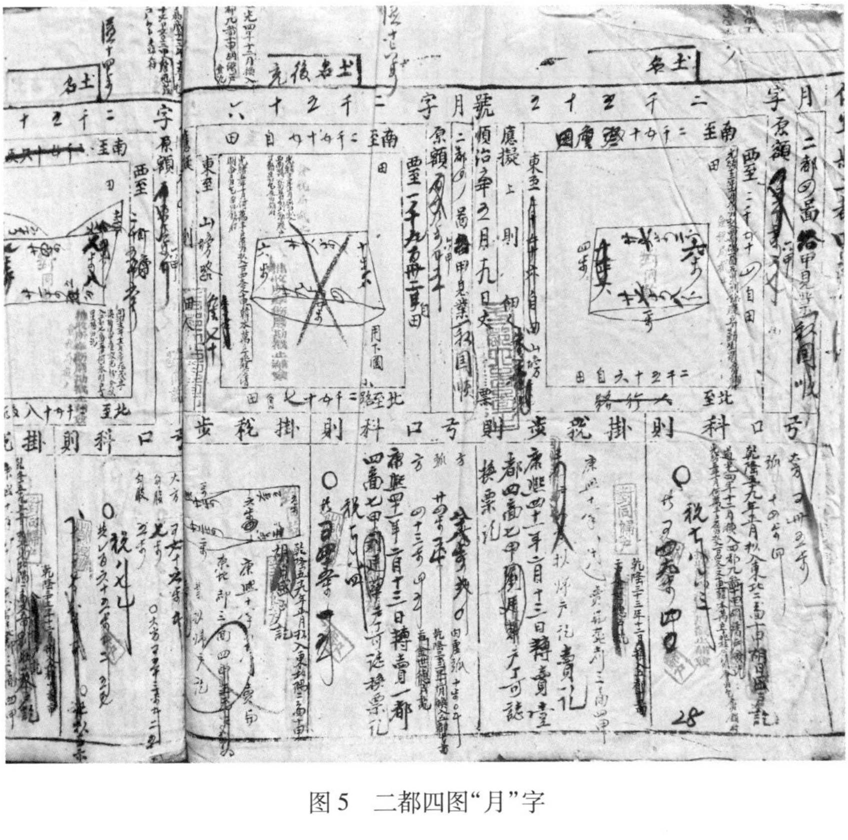

图5 二都四图“月”字

号(编目第88、89号)。此种编排就存在误判。原来,“往”字为休宁县二都四图万历丈量时字号,系旧的字号,“月”字则是顺治丈量新字号,虽然填写的字号不同,却是同一个图的册籍,当编在同一个字号,而不应分开。又,休宁县清代新丈亦有“往”字,新旧“往”字实属不同都图,容易混淆。在现存的休宁鱼鳞图册中,类似这种情况的还有不少,应特别注意分辨。

笔者不揣浅漏,对发现的原编目中的一些问题,略加考证,试作修改,在休宁县档案馆藏鱼鳞图册原编目基础之上,试作一“休宁鱼鳞图册遗存简表”。表中最后“备考”栏,则以简要文字言及考辨内容,有的需要比较详细的考辨加以说明,见表后所附文字,表中以“(×)”号表示。又,关于表中“时代”一栏,有的册籍比较容易判断,如书口题“顺治丈量”,即填写具体朝代“顺治”;有的经过考证可确定具体朝代者亦标明;对只能认定其属于清代而尚不能确定为哪朝者,则只填写“清”,待以后考证其具体朝代。

表1 休宁鱼鳞图册遗存简表

<table>
<tr><th colspan="2">都图</th><th>字号</th><th>书口题名</th><th>册数</th><th>时代</th><th>馆藏编号</th><th>备考</th></tr>
<tr><td>1</td><td>1</td><td>天</td><td>一都一图清丈草册</td><td>12</td><td>顺治</td><td>1—12</td><td>据册中批注所载,为顺治时所造(1)</td></tr>
<tr><td>1</td><td>5</td><td>黄</td><td>一都五图丈量登业草册</td><td>13</td><td>清</td><td>13—25</td><td>前两页为“城厢自治鱼鳞经册”,系民国时后补</td></tr>
<tr><td>1</td><td>7</td><td>宙</td><td>一都七图丈墨登业草册</td><td>3</td><td>清</td><td>26—28</td><td></td></tr>
<tr><td>2</td><td>2</td><td>荒</td><td>二都二图清丈草册</td><td>4</td><td>清</td><td>29—32</td><td></td></tr>
<tr><td rowspan="2">2</td><td rowspan="2">4</td><td rowspan="2">月</td><td>休宁县二都四图弓口册</td><td rowspan="2">14</td><td>顺治</td><td rowspan="2">33—44,外加88、89旧“往”字</td><td rowspan="2">旧“往”字,新丈“月”字</td></tr>
<tr><td>又:休宁县鱼鳞经册</td><td>顺治</td></tr>
</table>

（续表）

都	图	字号	书口题名	册数	时代	馆藏编号	备考
2	7	辰	二都七图 又：清丈草册丁亥岁造二都柒图	4	顺治	45—48	新丈 丁亥岁：顺治四年，原系“收”字
3	1	宿	乾隆四十七年九月吴嘉祥接管清造宿字号清丈弓口佥归册	3	乾隆	49—51	
3	2	列	休宁县三都二图丈量底册	9	清	52—60	
3	3	张	临田丈量田土簿(闰字)	9	清	61—69	三都三图旧“闰”字，新丈“张”字
			三都三图草册(闰字)		清		
			休宁县三都清厘鱼鳞经册		同治		
3	4	寒	____都____图____字业户佥归清册	3	清	70—72	70、71为抄本
3	5	来		1	清	73	
3	6	暑	弓口册 佥册	13	康熙	74—86	
3	7	往	休宁县三都七图鱼鳞清册经佥	1	顺治	87	原为87—89，共3册，其中88、89均为旧“往”字，新丈“月”字，已调“月”字
3	8	秋	休宁县鱼鳞经册	3	清	90—92	
3	9	收	三都九图丈量登业草册	9	顺治	93—101	顺治册封面题“收字号弓册”(民国题?)

（续表）

都图		字号	书口题名	册数	时代	馆藏编号	备考
3	10	冬	三都十图弓口册	14	清	102—115	
4	4	成		2	清	116—117	旧“雨”字，新丈“成”字
5	1	雨	五都一图册底（草册）	10	清	118—127	
5	2	露	封面题“露字弓佥册”	4	清	128—131	
5	5	霜	清丈册底	4	清	132—135	
5	7	生	休宁县丈量鱼鳞经册	1	顺治	136	与七都一图顺治陆年册形制同
7	1	出	顺治六年丈量鱼鳞清册	4	顺治	137—140	
7	2	昆		5	清	141—145	册面后加题“弓口册”
8	1	剑	八都一图清丈剑字号 八都一图	10	清	146—155	
8	3	号	八都三图归户册 八都三图号字号分管曹敦本册底（旧李字）	13	清	156—167，加203号	旧“李”字，新丈“号”字
8	4	巨		7	清	168—174	
8	5	阙	（八）都五图新旧弓口草册	9	顺治	175—180，外加204、205、206号	旧“菜”字，新丈“阙”字
8	6	珠	休宁县丈量鱼鳞号册 八都六图弓口册	4	清	181—184	
9	3	夜	休宁县九都三图弓口鳞册（第189、190册）	10	清	185—194	

（续表）

都图		字号	书口题名	册数	时代	馆藏编号	备考
10	2	光	封面题“光字壹册”“弓口册”（第1142册） 弓口册(第1144册)	4	康熙等	1141—1144	库册、弓口册,抄本
10	3	果	书口无题	7	清	195—201	
			又:休宁县 都 图 鱼鳞图册 民国十一年岁次壬 戌湖村朱民重刊		民国		
11	1	珍		1	清	202	
11	3	李		1	清	203	
12	3	重	清丈草册	5	清	207—208，外加348、349、753	旧“潜”字,新丈“重”字
13	1	芥	休宁县丈量鱼鳞经册	1	顺治	209	顺治形制,钤“休宁县印”骑缝印
13	3	海		2	清	1145,附十三都五保率字抄本(1册)	旧“龙”字,新丈“海”字,抄本
13	4	咸	顺治陆年丈量鱼鳞清册	6	顺治	210—215	
14	1	河		8	清	216—223	
14	2	淡	十四都二图弓口册	7	清	224—230	
14	3	鳞	休宁县丈量鱼鳞号册	4	清	231—234	
14	4	潜		3	清	235—237	

(续表)

都图		字号	书口题名	册数	时代	馆藏编号	备考
14	5	羽	拾肆都伍图弓口册	9	清	238—246	
14	6	翔	拾肆都陆图弓口册	24	清	247—270	
14	7	龙		3	清	271—273	
14	8	师	丈量草簿 十四都八图弓口册	6	清	274—279	
14	9	火	顺治陆年丈量鱼鳞清册	1	顺治	280	
14	10	帝		37	清	281—317	
14	11	鸟	十四都十一图弓口册	9	康熙	318—326	
15	1	官	都　图鱼鳞册底 拾伍都壹图鱼鳞册底	13	顺治	327—339	
15	2	人	都　图鱼鳞册底 休宁县丈量弓口底册	7	清	340—346	
15	3	皇		1	清	347	
15	4	始	康熙　年丈量鱼鳞清册 丈量字号草薄	15	康熙	350—363,外加 1058 册所附"始"字(1册,无编号)	
15	5	制		7	清	364—370	
15	6	文	休宁县拾伍都六图临田弓口册	11	清	371—381	
16	3	服	休宁县鱼鳞官册誊本	2	民国	383—384,382册原编为十六都一图"字"字,误;实为二十四都三图"身"字,调去	民国十二年

（续表）

都图		字号	书口题名	册数	时代	馆藏编号	备考
16	11	推		2	清	385—386	
17	1	国		9	清	387—395	
17	2	有	拾柒都贰图弓口册	5	清	396—400	
17	3	虞	拾柒都三图丈草	18	清	401—418	
17	4	陶	都　图丈量登业草册	21	清	419—438，外加最后所附1140“陶”字(1册)	
17	5	唐	都　图丈量登业草册 十七都五图 休宁县拾柒都五图弓口册	14	清	439—452	
17	6	吊	都　图丈量登业草册	18	康熙	453—470	各册多有康熙五年、六年佥
17	7	民	休宁县拾柒都柒图图册 休宁县开垦升科报簿	8	清	471—478	
18	1	伐	拾捌都壹图丈量朝字号草簿	6	清	479—482，外加533、534(计2册)	旧“朝”字，新丈“伐”字
18	2	罪	拾柒都贰图弓口册	4	清	483—486	
18	3	周	拾捌都叁图原道字新周字弓口册	4	清	549、552、554、560	旧“道”字，新丈“周”字
18	4	发	弓口册 休宁弓口册　原垂字	17	清	487—503	
18	5	商		3	清	504—506	
18	6	汤	休宁县拾捌都陆图弓口鳞册	17	清	507—523	

(续表)

都图		字号	书口题名	册数	时代	馆藏编号	备考
18	7	坐	县丈量鱼鳞经册	3	顺治	524—526	
18	8	朝	朝字号	12	清	527—540(其中533、534移至63"伐"字)	
18	9	问	休宁县丈量弓口底册	5	清	541—544,外加647册	旧"育"字,新丈"问"字
18	10	道	拾捌都拾图弓口册	9	清	545—557(内549、552、554、556,计4册系旧"道"字,新丈"周"字,调至"周"字)	
18	11	垂	拾捌都拾壹图丈量首字号草簿 拾捌都拾壹图首字号临场草簿	25	清	558—578,外加658—661(共4册,旧"首"字,新丈"垂"字)	原错排为"十九都六图首字",现并于此
18	12	拱	拾捌都十二图丈量臣字号草簿 拾捌都拾贰图拱字丈量登业弓口草册	10	清	579—588	旧"臣"字,新丈"拱"字
19	1	平	拾玖都壹图弓口册	22	清	589—610	
19	2	章	休宁县鱼鳞经册	3	清	611—613	
19	3	爱	十九都三图弓口册	29	清	614—642	
19	4	育		9	清	643—648(除去第647册,旧"育"字,新丈"问"字,调"问"字),外加699—702(计4册)	旧"遐"字,新丈"育"字;原错排为二十都五图

（续表）

都图		字号	书口题名	册数	时代	馆藏编号	备考
19	5	黎	拾玖都伍图丈量佥业草册	9	顺治	649—657（原编有十九都六图“首”字658—661，计4册，系旧丈“首”字，新丈“垂”字，调出）	
20	3	臣	休宁县贰拾都叁图丈量分庄清册	26	清	662—687	
20	4	伏		11	清	688—698	
20	7	遐		4	清	699—702	
20	9	迩	二十都玖图鱼鳞册	8	清	703—710	
21	1	壹		23	清	711—734（其中第724册属二十五都六图“岂”字，调去）	
21	2	体	休宁县二十一都二图田头弓步册　原	18	清	735—753（又，第753册原错排为“体”字，实为“重”字，调出）	光绪?
21	3	率	二十一都三图率字号草册（下题“原竹字号”）	7	清	754—759，外加1058所附“率”字(1册，无编号）	
21	4	宾		4	清	760—763	
21	9	归	休宁县丈量鱼鳞经册	2	顺治	764—765	
22	1	王	丈量田土字号	5	清	766—770	

(续表)

都图		字号	书口题名	册数	时代	馆藏编号	备考
22	2	鸣	抄本	10	清	771—780	第778册后附“毁”字2244—2268号
22	3	凤	经册	7	清	781—787	
22	4	在	抄本	9	清	788—796	
22	5	竹		15	清	797—811	
22	6	白	开头题“新丈白字佥册”(抄本)	6	清	812—817	
22	9	驹	都　图丈量登业草册	5	清	818—822	
22	10	食	二十二都十图	4	清	823—826	
23	1	场		5	清	827—831	抄本
23	2	化	弓口草册	5	清	832—836	
23	3	被		3	清	837—839	抄本
23	4	草		11	清	840—850	抄本
23	5	木		5	清	851—855	
23	7	及		7	清	856—862	
23	8	万	休宁县丈量鱼鳞号册	1	顺治	863	
23	9	方		5	清	864—868	
24	1	盖	丈量草册	19	顺治	869—886，外加925	旧“常”字，新丈“盖”字
			二十　都　图草册 二十　都　图丈量登业草册		同治?		
24	2	此	二十四都二图草册	6	清	887—892	

（续表）

都	图	字号	书口题名	册数	时代	馆藏编号	备考
24	3	身	休宁县丈量鱼鳞经册 顺治陆年丈量鱼鳞清册	3	顺治	893—894，外加第382册	第382册原作“字”字，编为十六都一图，实误；该册2765、2783等号所载可证为二十四都三图[2]
24	4	发	二十四都四图草册 休宁县鱼鳞底册	10	清	895—904	
24	6	四	弓口底册	9	清	905—913	
24	7	大	休宁县新编弓口鱼鳞现业的名库册	1	清	914	
24	8	五		7	清	915—921	抄本
25	1	常		3	民国抄本?	922—924（原编有第925册，系旧“常”字，新丈“盖”字，已调去）	
25	2	恭	休宁县丈量鱼鳞经册	4	清	926—929	
25	4	鞠	顺治陆年丈量鱼鳞清册	1	顺治	930	
25	5	养	图草册	10	康熙?	931—940	旧“贞”字，新丈“养”字
25	6	岂	丈量田土	10	清	941—949，外加724	
25	8	敢	休宁县贰拾伍都捌图弓口册	22	康熙?	950—971	

(续表)

都图		字号	书口题名	册数	时代	馆藏编号	备考
26	1	毁	二十六都壹图毁字图册	12	清	972—983	
26	2	伤	二十　都　图　字图册	3	清	984—986	
26	3	女	二十陆都叁图女字图册	17	清	987—1002,外加1058册所附“女”字(1册,无编号)	
			(女)字流水		顺治		
26	4	慕	休宁县丈量鱼鳞号册	6	顺治	1003—1008	其中第1006册前半部分为“二都四图弓口册”,见书口题,系装订错误
26	5	贞	二十六都五图草册	6	清	1009—1014	
26	6	洁	封面题“洁字官册”,后面书口题“洁字弓册”又题“洁字弓口鳞册”	11	清	1015—1025	
27	1	男	休宁县丈量鱼鳞经册	7	顺治	1026—1032	
27	2	效		11	清	1033—1043	
27	3	才	休宁县贰拾柒都叁图才字号签业册	13	清	1044—1056	
27	5	良	都　图丈量登业草册	5	顺治	1057—1060,外加1068册“良”字(封面标“得”字,系新丈“良”字)(又,1058册后附另外4种册籍,无编号,已调出)	旧“得”字,新丈“良”字 分别为“女”字、“率”字、“始”字、“覆”字各1册

（续表）

都图		字号	书口题名	册数	时代	馆藏编号	备考
27	6	知	丈量字号簿	5	清	1061—1065	
28	4	改	休宁县丈量鱼鳞号册	2	清	1066—1067	
28	5	能	休宁县丈量鱼鳞号册	2	清	1069—1070	
28	8	忘	封面题“忘字佥册”（民国）	1	清	1071	
28	9	罔	休宁县贰拾捌都玖图罔字弓口鱼鳞册簿	2	清	1072--1073	
28	10	谈	二十八都十图草册	9	清	1074—1082	
29	1	彼		7	清	1083—1089	
29	2	短	二十九都二图短字册 短字丈量田土弓口图册	5	清	1090—1094	
29	3	靡	二十九都三图靡字图册	6	清	1095—1100	
29	4	恃	二十九都四图丈量登业草册	5	清	1101—1105	
29	5	己		2	清	1106—1107	抄本
29	6	长		3	清	1108—1110	其中有抄本
29	8	使		1	清	1111	
29	10	可(原量字)		7	清	1112—1118	
29	11	覆	顺治拾伍年丈量鱼鳞清册 廿　都　图草册	12	顺治	1119—1129，外加1058册所附“覆”字（1册，无编号）	

（续表）

都图		字号	书口题名	册数	时代	馆藏编号	备考
29	12	器	临田草册	3	清	1130—1132	
31	3	悲	顺治陆年丈量鱼鳞清册	5	顺治、康熙	1133—1137	
33	1	羊	羊字号鱼鳞册	2	清	流口新入馆	
33	3	行	鱼鳞册	5	清	原馆藏 1138，加流口新入馆 4 册	
33	6	克	休宁县丈量鱼鳞号册 鱼鳞册字号底 鱼鳞册	3 种 4 册	清	流口新入馆	册中载有“德”字号（万历字号）
33	6	建	鱼鳞图册号丈	1 种 1 册	明	流口新入馆	
33	8	念	休宁县丈量鱼鳞号册 休宁县丈量鱼鳞经册	2 种 3 册	清	流口新入馆	

（1）原“朝年政权标识”填写“雍政［正］8 年”，不确。册中有顺治、康熙、雍正、乾隆、道光、嘉庆、咸丰、同治、光绪等各朝代不同年份土地流转批注。册中“二千十五号”载：“见业：李福隆，顺治十一年九月卖与一都二（图）九甲程瞻。”批注：“李福隆十一砠卖与程瞻，于康熙十四年八月转卖与程仲美，一都二图九甲程永太户。”故表中“时代”栏改为“顺治”。

（2）第 382 册编目作为“字”字，编为十六都一图。查阅该册，首尾均残，字号一栏并未填写“字”字，实为空缺。故将其作为“字”字，编为十六都一图有误。该册第二千七百八十三号分庄载：“乾隆十三年本图十甲程源长户佥讫。”同号批注又载：“道光拾年二十四都三图拾甲程源长户佥税叁厘九毫正［整］。”可知该册所属都图即二十四都三图。又，该册第二千七百六十五号载：“见业本都三图五甲张寄祐。”查《休宁县新丈都图字号乡村地名便览》，其上所载二十四都三图，旧“惟”字，新丈“身”字，五甲排年为“张寄祐、胡素行”二人，二者所载张寄祐实为同一人。综合以上资料所载，可确认该册为清代休宁县二十四都三图“身”字。

休宁县档案馆所藏这批鱼鳞册，因年代较久，流转多次，保管不善，而颇有破损，亦有相当缺佚。休宁县在明清时期共有 33 都，其中六都、三十都、三十二都的册籍全佚，其他都图的册籍亦有程度不同的缺佚。但总体来看，大部分都图的鱼鳞册仍被保存下来。所属地点集中，全为徽州府休宁县的鱼鳞册文书档案；从时代来看，除一件明代鱼鳞图册外，其余全为清代攒造的鱼鳞册，涉及多个朝代，而以顺治、康熙朝居多。有各种草册、弓口册、丈量册、底册、丈量登业草册等，又有鱼鳞清册、鱼鳞经册等，还有归户册、佥业册、弓口佥归册、的名库册，等等，册籍种类颇多。这批鱼鳞册从清初攒造之后，直到民国时期，一直都在使用。在各种册籍的许多字号页面上，都有不同朝代的各种批注，从清朝顺治直至清末光绪，乃至民国时期。最晚的批注为1949年。往往一号田土之上就有多个朝代的批注，蝇头小字，密密麻麻，见缝插针，填满了整个页面。长时段地详细登录土地流转与产权变动等各种信息，是这批鱼鳞册最突出的特点。休宁县大批遗存的鱼鳞册，对鱼鳞图册制度及其攒造史的研究不可或缺，并具有经济与社会的多方面研究价值。

明代徽州木商经营活动述略*

范金民
（南京大学历史学院）

摘　要： 徽州木商主要来自祁门、休宁和婺源，以家族集群或地缘组合的形式从事木业运销，形成明代徽州木商经营上的一个特色。同盐商一样，到明代中后期，徽州木商已在全国范围的木业采伐运销中取得优势，成为实力最为雄厚、地位最为突出的地域木商，也是徽州商帮形成的标志性反映。徽州木商凭其资本和人脉优势，在全国范围内活动，更参与到浩大的皇木采办工程中，在早期获取过较为丰厚的经营利润；而在国家财政入不敷出、营商环境日益恶化、社会治安每况愈下的晚明时期，徽州木商也遭到灭顶之灾，活跃在芜湖、南京等地长江下游的木商，已难见其身影。

关键词： 明代；徽州木商；经营活动

明代，朝廷宫殿建筑的用木数量与质量空前绝后，皇木采办成为“采造”类物品中最大最重的财政负担；而民间建筑器具多系木结构，商品用木量也十分浩大。木植长养、砍伐、采办、运销从而成为极为重要的官民生活和经济内容，以贩木为主业之一的徽州商人因而十分活跃，在从事大规模、远距离的木材砍伐运销经营活动中长袖善舞。

有关明代皇木采办、徽州山林经济和徽州木商的经营活动，学界一向较

---

* 本文曾发表于《安徽大学学报（哲学社会科学版）》2020 年第 2 期。本文为国家社科基金重大项目“江南地域文化的历史演进”（10&ZD069）及南京大学文科“双一流”建设科研项目“中国与世界：海上丝绸之路的历史演进”的阶段性成果。

为关注,已有不少成果。[①] 但多数论著虽号称明清通论,实则偏重在清,就明代专论者极为少见,对于明代皇木采办方式如何运作变化,徽州等地木商如何参与皇木采办,徽州木商如何从事木植砍伐运销,徽州木商运营过程中遭受哪些干扰因素,等等,或者尚未涉及,或者论而不清,仍然留下较大的学术探讨空间。今主要搜集明人文集奏疏、实录志书和相关文书,专文考察明代徽州木商的经营活动,期能细化和深化明代商人商帮研究,有助于推进明代社会经济史探讨。

一、从事江浙赣、川贵湖广地区的木植砍伐运销

明代徽州木商从事木材采运,就其活动范围而言,主要有两大地域:一是将浙江、南直隶以及接邻的江西一带所产杉、松等木采伐运销到江南等地;另一是将湖广、四川、贵州接壤地区的楠、杉等木以及板枋等材运销到长江中下游以及华北的广袤地区。这两大地域范围的木植运销,基本上涵括了明代全国范围的木材运销。

(一)徽州木商在浙江、南直隶以及江西一带的木植砍伐运销

安徽徽州府和浙江严州府,山多田少,尤其是徽州府休宁、祁门、婺源和严州府的淳安、遂昌等县,山地遍植杉木,南宋以来即已形成一种山林经济,徽州等地商人就在那里专门从事木材运销的经营活动,官府也依靠征收税费大开利源。如曾在歙县任官的名臣范成大记载:"休宁山中宜杉,土人稀作田,多以种杉为业。杉又易长之物,故取之难穷。出山时价极贱,抵郡城已抽解不赀,比及严,则所征数十倍。严之官吏方曰:'吾州无利孔,微歙杉

① 傅衣凌:《明清徽州婺源资料类辑》,氏著《明清社会经济史论文集》,北京:人民出版社,1982年,第206—215页;张雪慧:《徽州历史上的林木经营初探》,《中国史研究》1987年第1期;唐力行:《明清徽州木商考》,《学术界》1991年第2期;王珍:《徽州木商考略》,《徽州社会科学》1991年第2期;蓝勇:《明清时期四川的皇木采办研究》,《历史研究》1994年第6期;郑俊彬:《明代四川木材的经营与弊害》,《庆祝王恢教授九秩嵩寿论文集》,台北:乐学书局,1997年,第123—160页;金弘吉:《明末四川皇木采办的变化》,《中国社会经济史研究》2001年第4期。

不为州矣。'观此言,则商旅之病何时而瘳。盖一木出山,或不直百钱,至浙江乃卖两千,皆重征与久客费使之。"宋孝宗乾道九年(1173)正月,范成大泊舟严州,又见"歙浦移排毕集桥下,要而重征之,商旅大困,有濡滞数月不得过者"①。徽州木植外销所产生的税收,成为下游浙江严州府最为重要的财政来源。徽州地方文献也载,休宁之"山出美材,岁联为桴,下浙河,往者多取富。女子始生则为植杉,比嫁斩卖以供百用,女以其故,或预自蓄藏"②。

进入明代,徽商的山林经济范围扩大为徽州、严州、衢州、处州以及邻近的江西饶州府清江县等广大地区,以供采取运销的林木种养极为普遍,相当壮观。如徽州府境,"大抵新安之木,松、杉为多,必栽植始成材,而婺源、祁门之人尤勤于栽植。凡栽杉以三十年为期乃可伐"③。婺源产木,依次为"杉木、松木、枫、株"等树。④ 徽人种植杉、桐等树,"凡江浙南畿之境,油漆器皿屋料木植皆资于徽,而休宁一县多产于西北乡,杉利尤大。大凡种以三十年为期,斫而贩之,谓之'杉羔',动以数十万计";山多田少,"其贸易大率种杂树及杉木为屋料";"西北乡之民仰给于山,多植杉木……贸迁他郡"。⑤ 祁门县,"木多杉、松",县人"行贾四方"。⑥ 严州府淳安、遂昌二县,"山多耸挺,奇异岿然,环峙峻立,所产皆材木,杉、楠之类,大可为栋梁榱桷,小可为薪蒸器用,各有分业,采取岁供,斯民便利之出于山者无穷"⑦。衢州府,"杉、松列第一"⑧。处州府,

---

① (宋) 范成大:《骖鸾录》,《景印文渊阁四库全书》第 460 册,台北:商务印书馆,1986 年,第 837 页。

② (宋) 罗愿:《新安志》卷一《州郡 · 风俗》,《宋元方志丛刊》,北京:中华书局,1990 年,第 7604 页。

③ 弘治《徽州府志》卷二《土产》,《天一阁藏明代方志选刊》第 21 册,上海:上海古籍书店,1981 年,第 45 页。

④ 康熙《婺源县志》卷二《疆域 · 地产》,《上海辞书出版社图书馆藏稀见方志续编》第 13 册,上海:上海辞书出版社,2013 年,第 201 页。

⑤ 弘治《休宁志》卷一《风俗形胜》《贡赋》《物产》,《北京图书馆古籍珍本丛刊》第 29 册,北京:书目文献出版社,2000 年,第 468、476 页。

⑥ 万历《祁门县志》卷二《地理志 · 土产》,第 8 叶;卷四《人事志 · 风俗》,第 1 叶。

⑦ (明) 姚鸣鸾:《重修山镇关防记》,嘉靖《淳安县志》卷二《山镇》,《天一阁明代方志选刊》第 16 册,第 6 页。

⑧ 弘治《衢州府志》卷三《土产 · 木类》,《天一阁藏明代方志选刊续编》第 31 册,上海:上海书店,1990 年,第 89 页。

“大杉源山，跨丽水、云和之间，山上多出巨杉”①。江西清江县，盛产松、杉、樟、槐等木。② 在浙、皖、赣三省的毗邻地区，种植杉松情形，大率如此。

至今保存下来的徽州文书中，有关栽种杉木的文书极为常见，试举其例。天顺五年(1461)，休宁县人谢彦良、谢彦成等立约，将共计二十几亩的五块田分股栽种，合约议定：“无问栈平，遍山栽种杉苗近密。其山骨议作大叁分，震安、振民共得二分，彦良、彦成合得壹分，以准工食。自议之后，彦良、彦成自行前去，用心尽力㓟作，栽坌杉苗，看倖、长养、截火，并不致荒废，即不私自入山，砍斫杉木入己。……其杉木日后成材，眼同入山坎(当作砍——引者)斫，照依文约均分。”③这是徽州山林经营中佃户通过种植经营获得分成的典型“力分”事例。

祁门县善和里程氏仁水门东房派宗族，拥有山田约 1 230 亩，对林木栽种砍伐作出过详细的规定，正德十五年(1520)族众议定：“凡崭拨苗木，凑办力坌等项支用，治山者务要与管理商议。……凡杉木成材拚卖，治山者告于管理，同家长家众一齐商议，务要至山亲视围径、数目，合众评品应值时价，毋背公私行，以招物议，毋抵价贱售，以取众怒。……今时山场率皆荒废者，其弊由于山主朘刻山佃，掯与力坌，以故山佃惟思花利，不肯栽苗。今议各处山场杉木成材拚卖之日，务照乡例，主力相分，毋许短少，务与佃约相符。……山场长养，逐年功效不同，必须递年治山事绩萃于一册，方有稽考。……开注本年某处栽坌杉苗若干，某处崭拨杉苗若干，某处凑买力坌若干，某处大苗若干，某处小苗若干，某处拚卖砍木若干，某处砍卖柴价若干。……六都程旺、程昇、程杲、程时、程晭五大分人等……原上年间自曾祖故后，各栽各业，近因人众心异，前山杉木听随伴仆乱砍，并作柴薪，有负前人创业之意。今同五大分弟侄谪议，将前山各人栽坌大小苗木并管业空山及山脚地，尽数归还，五大分均业，

---

① 雍正《浙江通志》卷一〇七《物产七》引崇祯《处州府志》，《中国地方志集成·省志辑·浙江》第 5 册，南京：凤凰出版社，2010 年，第 299 页。

② 崇祯《清江县志》卷三《户产·土产》，《四库全书存目丛书》史部第 212 册，济南：齐鲁书社，1997 年，第 220 页。

③《休宁县谢彦良卖山契》，安徽省博物馆编《明清徽州社会经济资料丛编》第 1 集，北京：中国社会科学出版社，1988 年，第 325 页。

各人到山住歇,栽坌锄养苗木成材,开垦山脚成田,以为子孙永远之计。……其杉木并松竹杂木成材,并系五大分眼同共卖均用。"此次程氏议定山林经营细则,与议人多达 37 人。① 该族后来于嘉靖二十六年(1547)、隆庆四年(1570)、万历三年(1575)、万历二十五年(1597)等年屡次议定合同文书,就山林经营作出进一步规定。万历二十五年的合同文书议定:"窦山公秩下五大房子孙……向因拚木多出管理,以致怀私利己者,一遇当年为首,随即搜寻各处山苗,毋问大小老嫩,一概拚砍无遗,其价大半入私囊,而众家仅存虚名。……今集众议共立保守文书,自万历二十五年七月起,凡各处祖坟、家林、江村等处,永远不许拚卖。其青真坞、项源、章溪等号蓄木山场,止许管理逐一照点督令栽养,依时给工崭拨,毋许管理私自拚卖。倘各号内山木果系成材,有重费莫支,当卖者,各分管理务先期告明各分家长、斯文,集众庭议,到山验明。不堪拚卖,复集家长、斯文,同家众眼同计木估价,拚卖他姓,不许秩下子孙承买。如他姓不买,许令各房子孙分砍做卖。其拚木价钱,悉听各房公议兑出,归窦山公买田公用。"②看来家大业大的祁门善和里程氏宗族,在山林经营方面一直存在问题,以至族众需要不断公议,作出约束性规定。

天启年间,黄山歙县吴养春大狱案,朝廷追征巨款 30 万两,其由头也是"水场木植银"。歙西溪南吴氏,吴养春之祖吴守礼,"资雄两淮",看来是个大盐商。吴守礼派分 5 支,在万历后期捐买 5 个中书舍人时,家业已耗,但其孙吴养春仍有黄山地 2 400 亩,看来此吴氏拥有的山场极为广袤。天启六年(1626),朝廷先后派工部营缮司主事吕下问、许志吉前往歙县派买木价,"派定亩数,分别上、中二号,着令具认承买,照限亲比",数额多达 30 万两,追赃 60 万两,并坐勒土商吴献吉山价银 1 万两。③ 山场木植银,无疑是当地人的主要经济来源。苗木培植成材后,用途在出卖。徽州文书中,山林买卖事例

---

① 《窦山公家议》卷五《山场议》,周绍泉、赵亚光《窦山公家议校注》,合肥: 黄山书社,1993 年,第 72、84、85 页。

② 《窦山公家议》卷五《山场议》,周绍泉、赵亚光《窦山公家议校注》,第 90 页。

③ (清) 佘华瑞:《岩镇志草》元集《本里尸祝三大夫》,《中国地方志集成 · 乡镇志专辑》第 27 册,南京: 江苏古籍出版社,1992 年,第 121—124 页;参见许承尧《歙事闲谭》卷一三《吴养春黄山狱》,李明回等校点,合肥: 黄山书社,2001 年,第 431—434 页。

甚为繁夥,试举数例。洪武二年(1369),休宁县人谢元熙立契,将3亩山"地骨大小松苗,尽数立契出卖与李仲德名下,面议价钱花银四两"。洪武十二年(1379),祁门县人徐友成将山48亩的"山骨并大小苗禾,尽行转卖与十一都人李宁名下,面议作时值价宝钞贰拾四贯"。洪武十六年(1383),祁门县人谢允恭将所有山地"大小杉木尽行立契出卖与本都谢文先名下,面议宝钞贰拾贯文"。洪武二十年(1387),祁门县人谢景春将1亩山地"并大小杉苗,尽行立契出卖与同都人李源清同子李善名下,面议价钱宝钞壹拾贯"。① 永乐十一年(1413)祁门县人胡显宗,将祖产山地尽数"出卖与本村胡思敬名下为业,长养杉木,面议时值宝钞六十贯"②。景泰三年(1452),祁门县人胡进,因无钱开销,将"本家用工栽岔杉苗成林"的山场7亩5分,"立契成卖与同村胡思敬名下为业,面议时价银六两"。③ 正德二年(1507),休宁县人胡钟原,将山场7亩"浮苗木,卖与同都胡钺长养砍斫,其山骨从正德元年起栽岔苗木主分,听自胡泰照契管业"④。毫无疑问,徽商用以运销的木植,就是从山林经营者那里买来的。

随着徽、严、衢、处等地木材养植的更加兴盛和木材紧缺地区江南苏州、松江、常州、杭州、嘉州和湖州一带木材耗用量的增加,两地之间木材,特别是杉松之木的大规模运销成为明代中后期重要的商品流通形式,徽州木商就发挥出不可或缺的作用。

徽商砍伐木材,徽州文书和地方文献作"拚"或"拵"。《说文》释"拚","从手,弁声,皮变切",即作 pin 声;《康熙字典》谓"拚""拵"互通,并引《广韵》"普官切,音潘",即作 pan 声;《辞源》释"拚""拵"均作

---

① 以上分别引自《休宁县谢元熙卖山赤契》《祁门县徐友成卖山赤契》《祁门县谢允恭卖山赤契》《祁门县谢景春卖山赤契》,安徽省博物馆编《明清徽州社会经济资料丛编》第1集,第297、299、300、301页。

②《成化祁门胡氏抄契簿》,王钰欣、周绍泉主编《徽州千年契约文书·宋元明编》第5卷,石家庄:花山文艺出版社,1993年,第107页。

③《成化祁门胡氏抄契簿》,王钰欣、周绍泉主编《徽州千年契约文书·宋元明编》第5卷,第131页。

④《休宁县王思舜卖山赤契》,安徽省博物馆编《明清徽州社会经济资料丛编》第1集,第344页。

“舍弃,不顾一切”之意。[①] 细详语义,“拚”“拵”相通,时人小说发音作“判”,拚木、拵木,意为砍伐木植。故本文一般均统一作“拚”。

傅衣凌先生解释“拚本”,说“徽人是以预付资本的方式,用‘拚本’经营木业”[②]。从徽州文书和地方文献所载当地木植栽种长养来看,徽商未必要预付资本才能获得木植,经营山林者也未必需要商人先期投入资本方能栽种长养木植,上述祁门善和里程氏宗族大面积栽种杉木,未见任何商人资本投入,因此,凡是收买山民养成的木植,无论先期投入资本还是出自山民自栽,均可称为“拚本”“拚木”。

徽商在徽、严、衢、处四府以及近邻江西等地的木材砍伐运销,大致有两个流动方向。一个方向是南宋以来一直存在的,由徽州或衢州、处州,经严州,循新安江水系,经钱塘江,抵达杭州,转运江南各地。这个方向,就是康熙初年休宁人赵吉士所说的线路:“徽处万山中,每年木商于冬时砍倒,候至五六月梅水泛涨,出浙江者由严州,出江南者由绩溪,顺流而下,为力甚易。”[③]这个方向的木材贩运,正统八年(1443)户部侍郎焦宏说:“浙江及苏松沿海卫所修造备倭船,皆官军采木,经岁未完,诚误急用。臣闻永乐间徽、处等府商贩竹木,杭州府税课司抽分挨用,后止收钞,以故修船料物,皆官钱买用,不足,复征诸民。”[④]按照焦宏的说法,明初以来,徽州、处州等地与江南地区的木植贩运一直兴盛不衰,官军所需防倭船只及相应设施的用木,如果抽分木植不敷使用,往往通过向民间征取以完事。天顺三年(1459),严州府淳安县重修大成殿,急需巨木,“适徽商贩木过县境”,徽商有感于县令成礼的德政,“乐助善材百株”,官员也捐俸鸠工,工程告成。[⑤] 徽州木商颇具实

---

① (汉) 许慎:《说文解字》,北京: 中华书局,1981 年,第 254 页;《康熙字典》,上海: 上海书店,1996 年,第 473 页;《辞源》,北京: 商务印书馆,1998 年,第 1246、1257 页。

② 傅衣凌:《明清时代徽州婺商资料类辑》,氏著《明清社会经济史论文集》,第 208 页。

③ (清) 赵吉士:《寄园寄所寄》卷一一《泛叶寄》,周晓光、刘道胜点校,合肥: 黄山书社,2008 年,第 877 页。

④《明英宗实录》卷一〇八“正统八年九月癸丑”,台北: 台湾“中研院”历史语言研究所,1962 年,第 2182 页。

⑤ (明) 商辂:《重建大成殿记》,光绪《严州府志》卷三一《艺文 · 遂安县》,《中国地方志集成 · 浙江府县志辑》第 8 册,上海: 上海书店,1993 年,第 743 页。

力,于此可见一斑。

这一方向的木商运销,即商人在浙江衢州府开化县拚木撑运到江南贩卖的线路,为人所习知。开化地处徽州东南,杉木为全县最大产业,向下游江南地区源源提供木材,开化经济主要依赖徽商拚木运营。雍正《浙江通志》引崇祯《开化县志》载:"开地田少,民间惟栽杉木为生,三四十年一伐,谓之'拚山'。邑之土产,杉为上,姜、漆次之,炭又次之,合姜、漆、炭之利,只当杉利五之一。闻诸故老,当杉利盛时,岁不下十万,以故户鲜逋赋。然必仰给于徽人之拚本盈,而吴下之行货勿滞也。"[①]此文论者常常喜欢引用。其实崇祯《开化县志》原文为:"开田少土瘠,不足一邑之食,惟栽杉为生,姜、漆次之,炭又次之,合姜、漆、炭之利,当杉利五之一,而惟正之供,与养生送死之需,尽在其中。鲁闻诸故老,杉利盛时,岁近十万,以故户鲜逋课,莅开者颇称易治。数十年来杉利大损,缘徽商之拚本微,吴下之百货滞。"[②]两相对照,各有详略,"三四十年一伐,谓之'拚山'",是雍正《浙江通志》的编纂者所加,较之原文更加明晰;而"数十年来杉利大损"一句被删,则改变了原意,不能反映明末开化杉木之利大损的实际情形。而且崇祯《开化县志》后面还有话,谓:"既瓶罄而罍耻,斯襟捉而肘见,而开人耕读之外不业工商,别无俯拾仰取之途,岂有神运鬼输之术。于是输纳日艰一日,功令又日急一日,而上下交困矣。夫义不后君,财止此数,量入为出,便是催课抚字,如近例夫役征诸木牙,每百两抽一,计二十名工食,尚苦不及额,则是一岁拚木不及二万,而条鞭、辽饷逋额杂项何止二万,父母固所了然,不识主计仁人,亦为之蹙然否?"[③]此文虽与此处所论无关宏旨,但透露了明后期徽商在开化从事拚木生意攸关地方经济的重要信息,似不宜忽略不论。

徽州木商在这一线路经营者,也颇有一些事例。《详状公案》中审案的知府说:"衢州府常山县丁文、丁武,其祖曾任守珠主事,遗下家资数万,珍珠广多。子孙亦善守善创,日多增益。且山多竹木,适有徽州戊[婺]源县客人

① 雍正《浙江通志》卷一〇六《物产六》,《中国地方志集成·省志辑·浙江》第5册,第277页。

② 崇祯《开化县志》卷三《赋役志·物产》,《稀见中国地方志汇刊》第17册,北京:中国书店,1992年,第727页。

③ 崇祯《开化县志》卷三《赋役志·物产》,《稀见中国地方志汇刊》第17册,第727页。

王恒,带家丁随行十余人,往贩杉木。闻得丁宅山多,用价银一千五百两,登门买拚,凭中交银。"[①]这是目前所知徽州木商从事开化一带拚木生意的较早事例。徽州地方文献记,明后期婺源李坑人李永昌,"一日往开化"[②],虽未明言徽人在开化等地拚木,但前往开化或活跃在这一带,当多半与此有关。明末清初小说《醉醒石》更记:"此女姓程,家居衢州府开化县郭外,原籍婺源。其父程翁,是个木商,常在衢、处等府采判木植,商贩浙西、南直地方,因此住在开化。"[③]寥寥数语,即将徽商在衢州拚木运销江南的情形说得相当清楚,而且"采判"一词,实为我们确定"拚"字之音、之意提供了佐证。开化采木,盛名在外,以致万历、天启年间朝廷采集巨大楠木,也强行要到开化王雾山勘探,但当地确实并无朝廷所需的巨大楠木,遭到地方官府的强力抵制,因而无果。[④]

另一个流动方向就是徽、严、衢、处四府以及邻近徽州的宁国府和江西东北部的木材,由长江,经芜湖、南京,抵达镇江,转入运河,分销运河南北各地。这一方向又分短途和长途两种。短途是徽州府黟县、祁门,池州府石埭,宁国府太平、泾县诸河的竹木,经簰湾,抵达芜湖,入长江。[⑤] 长途是徽州府祁门、婺源和浙江与江西交界地区的木材,由婺水、乐安江或昌江,漂至饶河扎簰,通过鄱阳湖,出至江西湖口,进入长江,顺江而下,分销各地。[⑥] 徽州木商从事较大规模的拚木运销,多走此长途。

---

① 《详状公案》卷二《断强盗掳劫》,转引自[日] 藤井宏《新安商人的研究》,《江淮论坛》编辑部编《徽商研究论文集》,合肥: 安徽人民出版社,1985 年,第 257 页。

② 道光《徽州府志》卷一二《人物志·义行》,《中国地方志集成·安徽府县志辑》第 50 册,南京: 江苏古籍出版社,1998 年,第 76 页。

③ (清) 东鲁古狂生:《醉醒石》第 4 回《秉松筠烈女流芳 图丽质痴儿受祸》,上海: 上海古籍出版社,1992 年,第 27 页。

④ 崇祯《开化县志》卷三《赋役志·物产》,《稀见中国地方志汇刊》第 17 册,第 743—744 页; (明) 王家彦:《勘云雾山申文》,顺治《开化县志》卷七《艺文志》,《南京图书馆藏稀见方志丛刊》第 87 册,北京: 国家图书馆出版社,2012 年,第 246—248 页。

⑤ (明) 刘洪谟:《芜关榷志》卷上《大明律·管辖事宜考》按语,王廷元点校,合肥: 黄山书社,2006 年,第 9 页。

⑥ 同治《饶州府志》卷二《地舆志·山川》载: 鄱阳湖在饶州府城西 40 里,"会江、饶、衢、徽之流,汇于大江"。(《中国地方志集成·江西府县志辑》第 29 册,南京: 江苏古籍出版社,1996 年,第 33 页)

万历《江西省大志》记：玉山县造纸的槽房不下500座，永丰、铅山、上饶3县不下百座，“皆系民间自备竹木砖瓦材料，构结房厂，可容百数十人”；槽房所需“构皮出自湖广，竹丝产于福建，簾产于徽州、浙江，自昔皆属吉安、徽州二府商贩装运本府地方货卖”。[①] 从清代的材料来看，大多从事木业贩运的婺源人，主要活跃在这一线路。其实不独江西，其时江南所需木植，也有相当部分来自这一线。如李氏宗谱所记，徽商李迪，生于正统十二年（1447），卒于嘉靖五年（1526），“其贻谋甚远，出囊借贷，共集不赀，抵广信，广买山材，木尽还山，自谓子孙无穷之利，工佣无虑数十人，货成无限数”[②]。

明代徽商在当地或周邻地区砍伐木植运销他地，特别是由饶河、长江一路放排，至今未见人叙述具体事例，今拾得一例，似较典型。万历四十一年（1613），祁门县十五都郑氏议立合同文约，文约载：

> 奇峰郑元祐、逢旸、逢春、师尹、大前，原三十九年合伙拚买杉木，至饶造捆，往瓜发卖。不期即遇风潮，漂散捆木。又遇行情迟钝，耽误利息，以致蚀本。今托中鸣誓，将原流买木并在瓜卖木各名下支银，逐一查算明白。除在瓜还过三关钱粮并移借瓜、饶本利银外，仍家各有经手揭借本银，俱算至本月止，共计该九伯有余。照原合伙议定分　股，以作十二股均赔开派。各照单坐还各名下，再无异言。立此清单伍纸为照。（再批：仍有湖广本银并瓜、饶回银共贰伯六十二两四钱八分四厘，坐还万顺店本利转算逢旸原店本银。）逢旸名下赔十二股之五，该认银三伯八十两零三钱一分，又代尹还银七十一两三钱零三厘，共该四伯五十一两六钱三分，内大前认四两六钱五厘，实四伯四十七两零八厘，除自本利银一伯九十二两三钱九分，坐还承前本利银六两五钱……大前名下赔十二股之四，该认银三伯零四两二钱五分，又认伍（?）银四两六钱零五厘，共该银三伯零八两八钱五分……元祐名下赔十二股之一，该认银七十六两零六分……逢春名下赔十二股之一，该认银七十六两零

① 万历《江西省大志》（万历二十五年刻本）卷八《楮书》，《南京图书馆藏稀见方志丛刊》第108册，第397页。

② 《明故处士兰田质斋李公墓志铭》，婺源《三田李氏统宗谱》，明万历刻本。

六分……师尹名下赔十二股之一,该认银七十六两零六分。……因往湖广,系旸代还。

合同伍纸,各收一纸为照。

万历四十一年八月二十八日　立清单合同文约人　郑元祐(押)
郑逢旸(押)　郑逢春(押)　郑师尹　郑大前兄弟(押)

中见人　郑维忠(押)　郑长生(押)
郑胤科(押)　郑善庆(押)①

此件文书,相当具体,但基本内容就是经营亏本后的清算合同。郑元祐与其族人集资分股经营木材买卖,5人12股,郑元祐占1股,大前占4股,逢旸占5股,逢春占1股,师尹占1股。经营2年左右时间,亏蚀银913两,合股各人按股分摊清账。

此奇峰郑氏,合股拚买杉木自然并不始于这一年。万历二十七年(1599)的文约中已提到,参与郑元祐合股拚木的郑逢旸,即与其弟逢旦、侄在前,因逢旸之“兄晋做捆,不幸在瓜身故,被族叔地牙荣铴一概吞克,以致讦告按院”②。“饶”即江西饶河,“瓜”即镇江对岸的瓜洲,参看这件文书,可知奇峰郑氏至少几代人长期在家乡祁门拚买杉木,运到河面开阔的江西饶河扎簰,通过鄱阳湖、长江放簰到木材中转地江苏瓜洲发卖。该族在湖广也有本银,因此同时可能还有在湖广经营木业的家族人员。

这个祁门奇峰郑氏家族,本身就拥有大片山林,栽植杉木。在合伙拚买杉木前7年的万历三十二年(1604),郑公佑与其侄可继、可成、可嘉四大房人等,分析祖、父遗下的山场,四分均分,立有合同阄单,载明:“奇峰郑公佑仝侄可继、可成、可嘉四大房人等,原承祖父并续置山场,因人心不一,致山荒芜。今同商议,除十九年存留祀山外,其余山场作天、地、人、和品搭均分,以便各人栽养,庶山无遗利,子孙有赖。先年四房因造坟等项少安,佑立行

① 《万历四十一年祁门郑元祐等立清单合同文约》,王钰欣、周绍泉主编《徽州千年契约文书·宋元明编》第3卷,第438页。

② 万历二十七年八月二十六日文约,中国社会科学院历史研究所藏徽州文契,转引自张雪慧《徽州历史上的林木经营初探》,《中国史研究》1987年第1期,第82页。

银两,将旧宅坑等处山一契扒还安等为业,今与侄等商议,所接花利仅敷还本利,念至亲将此山骨退还众共凑分,倘分外仍有遗漏土名,仍系众共。自立文之后,上山订界,粘阄永远遵守,毋许悔异,如悔者,罚银拾两公用,仍依此文为准。"①而早在嘉靖五年(1526),同宗的郑建同弟郑肇即将继承自其父的本都六保山场"并苗木尽数立契卖与同业人郑谅凑便为业"②。说明徽商拚买的木植也有本家族内的。

徽商拚买木植,在获得山场木植主人的允许时,应出具承拚契约。很幸运,徽州文书中保留了这类契约。此类文约,尚未见人引述过,故移录如次:

> 在城立承约人方梓茂,今有五都洪名下黄岗塘坞经理水字号山木一备,东至洪地,西至降,南至方山,北至洪山、合湾、南北二培,在山松杉浮木,洪合得壹半。今身承去拚砍,三面议定时值纹银壹两壹钱整,其木听方前去砍伐,其价银约在本月内一并交还洪处,不致违误。今恐无凭,立此为照。
>
> 天启七年二月初三日　立承约人　方梓成(押)
>
> 奉书男　方成象(押)
>
> 中见人　洪大科(押)③

有意思的是,大概为了以示慎重,承约人方梓成的儿子、书写此承拚约的方成象,因同时承拚此块山场的木柴,也出具了承拚约。其文大致相同,唯改为"在山松杉浮木并柴槎……其木柴改听方前去砍伐,其价银约至二月内一并交还洪处"④。

---

①《万历三十二年祁门郑公佑等立分山阄单》,王钰欣、周绍泉主编《徽州千年契约文书·宋元明编》第8卷,第28页。

②《万历三十二年祁门郑公佑等立分山阄单》,王钰欣、周绍泉主编《徽州千年契约文书·宋元明编》第8卷,第25页。

③《天启七年方梓茂拚木承约》,王钰欣、周绍泉主编《徽州千年契约文书·宋元明编》第4卷,第207页。

④《天启七年方梓茂拚木承约》,王钰欣、周绍泉主编《徽州千年契约文书·宋元明编》第4卷,第208页。

撲诸事理，出产人也要具立允许他人拚木的约据，这类文书也有保留。崇祯十年（1637）的拚约如次：

立拚约人洪时耀，今因缺少使用，自情愿将古楼山松木一根杉木一根凭中出拚与清明会内，得价纹银伍钱壹分陆厘整。其树并无内外人拦占，听从砍断。今恐无凭，立此拚约存照。

崇祯十年叁月十二日立拚人　洪时耀（押）

中见人　洪天性（押）　洪时正（押）①

徽商重视契约，体现在经营活动的各个方面，其木业经营也很明显。

（二）徽州木商在湖广、四川、贵州一带的木植运销

明代这一线的木植运销，殊少实例，但万历时人王士性的《广志绎》，较为清晰地勾勒了材木生长、采伐和运销的情形，弥足珍贵。文载：

楚中与川中均有采木之役，实非楚、蜀产也，皆产于贵竹深山大垅中耳。贵竹乏有司开采，故其役耑委楚蜀两省。木非难而采难，伐非难而出难，木值百金，采之亦费百金，值千金，采之亦费千金。上下山阪，大涧深坑，根株既长，转动不易，遇坑坎处，必假他木抓搭鹰架，使与山平，然后可出，一木下山，常损数命，直至水滨，方了山中之事。而采取之官，风餐露宿，日夕山中，或至一岁半年。及其水行，大木有神，浮沉迟速，多有影响，非寻常可测。天生楠木，似耑供殿庭楹栋之用。凡木多囷轮盘屈，枝叶扶疏，非杉、楠不能树树皆直，虽美杉亦皆下丰上锐，顶踵殊科，惟楠木十数丈既高且直。又其木下不生枝，止到木巅方散干布叶，如撑伞然，根大二丈则顶亦二丈之亚，上下相齐，不甚大小，故生时躯貌虽恶，最中大厦尺度之用，非殿庭真不足余尽其材也。大者既备官家之采，其小者土商用以开板造船，载负至吴中则拆船板，吴中拆取以为他物料。力坚理腻，质轻性爽，不涩斧斤，最宜琢磨，故近日吴中器

---

①《崇祯十年洪时耀拚木契》，王钰欣、周绍泉主编《徽州千年契约文书·宋元明编》第4卷，第418页。

具皆用之，此名香楠。又一种名柏楠，亦名豆瓣楠，剖削而水磨之，片片花纹，美者如画。其香特甚，爇之，亦沉速之次。又一种名瘿木，遍地皆花，如织锦然，多圆纹，浓淡可挹，香又过之。此皆聚于辰州。或云，此一楠也，树高根深，入地丈余，其老根旋花则为瘿木，其入地一节则为豆瓣楠，其在地上者则为香楠。①

又记四川：

板出建昌，其花纹多者名抬山，谓可抬而过山也，此分两稍轻，尺寸较薄，然人以其多纹反爱之。有名双连者，老节无文，似今土杉，然厚阔更优，多千百年古木。此非放山不可出，而水路反出云南，即今丽江，亦即泸水，亦即金沙江，道东川、乌蒙而下马湖，其水矶洑礁汇，奔驶如飞，两岸青山夹行，旁无村落。其下有所谓万人嵌者，舟过之辄碎溺，商人携板过此，则刻姓号木上，放于下流取之，若陷入嵌则不得出矣。嵌中材既满，或十数年为大水所冲激则尽起，下流者竞取之以为横材，不入嵌者，亦多为夹岸夷贼所句留，仍放姓号于下流，邀财帛入取之。深山大林，千百年斫伐不尽。商贩入者每住十数星霜……穷荒成市，沙碛如春，大商缘以忘年，小贩因之度日。至于建人补板，其技精绝，随理接缝，瞠目爪之，莫辨形踪。……四川官民之役惟用兵、采木最为累人。西北、西南州县多用兵，东南多采木，惟川北保、顺二郡两役不及，颇号乐土。②

两处大段文字，虽然重在讲述官方采木之难，但也透露了诸多重要信息。一是其说反映出，随着明初以来朝廷为营建北京宫殿在全国范围内大规模采伐木植，有木之地，特别是有巨大楠木的地区，已收缩到边远的贵州深山老林，能开出宽阔板材的巨杉也收缩在四川建昌等地。二是介绍了民间商人砍伐放簰运销木材的具体做法及其所冒生命财产风险。三是说明，明后期江南苏州地区兴起的小木器家具制造，料精质优形式雅洁，所用木料，特别是楠木，就来自贵州僻远之地，商品产地与原料供应地互补，江南依赖边地

① （明）王士性：《广志绎》卷五《西南诸省》，北京：中华书局，1981年，第95—97页。
② （明）王士性：《广志绎》卷五《西南诸省》，第107—108页。

贵州的木材，名闻天下的木器制造业才崛起。[①]

王士性所介绍的民间木商经营木材砍伐运销的做法，同时人朱国桢也有记载，谓："凡楠木最巨者，商人采之，凿字号，结筏而下。既至芜湖，每年清江主事必来选择，买供运舟之用。南部又来争。商人甚以为苦，剔巨者沉江干，俟其去，没水取之，常失去一二。"[②]说明民间商人采到木植后，并不能自由地投放市场等价交换，而往往被官府以需要之名义低价攘夺。

明代徽州等地木商在这一线的活动，殊少事例说明。有材料记，正德、嘉靖时的苏州木牙殷福，每当"新安大贾浮巨木于吴者，必主君。君敏断有信义，持筹立水滨，凡梗、楠豫章之材，围径小大价高下，一言立决，贾人咸帖伏"[③]。这名木牙，看来非常精于此道，熟悉行情，深得徽州木商信任，而浮泊在苏州的巨木，当来自长江上游。李维桢也记，婺源江湾人江国郊，"家人为木客，贾吴楚，或数千章"[④]，大约是从事长江上下游之间木材营销的徽商。婺源人程日宁，"稍长，商楚数千里，致菽水以承母欢"[⑤]，当也从事木植运销。

其他事例，如早在明前期，徽州人程实"少客江湖间，尝以木易粟至姑苏贷人"[⑥]。汪氏家谱记，弘治至嘉靖时期人汪堰，曾"货木淮泗"[⑦]。李氏宗谱

---

① 万历时松江人范濂就说："细木家伙，如书棹禅椅之类，余少年曾不一见，民间止用银杏金漆方棹。自莫廷韩与顾宋两公子，用细木数件，亦从吴门购之。隆万以来，虽奴隶快甲之家，皆用细器，而徽之小木匠，争列肆于郡治中，即嫁装杂器，俱属之矣。纨绔豪奢，又以椐木不足贵，凡床厨几棹，皆用花梨、瘿木、乌木、相思木与黄杨木，极其贵巧，动费万钱。亦俗之一靡也。尤可怪者，如皂快偶得居止，即整一小憩，以木板装铺，庭畜盆鱼杂卉，内列细棹拂麈，号称书房。"（《云间据目抄》卷二《纪风俗》，《笔记小说大观》第 13 册，扬州：江苏广陵古籍刻印社，第 111 页）苏州人崇尚的细木家具，迅速风行全国，社会上对木材提出了新的要求。

② （明）朱国桢：《涌幢小品》卷四"神木"条，北京：文化艺术出版社，1988 年，第 82 页。

③ （明）袁袠：《胥台先生集》卷一六《殷君同妻姚硕人合葬墓志铭》，《四库全书存目丛书》集部第 86 册，第 618 页。

④ （明）李维桢：《大泌山房集》卷七二《江先生家传》，《四库全书存目丛书》集部第 152 册，第 242 页。

⑤ 康熙《婺源县志》卷一〇《人物·质行》，《上海辞书出版社图书馆藏稀见方志续编》第 15 册，第 74 页。

⑥ 《新安文平》卷九〇《百岁程君实墓表》，转引自张海鹏等主编《明清徽商资料选编》，合肥：黄山书社，1985 年，第 189—190 页。

⑦ 《汪氏统宗谱》卷八五《钦赐号竹墩墓志铭》，转引自张海鹏等主编《明清徽商资料选编》，第 192 页。

记，嘉靖时婺源江湾江氏“以贩木起家”，李祖玘弃儒经商，“业以日起，而家遂饶”。[①] 谢肇淛也记，隆庆五年（1571）湖州发生龙卷风，“有徽商积大木数千茎在岸侧，皆为所卷，无复孑遗”[②]。祁门倪氏家谱载，明末人倪道昭，最初贫困，后“以殖木始饶蓄积”[③]。这些虽不能断言其从事何地或何种方向的业木，但不出上述两大方向的经营，殆无疑义。

二、参与全国范围的“皇木”采办

《明史·食货六》开宗明义，谓：“采造之事……最巨且难者，曰采木。”[④]明廷迁都北京，自永乐初年起，直到万历后期，宫殿营造重建类大型工程一直不断，需要的各种巨大珍贵楠木及日常用木杉木等，数量十分庞大，采木成为负担最重、难度最大的苦事，也是极为沉重的财政负担。

明廷采木，最初由朝廷委派专门的督木大吏到地方，督令地方官组织夫役采办，所需经费通常由地方官筹措，耗用木材的漕船则由各地派料打造，四川、湖广、江西出产杉楠之木的省份就地取材，浙江、直隶不出木之地买办成造。后来因为采办数量过多，而经费往往没有着落，漕船打造数量大增，民间负担过重，所需木植得不到有效保障。成化七年（1471），在湖广荆州府、浙江杭州府、直隶太平府各关增设抽分司，“将客商兴贩竹木簰筏每十取一，拣选堪中者起解本色，不堪者变卖银两，成造粮船应用，余剩之数解部，以备年例修理天地、山川等坛，京通二处仓廒，成造军器、光禄寺供用器皿、内府各监局板箱木桶、各王府诰匣木柜等项支用”[⑤]。竹木抽分，主管部门视为利薮，利国而病民，川贵湖广竹木，荆州既抽，下至芜湖、南京，又连续抽取；

---

① 《长皋钟三十二两源公行实》，婺源《三田李氏统宗谱》，转引自张海鹏等主编《明清徽商资料选编》，第 192 页。

② （明）谢肇淛：《西吴枝乘》，《说郛续》卷二六，清顺治宛委山堂刊本。

③ 《祁门倪氏族谱》卷下《慕斋公实录》，转引自张海鹏等主编《明清徽商资料选编》，第 193 页。

④ 《明史》卷八二《食货六》，北京：中华书局，1974 年，第 1989 页。

⑤ （明）佚名：《荆州抽分议》，《皇明经济文录》卷二二《湖广》，《四库禁毁书丛刊》集部第 19 册，北京：北京出版社，1999 年，第 153 页。

浙直之木,杭州关抽收数量也成倍增加。这样一来,商贩视为畏途,官方用木仍然得不到保障。有关官员为此纷纷呼吁,减少派采量,减少抽征额,改变采木办法。① 到明中后期,专官采办木植,改为同时采用召商采办形式,即所谓采办"皇木"。

明廷何时正式召商采办皇木?至今未见相关研究有明确说法。弘治九年(1496)十二月,盖造寿安、万春两宫库房及太仓廒库皇亲第宅之类,并兴于一时,工部右侍郎彭礼奏称:"若再添人夫,则各处地方艰难,民不聊生,若欲招商上纳,则工部银两有限,日用造作无穷。今后凡有造作,乞敕该监量为减省。"②可见是否召商采木,因为财力匮乏,工部还在犹豫,尚未实行。正德十三年(1518),采办乾清、坤宁两宫工程所需大木,工部尚书李遂回覆万余根大木有无"出水脚价"的质询,称"已借别项银两雇觅人力",并移咨负责督木的工部侍郎刘丙,③其时还未曾采用召商采木。依据现在掌握的材料,直到正德末年,担当采木重任的工部右侍郎陈雍提出:"今愿以两法行之,中材,以故事募商自致,但微增其直;巨材,官为采之,以庸法征金,募愿往者,谨给直,宁富役夫,毋饱宿猾。"获得朝廷许可:"诏勉留公,即下工部博议,皆如公策。公遍历三省……于事三年,木数万至京师。……初,公义直稍宽,众谓额大逾,虑不给于费。及竟役,顾更余万金。"④这是如今所知最早的召商采办皇木的事例。但可以明确的是,商人承应的木材,只是"中材",而"巨材"大约为了有充分保证,仍由官府采办,而且以"故事募商",或许前此已有中材以下之木通过召商采办之举。

嘉靖七年(1528),吏部尚书桂萼针对乾清宫、仁寿宫建筑工程不断,百姓负担过重,疏言:"今采木已到水次者,云已足用,合无听派木商,沿途顺带,免

① 《明宪宗实录》卷二六三"成化二十一年三月己丑",台北:台湾"中研院"历史语言研究所,1962年,第4455页;《明宪宗实录》卷二六四"成化二十一年四月癸酉",第4481页。

② 《明孝宗实录》卷一二〇"弘治九年十二月乙未",台北:台湾"中研院"历史语言研究所,1962年,第2157页。

③ 《明武宗实录》卷一五八"正德十三年正月辛酉",台北:台湾"中研院"历史语言研究所,1962年,第3040页。

④ (明)张萱:《西园闻见录》卷九二《工部六·工作十四》,《续修四库全书》第1170册,上海:上海古籍出版社,2003年,第153页。

其抽税,而尽放天下运木丁夫归农。……待三号等项木植到齐,一切物料,俱就京招商和买,计料完足,而后为之。”①朝廷批准实行。② 次年,以督木官身份到四川的工部郎中龚辉说:“四川僻处一隅,非若他省商贩凑集,今名虽召商,实皆士民给领官银,入山拖运。”③如此看来,直到嘉靖初年,召商采木尚未完全定型,是否召商还未成一定之规,即使召商,也可能因为应募者不多,往往由地方士民承领官价,入山采伐拖运。然而从嘉靖中后期起,因皇木采办量过多,且有些木植往往不能符合要求,只得通过召商。由时人奏疏可知,大批量的皇木采办,基本上均以召商形式进行。万历初年的《四川总志》载:“每一采木,必报大户,而大户入山,靡费百端,劳苦万状,折数百金,仅得一木,因致倾家,贻累子孙者,比比然也。”④万历九年(1581),工部主事杨成追述嘉靖末年的木植采办说,原来由龙江、芜湖二厂抽解的司礼、御用、内官三监各板枋竹木,“因板木数多,未能合式,不得不召商买办”⑤。万历三十五年(1607),传奉川贵湖广采取杉楠大木及枋板万计,郧阳巡抚黄纪贤奏请,采木、征榷万难并行,“采木则必招商,招商则必罢税,采木而不招商,即府库之金钱填壑,百姓之肝脑涂地,木不可得而采”⑥。凡此说明,随着明廷采木量的持续大增,虽然采木实施过程中带有一定的强迫性,但召商的方式却无疑固定下来了。

木材贸易从采伐到运销,路程远,历时久,所需资本巨大,动用人力众多,木商需有相当实力;⑦皇木采办更是责任重大,头绪繁多,与官府官员的

---

① (明)桂萼:《修省十二事疏》,《明经世文编》卷一八〇,北京:中华书局,1962年,第1838页。

② 《明世宗实录》卷八七“嘉靖七年四月庚午”,台北:台湾“中研院”历史语言研究所,1962年,第1984页。

③ (明)龚辉:《星变陈言疏》,(明)黄训编《名臣经济录》卷四八《工部·营缮》,《景印文渊阁四库全书》第444册,第394页。

④ 万历《四川总志》卷二〇,第42—43叶,明万历四十七年刻本。

⑤ (明)杨成:《厘正起运板木疏》,《明经世文编》卷三六一,第3896页。

⑥ 《明神宗实录》卷四三六“万历三十五年七月己亥”,台北:台湾“中研院”历史语言研究所,1962年,第8246页。

⑦ 嘉靖时人董榖《碧里鸣存》(嘉靖间刻本)“皇木谣”形容皇木运输道:“巨木由来出马湖,纵长十丈径寻余。风霜万里逾三载,水陆千金致一株。人人尽道黑龙精,十四重轮载入京。寄语匠人休斫小,大家须此栋慈宁。”(《原国立北平图书馆甲库善本丛书》第751册,北京:国家图书馆出版社,2013年,第880页)

关系复杂,商人周旋其间,极为不易。在全国范围内从事木材贸易取得支配地位的徽商,最为人多势众,资力雄厚,乐于且善于与官府打交道,自然顺理成章地参与到当时最为浩繁、最为重要的远距离木材运输工程中。

徽商参与明廷皇木的采办,既有研究殊少提及,今试作钩稽。前引佚名《荆州抽分议》曾提到,荆州"上通川广云贵,出杉、楠等木,商贩数多"①,作为明代势力最大的徽州木商,当有其人。嘉靖三十六年(1557),营建朝门午楼,令于四川、贵州和湖广三省采楠、杉之木,于山西和真定采松木,于浙江、徽州采鹰架木。② 当年重修三殿,川贵湖广采楠、杉等木,由工部郎中刘伯跃和副都御史李宪卿总理其事,动用各省地丁银100万两;采浙直鹰架、平头等木,工部"以银二万两发江南,而鹰、平至"③。万历年间采木更为经常。在历次采木过程中,当有徽州木商的身影。

万历二十四年三月,坤宁宫、乾清宫发生火灾,明廷由工部营缮司郎中贺盛瑞主持重修。工程初兴,社会各界"钻刺请托,蚁聚蜂屯",希望揽得工程项目。徽州木商王天俊、吴云卿等"千人","广挟金钱,依托势要,钻求札付",通过"捐万金之资"的重金贿托势要之人,企图获得采运皇木的许可证"札付",从而乘机夹带大量私木,逃漏税款。此次徽商指望获得札付的皇木多达16万根,约该价银30万两,其中虚报价银可能在10万两以上。如果成功,不但可以逃税32 000余两,而且可以夹带不交税的"私木不知其几千万根",税关少收税银将多达五六万两。如此作弊请求,遭到贺盛瑞的拒绝。王天俊等人心有不甘,仍然"极力钻求,内倚东厂,外倚政府,先捏洛金源妄奏,奉旨工部知道"。工科给事中徐观澜将奏文抄录,贺盛瑞得以呈堂立案不行。王天俊又令吴云卿出名再奏,终于获得准其买木的特旨。贺无任何退路,乃呼"徽商数十人跪于庭",对其说:"尔自谓能难我耶?我如不能制尔,尔则笑我矣!今买木既奉特旨,我何敢违,然须有五事,明载札付中。今明告尔,勿谓我做暗事也。"所谓五事:"一、不许指称皇木,希免各关之税。

---

① (明)佚名:《荆州抽分议》,《皇明经济文录》卷二二《湖广》,《四库禁毁书丛刊》集部第19册,第153页。

② 万历《明会典》卷一九〇《工部十·物料·木植》,扬州:广陵书社,2007年,第2592页。

③ (明)项梦:《冬官纪事》,《丛书集成初编》第1500册,上海:商务印书馆,1937年,第1页。

盖买木官给平价，即是交易，自应行抽分各主事，木到照常抽分；一、不许指称皇木，磕撞官民船只，如违照常赔补；一、不许指称皇木，骚扰州县，派夫拽筏；一、不许指称皇木，搀越过闸；一、木到张家湾，部官同科道逐根丈明具题给价。见今不给预支。"一听不准指称皇木的五条禁令，据说"各商失色"，齐说："必如此，则札付直一幅空纸，领之何用。"贺说："尔欲札，我但知奉旨给札耳。札中事，尔安得禁我不行开载！"徽商知道贺意不可夺，又担心此事一行，后日路绝，就皆不愿领札，而转向东厂倒索赃款。① 徽商未能如愿争取到从工部包揽所有皇木采办的机会，而两宫鼎建之木仍按通常的做法由川贵湖广地方抚按召商采买。

事虽未行，但透露出诸多信息。一是经营木业的徽商人数之多，达到"千人"；二是徽商人多势众，金钱开路，贿送万金，神通广大，交结东厂，居然通过层层关节，获得皇帝特旨；三是胃口很大，意图包揽鼎建两宫的巨大工程之全部用木。

徽州木商未能从工部层面包揽皇木采办的全部业务，但仍活跃地参与了各地抚按实施的皇木采办。万历二十五年(1597)六月，三大殿全区火灾，重新鼎建需要采办的大木数量空前，明廷在全国范围内采办木材，而重点仍在川贵湖广和浙直交界之区，总价值达白银930万余两。② 这对国人来说，是极为沉重的财政负担，但对木商来说，则是一次重要的商业机遇，徽州木商极为活跃。

万历二十五六年间，四川左布政使程正谊论及当地采办皇极、中极、建极三殿重建木材时说："至于采木，或议招商。商人之力能办常材，不能办(此处两个"办"字，原文作"辨"，疑误，故改——引者)此合式之木。且川省无商，商皆楚人。……诸商所采之木，工本累数十万。"③后来人也将活跃在四川的木商称为"楚商"。如万历三十七年(1609)，工部侍郎王汝训言及采木大工采办难支时提到，"或有楚商，所买山场，楚木过重庆、涪、万等处，不

---

① (明) 项梦：《冬官纪事》，《丛书集成初编》第1500册，第3、4、23、27页。

② 《明神宗实录》卷四六二"万历三十七年九月己卯"，第8713页。

③ (明) 程正谊著，程朱昌、程育全编：《程正谊集》卷六《答李旭山蜀事机宜》，上海：上海古籍出版社，2012年，第184页。

得拦阻”,而工部覆言:“向者采榷之使,本以助工,今采木费及千万,皇上不亟发金钱数百万,非所以信明纶也。”①但时人述及的“楚人”“楚商”,实往往指徽州、江西等地商人。程正谊在解释“楚商”时即说:“查得蜀中所报大木,皆买于楚商许国威、冯廷渭二人之手。许国威系徽州人,有大木二千余根;冯廷渭系江西人,有大木一千余根,二人皆寄居沙市,真实受命于荆州府,采办以备楚材。”②由此观之,名为“楚人”的徽州等地木商,实力相当雄厚。四川的楚商,实为徽州、江西商人,徽商无论,明代江西人实多为清江人。清江地方志书称,该地“俗多习贾,或弃妻子,徒步数千里,甚有家于外者,粤、吴、滇、黔无不至焉,其客楚尤多”③。两相印证,毫无疑问,当时在四川活动的木商,就是徽州商人和清江商人。

正是在万历中后期的巨量皇木采办中,不少徽州木商参与其事。明末张大复作传记道:“光禄公讳拱明,姓陈氏,别号凤宇。尝入资为鸿胪序班,转光禄寺丞。……乃贷资游淮扬,因走荆襄间。……又北走郑,南走越,西入巴庸僰道。十年,卜居荆之沙市,结纳豪杰,谋通万货。会朝廷诏起三殿,购木荆楚川贵间,富民怖匿。公独挺见荆守,赍二百金,发彭水,抵清江,买山砍之,得数十巨木以归。守屈指往反不及半岁,喜曰:‘公真奇人也。’于是发库金二万,令公独肩其任。而公提二万金,过洞庭,至辰沅界,招集流亡数千人,积谷万石,直趋清江。又溯江而上,住巴州万县,西达黔中,连亘三镇,而荆、岳、辰、常、叙、马、重、夔、思、石、镇、黎、永宁、赤山之木簰筏相接以万万计。公曰:‘嘻,为者常成,行者常至,此不由人事哉何!’省司征木于楚,公亟驰归。会峡水陡涨,万山之木顺流东注,触崖间石,星离瓦解。公闻,呕血数升,仓皇西走,收拾余桴,仅偿库给,亟驰东下。养疴三年,仍复之楚。双流杨某者,公故人也,时秉木政,公就杨,谘所便。杨尽取藏金与公,令入万山中相视。公又提金走万山中,转荆岳,至东南川,西达岷峨,抵永顺、卯峒、梭梭江,北折儒溪、黎州、天全、建昌,各为图记,具载垂山刊木之宜,与一时顺流倒

① 《明神宗实录》卷四五七“万历三十七年四月癸酉”,第8627—8628页。

② (明)程正谊著,程朱昌、程育全编:《程正谊集》卷八《禁谕扒酋争木议》,第233页。

③ 崇祯《清江县志》卷一《舆地·风俗》,《四库全书存目丛书》史部第212册,第185页。

泻之势，不遗余力。既数年，木蔽江下，赀万万。”①这个木商陈拱明，当朝廷为重建三殿巨量采木时，受督木官的委任，领受官府帑金，三次深入川贵湖广广袤地域，不畏生死，数年间采办了大量木植。这名木商的作为，形象地展示出徽州木商冒死采办皇木的情节。

万历后期，又有徽州府歙县人程之藩参与皇木采办。其传记载：“年少时随其父行贾于四川，至建昌，主雅州宣慰司董仆家。土司所属，深谷峻岭多巨木，伐之以为利，役夫尝数百人，必刚猛有膂力者始胜是役。之藩遂为之长，结以恩信，役夫无不悦服，悉听其部署。”②这名歙县木商程之藩，雇用数百人，深入“夷人”住居的四川雅州宣慰司，采伐大木获利而归。

以上所述，展示了活跃在明代皇木采办最重之地川贵湖广一带的徽州等地木商的一些侧面。而同时期，在其经营事业最先兴起的浙江、南直隶地区，徽州木商也依然活跃。

万历后期，三大殿重建，采木浙江，酿成一宗木商拖欠木植价银大案。朝廷差官前往浙江收买鹰、平等木，三十五年(1607)，皇木商人运木至张家湾，“遭当事者留难，不与验收。守候数载，遂至资本折阅，复遇洪水漂失，责以赔补”。此次商人采运木植，数量巨大，这批木植不收，就欠少皇木价值银133 400两。工部责令补交，朝廷委任南新关员外郎宋姓督催，发下敕书谓，所欠皇木“节经移文督催，久不完解。今特命尔不妨原务，带管督征浙江未完木植。尔便移文会同抚按，行所属有司，一面将各商名下逋欠木植责比买补，已到水次者差官验实，选委府佐廉能官就便兑领，押同本商起运，酌量木植多寡，给发委官水脚银两，以资实用”。工部札付则直接明言：“行委召商，自备资本，买办鹰、平七分，条、槁三分，共计六万，俟验有木植，各径差官押令起解，各关免其商税。凡遇木到地方，或起夫接运，或动解部税银，量为接济脚价，速催前进，到京验收，照依会估，算给价值。”该员外郎即通行各县，提追欠木，一面召商承买新木。一番覆查，宋员外郎勘清，以前商人已运木62 557根，俱泊饶河水次，已经报部，后来续到54 717根，现在所谓补运，“实

---

① (明) 张大复：《梅花草堂集》卷八《光禄陈公传》，《续修四库全书》第1380册，第424—425页。
② (清) 戴名世：《戴名世集》卷七《程之藩传》，北京：中华书局，1986年，第211—212页。

属波及”无辜。与此同时,该员外郎奔赴芜湖之漕港,躬自验阅鹰架、平木、条木、槁木共 85 691 根,该付水脚银 38 981 两。浙江藩司正拟筹款支付,但因有科臣上疏,工部认定“浙木脚价不应重给”,此近 4 万两水脚银系重复给付,不予报销,要求追还补库。直到万历四十五年(1617),经过 10 年,浙江巡抚刘一焜认为,商人前后已报完木植 117 000 根,欠木 13 万根,除去题请蠲免洪水漂失及李七所买 3 万根,实际只追 10 万根。现在先完 85 691 根,该价 75 005 两,续报 31 309 根,实价 27 404 两。商人所欠及预先领过水脚银共 138 981 两,现在补完木数及应给水脚共银 141 339 两,“今所补之木与所给之银亦通融总算,不得谓之重给”。工部坚持“决不复给”,而浙江坚持前发敕书中补办之木“酌量多寡,给发水脚银两”之文,一再申明新补的 85 691 根木植的近 4 万两水脚银必须另行给发,方能清算浙江逋欠的木植银。①

从刘一焜的奏文,看不出此案最终是如何了断的。但此案提供了诸多新的内容。一是,此次采木南直隶和浙江等地,与《明史》记载颇有出入。《明史·食货志》“采木之役”条载:“万历中,三殿工兴……而采鹰、平、条、桥诸木于南直、浙江者,商人逋直至二十五万。科臣劾督运官迟延侵冒,不报。虚糜乾没,公私交困焉。”②由所引奏文可知,此次在江浙所采木植是鹰架木、平木、条木和槁木 4 种,《明史》所载“桥木”,实为“槁木”,今人不察,一直误用。《明史》所谓“商人逋直至二十五万”,大概只是当时科臣的一面之词,实际逋欠顶多只是《明史》所述的一半,而且后来补交完足,根本不是“不报”,因而“虚糜乾没”。《明史》此处所述,寥寥一句,存在 2 处出入。二是清楚地交代了承办皇木商人的地域来源。这次皇木逋欠案,拖欠木植的商人共 55 人,其中来自南直隶徽州、池州、应天、扬州 4 府属者共 51 人,浙江 3 人,江西与福建各 1 人,徽州木商占了绝大部分,而且向官府禀报运木之苦的领头商人汪崇学,从姓名看,恐怕即是徽州人。这 55 家商人,仅拖欠的木植银就达 13 万余两,可见以徽商为主体的各地木商具有一定的资本实力。三是印证了文书中徽州木商在浙江、南直隶地区拚木,运到河面开阔的江西饶河扎

① (明)刘一焜:《抚浙疏草》卷六《题请酌议补运皇木水脚疏》,第 2—7 叶,明刻本。
② 《明史》卷八二《食货六》,第 1996 页。

簰,通过鄱阳湖、长江放簰到木材中转地江苏瓜洲而后分运北上的全过程。四是交代了徽州等地木商承领帑银采买皇木的具体情形。刘一焜奏称,因欠木而被关押者与买木补完者"非族属则姻党也",可知这些徽州木商是以家族集团的组织形式为朝廷从事皇木运交的。其预先支领的银两,"各商拚山伐木,费已不赀,所有水脚,一经领出,半偿前费,即有余存,亦且留为前途之用,似难追回","夫以五十余人之身家,数千里之采办,穷山越壑,浮江达淮","产木地方皆闽、粤交界,上紧攒运,非两年不达通湾"。资本大约一半用于拚山伐木,一半用于浮江达淮的运送,前后需要经过整整 2 年时间。对于召商采木,官府的验收赔罚极为严格。验收官员有意留难,不予验收,就将商人收监关押,而且责令赔补已领银两,责令其族属姻党补交木植,一旦不能如期运交符合要求的木植,"各商或毙狱底,或殒道途。见追木植,均属代赔","今领银各商或已物故,或方缧系,见在追补,皆系代赔",①极为凄惨。

徽州木商采办皇木必须获得工部所颁"札付",也即工部的委任证明,然则其何以如此热衷于皇木采办呢?承办皇差可能可以享有各种特权性好处,具体说来,约有如下数端。

一是高估木植价值。万历九年(1581),工部主事杨成疏论芜湖、龙江两关收买板木情形说:"彼时因各商籍(当为"藉"——引者)口供亿等费,议价颇浮,相沿至今,得利惯习,故每遇召办,则有夤缘钻刺之弊,认阄则有买窝顶名之弊,印烙则有那移更换之弊,减价则有结党阻挠之弊,临发则有火光诈骗之弊。诸弊猬集。……本部召买之举,适为奸宄媒利之端,积弊相沿,已非一日。"②前述万历二十四年(1596)徽商王天俊等谋求获得采买皇木札付,虚估的木价银高达三分之一。时人总结:"凡木商运到木植,部例会估给价,乃弊端最甚。如一二三为一号,后复以三四五为二号,连手到底,历年以来,漏帑金不知几千百万,具题改正。"③可见皇木采办,自事先估价,经长途运输,到完解之日,均存在高估虚抬价值或夸大成本的可能。

---

① (明)刘一焜:《抚浙疏草》卷六《题请酌议补运皇木水脚疏》,第 3—19 叶。

② (明)杨成:《厘正起运板木疏》,《明经世文编》卷三六一,第 3896、3897 页。

③ (明)项梦:《冬官纪事》,《丛书集成初编》第 1500 册,第 21 页。

二是采办皇木一般总会预支价银,可以减少商人资本的前期投入。明代召商采木,预支价银多少,如何支给?这尚不清楚,但一些事例,可作参考。早在嘉靖八年(1529),以督木官身份到四川的工部郎中龚辉论到各商采木山场履历事宜时说:“四川僻处一隅,非若他省商贩凑集,今名虽召商,实皆士民给领官银,入山拖运。……前项已解大木,因无接济钱粮,尚未得领前价,商人日夜悬望,以需补给。又有已领价银三分之一,见在追并砍伐在山将至水次者,若一概追银还官,弃其木则可惜,转相卖则无主,往年拖欠木银至今未完可监,仍将前项料银、赃罚,准其照例借支补给,以全民信。”① 预支比例在三分之一。万历十二年(1584),贵州采办大木板枋,巡抚舒应龙、巡按毛在奏准,价银“召商访估,按数给买。……除先给一分外,未领者以三分查给,一给于初到水次,一给于运至楚省大河,一给于到京完解,备行该司。每木一株,给发印信木价单纸一张,将木号长径丈尺、出产地方、监采何官、采运工匠,四次分给价银,逐一开填于内,给商为照,以便届期给领”②。此次预领价银也是三分之一,余剩三分之二,则分三分,分次给发,直到木材解运到京。万历中期,蔡守愚在川南采木,主张从藩库“先给三分之一”③。可见,明代召商采木的预发价银比例一般在三分之一。预领价银对于那些资金周转一时困难的商人,或可稍作缓冲,渡过难关。如万历十七年(1589)工科都给事中张养蒙提到,“商民领银在手,采买自由,有责办于一年之内者,有责办于二三年之内者,虽一时估给未必尽足所费,而目前之利,人犹乐趋之也,虽殷实人户未必乐于就役,而惯商豪民犹攘臂争来也”④。商人为获得预领价银,往往不择手段,不计后果,尽力竞争。

三是指称皇木名义骚扰地方,或转由地方提供夫役,从而降低运营成

---

① (明) 龚辉:《星变陈言疏》,(明) 黄训编《名臣经济录》卷四八《工部 · 营缮》,《景印文渊阁四库全书》第 444 册,第 395 页。

② (明) 舒应龙、(明) 毛在:《大木疏》,万历《贵州通志》卷一九《经略志上 · 兴利》,《日本藏中国罕见地方志丛刊》,北京: 书目文献出版社,1991 年,第 429、431 页。

③ (明) 蔡献臣:《清白堂稿》卷一四《云南左布政使发吾蔡公墓志铭》,厦门: 厦门大学出版社,2012 年,第 717 页。

④ (明) 张养蒙:《为处民采木乞酌收余材以宽比累事》,《明经世文编》卷四二七,第 4661 页;《明神宗实录》卷二一一“万历十七年五月己酉”,第 3948 页。

本。前述工部营缮司郎中贺盛瑞为了徽商包揽皇木采办一事，约法五条中有一条即是“不许指称皇木，骚扰州县，派夫拽筏”，说明此种情事或许常有。康熙初年，四川巡抚张德地总结明代召商采木：“于采木地方动以皇商为名，索取人夫，种种扰害，以致里民惊逃，银归乌有，究竟并无一木得济实用。”①话虽说得绝对，但商人买运皇木，虚张声势，转移运营负担，当也惯常存在。

四是乘机夹带私木逃漏税款。皇木采运，不但皇木本身可以一路免交各种商税，或不需按则抽分，还有可能夹带私木逃避税款。这可能是潜在的最大好处。前述万历二十四年徽商王天俊试图包揽皇木事例，具体说明了这一点。崇祯二年(1629)十月，木商江旭运木抵达龙江关，应天府衙役张林向其需索，未满所欲，张林禀控其“夹带大木三千余根，漏报国税并盗木一十八根”，勘问得实，大木18根没收以作正供，并惩以杖责。② 可见木商采办皇木时，夹带私木逃税的现象相当严重。

既有可能虚抬木价，又能夹带私木隐漏应交税款，还能转嫁运营成本，一举数得，获取高额利润的空间较大，这些因素吸引着徽商竭尽心力地参与到皇木采办这种高额回报的工程中。徽商参与皇木采运，也反映出其财大气粗及与官府关系相当紧密的一面。

但是，承应皇差，牵涉面广，商人不仅要与工部、地方官员打交道，还要承受沿途关卡官员的要挟勒索，甚至还要应付地方势力的滋扰。至于价银能否预先发放，发放比例多大，木植验收能否照规，木植完交后木价能否如数如额领收等，均存在变数。这些因素，在在说明商人参与皇木采办，有可能获得厚利，也冒着各种严重的风险，难以预测。万历十二年(1584)，贵州巡抚舒应龙和巡按毛在就曾说，“先次商人已解木价，闻有未尽给领，或以往事为戒，疑畏自阻”，“先年木已完解，价未全给，奏告纷纭，竟罹倾费流移之苦”，③

---

① (清) 张德地：《采木条议疏》，民国《桐梓县志》卷四三《文征 · 上集》，《中国地方志集成 · 贵州府县志辑》第37册，北京：书目文献出版社，1990年，第489页。

② (明) 毕自严：《度支奏议 · 新饷司》卷八《覆南操江纤道租银疏》，《续修四库全书》第484册，第561页。

③ (明) 舒应龙、(明) 毛在：《大木疏》，万历《贵州通志》卷一九《经略志上 · 兴利》，《日本藏中国罕见地方志丛刊》，第429、431页。

以致后来的商人不敢承采皇木。时人黄克缵也说,蜀中采木一役,“惟正官之贤者,或以木价付商人,而责其运至水次,方全给之”①。官员在发放价银时,大多会克减数目,或拖延时日。万历十七年(1589),工科都给事中张养蒙说,四川采木,新旧派额同时并比,“商民原领价银还官,民不堪扰”②。当采木时,有些督木大吏往往立意克剥商人。据说,明末三殿重建采木,采木使者抵达徽州,因“徽多木商,将以巨木若干额赋之”,试图直接分派采木任务予徽商,地方官府代为捐输了1 000两银子,方才了事。③ 可见徽商因有富厚盛名,社会各界多在寻找机会向其索取。张养蒙甚至细述商民惨苦形状道:“惟兹皇木,禁用极严,既不收之于官,又不敢售之于市。以为有木也,则尺寸之材何曾属己,以为有银也,则分毫之费尽令还官,始之以监追,继之以捶楚,于是有倾资者矣,有破产者矣,有鬻妻子者矣。”④一旦定为皇木,若官方不收,民间也不得收买,商人的所有投资就会全部落空,其结局自然极为悲惨。

这是一种情形,但也存在另一种情形,就是商人预领木价后,由于各种意想不到的原因,未能如期如额解交木植,造成亏空宕欠,被官府逼令退赔惩处。前述万历后期木商拖欠木植价银大案堪为典型。此次采木,历经10年,木商交木只有117 000根,欠木13万根,所交木材不及一半。明后期婺源坑口人汪汝和,当休宁县故人“以皇木负逋八百余缗系狱”时,为之竭尽资产保释其出狱。⑤ 天启间,驻扎涪州的贵州督木道,“招采木商人任文鼎等领银入遵义属,采办无成,拘任文鼎等下涪州狱追银”⑥。商人未能按时足额采办

---

① (明)黄克缵:《数马集》卷四一《柬李实轩方伯》,《四库禁毁书丛刊》集部第180册,第496页。

② 《明神宗实录》卷二一一“万历十七年五月己酉”,第3948页。

③ (明)孙鑛:《南京礼部尚书进阶资善大夫赠太子少保泗桥陶公承学墓志铭》,《国朝献征录》卷三四,上海:上海书店,1986年,第1406页。

④ (明)张养蒙:《为处民采木乞酌收余材以宽比累事》,《明经世文编》卷四二七,第4661页。

⑤ 康熙《婺源县志》卷一〇《人物·质行》,《上海辞书出版社图书馆藏稀见方志续编》第15册,第58—59页。

⑥ 道光《遵义府志》卷一八《木政》,《中国地方志集成·贵州府县志辑》第32册,第400页。

皇木任务,大概相当常见,所以崇祯《清江县志》载:“簰木商豪富甲诸贾,先年多领部银,采买皇木,期会略如中卤,近时多以破家徙业矣。”①清代康熙初年的四川巡抚张德地也说,明朝末年“信用木商,领银采办,一经入手,任意花销”②。诚然,徽州等地木商采办皇木既享其利又受其害的情形,自然并不始于万历中期,而只是其时更为突出而已。编于嘉靖末年的《徽州府志》即曾说,徽商在外经营,“媒贷高资,甚至契领官货,诸见者喋喋就目,徽多富贾,不知其既也不能偿责,坐是蒙罪戾者比比皆是。汪京兆循曰:‘徽之贾售虚名而受实祸。’其不信哉!”③明末,国家财政日益拮据,社会秩序日益恶化,营商环境每况愈下,徽州木商在此背景下参与皇木的采办,结局必定是凶多吉少,破产败家的风险很高。此外,如嘉靖末年杭州南新关榷税主事杨时乔所说,“尔来取材益远,拚山益费,转运益艰,获利益小”④。在明末,采木日益向深山老林进发,路程愈远,难度愈大,官方给出的木价可能没有增加,成本日涨而定价未增,这可能也是木商趋于衰败的原因。

需要指出的是,从事长江一线木植运销的商人,除徽州商人、江西商人、浙江商人以外,还有福建等地商人。明朝覆亡前夕,入不敷出,重税搜括,为减轻税额负担,崇祯十五年(1642),江西清江木商周汝瀛等向芜湖关控告,福建木商贩运的木植是产于闽汀清流县的青柳木,而非杉木,理应加税。福建商人张振、余亨等 16 人随之应诉,辩称“青柳出自楚辰软口地方,蛇头滑皮,色泽长秀;杉木出自江西石城、福建宁化联界地方,大小不一,尖短不旗,圆头花斧,色泽易见”,而闽汀清流县虽然出产青柳,但其地高山隔断,采伐极为困难,他们采伐的,实是闽、赣交界的杉木。⑤ 案件反映出,江西清江商人和福建商人,从事木材贩运者,人数皆多,较具实力。

① 崇祯《清江县志》卷一《舆地 · 风俗》,《四库全书存目丛书》史部第 212 册,第 185 页。

② (清) 张德地:《采木条议疏》,民国《桐梓县志》卷四三《文征 · 上集》,《中国地方志集成 · 贵州府县志辑》第 37 册,第 489 页。

③ 嘉靖《徽州府志》卷二《风俗》,《北京图书馆古籍珍本丛刊》第 29 册,北京:书目文献出版社,1998 年,第 66 页。

④ (明) 杨时乔:《两浙南关榷事书 · 牙书》,《北京图书馆古籍珍本丛刊》第 47 册,北京:书目文献出版社,1998 年,第 801 页。

⑤ (明) 刘洪谟:《芜关榷志》附,王廷元点校,第 43—45 页。

三、徽州木商的内部竞争及与牙人、地方势力的纠纷诉讼

时人认为,明代榷木三关,荆州和芜湖两关因为木材来路广袤,流量庞大,木商实力较为雄厚;而杭州的南新关,木材主要来自婺、衢、睦三州之地,贩往两浙数府之地,流量有限,木商财力较小。[①] 利源有限,内部竞争就更为激烈。徽州木商在两浙地区的较大规模远距离经营活动,牵涉方方面面,与社会各阶层存在着各种复杂的利益纠葛,充满无数商业经营风险和矛盾争斗,因而涉讼公庭并不少见。

(一)卖木商人与买木商人之间的矛盾诉讼

浙江南新关的木业运销,同其时的其他各业一样,木材交易通过牙行,牙用定有标准。但稍有例外的是,浙江木材运销,松木、杂木、板木行中,俱有买卖上下两牙;但买卖杉木,却只有买牙 18 家估价,而无卖牙。交易时,买牙往往“估价以贵作贱,兑银添搭低假,或强赊拖负,或朋计不买,以致卖商往往受亏”[②],存在严重的偏枯不均情形,从而酿成经营诉讼。嘉靖三年(1524)间,卖木商人曹文修等具呈南新关查主事,要求买卖杉木也设卖木上牙。该关拘集木牙劳政先、俞钺、姜鸾以及曹文修等人到官,审理问结,设立卖木上牙,定以永昌、会安二坝为限,木牙劳政先住临安下坝,仍旧为商买木,卖商买商与上牙下牙,四面估价,各有相倚。卖牙既立,作弊偏累卖商的可能祛除,买商心有不甘,起意控告。常年“各带本来杭投牙收卖汪德威等各商抽过木植,撑往湖市、苏、松等处开场货卖”的买商休宁人俞凤与徐耀、江小盛、黄元、黄菊阳等,嘉靖三年十月向官府呈控,试图革除卖木上牙。呈控时,俞凤等人并不直接出面,而是由程楚英出名捏告。浙江按察司提牙到

---

① (明)陶望龄:《歇庵集》卷六《南关榷使潘公德政碑记》,《原国立北平图书馆甲库善本丛书》第 855 册,第 232 页。

② (明)杨时乔:《两浙南关榷事书·牙书》,《北京图书馆古籍珍本丛刊》第 47 册,第 803 页。

官审查，认为买卖二牙俱设有便两商，将程楚英定为诬告罪，减等杖责，罚谷赎罪发落。俞凤等人并不死心，次年，又让朱文冒名控诉。经南新关主事陈审得，“卖牙通商益税，难以裁革”，复立戚相等 10 人充当卖牙。朱文又因别事代人奏本，官府将其拿问口外为民。嘉靖九年（1530），汪主事到厂接管，有卖商叶叔霖等，因长期被买商等扰害，向榷关汪主事呈控。汪主事审得，劳政先因本厂量木行人革役，并不系牙行被革，准令保举谙识木行的儿子劳瑞等 15 名充当卖商上牙，朱兴等 15 名为买商下牙，通发杭州府给帖存照。嘉靖十一年（1532），俞凤等再次贿通程楚英，由程出名控诉。经按察司审问得，“木行如无卖牙，委的亏损卖商”，又审查证实，劳瑞是顶父身役所革，而非牙行所革，“仍将程楚英问拟奏事诈不以实徒罪赎谷解充发落”。“各带资本在于徽、严、衢、处等府地方拚山买木，赴厂告报抽分，输纳国课”，与俞凤等同府的歙县商人汪德威等、浙江商人蒋大璋等，因被俞凤、程楚英等“妄词扰害，不得安生”而连名具本，奏行南新关问理。同时，徽、严等府商人李文瑞、朱元夫等 23 人也联合呈词证明，其“贩到木植向投劳瑞家发卖”，劳瑞“况有身家，不侵客钱”，联名具保劳瑞仍充卖牙。按察司连日再三研审后判决：“上下二牙俱不可缺”，将胡伟 15 名改为卖木中牙，朱兴等 15 名改为买木中牙，“如遇买卖，务要商对商中，对中四面，公平时估交易，不许偏上偏下。每木价银一两，照例用银三分，卖商出与两中均分，两商火食各仍自备”。①一宗买卖木植牙人案，由于牵涉木业买卖双方和牙人三方利益，经过数轮控诉，历经 10 年左右方告定局，诉讼结果，先是增设杉木买卖的卖方牙人，后来更将木业卖木上牙、买木下牙改为卖木中牙和买木中牙，以示更为明晰。

（二）木商与木牙之间的矛盾诉讼

明后期，安徽、浙江木材经过杭州南郊永昌、会安等坝发卖时，定制该有官卖中间牙人 15 人以及小牙行人等，为木商估价交易。每木价银 1 两，扣除纳官税银 1 钱不算牙用，其余 9 钱，每 1 钱付牙用 3 厘，共 2 分 7 厘，由卖木

---

①（明）杨时乔：《两浙南关榷事书·牙书》，《北京图书馆古籍珍本丛刊》第 47 册，第 802—803 页。

商人付与大小两牙均分,如遇各衙门修理需用木植,即由大小牙行出办,从此笔牙用中支出,作为"当官"费用,卖商并不另外再出费用。嘉靖二十三年(1544),木商曹文广、吴满、凌□□、汪德威等告称,其"各带资本在于徽、严、衢、处等府拚山买木,告报抽分,给纳国课",却有牙行王杰、余其、胡伟等人,"见得工程浩大,揑告差官,对商号买,亏陷资本,实为阻绝商路",请求处豁。南新关主事为此审断,交易牙用征收方法和银两数额不变,仍是纳官税银扣除1分后征收2分7厘,但卖商只交2分,其余7厘退还商人,由其"自行当官",以免告扰。对此裁决,卖木各商及大小牙行人等两相称便,取具认结。南新关同时制订条约,开列六条:一、定商买办以苏众困,二、照单围篾以服众心,三、预除用银以防牙欺,四、时给官价以济商本,五、照价借办以均长设,六、严禁告扰以杜后患。在第一条中明确,由牙行商人保荐,商人吴诞、程本祥、汪吉、戴里"素有行止,堪以收管前项用银当官",今后"凡修理衙门合用木植,止令吴诞四人总承买办,不得仍前偏累各商等以敛众怨"。在第三条中规定,吴诞等四人,"每日轮流一名,听候本厂开关抽分时,除沙板竹篾不记外,其余不拘松□等木松杂等板,但抽一单,随即登记。每估价银一两,该除牙用白银七厘,总算估价若干,除用若干,有则当时秤与,如无并付歇家。纳银之日随限当官,转交吴诞等收。其两商成交之时,每价一两止除牙用二分,两牙均分,不必复提七厘之数"。① 官府出于保证国税的目的,作出如此判断,显然卖商的诉求得到了体现。官方衙署修理等"当官"差事费用,虽然仍由卖商提供,却是在卖商所出牙用内事先扣除,而且为了保证卖商支付牙用外不再另出其他费用,此次规定指定4名卖商收取专款,负责"当官"事务,费用即从此预扣款中支付。卖商与当地牙人的争执,卖商占了上风。

从这两个案件,我们不仅可以知晓明后期浙直地区木商拚木运销的大体情形,而且可以获得如下认识:一是从事拚木的商人,卖木商人汪德威等是歙县民人,买木商人俞风是休宁县民,卖木商人李文瑞、朱元夫等23人是徽、严等府人,卖木商人蒋大璋等是浙江商人;与汪德威一起应诉的卖木商

---

① (明)杨时乔:《两浙南关榷事书·牙书》,《北京图书馆古籍珍本丛刊》第47册,第804—805页。

人曹文广、吴满、凌□□等人，与俞凤一起带本到杭收买木植转而贩卖的木商徐耀、江小盛、黄元、黄菊阳等人，受俞凤唆使先后出面控诉的程楚英、徐耀，由牙商保荐的商人吴诞、程本祥、汪吉、戴里等，这些人虽未能肯定是何地人，但从南新关主事所说"各商多系直隶徽州等处民人"和其姓氏来看，木商大多数是徽州人，当可确定。二是南直隶、浙江地区的民间木植运销，形成这样一种格局，"木产于徽、严、衢、处，而行于杭、嘉、湖、苏、松、常"①，卖商在徽、严、衢、处等府地方拚山买木，运至杭州发卖，买商在杭州收买，"撑往湖市、苏、松等处开场货卖"。经济发达而木材缺乏的江南，其所需木材来自浙直相邻的几个府。三是其时的木商，并不一定完成从山场拚木到长途运销的全过程，而往往分为卖商和买商，各司其事。如歙县商人汪德威等、浙江商人蒋大璋等，"各带资本在于徽、严、衢、处等府地方拚山买木，赴厂告报抽分，输纳国课，停泊杭州地名四板桥发卖"，而休宁商人俞凤与徐耀、江小盛、黄元、黄菊阳等，"各带本来杭投牙收卖汪德威等各商抽过木植，撑往湖市、苏、松等处开场货卖"。可能受限于资本，木商内部分工相当细密，卖商在山场拚买木植后，运到第一个抽分税关，即转卖给买商，由后者接续贩运。这一点，前人研究似乎从未提及。四是据南新关主事所说，该关"牙用三分，以岁计之，不下三四千两之数"，扣除十分之一的抽分后，仍有如许之多，则每年木植通过量当值银40万两左右，相当可观。五是按照南新关主事在新定的牙用条约中所说，"先年取用各商木植，经年累月不得领价，而又十无六七到手"，木商运销的木植被榷关抽分后，木价常被拖欠，即使发放也常遭克扣。六是同其他商业经营领域一样，木商不仅与经营地的地方势力、所经税关的牙人之间充满矛盾；而且利之所在，不同地域、不同地段的商人之间也竞争激烈，充满矛盾，从而酿成诉讼，涉讼公庭，缠讼不断。诚如南新关主事感慨的，在木商的卖商与买商之间，"两商奏告不已"，在卖木牙人与买木牙人之间，"视利为命，健讼成习"，竟至"遵守未久而遂相告讦，或问理方已而复行奏扰，争持动历多年，问结动经数官"。② 官府为维持营商环境，常常为

① （明）杨时乔：《两浙南关榷事书·牙书》，《北京图书馆古籍珍本丛刊》第47册，第800页。
② （明）杨时乔：《两浙南关榷事书·牙书》，《北京图书馆古籍珍本丛刊》第47册，第803、805页。

商人诉讼理问裁当。

(三)木商与地方势力的矛盾诉讼

早在成化二十三年(1487),徽州府商人汪玺等运木至河南汝州鲁山县隆兴寺河口,徽王府让当地军校假称是当地山场之木,“用强抽分”。实际上,徽州“客商远去嵩县没大岭等处采取,背负至一二百里,才至河口编筏,遇有水涨,撑放出山,货卖以给衣食,办纳粮差”。汪玺等只得上告到官府,获得官府支持。但到弘治四年(1491),徽王府又差门副高清带领军校等40余人,仍在隆兴寺屯住。六月,汪玺之弟汪拳和江西商人李华清撑放板木到河,军校即予报复,将汪拳绑缚拷打成重伤。① 前后几年之间,徽商兄弟俩在同一地经营木植,可见徽州木商是家族经营。嘉靖末年,南新关主事杨时乔也说:“木之经由,必自桐、富,此中土豪,往往阻挠以渔利,甚至乘机怙势明夺窃取,吾为厉禁,时时置一二巨猾于理,庶不致陆詟水栗而道路通。通木之贸易,必经牙保之手,有等奸狡反恣食其中。盖自四六立法,而商始困矣,至有负累经年,绝鲜微息,券成故纸并没其本。吾为督责,究及其牙保,庶不致左支右吾东规西避而子母全。”②毫无疑问,商人从事木材经营,不但拚买贩运,而且一路所经,既与交易牙人存在利益分配的严重矛盾,更时时充斥着与土豪地棍之间的争斗,经营成本极高,风险也大。

结　语

以上考察表明,明代木材采伐运销,既如《明史》所言,是朝廷采造中的“最难且巨”者,又是民间极为重要的建筑运输行业。从事木植砍伐运销的,主要是徽州商人,其次是江西商人,再次是浙江、福建以及南直隶徽州以外的其他地域商人。明代在四川、贵州地区从事木业经营的“楚人”,实际并非

---

① (明)徐恪:《少司空主一徐公奏议》卷三《劾徽王违法抽分疏》,《天津图书馆孤本秘籍丛书》第2册,北京:中华全国图书馆文献缩微复制中心,1999年,第180—181页。

② (明)杨时乔:《两浙南关榷事书·牙书》,《北京图书馆古籍珍本丛刊》第47册,第801—802页。

湖广之人，而指徽州、江西等地商人。而在徽州商人中，傅衣凌先生曾认为，从事拚木的徽商，"主要当为婺源商人"①。其实明代徽州木商，从上述考察来看，主要来自祁门、休宁，而不是婺源；徽州木商以婺源人为主体，恐怕是清代的事，康熙《婺源县志》总结婺源商人的行业特点谓"远服贾者率贩木"②，也不能说明婺源人就是明代徽州木商的主体。明代徽州木商主要当指徽州的祁门、休宁和婺源商人。

徽州木商以当地及周邻地区盛产杉木的地利条件，将大量杉、松等木砍伐运销到木材紧缺、耗用又大的江南地区，在南直隶、浙江毗邻地区和江南之间，自长养、拚木到运销，或一以贯之，或分工合作，形成较为成熟的木材砍伐运销格局；又追求利益，冒险履危，深入四川、贵州一带边徼之地的深山老林，长年采伐楠、柳等木，在长江上下游之间，构筑起木材远程放簰运销体系，为国家财政提供了源源税额，也为江南、华北等地提供了大量木材，为江南新兴的木器制造业提供了原料，江南家具制造业得以蓬勃发展、名扬天下。

明代宫殿营建重修未曾间断，耗用各类木材，尤其是珍贵的楠、杉巨木不计其数，皇木采办数额惊人，难度罕见，成为明廷和各地的沉重财政负担。徽州木商凭其资本和人脉优势，不失时机，参与到浩大的皇木采办工程中。皇木商人或许因为从事特权性经营，在早期获取过较为丰厚的经营利润；而在国家财政入不敷出、营商环境日益恶化、社会治安每况愈下的晚明时期，皇木商人的前期投资通常不能足额收回，额定皇木可能无法及时足额运交，从而往往身陷囹圄，获罪赔累。明朝行将覆亡之时，徽州木商似已遭到灭顶之灾，活跃在芜湖、南京等地长江下游的木商，已难见徽州木商的身影。

同其他行业一样，徽州木商以家族集群或地缘组合的形式从事木业采伐运销，形成明代徽州木商经营上的一个特色。成化、弘治之际先后将木材贩运至河南鲁山县隆兴寺河口的汪玺、汪拳兄弟；《详状公案》中所记带了家丁 10 余人在开化贩运杉木的婺源县商人王恒；祁门县十五都郑氏，至少几代

---

① 傅衣凌：《明清时代徽州婺商资料类辑》，氏著《明清社会经济史论文集》，第 208 页。

② 康熙《婺源县志》卷二《疆域 · 风俗》，《上海辞书出版社图书馆藏稀见方志续编》第 13 册，第 196 页。

人同宗几房合股从事拚买木植,在长江中下游贩卖;万历中期“广挟金钱,依托势要,钻求札付”“捐万金之资”的徽州木商王天俊、吴云卿等人多达千人;万历后期在四川参与皇木采办的歙县人程之藩,子承父业;万历后期拖欠皇木案,涉案商人55人,领衔呈控的商人却始终只是汪崇学一人……这些商人或系父子兄弟,或系同宗同族,家族血缘关系明显。嘉靖初年在杭州南新关诉讼的卖木商人歙县人汪德威,买木商人休宁人俞凤,卖木商人李文瑞、朱元夫等23人,与汪德威一起应诉的卖木商人曹文广、吴满、凌□□等人,与俞凤一起经营的木商徐耀、江小盛、黄元、黄菊阳等人,受俞凤唆使先后出面控诉的程楚英、徐耀,以及由牙商保荐的商人吴诞、程本祥、汪吉、戴里等,其姓集中在少数几个姓氏中,恐怕互相之间多有同宗关系。

徽州木商活跃在全国各地,经营线路漫长,关涉方面繁多,事务头绪极多,虽然具有资本和人力优势,但不可能垄断、包揽全部木业经营,仍需要同其他地域商人合作。因此,他们与江西、浙江、福建等地商人既有合作,又有竞争,与木材流通线上的地方势力和牙人势力,更充斥着矛盾斗争,从而常常或控诉,或应诉,缠讼不断。从本文考察的事例来看,一旦涉讼,地方官府或榷税机关往往从维持商业秩序、确保税款收入立场出发,往往能够体现徽州木商的合理诉求。在商业纠纷和商业诉讼中,徽州木商是稍稍占有上风的。

徽商百业皆擅,而最为突出的主干行业是盐、典、木、茶四大行业。张海鹏先生在论述总结徽商成为商帮的时代时认为,徽州商帮“是以一大批富商大贾为其中坚而发展起来的”,成化、弘治之际“作为徽商骨干力量的徽州盐商已在两淮盐业中取得优势地位”。[①] 这样的论述,无疑是符合徽商形成发展的实际的。只是本文的考察也表明,到明代正德、嘉靖之际,明廷采木增加召商采办一途,大批徽商应时而起,参与到皇木采办的宏大工程中,显示出雄厚的资本实力和行业优势,说明在此之前的成、弘之际,同盐商一样,徽州木商也已在全国范围的木业采伐运销中取得优势。徽州木商的地位和实力,也是徽州商帮形成的标志性反映。

---

① 张海鹏、王廷元主编:《徽州商帮》,合肥:安徽人民出版社,1995年,第4、6页。

晚清徽商在皖西大别山区的贸易与纠纷

——以《照抄知单议约禀帖告示稿》抄本为中心

王振忠

（复旦大学中国历史地理研究所）

摘　要：在传统时代，客商外出居廛列市、负贩商贾，在长途或短途的贸易运输中，最常打交道的就是处于社会底层的码头工人（时称挑夫、埠夫或土夫等）。明代以来，徽商在各地纷纷建立会馆，相互汲引，互为奥援。而与此同时，各地的码头工人亦抱团取暖，形成纷繁复杂的同业组织。随着人口压力的增大、生存竞争之日趋激烈，双方为了维护彼此的相关权益，时常展开持续而紧张的博弈。本文聚焦的徽州民间文献《照抄知单议约禀帖告示稿》抄本，不仅较为细致地展现了徽州药商与长江中下游茯苓贸易的具体状况，亦反映了黟县徽商在皖西大别山区与当地土著挑夫之纠纷。由诉讼纠纷的渐次演进中，可见外地商帮、土著挑夫、在地士绅和地方官府之不同立场及其应对策略。此一以潜、皖二水流经地区为中心的冲突，在传统时代具有相当的典型性和普遍性。

关键词：《照抄知单议约禀帖告示稿》抄本；徽商；皖西大别山区；贸易；冲突

一、徽商在皖西大别山区贸易活动概述

皖西是安徽省西部大别山区一市五县的统称，即六安市与下辖的霍山县、舒城县、寿县、霍邱县和金寨县。本文所说的“皖西大别山区”，亦称皖西

丘陵山地,其地域范围主要包括清代的六安州和安庆府。

关于徽商在皖西大别山区的活动,迄今所知比较系统的资料仅见《嘉庆朝我徽郡在六安创建会馆兴讼底稿》抄本①。从中可见,清嘉庆年间,徽商"在六安州城地方开设典铺、银庄数百家",此外,还有杂货、钱店、油坊、盐店、茶叶、粮食和衣庄等。对此,清乾隆《六安州志》在描述当地的经济状况时这样写道:

> 工作技艺,非土著所长。凡宫室器具,悉取办外郡,故城市村墟僦食者所在多有。商所货粟、米、竹、木、茶、耳、药草诸物,盐筴则来自淮阳,徽人掌之,土居无兴贩者。②

此处提到,在六安各地执掌商界牛耳者,皆是外地的商人。而其中的盐商,则是来自"淮阳"(应指苏北的淮、扬一带)的徽商。③ 除此之外,就现有资料来看,徽商在六安从事茶业经营,至少可以上溯至明代。④ 及至清代前期,两地的交流更显密切。乾隆《霍山县志》记载:"茶本山货属,以茶为冠,其品之最上者曰银针,次曰雀舌,又次曰梅花片,曰兰花头,曰松萝。"其中的"松萝",系"仿徽茗之□,但徽制截□,霍制金叶"⑤,这是皖西茶业生产对徽州的模仿。而在徽州府祁门县,当地则仿照皖西的六安茶,发展出一种名叫

① 原件藏安徽省黄山学院图书馆,后经标点,收入李琳琦、梁仁志整理《徽商会馆公所征信录汇编》(北京:人民出版社,2016年)。关于该册抄本,范金民教授作有《清代徽商与经营地民众的纠纷——六安徽州会馆案》一文(载《安徽大学学报》2005年第5期),对此有较为全面的研究。

② 乾隆《六安州志》卷七《风俗》,台北:成文出版社,1985年,第471页。另,同治《六安州志》卷四《舆地志七・风俗》照抄了此一记载。

③ 清乾隆歙县《岑山渡程氏支谱》末,有"岑山渡派转迁于外略辑以备查考",其中首列迁往六安州、霍山等地的程氏家族成员,这些人,可能就与盐业经营有关。(王振忠主编:《徽州民间珍稀文献集成》第17册,上海:复旦大学出版社,2018年,第202页)

④《程仲权先生诗集》,载《四库全书存目丛书》集部第190册,济南:齐鲁书社,1997年。该书是由程可中(仲权)之子程胤万、程胤兆二人所编,书中有《六安州菊花店建茶庵募缘疏》,反映了徽商在六安州一带的活动。

⑤ 乾隆《霍山县志》卷七之二《物产志・货属》,台北:成文出版社,1985年,第825—826页。

“安茶”的茶叶，远销岭南及东南亚。① 晚清时期，李光庭有“金粉装饰门面华，徽商竞货六安茶”②的说法，摹状了徽商在京城销售六安茶的盛况。对此，光绪《霍山县志》中亦提及该处茶业经营与徽州的相互影响：

> 近徽郡仿外洋，以机器烘焙，制精工省，颇获其利。本邑绅商如能集股设公司，精其制造，则利权操之在我，诸弊不禁自除矣。西人亦云：霍茶香味较胜徽产。③

从此处的“西人亦云”来看，霍山一带生产的茶叶，曾与徽茶一起运销外洋。

除了茶叶经营方面的相互借鉴和影响之外，徽商对当地商业的影响也是多方面的。光绪《霍山县志》记载：

> 夫古所谓四民者，士、农与工、商也。今邑中所号为土著者，耕读而外，无所事事，凡贸迁工作，无往非仰承楚、豫、徽、英、潜、太之人。④

这些，都反映出徽州与六安一带密切的联系。⑤

除了六安州之外，在安庆府一带也有不少徽商的活动。关于这一点，资料颇为零星。管见所及，比较早的一条资料提及，明成化、嘉靖间，休宁商人汪平山在安庆、潜山、桐城一带从事粮食贸易。⑥ 及至清代，资料则稍显丰富。如“枞阳为桐城首镇，……舟车来往，百货俱集，多以贸易为业，徽宁商

---

① 笔者另作有《清代祁门“安茶”之运销及相关问题研究——以新发现的徽州商编路程为中心》，待刊。

② （清）李光庭：《乡言解颐》卷五《物部下・开门七事》，北京：中华书局，1982年，第108页。

③ 光绪《霍山县志》卷二《地理志下・物产》，台北：成文出版社，1974年，第189页。同书同卷亦提及：“货之属，茶为第一，……南乡之雾迷尖、挂龙尖二山左右所产，为一邑最。采制既精，价亦倍于各乡。茶商就地收买，倩女工捡提，分配花色，装以大篓，运至苏州。苏商薰以珠兰、茉莉，转由内洋至营口，分售东三省一带，近亦有与徽产出外洋者。次则东北乡与西南近城一带，多北运至亳州及周家口，半薰茉莉，转售京都、山西、山东。”（第183页）从花茶的制作工艺及其程序来看，显然受徽州的影响颇大，这与徽商在当地的活动应密切相关。

④ 光绪《霍山县志》卷二《地理志下・物产》，第212—213页。

⑤ 光绪《霍山县志》卷一一《人物志下・流寓》中，收录了不少徽州人的事迹。（第838—846页）

⑥ 休宁《方塘汪氏宗谱墓志铭》，转引自张海鹏、王廷元主编《徽商研究》，合肥：安徽人民出版社，1995年，第273—274页。

贾最多"[①],这是19世纪中叶的一条史料,反映了徽商在桐城首镇枞阳一带的活动。至于具体的行当,例如在当地从事盐业经营的徽商,《清康熙歙县盐商锡〈疏文誓章稿〉》抄本中就提及:

父到安庆开创盐店,起于康熙戊申年,初挂友善旗号,系安徽抚院张公,发本与程上慎太翁营运。上慎太翁与祖同铭(?)好友,故托父往皖掌管。[②]

文中的"程上慎"即康熙年间的淮南盐务总商程量入(歙县岑山渡人),[③]由此可见,它的运营资本应为官商资本。此外,类似的盐商还有江嘉谟(字仲书,号勉亭),"嗣随父办鹾皖江,公开诚布公,不欺不贰,克襄父业"[④]。

除了盐商之外,黟县二都江村人汪廷琛,"同治年间,……贸易于潜山县钱布业"[⑤]。此外还有史料只提及徽州人在当地从事贸易活动,如:

方如斑,字子正,环山人。祖慕塘,以贾殁潜山,丁明季兵阻,榇不得归,旋失所在。如斑少即具寻墓志,而苦无的所,往还数数,饮泣而已。久之,询于适程姓之姑,姑盖自潜山归嫁者,时年已七十,知如斑寻墓,亦愿偕往。至复茫然,或有言乱后枯骨无数,僧某以普同塔瘗之。或又言某石洞有敝棺。如斑偕姑入,棺无题识,亦难识矣。俄而得髻簪一于鬖鬖乱发中,姑乃大恸曰:"是矣,此簪为敛,我年十四时见之,此来非我未死,无人知也。"如斑于是悲喜交集,重市棺衾,敛而归焉。[⑥]

这一段文字讲述了歙县环山人方如斑前往潜山寻找祖父遗骨的故事,其中谈到其祖父方慕塘于明末曾在潜山经商,还提及从潜山归嫁徽州的"程姓之

① 道光《桐城续修县志》卷一《乡镇》,台北:成文出版社,1975年,第38页。
② 王振忠主编:《徽州民间珍稀文献集成》第24册,第103页。
③ 关于歙县岑山渡程氏,详见王振忠《明清徽商与淮扬社会变迁(修订版)》,北京:生活·读书·新知三联书店,2014年,第49—52页。
④ 歙县《济阳江氏族谱》卷九《清州同知覃恩貤封武义大夫南安参将嘉谟公原传》,转引自张海鹏、王廷元主编《明清徽商资料选编》,合肥:黄山书社,1985年,第137页。
⑤ 民国《黟县四志》卷七《人物·武略》,南京:江苏古籍出版社,1998年,第109页。
⑥ 道光《徽州府志》卷一二之四《人物志·孝友》,南京:江苏古籍出版社,1998年,第494页。

姑”，这些，都从一些侧面反映了皖南徽州与安庆府潜山县的交流。另外，道光《徽州府志》还记载：

> 汪士铨，字子芳，霞溪人。家素贫，母洪氏孕士铨时，父惟墀贸易潜山，财被劫，不得归。铨生十龄，未见父，朝夕忧思。稍长，请母命往访，得迎归。①

这是说康熙年间的汪如铨，有位前往潜山经商的父亲，因财物被劫而难以返乡。类似于此在异乡穷困潦倒的徽商，想来不在少数。

此外，更多史料是涉及徽商在当地的慈善活动。譬如，嘉庆《休宁县志》记载：

> 朱德粲，字英三，珰坑街人。贾于皖，尝成潜山县石梁，造救生船于大江以拯溺，制水桶于皖城以救火灾，并置义地，施茶汤，保姜氏子，赎许氏女，义行甚重。②

同治《黟县三志》亦载：

> 史世椿，字延龄，（黟县）九都金钗人。少清贫，商皖起家。……在皖于救生局捐钱布，于体仁局施棺。道光中，皖水灾，刘抚部韵柯时守安庆，令世椿督赈，筹画周密，全活为多。③

上述两条史料，都涉及徽商在皖城（安庆）的慈善活动。除了第二条提及的皖城体仁局之外，潜山也有类似性质的同仁局。例如，民国《潜山县志》就提及当地的同仁局，“在五显巷，新安同人捐资设立，施送棺木，今废”④。从此处的表述来看，指的应是清代的情形。关于同仁局，该志还提及：“同仁局公所堂舍在六都坂，嘉庆十七年，由钱、孙、汪、朱、程、储各姓倡办，……因其路当孔道，故联络之捐资筹款，收取界内业户移庄田费，置买义山、义田，每年备办棺匣，贫难殡殓，赴局领葬，及山原草泽暴骨露尸，随时给棺掩埋。其外

---

① 道光《徽州府志》卷一二之四《人物志·孝友》，第512页。
② 嘉庆《休宁县志》卷一五《人物·尚义》，台北：成文出版社，1985年，第1440页。
③ 同治《黟县三志》卷七《人物志·尚义传》，南京：江苏古籍出版社，1998年，第130页。
④ 民国《潜山县志》卷五《公局》，台北：成文出版社，1985年，第84页。

来流丐,量计人口给散,不得在境骚扰等情,请示勒碑。迄今历置田租二百十余石,择人轮管,奉行不怠。"①从其中提供的信息来看,此一同仁局应位于乡间,是徽商与当地士绅合作经营的慈善事业。

另外,民国《怀宁县志》还提及:"徽州会馆在大墨子巷,徽州人公立。"②怀宁是清代安庆府治之所在,此处的徽州会馆建于何时不得而知,不过,这也从一个侧面反映出当地应有不少徽州人活跃其间。③ 1921 年,胡适前往安庆讲学,受到徽州同乡会的欢迎,在彼此交往中,胡适十分注意徽州旅外人事,根据他的观察,"省城徽州人不多,黟县人稍多,约有四五百人,绩溪人只有二十左右,黟县人颇占势力,商会的会长程□□[振钧],就是黟县人"④。这种情况虽指怀宁一地,但大致也反映了徽人在安庆府的人数状况。

揆诸史实,安徽省城"黟县人稍多"之情形,同黟县与皖西各地的交通密切相关。在传统时代,黟县对外交通的陆路主要有"宁池古道""羊栈岭古道""章岭古道""方家岭古道""西武岭古道""渔亭古道"和"阜岭古道"等,其中的"方家岭古道"和"西武岭古道"皆是直接通往安庆的道路,⑤较之徽州其他的县份,显然更为近便。而本文所研究的《照抄知单议约禀帖告示稿》,就与黟县徽商有关。

二、从《照抄知单议约禀帖告示稿》看徽商在皖西大别山区的活动

《照抄知单议约禀帖告示稿》,抄本 1 册,收入笔者主编的《徽州民间珍稀文献集成》。⑥

---

① 民国《潜山县志》卷五《公局》,第 85 页。

② 民国《怀宁县志》卷四《会馆》,南京:江苏古籍出版社,1998 年,第 97 页。

③ 民国《怀宁县志》卷九《祠祭》:"汪爷庙在赵家巷,祀越国公汪华。"(第 155 页)

④《胡适的日记》,转引自王文岭《陶行知年谱长编》,成都:四川教育出版社,2012 年,第 59 页。

⑤ 参见黟县地方志编纂委员会编《黟县志》,北京:光明日报出版社,1983 年,第 234 页。

⑥ 王振忠主编:《徽州民间珍稀文献集成》第 1 册,第 481—509 页。

（一）衙前镇土著七社的“扁担会”

《照抄知单议约禀帖告示稿》抄本1册，虽然不到30页，但内容相当丰富，其中收录了数份原始档案，个中的第一份为：

> 具知单衙前镇七社人等，原[缘]我地田少人多，贫苦者多靠挑驮为生活之计，是以我等邀动同类之人，约于十月初一日，齐至关圣庙，酌议花钱若干，起匾[扁]担之会。凡往英、霍、六安、石牌、安庆等处，挑运来去杂货等项以及茯苓，所有挑抬力价，每处至每处，大家公同商酌：一则我地挑抬之钱，不致外方人得；二则贫苦竭力之人，不致束手受困。凡我同人，务宜踊跃向前，不宜缩后，每名各带米半升、钱若干。嗣后难以入禁，勿谓言之不早也。
>
> 光绪廿一年九月二十七日七社公具

衙前镇即今安徽省岳西县治之所在，是大别山区的一个小镇。该地原属潜山县，1936年，析潜、太、霍、舒四县边地设立新县，因此处“适居潜岳之西”，故名岳西县。而在此之前，该处位于潜山县北一百里。当地地少人多，许多人以挑担为生。

上述文书提及，所挑货物包括“杂货”和茯苓。关于“杂货”，根据民国时期的调查，潜山县的山内松材，多烧制成炭，以便搬运。该县所出薪炭，除供给本地外，也运销于安庆。薪炭之外，运出外销者还有皮油、漆、油桐等。皮油即柏油，可以制烛及皂，当地榨油坊颇多，榨出之油，皆运至安庆出售。此外，还有潜山朴席、纸等，也有一些出产。① 此一调查虽然稍晚，但应当也可以从一个侧面反映当地的“杂货”流通状况。

从上揭知单来看，当地挑夫的活动范围，北至六安、霍山，西至英山，南到石牌、安庆。所挑运的货物，包括“杂货”以及作为药材的茯苓。光绪二十一年(1895)九月二十七日，衙前镇的地缘性组织——七社，其成员相互串联，拟于十月初一日到关帝庙成立“匾[扁]担会”，共同商定挑抬的工钱。此

① 周昌映：《安徽潜太两县森林视察记(附茯苓培养法)》，《农林新报》第11卷第10期、11期，1934年。

次议定的结果,即第二份文书所述:

具知单衙前七社人等,缘我地人烟稠密,贫苦者半以挑驮为生涯,向有老议,量地远近,酌派力钱,均以制钱交兑。兹恐老议废弛,爰约同人,复申前议条规列后。

开计[计开]:

一、议衙前至水吼岭,粗货十八两秤,每百斤派力钱,抬者二百五十,挑者力足钱二百文;由水吼岭至衙前,十六两秤,抬者力足钱二百五十文,挑者派力足钱二百文;

一、议由衙镇至潜城,十六两秤,每百①斤议力足钱五百;至石牌,每百斤派力钱七百文;至黄泥港,每百斤派力足钱六百文;至磨子潭,力足钱七百;至英山县,每百斤力足钱壹千二百文;至六安州,派力足钱一千五百文,挑油者加钱一百文,议不除伙;至安庆府,每百斤力足钱壹千二百文;至宿松陈家岭,每百斤派力足钱壹千四百文;

一、议至徐家桥,每百斤派力足钱一千四百文;

一、议各处力钱,均以制钱交兑,如有循情私收禁钱,公同处罚;

一、议承挑者,不能舞弊,走失货物,如有此弊,着本挑者、抬者赔出,重罚;

一、议所有进出货物,无论何处人夫,一体搬运。兹因约议,不无花销,派定七社内,每担抽大钱廿文,每抬抽大钱卅文;境外每挑抽大钱卅文,每抬抽大钱四十文。其所抽之费,由领议者结算,抽费期于明年清明日停止。

光绪廿一年十月初二日七社公具

这里进一步指出,衙前一带人烟稠密,贫苦者有一半是以挑担运货为生涯。挑货的范围,除了前述的几个地点外,还有西南的宿松陈家岭一带。另外,还提及挑油者。潜山当地出产麻油、菜油、桐油、茶子油和棉核油等,这些榨油的渣滓,也可以用来作为农田的肥料。其中,以芝麻榨者为麻油,以菜籽

① 百,原文作“伯”,以下统一径改。

榨者为菜油(亦称香油),木棉核榨者曰棉油,桐子榨者曰桐油,茶籽榨者曰茶油。此外,还有乌桕籽榨者曰皮油、落油。从方志记载来看,在安庆府,油的买卖似乎是一桩较大的生意。① 挑油者之所以需要特别加价,或许是因为较之其他货物,所挑之油常有泼洒之虞,需要格外小心。

衙前七社共同商议决定,对所有进出货物抽取一定比例的费用,用于七社公议条规的相关开支。由上揭知单可见,在此之前,衙前七社就有相关的"老规",此时则重申前议。这一点,折射出挑夫的相关组织及规章俗例可能由来已久。

此处提及,从衙前至水吼岭,使用的是粗货十八两秤;而从水吼岭至衙前,则用十六两秤。今按旧制,一市斤等于十六两。用十八两的秤称东西,整斤没变,斤以下的不准,卖零时沾光,买零时吃亏。民间有"只晓得一条蛮秤十八两",指人没什么见识,只知蛮横胡来。② 从来往不同的度量工具来看,衙前与水吼岭之间的双向贸易,在货物品质上存在着一定的差异。

上述档案中的水吼岭又称水口岭,亦即今水吼镇,因潜水于此骤转,涛声如吼而得名。清人金梦先有《水吼岭道中》诗曰:

> 鸟道多崎石,游人费苦心,山高日落早,溪浅水痕深。
> 峻岭难移步,寒梅应可寻,石龛才小憩,梵呗有余音。

根据诗歌的自注,当地"每午后即不见日"③。此处距离潜山县城二十四千米,山高峰险,云遮雾绕,漫山遍野生长着许多名贵的中药材(如灵芝、石耳、白芨、石斛、山枝、乌药、枸杞等)。④ 水吼岭西面与现在的岳西县接壤,直到本世纪初,仍因交通不便,该县的天堂、响肠、五河、菖蒲等地之土特产和民众日常生活的必需品,皆由水吼岭进出,山路靠人肩挑,水路则有赖于竹簰转运。⑤ 以盐

① 关于这一点,民国《怀宁县志》卷六《物产》中有较为详细的描述(第110页)。
② 高歌东编著:《汉语描述语辞典》,天津:天津教育出版社,2006年,第655页。
③ 乾隆《潜山县志》卷二〇《艺文志·国朝诗》,台北:成文出版社,1985年,第1329页。
④ 康熙《潜山县志》卷四《方物》和乾隆《潜山县志》卷二《民事志·物产》中,都列有当地的药类。(分别见相关方志的第274页、第197—198页)
⑤ 林斗山:《水吼岭漫话》,潜山县政协文史资料委员会《潜山文史资料》第3辑,1993年,第273—275页。

业运输为例,民国时期,北盐南销,在水吼岭设有司事二名。而在更早的清代,这一带的盐都是由徽商垄断。根据徽州文书抄本《誓文疏章草》的记载,康熙五十三年(1714),安庆盐店发往潜山县水吼岭的一批淮盐,尽化乌有,其原因可能是沉船或是被抢之类的天灾人祸。水吼岭是潜水河上运输的终点,山区所需的盐都在此上岸,挑进山区各处。①

关于当地的货物经营,民国《潜山县志》还提及:

> 李世林,习医,精内外科,活人无算,遇贫苦无资者,代偿药值,行之十余年。殁时,有水吼岭吴同兴店药价尚未清偿,吴感其所买之药均以济人,亦仅索其半,里人两义之。②

可见,水吼岭一带也有一些药店,从当地盛产药材的情况来看,这可能是从事批发药材的店铺。

除了水吼岭外,上引的第二份文书中还提及几处市镇。如怀宁县石牌镇,当时与水吼岭之货物运输是通过水筏走水路。再如黄泥港即今黄泥镇,位于潜山县(今潜山市)南部、长河北岸,为舟楫贸易之重要港口,此处既是四邻物产的集散地,更是上通太湖和今岳西,下达怀宁、安庆的天然良港,迄今仍为潜山、怀宁和太湖三地的农贸中心。③ 而磨子潭镇,则位于霍山县南六十里。

综上所述,衙前镇一带挑夫的活动范围较广,而从上述的两份文书来看,扁担会的组织较为严密,该会成立之次日,即散发了知单。

(二)侨寓徽商的应对

针对衙前镇扁担会的挑战,侨寓当地的徽商很快便制订了相应的策略及应对措施:

> 立议合衙镇铺户人等,缘我等贸易潜北,凡南北各路杂货,必须挑

① 江巧珍、孙承平:《徽州盐商个案研究:〈疏文誓章稿〉剖析》,《清史研究》2005 年第 1 期。

② 民国《潜山县志》卷一九《笃行》,第 321 页。

③ 民国《潜山县志》卷二《市镇》,曾描述 20 世纪前期的情况:"黄泥港镇,县南三十五里,与怀、太接壤,商铺二百余家,有警察局、警佐,有邮局,有厘卡,商货以棉布、米谷、竹簟为大宗。"(第 39 页)

抬,始便通商,其脚力身工,计斤扣钱,向有定例,毋许增减。今因该地挑抬人等,请凭地方,议加力钱,并阻境外挑抬,实有不便,是以公仝商酌,请凭合地议定搬运货物力钱条规,逐一列后。

计开:

一、自省城至衙镇,每百斤力典足钱一千二百文;

一、自石牌至衙镇,每百斤力典足钱柒百文;

一、自黄泥港至镇,每百斤力典足钱伍百文;

一、自县城至镇,每百斤力典足钱伍百文,挑油者加钱一百文;

一、自水吼岭至镇,挑者十六两秤,每百斤力典足钱一百五十文;抬者十八两秤,每百斤力典足钱二百文;

一、自霍邑磨子潭至镇,每百斤力典足钱六百五十文;

一、自六安州至镇,每百斤力典足钱一千伍百文,挑油者每百斤加钱一百文;

一、自英山至镇,每百斤力典足钱壹千文;

一、自宿邑陈家桥(岭)至镇,每百斤力典足钱一千一百五十文;

一、议各店应付挑抬力钱,均以净典兑付,倘有货物须照典钱扣价,毋许高昂,亦不得私行加减,倘有此弊,公同处罚;

一、议承挑者,无论何处之人,货物倘有遗漏,公同追究;

一、议承挑者,倘有借端滋事,公同理论,至一切花费,照老议摊派,不得遗累经手之人;

以上所议各条,实为公平起见,自议之后,我等恪遵,以招[昭]画一,庶以后永免争端,永无更改,立此议约为据。

光绪廿一年十月初七日立议合新安铺户汪永隆

汪广元　同仁堂　培元堂

汪道生　黄义茂　汪泰生

大春和　汪祥隆　长春堂

凭绅:储蓉塘　金荣高　朱锦堂　储玉相　萧成龙

储春和　王联科　金享之　储秉璋　方贞修

方享五　储廷植　储聘章　储宜春　储晓湖

储荣枝　程含章　储鼎臣　储章甫　汪石渠
谢讦谟　刘正安　朱从仁　胡叶吉　程从之
程子文

从文中的“照老议摊派”来看,与当地之衙前七社一样,徽州铺户也有约定俗成的规范。另,从前文所引第一份文书中提到的茯苓来看,此处的“同仁堂”“培元堂”“大春和”和“长春堂”等,应是徽商在当地所开药店之店名。康熙《潜山县志》曾提及,当地的药类主要有何首乌、黄精、茯苓、贝母、五倍子、天南星、苍术、白术、五加皮、天门冬、麦冬、天麻、马蹄香和茜草等。① 根据当代医学的研究,大别山区因气候温和、雨水充沛、地貌类型复杂多样,适宜多种野生动、植物之繁衍和生长。这种优越的自然条件,使得此处成了天然的药材宝库。通过调查,迄今已发现野生、家种和家养的中药材品种近 1 800 种,约占安徽省中药材总量的 80%,其中岳西 1 136 种,金寨 1 360 多种,霍山 1 735 种,是安徽省中药材最重要的基地之一。② 在历史时期,徽商在皖西大别山区各地开有不少药店。例如,根据地方文史资料记载,在黄泥镇有一同仁堂药店,开张于清嘉庆二年(1797),其开创者为程、胡二姓股东,后子孙世业,迄至 1956 年合作化时为止,共存续了 159 年。③ 而从程、胡二姓来看,基本上可以判断其人原籍应来自徽州。至于此一同仁堂,与文中提及的“新安铺户”有着何种关系,因书阙有间而难以确知。不过,结合前引民国《潜山县志》的相关记载来看,无论是水吼岭还是衙前镇,都分布着一些药店,而这些药店的主人,有不少就来自徽州。

上揭文书中提及的储姓、方姓等,应是当地的土著绅商。列名文书者共 26 人,其中“打圈 8 人未作押,其余之人均作押了”,可见,仍有储蓉塘、储春和、王联科、储廷植、储聘章、储鼎臣、谢讦谟和刘正安共 8 人(其中储姓者共 5 人)未曾画押,约占三分之一弱。这可能说明,虽然侨寓徽商希望得到当地

① 康熙《潜山县志》卷四《方物》,第 274 页。
② 李典友:《大别山区中药材资源的开发和利用对策》,《生物学杂志》2000 年第 2 期。
③ 潜山县政协文史资料委员会:《潜山文史资料》第 3 辑。引者按:原文作 194 年,今据实际年数酌改。

绅士的认可，但结果并不能完全如愿。

过了数日，当地的"新安铺户"又立一议：

> 立议新安铺户人等，情因我帮贸易衙镇，往来货物挑抬者，向系各铺择取老成之人，力钱多寡，量地远近，历年于兹，相安无异。突于十月初一日，有储雍元、方德全、程宝贤、储振基鸠合众人，倡立私议，增加力钱，并阻境外之人不得挑抬，及有胆敢抽厘等弊。我等恐因多事，旋凭书院理处，伊仍恃众不遵，是以公同酌议，请示禀官，所有花销，照股摊派，不得贻累经手之人。议条列后：
>
> 议所需之钱，照二十七股摊派：永隆拾四股六厘，广元拾股四厘，同仁壹股，道生、泰生、长春、义茂、培元、祥隆、大春和共壹股；
>
> 议具禀人吴东函、汪礼平、汪焕章；
>
> 议敛费人胡襄衡、汪廷魁、汪永有。
>
> 光绪廿一年十月十四日遵议　同仁　培元　长春　永隆
> 道生　又茂　大春和　广元
> 泰生　祥隆

潜山北乡的天堂书院，在原潜山县治北百里衙前，现为岳西县院址衙前老街东坡岭。另外，云溪书院，在天堂腾云上街，①现为岳西县腾云庙老街。由上可见，徽商最早是希望通过民间协调，由当地书院乡绅负责调解纠纷，但结果没有成功，故而只能上诉官府。根据此一文书，当时议定的应对措施共有三点：一是确定诉讼费用的摊派办法。其时，土著衙前七社是以抽厘的方式筹集资金，而侨寓徽商则是根据商家大小按股摊派。从中可见，在当地的徽商中，汪永隆是最大的商户，所以摊派费用时，在二十七股中占了十四股六厘；其次为汪广元，占十股四厘。二是推举了负责具禀的人员，从其他相关文件来看，其中的吴东函、汪礼平和汪焕章都是具有功名者，故而由他们领衔上禀。三是确定了收取费用的负责人。

议中提及："往来货物挑抬者，向系各铺择取老成之人。"揆情度理，以衙

① 民国《潜山县志》卷六《书院》，第97页。

前为中心的贸易,北至六安、霍山,南至安庆、石牌,西至望江等地,徽商雇用的挑夫应当不仅限于衙前一地。然而,及至光绪二十一年(1895)十月,归属衙前七社的土著挑夫,希望排斥来自其他地方的竞争者并擅自抬高运输价格。

接着,到了十月二十三日,众商人再次呈词:

为纠众藐法,结党欺异,恳恩示遵,以安商贾事。生等原藉[籍]徽郡黟邑,来至贵治下北乡衙前镇开店生理,历有年久,生意往来无异。由省坦[垣]及陆地运货,并石牌镇转拨竹筏,装至治北水吼岭,堆存客栈,由栈随时雇夫,挑送各店,以免遗失,由来久矣。不意今九月间,有近镇储雍元、方得全等朋枭欺异,纠党于衙镇关圣庙内议起扁担会,凡水吼、衙前镇二处货物,必由伊等拨人搬运,不能搀越外人,并私抽厘金,胆敢议规条,知单四出。生揭呈核,该邀洞鉴。生系异地,无奈伊何,于这日初席,请绅举人储兆芹、文生方享正、地保金享之等向伊理论,伊恃党大凶横,形同化外,均莫伊何。窃思水吼岭至衙前,均系陆地,路隔五十里许,若货准伊挑运,路隔甚远,又无总头,倘有遗失,坑累何追?仁宪爱民,均属一体,不求赏示究惩,截抢之祸,必在瞬息间矣。惟迫无奈何,只得粘呈伊等谕单缕情,迫叩大父师台电核作主,赏示安良,以靖地方,以通商贾,公侯万代,沾恩上禀。

该份呈词,明确提及在潜山一带活动的徽商皆来自黟县。呈词具体指明了衙前七社的目的:本来,从安庆府城到衙前镇的货物,既有陆运又有水运;水运由石牌镇下竹筏,运到水吼岭,堆积在当地的客栈中,由客栈随时雇用挑夫,挑送到衙前客店,这是一向的惯例;而从水吼岭至衙前镇,则有五十余里的陆地。现在,衙前七社成立的“扁担会”,希望能垄断其中的挑抬业务。

(三)官府的处理

在前述十月二十三日的徽商呈词之后,有一注曰:

以上所呈情形,周父台言:而水吼岭之货物,由本岭人挑送;而衙前之货物，由衙镇搬送，不能阻挠。兼且储、方二人，何为夫头，又无老议，何能强挑此货？比时言过，赏示安碑。至二更之时，有房差到我帮，将所呈原词带到，我帮比言，此件公事，火速送稿出示，决不可拖久也。

此处的"周父台"，应是当时的潜山知县周凤梧。此人为湖北咸宁人，他于光绪十九年(1893)赴任，连任八年，"善政累累"，官声颇佳。① 根据他的调解，货物运输被分成两段：运往水吼岭的货物，由该岭人自行挑送；而衙前的货物，则由衙前镇搬送。显然，他是希望以此化解纠纷。

当日，徽商汪礼平、汪焕章等还具禀：

具禀监生汪礼平、从九、汪焕章等，为借议挟遵，缕恳弹压，以安商贾事。缘生等自祖在本镇开店，百余年来，货物流通，听店择取人夫，无分疆域。前月突有近镇储雍元、方德全等，鸠合大众，创立议条，一切到镇之货，不准境外人挑运，并敢自加力钱，擅抽厘金，挟生等遵照，而且四处张贴知单，迫生凭绅、保理质，伊反猖狂，致令各铺不敢进货。似此加力、抽厘，区分疆界，不惟绝生等谋生之路，势必酿成祸端。恭惟总爷久任分防，民情洞悉，为此缕恳呈底细，并将储雍元等悬挂议条呈核，恳即饬兵弹压，并赐移详，以靖地方，以安商贾，是为德便，上禀。②

从上揭的禀文可见，徽商在此处的活动已逾百年。禀中的"总爷"，应指天堂巡检司巡检。因此次变故，徽商迫切期望官府出面弹压。

对于双方的纠纷，官府很快作出处理：

钦加二品特授安徽潜山营天堂汛总司张，为示谕定章事。照得本年十月廿八日，据衙前铺户及挑抬人等面称，无论境内、境外一体通商情形，本总司查所属潜山县汛地，系通衢要道，惟衙前汛内首镇，该铺户在各处搬运货物，该铺无分远近，择取老成人搬运，倘力人遗漏货物，该铺比即禀报衙门，从重究办，是以佥同绅士，公同酌议，按程给价，永定章程。自示之后，各宜恪遵，无得滋生事端，此示。

---

① 民国《潜山县志》卷九《名宦(附政绩)》，第145页。

② 抄本中之前另有一份禀文，与此内容大同小异，其后注明"此禀未用，从改"。

一、议水吼岭至汛,十八两秤,抬每百斤力足钱二百廿五文,每件百多斤为抬;

一、议水吼岭至汛,十六两秤,每百斤力足钱一百七十五文;

一、议县城至汛,每百斤力足钱五百文,挑油者加足钱一百文;

一、议安省至汛,每百斤力足钱壹千二百文;

一、议黄泥港至汛,每百斤力足钱六百文;

一、议石牌至汛,每百斤力足钱七百文;

一、议宿松陈家岭至汛,每百斤力足钱壹千一百文;

一、议磨子潭至汛,每百斤力足钱六百五十文;

示力钱均用二八净典交兑,毋分远近,均照旧章,愿望尔等恪遵。如敢故违抗,照详移县录申,通详各大宪,严加究办。莫怪本总司不仁,实凭神灵鉴察,毫不为私也,各宜凛遵毋违,特示,切切!

右仰通知。

光绪廿一年十月廿八日

这是潜山营天堂汛张总司出具的告示,"二八净典"系指质量很好的铜钱。① 此一告示"实贴永隆店晓谕","永隆"也就是汪永隆,是"新安铺户"中最大的一个店铺。天堂汛之所在为天堂山,该处位于潜山县北一百四十里,四壁高峻,中敞如堂,内有温泉,四时可浴。② 长江流域皖河水系之皖水上游的衙前河,自北流入。根据民国《潜山县志》的记载,清代天堂司衙署,原建于天堂山衙前地方,距城百里,地势低洼,被水冲坍,历年久远,未经再建,而历任之员,俱在水吼岭镇赁租民居居住,其废址则召民开种,升科注册。乾隆三十一年(1766),由北乡士绅公输资助,巡检杜昶价买水吼岭镇王姓空房数间,永为公署。乾隆三十五年(1770),巡检张天保重修。③ 从巡检司之设置

① 戴鞍钢、黄苇主编《中国地方志经济资料汇编》一书,辑录了据称为民国《龙岩县志》卷一七《实业志》所附币制考:"至铜钱之使用,分净典、沙坏两种。每千钱中,净典七、沙坏三,名三七掺。如典六、沙坏四,则名四六掺。"(上海:汉语大词典出版社,1999年,第1071页)不过,今查《龙岩县志》卷一七,实未见"币制考",出处或为传抄之讹,姑存待考。

② 乾隆《潜山县志》卷一《舆地志》,第91页。

③ 民国《潜山县志》卷二《公署》,第34页。

情况来看,衙前镇及其附近的天堂山,在某种程度上,皆属潜山县政鞭长难及之处,因此,衙前七社之发难,亦令官府十分头疼。

除了巡检司外,潜山县令亦出有告示:

赏戴花翎四品衔特授安庆府潜山县正堂加四级纪录十次、记大功一次周,准给示禁,以安商贾事。据衙前镇黟邑铺户、监生汪永隆、监生汪广元、汪道生、长春堂等呈称,生等原藉[籍]徽郡黟邑,来至治北衙前镇开店生理,历年往来无异,由省垣及各陆地运货,并石牌镇转拨竹筏,装至水吼岭堆存客栈,由栈随时雇夫,挑送各店,以免遗失,由来久矣。不意今九月间,有储雍然、方德全等朋枭欺异,凡水吼岭、衙前镇货物,必由伊等拨人搬运,不能搀越外人,并私议抽厘规条,意在包揽把持。生等随邀同该处绅民,并各铺户申明,各处挑抬力价,恳赏示禁,等情到县。据此,除批示外,合行给示晓谕,为此示仰衙前、水吼岭各处地方脚夫人等知悉,嗣后务须遵照向章脚力价值,妥为搬运,毋得借端加增需索。该铺户亦不得意外刻扣减少。至承挑之人必须老成,如有遗漏捐[损]坏情事,着落承挑之人赔偿。自示之后,倘敢故违,仍前借端阻挠,以及从中包揽把持,一经铺户指名禀控,定即提案究惩不贷,其各凛遵无违,切切!特示。

光绪廿一年十一月初一日示

此一告示,"实贴衙前镇晓谕",从其内容上看,明显是站在旅外徽商的立场上,希望双方遵守既有规则。

因抄本《照抄知单议约禀帖告示稿》全书不到 30 页,内容至此戛然而止,我们并不清楚光绪二十一年(1895)十一月初一日之后的情形究竟如何。以下,我们只能根据现有的资料稍作分析。

余　论

《照抄知单议约禀帖告示稿》抄本,是在皖南发现、保存于徽州的民间文献,它显然是旅外徽商抄录的档案资料。毋庸置疑,这是站在黟县徽商的立场上,有选择性地抄录相关的文书,因此,虽然属于第一手的文献,但仍然存在一定的局限性。例如,我们不完全清楚衙前七社突然组织扁担会的背景,也就无法对事件的发展作出全面的判断。不过,仅就目前的诉讼案卷来看,仍然值得进一步探讨。

(一)相较于长江中下游的不少市镇,皖南大别山区的绝大多数地方属于僻野荒陬,以往我们对徽商在此一区域的活动所知甚少。在明代以来徽商编纂的商编路程图中,也很少见到与此处相关的路程。[①] 只有安庆府城,被编入全国性的路程网络中。安庆府之下,仅有一小地名"石牌",见于商编路程的记载。例如,《天下路程图引》卷一"芜湖由安庆转至团风镇路":

安庆府。竹簰头搭石牌小船,八十里至石牌。如水小,就在此雇骡;如水大,竟搭船至太湖县起旱,头口钱略可省些。[②]

至于六安州和安庆府境内的其他地方,幸赖具体而微的民间文书,我们才得以了解更为细致的徽商活动轨迹。

根据民国时期的调查,安徽的英山、潜山、太湖、六安、霍山,湖北的麻城、罗田、蕲水,河南的商城、光山诸县,是茯苓的重要产地。其中,安徽所产约占半数。[③] 另据《中国各省产物调查录》,安庆府的物产主要有布、鲤鱼、茶、葛粉、茯苓、狐狸、果子狸、秋石、獭皮、獾皮和鲟鱼等。[④] 其中的茯苓,就产于潜山以及后来设县的岳西一带。潜山西北多山,山陵全为沙土,夹杂石英粒极多,为安徽出产茯苓最为著名之地。关于这一点,民国《潜山县志》曰:"茯苓为出产大宗。"[⑤]另据乾隆《霍山县志》的描述:

---

① 明朝黄汴《天下水陆路程》卷七"大江上水由洞庭东路至云贵"的路程,经过安庆府;卷八"徽州府至湖广城路"中,也提及安庆府。见杨正泰校注《天下水陆路程　天下路程图引　客商一览醒迷》,太原:山西人民出版社,1992年,第198、249页。

② 杨正泰校注:《天下水陆路程　天下路程图引　客商一览醒迷》,第408页。参见同书卷一"湖广由安庆至徽州府路程",第427页。

③ 储韵笙:《潜山茯苓调查纪要》,《安徽建设季刊》第1卷第1期,1933年。

④ 高阳骏一郎辑:《中国各省产物调查录》,《新民丛报》第3卷第20期,1905年。

⑤ 民国《潜山县志》卷四《物产》,第82页。

> 山中药味多不胜数，姑举其著者……木本以茯苓为最，然实劚于松根者，绝少山中人截老松为段，以法窖之，而生者居多，其力远不相及。药贾之老于此者，或不能辨。[①]

与潜山县相似，霍山、英山[②]一带亦有不少茯苓出产。《照抄知单议约禀帖告示稿》抄本中提及的徽商，有一些就是活跃在皖西大别山区的“药贾”。根据民国时期的调查，“茯苓乃松材之分泌物凝结而成，为吾潜物产出口大宗，先将茯苓切成种种形状，然后分售各口岸，如平片运销上海、杭，方(块?)运销宁波，骰子则到苏州，铇片则到广州、新加坡等处。盖茯苓为除湿利水之良药，南方低湿，多以此为饮料焉”[③]。因丸药中需要繁多，故此销路渐广。这些茯苓大都集中至安庆，再由各转运公司分别转运至汉口、上海、广东等处，[④]其销路以上海、香港为最大，广东、四川次之。[⑤] 此外，亦出口德国和日本。[⑥]

茯苓为安徽省四大名贵药材之一，根据当代方志的追述，潜山县(今潜山市)以及1936年建县的岳西县，历来就有窖茯苓的传统，其历史可以上溯至明代中叶。当地的茯苓大多由水吼区的私人药行收购，然后走水路运到上海或销往国外。在1949年以前，县内的梅城、黄泥、王河等几家药店在自己的饮片加工厂加工丸、散、膏、丹等剂型。[⑦] 而水吼、黄泥这两处，也正是《照抄知单议约禀帖告示稿》抄本中所提及的，这也从一个侧面证实了徽州药商在当地的活动状况。此外，黟县商人在潜山一带的活动，与汉口等地的中药业密切相关。例如，著名的叶开泰主人，就是祖籍黟县的

---

① 乾隆《霍山县志》卷七之三《物产志 · 货属》，第829—830页。

② 民国《英山县志》卷一《地理志 · 胜迹》：“蚕丝、茯苓、皮油、粉丝，均属出产之大宗。”(第164页)

③ 施亮功：《潜山物产调查记》，《安徽实业杂志》续刊第4期，1917年。

④ 储韵笙：《潜山茯苓调查纪要》，《安徽建设季刊》第1卷第1期。

⑤《汉口之茯苓业》，《兴华》第26卷第46期，1929年。

⑥《汉口茯苓之贸易概况》，《工商半月刊》第2卷第20期，1930年。

⑦ 安徽省潜山县地方志编纂委员会编：《潜山县志》第23篇，北京：社会科学文献出版社，1993年，第836页；岳西县志编纂委员会编：《岳西县志》第15章，合肥：黄山书社，1996年，第240页。

徽州药商。①

从《照抄知单议约禀帖告示稿》抄本一书所述,我们可以较为细致地了解徽商与长江中下游茯苓贸易的具体情况,这是近现代调查史料所难以提供的。②

根据当代方志的描述,潜山、岳西一带为大别山余脉,山峦起伏,沟壑密布,素有“七山一水二分田”之称。从农业生产来看,水吼岭一带位于低山凉湿区,山间河谷地带的山田日照偏少,总辐射量也因云雾、地形之影响而明显减弱;由于光热条件有限,且光、热、水之要素匹配不良,故当地通常实行的是一麦一稻之两熟制,有的地方冷浸田多,甚至只能一年一熟。③ 由于农业生产条件较差,一直到晚近,潜山县还是安徽省缺粮少油的主要地区之一。④ 在这种背景下,当地发展出比较独特的经济格局。据1996年版《岳西县志》记载,在该县五河区茅山乡小河南村高屋组,有一块清乾隆四十七年(1782)八月十八日所立的青石禁碑,其中写道:

为条漏恳补给款勒碑等事。监生蒋明辨,生员陈国泰,监生王捷、蒋如楚、蒋如蕃,子民何大有、余绍周、叶耀彩、何宇谟、蒋匡朝、崔万林等禀称:生等居西隅小河南,乃西大河源流所也,山势崎岖,每遭挖根者深掘,山地崩泄,沙泥淤塞河路,致损田庐,受害非浅。禀请给示,详载禁条,等情。据此,查前据该生蒋明辨等具禀,节经出示条禁在案。兹据前情,合再示禁。为此,仰该地保、居民人等知悉:嗣后务遵后开禁约,各安本分,倘敢违犯,许被害之人指实禀究。但不得挟嫌诬控,及借称犯禁,邀众议罚,致滋事端。违者,查出重处。各宜凛遵毋违,特示。

---

① 参见王振忠《叶名琛的家世与交游》,《读书》2015年第7期。

② 据1996年版《岳西县志》记载,民国时期,县内有养生堂、永济堂、复太堂、复生堂、仁和堂、同心堂、吴同春、汪左臣等六七十家药房和诊所。民国年间,安徽茯苓商筹集巨资,在汉口永宁巷内设立“安苓公所”,购置房产多栋,为茯苓商提供货栈和住宿之所。1916年至1937年,境内茯苓堂胡协吉、胡飞龙、吴国清、胡功业等,先后在武汉“茯苓公所”创办“同春”“和顺”“谦和”“振安”四个茯苓行,经营茯苓,主要销往香港及东南亚。(第245页)

③ 安徽省潜山县地方志编纂委员会编:《潜山县志》,第371页。

④ 安徽省潜山县地方志编纂委员会编:《潜山县志》,第89页。

计开：

一、在山竹木，各拼各山，毋许超界侵伐，犯者重究；

……

一、纵放六畜践食禾苗者，究行重处；

一、毋许挖掘蕨根、葛根，违者重究；

一、究取他人松杉、杂木、笋竹、山粮、田禾、菜果、茶麻、茯苓、塘鱼等物，并纵火烧山者，定行按究；如被窃之人并不禀官绳究，混行邀众搜查议罚滋事者，查出重处。①

从上文来看，早在乾隆四十七年之前，官府即就相关问题"节经出示条禁在案"，此时不过是重申而已。由此看来，当地早已形成以山林经济为主的基本格局。松杉、杂木、笋竹最为重要，其次才是山粮、田禾，此外还有茯苓等中药材资源。

禁碑中提及的"挖根者深掘"，具体所指便是"挖掘蕨根、葛根"。这是因为当地缺粮严重，农家以山粮（玉米、山芋、高粱、麦子、豆类）为主食，"若遇天灾，往往靠打橡子、挖蕨根与葛根洗粉充饥"②。这说明，当地民众的生活颇为竭蹶困窘。地少人稠的现状迫使许多人不得不另觅生计，其中之一就是通过腿脚奔忙，弥补生存条件的缺陷。对此，清人张必刚在《义济渡碑》中指出：

吾潜本以山得名，而川水为多。皖水发源天堂，经龙潭至乌石堰，绕县东折而南；潜水发源五河，经水吼岭至吴塘堰，绕县南折而东。二川皆抵怀宁之西偏，始汇合为一，而潜水较皖水为尤大。③

可见，皖水、潜水皆发源或流经潜山，因地处交通要冲，这使得挑夫成了当地的一种重要生计。《照抄知单议约禀帖告示稿》抄本涉及的地域范围，即以潜、皖二水流经地区为中心。其中提到的天堂、水吼岭、石牌和

① 岳西县志编纂委员会编：《岳西县志》第28章《文物》，第389页。上述引文根据本人的理解，作了一些调整。

② 岳西县志编纂委员会编：《岳西县志》，第114页。

③ 乾隆《潜山县志》卷二二《艺文志·碑刻》，第1456页。

黄泥港等,皆是位于上述二水周边的市镇。另外,“水吼岭为潜北咽喉,各路总汇”①。白水湾,西去水吼岭约十五里,为通霍、太诸县之孔道。咸丰九年(1859),太平天国将领陈玉成即曾由潜山走霍山赴六安。根据晚近的调查,在霍山,山货(主要是茶)源源外运,而盐和西药等外货则随之输入。以盐为例,英山等地的食盐主要依赖霍山,常十多人、数十人成群结队,由霍山挑盐回去。因此,霍山虽仅三里小街,人口亦仅万余,但当地就有大小盐店一百余家。由于山区河床浅窄,故而只能行簰。② 正是在这样的大背景下,《照抄知单议约禀帖告示稿》抄本亦涉及霍山、六安一带。

在晚清,随着生存竞争的加剧,许多下层民众为了维护自身的利益,纷纷形成自己的组织。“衙前七社”即是此类的组织。由于文献不足征,我们不清楚“衙前七社”内部的运作,③不过,组织“扁担会”的场所——衙前关帝庙,在方志中有所记载:

> 储枝杞,贡生,恤孤收族,倡修衙前关圣庙,暨河西庙石桥。光绪十五年大饥,减价粜谷,乡里食其德。④

“关圣庙”应即关帝庙,这是衙前镇一带比较重要的庙宇。另据当地方志记载,早在康熙四十一年(1702)之前,水吼岭下街也有一处关圣庙。⑤ 光绪十五年(1889)之前,储枝杞倡修衙前关圣庙的事件,较《照抄知单议约禀帖告示稿》抄本所涉的年代要早一些。此一事件的主事者为储枝杞,与领头组织扁担会的储雍然同姓,二者之间的关系虽然不太清楚,但关圣庙与潜山土著的关系应当非同寻常。值得注意的是,当徽商求助于当地绅商时,26 名绅商中,计有 11 名为储姓,其中有 5 人未画押(26 名中计有 8 人未曾画押),这可能在一定程度上反映了当地一些土著士绅的基本态度。作为在地士绅,他们不得不更多地顾及本地民众的生计。

---

① (清) 曾国藩:《批余参将际昌禀移营进剿缘由》,《曾国藩全集(修订版)》第 13 册“咸丰十年”,长沙:岳麓书社,2011 年,第 135 页。

② 徐志明等:《皖西的簰民与茶馆及其它》,《农业考古》1998 年第 2 期。

③ 民国《潜山县志》卷三〇,记载有县境西北清慎里的“七社庙”,或许也是类似的组织。

④ 民国《潜山县志》卷一九《笃行》,第 317 页。

⑤ 乾隆《潜山县志》卷二三《杂类志 · 寺观》,第 1524 页。

(二) 徽商作为外来的富人,在侨寓地总会引发一些纠纷乃至冲突。仅以皖西大别山区为例,《嘉庆朝我徽郡在六安创建会馆兴讼底稿》反映了侨寓徽商与土著士人的诉讼纠纷,而抄本《照抄知单议约禀帖告示稿》,则反映了晚清时期发生在皖西大别山区的一桩冲突。从书中收录的第一份文书中提及的"凡往英、霍、六安、石牌、安庆等处,挑运来去杂货等项以及茯苓"来看,此一事件涉及的区域颇为广泛,范围相当于清代的六安州和安庆府。

徽商居廛列市、负贩商贾,在长途或短途的贸易中,最常打交道的就是处于社会下层的挑夫、埠夫、土夫等。在不少文献中,均可看到徽商与此类人群的冲突。在清代,各地的徽商纷纷建立会馆,以加强生存竞争的能力。与此同时,随着生存竞争的加剧,许多下层民众为了维护自身的利益,也纷纷形成自己的组织,以争夺此疆彼界,而"衙前七社"即是此类组织。

由于文献不足征,我们不清楚"衙前七社"内部的运作,不过,类似的组织在全国的其他地方亦有发现。例如,根据当代黟县志的记载,黟县古道崎岖,车辆难行,县城和渔亭有私营的"扁担行""水埠头",运输路线远至大通、芜湖、屯溪、安庆、江西,力资按里程计算,①这与潜山当地组织的扁担会似亦大同小异。在一些地方,埠夫对所挑运的货品类别、路途、界限范围以及内部彼此之间股份转让的办法等,都有极为详尽的规范。② 这些都说明,此类组织应普遍存在,埠夫内部已形成颇为严密的组织,这就是光绪二十一年(1895)衙前镇能够组织"扁担会"的原因所在。

官府在处理两造纠纷时,通常都面临着两难的选择。他们既要照顾到客商的利益,又要兼顾当地土著的反弹。兹将衙前镇七社、黟县客商和官府三方拟议的价格列表比较:

---

① 黟县地方志编纂委员会编:《黟县志》,第246页。

② 例如,在景德镇,当地的"土夫生理"(扛业)也以股份的方式存在,可以相互让渡。参见拙文《商帮、产业分布与城市空间——十七世纪以还景德镇徽州会馆之管理与运作研究》,《历史地理》第33辑,上海:上海人民出版社,2016年。

表 1　衙前镇七社、黟县客商和官府三方拟议价格比较表

路　程	衙前镇七社		黟县客商		官　府	
	秤	钱	秤	钱	秤	钱
水吼岭至衙前	粗货 18 两秤	抬者 250 文，挑者 200 文	抬者 18 两秤	每百斤力典足钱 200 文	18 两秤	225 文
	16 两秤	抬者 250 文，挑者 200 文	挑者 16 两秤	每百斤力典足钱 150 文	16 两秤	175 文
潜山县城至衙前	16 两秤	500 文		500 文，挑油者加钱 100 文		500 文，挑油者加钱 100 文
安庆至衙前		1 200 文		1 200 文		1 200 文
黄泥港至衙前		600 文		500 文		600 文
石牌至衙前		700 文		700 文		700 文
宿松陈家岭至衙前		1 400 文		1 150 文		1 100 文
霍山磨子潭至衙前		700 文		650 文		650 文
衙前至英山县		1 200 文		1 000 文		
衙前至六安州		1 500 文，挑油者加钱 100 文		1 500 文，挑油者每百斤加钱 100 文		
衙前至徐家桥		1 400 文				

由上表可见，官府在处理该纠纷时，对于力钱有升有降，短程的有所上升，长程的则有所下降。有的则持平，从而基本上满足双方的诉求。

从上引文本的内容来看,客商始终强调自己有雇工自由的权利,不应受挑夫对于划分经营范围的约束。而挑夫则往往认为,长期形成的经营范围赋予其人以特别的权利,经过他们的经营范围必须雇其承运。因此,双方都认为自己有理,互不相让。虽然光绪二十一年(1895)十一月初一日潜山县出具的告示中,表面上看是站在客商的立场,但作为仲裁者,官府也尽量照顾到土著挑夫的诉求与利益,这当然与前者竭力维护社会稳定的关注点有关。关于这一点,与衙前七社所在的地理位置密切相关。

根据当代方志的记述,衙前七社附近的天堂,素有"七冲十三畈"之称。"冲"指丘陵地带,而"畈"则多为山间盆地,其平均高程约450米。1936年以后新设的岳西县,其县城所在之天堂镇坐落在衙前畈,应即本文聚焦的"衙前七社"相关的地域范围。而附近的天堂山,周遭群山环抱,地势险峻,在传统时代山寨林立(迄今仍存寨址四十余处),易守难攻,一向为兵家必争之地,历史上曾有多股踞山凭险、筑寨抵抗的势力活跃其间。① 而清政府虽在此处设有天堂汛,但其衙署却并不在当地,而只能侨置于五十里外的水吼岭。这些,都使得官府在处置此类纠纷时多所忌惮,他们显然唯恐因过度施压让原本安顺、为数可观的良民无以为生甚至落草为寇酿成大患,故殚思竭虑地在外来客商与土著挑夫之间寻求相对合理的平衡点,以期化解危机。

---

① 岳西县志编纂委员会编:《岳西县志》第25章,第350—353页。

土地买卖的频度与土地所有的变更

——以万历年间徽州休宁县二十七都五图所属人户为例

［日］伊藤正彦 撰

（日本熊本大学大学院人文社会科学研究部）

杨 缨 译

（日本熊本大学大学院人文社会科学研究部
附属国际人文社会科学研究中心）

摘 要: 本文具体考察了"唐宋变革"以来在社会垂直流动性较强的中国,庶民买卖土地的频率及其规模。根据安徽博物院藏《万历二十七都五图黄册底籍》中"转收"与"转除"项下所载资料,笔者对徽州府休宁县二十七都五图所属各户在万历十一年(1583)至四十年(1612)间的土地买卖频度以及土地所有的变更情况进行了探讨。结果发现,去掉比较富裕的人户,再去掉为官者、读书人辈出的人户,三十年间——大约一个世代里,该图一般业户平均两年买卖一次土地,土地变更规模增长时为9.776 7税亩,减少时为7.590 0税亩,这一数字,与一个五口之家维持再生产所需的土地数量接近。在明末的休宁县二十七都五图,就连一般百姓也为获取更多的利益,或者满足便利性需求,通过买卖土地频繁地变更着土地所有权。

关键词:《万历二十七都五图黄册底籍》;转收;转除;买卖土地;社会流动性

前 言

现在学术界对中国社会的认知可以说已经摆脱了中国是封建社会这一

理论框架的束缚，专制体制的中国，特别是“唐宋变革”之后的中国是一个垂直流动性极强的社会。政治层面极高的流动性早已为何炳棣先生的巨著①所证实。何氏对登科录、族谱等的统计分析表明，通过科举入仕为官的道路几乎对所有的男子都是敞开的；明代平民出身的官员约占官员总数的一半；即便是官僚家庭，通常也“富不过三代”就会没落。经济层面的流动性则反映在男子均分财产的习俗、两税法下土地买卖合法以及现存的土地买卖契约文书等方面，折射出当时土地买卖的频繁与贫富升降的剧烈。② 人们有钱了一般多置买土地，③土地所有的变更反映的是平民阶层的流动。

南宋的袁采就曾说过：“贫富无定势，田宅无定主。有钱则买，无钱则卖。”④元代胡祗遹谓：“千年田，换八百主。”⑤这说明从宋、元开始，人们已经认识到土地买卖频繁、贫富升降剧烈这一情况。但是，受史料的制约，迄今为止还未有人对土地买卖的频度及其变更规模作具体的研究。本文试对这两个问题作一些考察，运用的史料是1989年10月由栾成显先生发现的现藏于安徽博物院的4册《万历二十七都五图黄册底籍》(2:24527号)。

一、《万历二十七都五图黄册底籍》中转收、转除之记载

《万历二十七都五图黄册底籍》(以下简称为《黄册底籍》)是徽州休宁县二十七都五图三甲朱学源户的后人抄写的赋役黄册的底册，抄录成册的时间当为清朝初期，保存了万历十年(1582)、万历二十年(1592)、万历三

① Ping-ti Ho, *The Ladder of Success in Imperial China Aspects of Social Mobility 1368 - 1911*, Columbia University Press, 1962. 第2版(1967年)的日译本为[日] 寺田隆信、[日] 千种真一译《科举と近世中国社会—立身出世の阶梯—》，东京：平凡社，1993年。

② [日] 寺田浩明《‘非ルール的な法’というコンセプト—清代中国法を素材にして—》[《法学论丛(京都大学)》第160卷第3、4号，2007年]一文对此有简单扼要的阐述。

③ [日] 斯波义信：《商业资本の诸性质》，《宋代商业史研究》，东京：风间书房，1968年，第461—465页。

④ (宋) 袁采：《袁氏世范》卷三《富家置产当存仁心》。

⑤ (元) 胡祗遹：《紫山大全集》卷二三《折狱杂条》。

十年(1602)及万历四十年(1612)4个大造之年二十七都五图较为完整的赋役黄册资料。关于这一文书,栾成显先生已作了详细的论述,[①]笔者也曾就有关内容作过分析,[②]在此不再赘述,下面仅就与本文相关的部分作一说明。

《黄册底籍》共4册,第1册至第4册分别为万历十年、二十年、三十年、四十年所造(以下分别简称为十年册、二十年册、三十年册、四十年册),各册的登录格式虽略有不同,[③]但记载的内容是一样的,每户开头均载有其在里甲中的职役(里长或甲首等)、户等、姓名、户籍(民籍或军籍或匠籍等),然后分“旧管”“新收”“开除”“实在”4项,即所谓四柱式,对人丁和事产(包括应纳税粮数目)进行登载。需要说明的是,十年册和四十年册部分内容已残缺,十年册第九甲朱廷鹤户残缺,第十甲全佚;四十年册缺第三甲吴初保户,第六甲里长朱贵户开头的“旧管”“新收”“开除”缺佚。不过,由于四十年册缺失的部分很少,十年册缺佚的部分又可根据二十年册“旧管”项下所载资料统计,因此,尽管《黄册底籍》的保存并不完整,但通过它可以了解万历十年至四十年二十七都五图所属人户的人口数以及他们拥有的事产额。[④]

此外,《黄册底籍》所载人户中,有一些人户人丁的年龄在100岁乃至200岁以上,且根本没有土地,三十年册中这些人户的大部分户名下注有“民绝户”“绝军”“绝匠”等字样,栾成显先生认为这些人户是人已故去但在黄册

---

① 栾成显:《万历二十七都五图黄册底籍》,《明代黄册研究》,北京:中国社会科学出版社,1998年;增订本,2007年。

② [日]伊藤正彦:《〈万历27都5图黄册底籍〉をめぐる初步的知见》,[日]伊藤正彦编《〈万历休宁县二七都五图黄册底籍〉の世界》,2009—2011年度日本科学研究费补助金基盘研究(C)研究成果报告书,2012年。笔者曾于2009年9月、2010年9月两次查阅了《黄册底籍》。

③ 关于这4册《黄册底籍》登载格式的差异,参阅[日]伊藤正彦《〈万历27都5图黄册底籍〉をめぐる初步的知见》中的【资料1】《〈万历27都5图黄册底籍〉记载样式例》,第15—19页。

④ 栾成显先生在《明清户籍制度的演变与其所造文书》(《中国社会科学院历史研究所学刊》第6集,2009年)一文中指出,明代中期以后的黄册,一般多只登妇女大口,不载妇女小口,即未婚女子。《黄册底籍》中,亦均不载妇女小口。

中还未除名的户籍虚存者，也即所谓的“绝户”。① 除了三十年册中明确标有“民绝户”等字样的人户外，笔者认为那些人丁年龄异常、没有继承关系和事产变更的人户也应归于绝户一类，据此统计出二十七都五图所属实在人户、绝户情况如下：

十年册	实在户：145户	绝户：40户	合计：185户
二十年册	实在户：147户	绝户：42户	合计：189户
三十年册	实在户：152户	绝户：47户	合计：199户
四十年册	实在户：153户	绝户：46户	合计：199户

另外，《黄册底籍》所载事产的单位为税亩，所谓税亩，就是把各类不同等级的田土的实际面积换算成相应的纳税面积，从而大大简化了不同等级田土的繁杂的纳税科则。休宁县于万历九年（1581）清丈后开始实施税亩制。②

笔者曾根据《黄册底籍》等资料，对二十七都五图所属人户在万历三十年与四十年的阶层构造作过分析，其结果见表1。③

---

① 栾成显前引文《明清户籍制度的演变与其所造文书》，《中国社会科学院历史研究所学刊》第6集。拙文《〈万历27都5图黄册底籍〉をめぐる初步的知见》中，笔者推测这些绝户也有可能是佃仆（火佃），登记在册的是签订了卖身契约沦为佃仆之人的名字，他们死后也不更换新的户头，由这些人的子孙作为佃仆继续服劳役。不过由于缺乏确凿的证据，此处按栾先生文中的理解。

② 有关税亩制的详细内容请参见栾成显《万历九年清丈归户亲供册》，《明代黄册研究（增订本）》，第148—149页。各类田土的实际面积换算成1税亩时的步数如下：一等正地30步，二等正地40步，三等正地50步；上田190步，中田220步，下田260步，下下田300步；上地200步，中地250步，下地350步，下下地500步；山240步，塘260步。

③ ［日］伊藤正彦：《明代里甲制体制下の阶层构成—徽州府休宁县里仁东乡二七都五图の事例—》，［日］伊藤正彦编《〈万历休宁县二七都五图黄册底籍〉の世界》，2009—2010年度日本科学研究费补助金基盘研究（C）研究成果报告书，2012年。中译本为王勇萍译《明代里甲制度体制下的阶层构造——以徽州府休宁县仁东乡27都5图为例》，《徽学》第8卷，合肥：黄山书社，2013年。文中对于为官者、读书人辈出人户的论述有误，已在《〈明代里甲制体制下の阶层构成〉订误—任官者・读书人辈出人户をめぐって—》（《唐宋变革研究通讯》第6辑，2015年）一文中予以修正。

另外，阶层分析只用了万历三十年册和四十年册所载资料，是因为十年册和二十年册中只登载了人口总数，无法进行可再生产规模的演算。

表 1　二十七都五图所属人户的阶层构造

万历三十年(1602)实在户 152 户			万历四十年(1612)实在户 153 户		
为官者、读书人辈出人户	6 户	4.0%	为官者、读书人辈出人户	6 户	3.9%
出租户(地主)	54 户	35.5%	出租户(地主)	50 户	32.7%
自耕农	21 户	13.8%	自耕农	24 户	15.7%
自耕农兼佃农	58 户	38.2%	自耕农兼佃农	63 户	38.2%
无产户	13 户	8.6%	无产户	10 户	6.5%

假定中国平均的家庭人口为 5 口(夫妻 2 人与 3 个孩子),那么当时在二十七都五图,田地相加,一户家庭只要拥有 10 税亩左右的土地就能维持再生产(米的亩产量为 2 石时,需要 7.639 1 税亩的土地;1.5 石时,10.433 9 税亩),以拥有 10 税亩左右土地(田、地)的自耕农为中心,依靠自家田、地维持再生产的人户超过了 50%(为官者和读书人辈出人户、出租户、自耕农的数字总合),90%以上的业户拥有自家的土地。处于这个结构顶端的是一些虽未通过科举考试但也出现了不少为官者的人户,以及国子监生、在野读书人辈出的人户。依靠自家土地维持再生产以及拥有自家土地的人户所占比例都远远高出被称为达到“小农自立”阶段的几乎同一时期的日本先进地区,①二十七都五图达到的“小农自立”程度,较之日本先进地区更胜一筹。

二十七都五图的主要村落(陈村、霞瀛)位于率水(新安江)沿岸的山间小盆地中,附近海拔 130 米左右的斜坡上,水田星罗棋布,是宋代江南以牛犁耕为代表的先进水稻种植技术非常普及的地区。“小农自立”的程度远远超出日本先进地区,这一方面是因为集约化水稻技术的发展使得稻麦二熟制

① 据[日]朝尾直弘《近世封建社会の基础构造—畿内における幕藩体制》(东京:御茶の水书房,1967 年;后收于《朝尾直弘著作集》第 1 卷,东京:岩波书店,2003 年)考察,宽永二十一年(1644),河内幕领地区依靠自家土地维持再生产的标准为“持高”5 石,达到这个标准的百姓占 44.8%,“高持”百姓的比例为 65.4%。另外,所谓“小农自立”,是指日本近世史研究中提出的“小农自立”概念,即在小家族经营长期发展的过程中,依靠单婚小家庭的劳动力以及自家所有土地就能实现再生产的农民广泛形成的一种局面。

在当地得以实行;另一方面也是由徽州当时的经济状况所决定的。15 世纪后半期,徽州成为全国地价最高的地区,土地投资规模无形中受到限制,一般满足自家消费即可。

那么,在这样的阶层构造之下,休宁县二十七都五图所属人户大概多久进行一次土地交易?交易的规模又如何?以下,即据《黄册底籍》"实在""新收"中的转收与"开除"中的转除项下所载资料作一分析。众所周知,"实在"项下记载了该大造(赋役黄册的攒造)之年的实在人丁情况以及事产方面的情况(包括应纳税粮数目)。"新收"项下转收与"开除"项下转除所载,即是各户在该大造 10 年之内新增加或减少的人口与事产(包括应纳税粮数目),而业户土地所有增长或减少的主要手段,即是土地买卖。① 兹以十年册第一甲王元户所载转收、转除为例,摘抄如下:

一户王元　原籍故兄王深　民下户

(中　略)

转收　田地四分四厘二毫　麦八合五勺　米一升九合二勺

田一分三厘八毫　石桥头八年买十三都

地三分零四厘

一分四厘四毫　石桥头十年买十三都一　吴冕户

一分六毫　后山十年买十三都一　吴伯详户

(中　略)

转除　民田山四亩七分八厘四毫四丝　麦五升七合九　米七升八合一勺

田六分八厘二毫　墩上五年卖与十三都一　汪吴户　麦一升三合四勺　米三升三合六勺

山四亩一分五厘六毫四丝

三亩八分二厘八毫四丝　比前塘五年卖与十三都三　吴活户

---

① 除了买卖以外,还包括财产继承或分割造成的土地所有变更。

三分二厘八毫　樟木塘子坞五年卖与十三都四　吴淙庆户

如上所示,转收项下先登买入土地的总数及其应纳税额,其次是各类田土的总计,其下还详细登载了一笔笔土地交易的数目,每笔均载有所在地(土名)、购入年份、卖主所在都图及户名(有的户名不明)等,转除登载的内容也一样。从中可以看出,大造10年之内各户的土地买卖、推收过割(土地买卖时,其应负担的赋税亦随产权转移),都是一笔一笔记录在黄册里的。

赋役黄册的登载内容包括了土地买卖与推收过割,对此,现有的文献记载并未提及。但这并非《黄册底籍》所独有的现象,遗留下来的草册(草稿)、底籍(副本)、原本等其他黄册文书亦是如此。① 由此可见,大造年间,各户土地买卖与推收过割情况也应该是黄册所设事项。而从宋、元两代征收赋役所依据的基本簿籍——五等丁产簿、鼠尾簿中并无此项记载来看,这应是赋役黄册所特有的功能。②

众所周知,中国近世的土地交易方式被称为"典卖"。"典"是指支付典价占有他人土地的行为。承佃人在约定期限内(典限)获得该地的使用权和收益权,到了约定期限,出典人有赎回权,因此又被称为"活卖"。"卖"则是将土地的所有权绝对让渡给买主,又称"绝卖"。虽然土地交易中有活卖与绝卖之分,但因为国家是向获得土地使用权、收益权或所有权的新业主征收赋役,所以站在国家赋役征收的角度来看,两者并无区别。③ 十年册王元户转收与转除项下的土地交易行为被称为"买"或"卖",这其中应该还包括了"活卖",因此,本文所论述的土地买卖也包括"活卖"。

---

① 栾成显先生在《黄册遗存文书》中列举的6件草册、底册(《明代黄册研究》);岩井茂树先生在上海图书馆发现的《嘉靖四十一年浙江严州府遂安县十八都下一图赋役黄册残本》[《〈嘉靖四十一年浙江严州府遂安县十八都下一图赋役黄册残本〉考》,[日] 夫马进编《中国明清地方档案の研究》,1996—1998年日本科学研究费(国际学术调查)研究成果报告书,2000年]。

② [日] 伊藤正彦:《〈万历27都5图黄册底籍〉をめぐる初步的知见》,[日] 伊藤正彦编《〈万历休宁县二七都五图黄册底籍〉の世界》。另据栾先生《清初二十七都五图三甲编审册》(《明代黄册研究》)考察,清代的编审册也登载田土买卖推收事项,两者之间有承继关系。

③ [日] 高桥芳郎:《宋代官田の"立价交佃"と"一田两主制"》,《东北大学东洋史论集》4,1990年;后收于同氏《宋代中国の法制と社会》,东京:汲古书院,2002年。

通过黄册中土地买卖与推收过割的有关记录，可以对二十七都五图各业户的土地买卖作出统计分析。据栾成显先生考证，《黄册底籍》“新收”与“开除”项下所载资料是可信的；①在此基础上，栾先生还计算出二十七都五图业户买入与卖出土地的数量，并进一步分析了当时土地买卖的性质。如前所述，《黄册底籍》共分4册，分别记载了万历元年（1573）至十年、万历十一年（1583）至二十年、万历二十一年（1593）至三十年、万历三十一年（1603）至四十年各10年期间二十七都五图业户的田土买卖资料，栾先生的统计结果参见表2。② 需要说明的是，因十年册末尾略有遗失，缺少第九甲朱廷鹤户和第十甲业户的资料，虽然栾先生对十年册也作了统计，这里就不列出了。

表2　二十七都五图业户买卖土地、所有土地面积、买卖土地比例表

（单位：税亩）

	二十年册	三十年册	四十年册
买入土地	653.419 0	833.702 95	632.957 94
卖出土地	832.060 3	474.373 81	598.828 98
买卖土地总计	1 485.479 3	1 308.076 76	1 231.786 9
所有土地总计	3 058.668 8	3 385.140 53	3 403.051 69
买卖土地比例	49%	39%	36%

资料来源：栾成显《明代黄册研究（增订本）》，第205、206页，表21、22、23。

据二十年册、三十年册、四十年册所载，二十七都五图业户买卖土地总计分别为1 485.479 3税亩、1 308.076 76税亩和1 231.786 9税亩，在大造之年

① 栾成显：《万历二十七都五图黄册底籍》，《明代黄册制度（增订本）》，第204—205页。据栾先生考证，二十七都五图第一甲金尚尹户于万历三十八年（1610）九年六日将山卖与同图第一甲里长王茂户的子户王仁元，当时的卖山文契《万历三十八年休宁金尚尹卖山赤契》（《徽州千年契约文书·宋元明编》第3卷，石家庄：花山文艺出版社，1993年，第408页）所述，与《黄册底籍》四十年册中金尚尹户“开除”项下的记载，以及王茂户“新收”项下的记载完全相符。关于子户，将在本文后面论及。

② 栾成显《万历二十七都五图黄册底籍》[《明代黄册制度（增订本）》]第205页的表21和表22分别列出了田、地、山、塘各类田土买入和卖出的统计数字，这里只列买入和卖出田土的总数。

该图业户所有土地总量中所占比例分别为49%、39%和36%。由此,栾先生指出,该图业户当时进行的土地买卖相当频繁,土地买卖是地主商人积累资产的主要手段。①

笔者同意栾先生的观点,不过,我们还可以通过各个业户买卖土地的次数及其数额,进一步分析出土地买卖的频度以及土地变更的规模,下面就这两个问题试作考察与分析。

二、土地买卖的频度

二十七都五图所属各户在万历十年至四十年30年间,土地买卖和土地所有情况如表3所示。前已叙及,现存的十年册末尾有部分残缺,故不列于表中分析。这样一来,资料的时间跨度就从40年减少到30年。而一个世代大约是30年,30年的时间跨度正好可以反映一代人土地买卖和土地所有变更的情况。

表3中按甲的顺序分别列出了四十年册所载153户实在户土地买卖和土地所有的情况。② 表中万历十年的土地所有为十年册"实在"项下的数字,册尾缺失部分利用了二十年册"旧管"项下所载资料(自第九甲朱瑶户起。第九甲朱廷鹤户从二十年册开始就没再出现,故略去不列)。"事产卖买件数"一栏的上端为大造年间的买卖次数(总数与田、地、山、塘各类土地数字),下端为买入(以+号表示)和卖出(以-号表示)的次数,"事产增减额"一栏记大造年间各户通过交易增加与减少的土地数量(增加用+号表示,减少用-号表示)。"总计事产增减额"项下的数字,是万历四十年的土地所有与万历十年进行比较后的结果(所有增加用+号表示,减少用-号表示)。各户长姓名因承继等发生变化者,在户名一栏中列出新的户主名,知道继承关系的则在下端注明。开头标明为总户者,是根据所载可判断出其为析产而未分户的那些业户。

① 栾成显:《万历二十七都五图黄册底籍》,《明代黄册制度(增订本)》。

② 表3中略去了绝户以及四十年册中没有出现的人户。

表 3　二十七都五图所属业户买卖土地与所有土地统计表

（田土单位：税亩）

	万历十年册(1582)		万历二十年册(1592)			万历三十年册(1602)			万历四十年册(1612)				总计事产增减额
	户　名	事产额（实在）	户　名	事产卖买件数	事产增减额	户　名	事产卖买件数	事产增减额	户　名	事产卖买件数	事产增减额	事产额（实在）	
第一甲													
排年总户	王　茂 军户	546.915 5		142(田 67,地 29,山 36,塘 10) +38,−104	−137.317 5		186(田 101,地 36,山 41,塘 8) +87,−99	−19.740 8		181(田 84,地 42,山 45,塘 10) +111,−70	+10.975 09	394.722 79	−152.192 71
总户	程　相 承继义父	13.341 0		5(田 4,地 1) +2,−3	+2.663 0		24(田 13,地 4,山 5,塘 2) +17,−7	−0.373 0		28(田 10,地 7,山 3,塘 8) +9,−19	−10.757 6	4.744 0	−8.597 0
	王　荣	14.241 8	王　富 承继兄	10(田 4,地 4,山 1,塘 1) +3,−7	−5.840 0		3(田 1,地 2) −3	−0.727 0		11(田 3,地 5,塘 3) −11	−3.457 7	4.454 3	−9.787 5
	金　清 竹匠	96.826 5		11(田 6,地 2,山 3) +3,−8	−1.298 0	金尚尹 承继伯祖	22(田 11,地 4,山 7) +7,−15	−13.225 5		40(田 18,地 9,山 13) −40	−18.413 5	68.873 5	−27.953 0
	郭　印	10.082 5		7(田 2,地 4,山 1) +2,−5	−4.947 0	郭节华 承继叔	1(地 1) +1	+0.277 0		2(地 2) −2	−1.795 0	3.776 0	−6.306 5
	王　元 承继兄	4.818 0	王　盛 承继孙	15(田 10,地 2,山 3) +12,−3	+15.985 0		2(田 2) −2	−2.615 0		9(田 4,地 2,山 3) +9	+4.039 9	21.813 7	+17.731 9
	方　侃	2.430 0	方廷贵 承继孙	4(田 1,地 1,山 2) +0,−4	−2.124 0	余　铎 承继舅	0	0		0	0	0.052 0	−2.378 0
	高　全 承继义父	2.988 0	高　曜 承继父	5(地 4,山 1) +0,−5	−0.994 0		1(地 1) −1	−0.029 0		0	0	2.024 0	−0.964 0
	陈　使 军户	0.196 0		0	0		1(地 1) −1	−0.196 0	陈岩佑 承继父	0	0	0	−0.196 0
	谢　社	3.958 5	谢　使 承继孙	2(地 1,山 1) +0,−2	−1.559 0	谢廷奉 承继兄	0	0		1(山 1) −1	−0.306 6	0.129 4	−2.858 6

（续表）

	万历十年册(1582)		万历二十年册(1592)			万历三十年册(1602)			万历四十年册(1612)				总计事产增减额
	户　名	事产额（实在）	户　名	事产卖买件数	事产增减额	户　名	事产卖买件数	事产增减额	户　名	事产卖买件数	事产增减额	事产额（实在）	
	程保同	0		0	0		0	0	程富义 承继叔	0	0	0	±0
	王显富	0		0	0	王　琴 承继祖	18(田 16,山 2) +18	+17.111 95		2(田 2) +2	+1.845 0	18.956 95	+18.956 95
	詹　祐	0		0	0	金宗社 承继外祖	17(田 15,山 1,塘 1) +17	+12.570 0		6(田 6) +6	+6.888 0	16.910 0	+16.910 0
	程　兴 系程保同户分出	9.028 0		4(田 1,地 1,山 2) +3,−1	−0.239 0	程义龙 承继父	9(田 2,地 3,山 4) −9	−5.618 0		4(田 2,地 1,山 1) +1,−3	+0.617 0	5.025 0	−4.003 0
合计			有田土交易的业户 10 户 205 次(+63,−142)			有田土交易的业户 11 户 284 次(+147,−137)			实在户 14 户 有田土交易的业户 10 户 284 次(+138,−146)				有田土交易的业户 13 户 773 次(+348,−425) 无田土交易的业户 1 户
第二甲													
排年总户	朱　洪	203.633 4		7(田 1,地 2,山 4) −7	−3.672 2		26(田 5,地 13,山 8) +7,−19	−3.492 6		25(田 5,地 13,山 7) +4,−21	−5.806 8	68.115 8	※−12.971 6
	朱祖耀 承继伯	16.676 9		2(地 1,山 1) −2	−0.207 5		9(田 5,地 3,山 1) +3,−6	−6.194 5		4(田 3,山 1) +2,−2	−2.492 13	7.801 37	−8.875 53
	朱　宽	5.990 8		0	0	朱社稷	0	0		2(田 2) +2	+0.874 0	6.865 0	+0.874 2
	胡天法 承继父	2.985 9	胡齐凤 承继父	3(田 1,地 1,塘 1) −3	−1.466 0		0	0		0	0	1.838 0	−1.147 9
总户	吴　和	21.567 0	吴天和 承继祖	9(田 1,地 5,山 3) +1,−8	−2.391 0		3(地 1,山 2) −3	−0.964 0		6(地 1,山 5) +3,−3	+0.520 0	18.732 0	−2.835 0

（续表）

	万历十年册(1582)		万历二十年册(1592)			万历三十年册(1602)			万历四十年册(1612)				总计事产增减额
	户　名	事产额（实在）	户　名	事产卖买件数	事产增减额	户　名	事产卖买件数	事产增减额	户　名	事产卖买件数	事产增减额	事产额（实在）	
	朱　隆	48.200 0	朱　钦 承继祖	6(田 3,地 2,山 1) −6	−18.208 4		16(田 3,地 5,山 8) +1,−15	−3.885 5		14(地 4,山 10) +12,−2	+5.423 18	31.445 68	−16.754 32
	王　洪	2.212 0		6(田 1,地 4,塘 1) −6	−1.951 0	王宗元 承继父	1(田 1) −1	−0.110 0		0	0	1.285 0	−0.927 0
	吴四保	7.663 0	吴　兴 承继父	6(田 4,地 1,山 1) −6	−2.252 0		1(田 1) −1	−0.800 0	吴　曜 承继兄	4(地 3,山 1) +4	+0.713 0	4.655 0	−3.008 0
	朱添资	1.367 0		22(田 8,地 7,山 6,塘 1) +22	+27.222 0	朱伯才	5(田 4,地 1) +3,−2	+6.485 5		1(地 1) −1	−0.385 0	34.689 5	+33.322 5
	汪岩亮	0	朱师颜 承继外祖	9(田 3,地 3,山 3) +9	+32.178 2		3(田 3) +3	+7.413 5		0	0	34.689 5	+34.689 5
	汪　护	0		9(田 6,地 1,山 2) +9	+16.916 0	朱祐生 承继义父	22(田 18,地 2,山 2) +19,−3	+18.566 0		0	0	34.482 0	+34.482 0
	朱时应 承继父	25.366 5		5(地 3,山 2) +3,−2	−0.457 0		11(田 8,地 2,山 1) +3,−8	−10.851 5		9(田 4,地 3,山 1,塘 1) +9	+2.418 08	16.883 58	−8.482 92
			朱　淳 系朱洪户分出	7(田 2,地 2,山 2,正地 1) +7	+1.745 7		6(田 6) −6	−9.920 0		12(地 7,山 5) +11,−1	+2.022 0	37.368 9	※−6.152 3
			朱　信 系朱洪户分出	0	0		4(田 2,山 2) +4	+1.246 0	朱朝臣 承继父	1(田 1) +1	+0.643 0	38.643 7	※+1.889 0
			朱师孔 系朱洪户分出	7(田 2,地 2,山 2,正地 1) +7	+1.743 7		4(田 3,地 1) +4	+4.872 5		19(田 8,地 3,山 7,塘 1) +19	+25.133 5	73.217 4	※+31.749 2

（续表）

	万历十年册(1582)		万历二十年册(1592)			万历三十年册(1602)			万历四十年册(1612)				总计事产增减额
	户　名	事产额（实在）	户　名	事产卖买件数	事产增减额	户　名	事产卖买件数	事产增减额	户　名	事产卖买件数	事产增减额	事产额（实在）	
						朱　仲 立户	24(田 21,地 3) +24	+35.423 0		9(田 6,地 3) +9	+9.925 5	50.285 5	+50.285 5
						朱　作 立户 生长于淮安	25(田 23,地 2) +25	+41.698 0		14(田 6,地 7,塘 1) +14	+8.928 75	50.627 5	+50.627 5
						朱世蕃 立户 生长于淮安	19(田 14,地 2,山 3) +19	+24.409 0		0	0	24.409 0	+24.409 0
						朱　伟 立户 生长于淮安	25(田 20,地 1,山 1,塘 3) +25	+32.484 5		2(田 1,塘 1) −2	−1.838 0	30.646 5	+30.646 5
						朱　尹 立户	22(田 15,地 4,山 2,塘 1) +22	+34.686 0		0	0	34.686 0	+34.686 0
						朱　汶 立户	31(田 15,地 12,山 2,塘 2) +31	+17.527 5		9(田 2,地 6,山 1) +2,−7	−5.913 7	11.183 45	+11.183 45
						朱诚任 立户 生长于浙江	42(田 21,地 12,山 1,塘 8) +41,−1	+17.014 05		36(田 19,地 9,山 3,塘 5) +32,−4	+29.483 25	46.697 3	+46.697 3
						朱世福 立户	6(田 3,山 3) +6	+6.847 0		0	0	6.847 0	+6.847 0
									朱永兴 立户	45(田 22,地 12,山 10,塘 1) +45	+43.756 9	43.756 9	+43.756 9
									朱御昌 立户 在外生长	20(田 9,地 6,山 5) +20	+16.674 0	16.674 0	+16.674 0
合计			有田土交易的业户 13 户 98 次(+58,−40)			有田土交易的业户 20 户 305 次(+240,−65)			实在户 25 户 有田土交易的业户 18 户 232 次(+189,−43)				有田土交易的业户 25 户 635 次(+487,−148) 无田土交易的业户 0 户 ※财产继承除外

（续表）

	万历十年册(1582)		万历二十年册(1592)			万历三十年册(1602)			万历四十年册(1612)				总计事产增减额
	户　名	事产额（实在）	户　名	事产卖买件数	事产增减额	户　名	事产卖买件数	事产增减额	户　名	事产卖买件数	事产增减额	事产额（实在）	
第三甲													
排年总户	朱　清 匠户	305.082 5	朱学源	73(田 23,地 28,山 19,塘 3) +55,−18	+33.130 43		184(田 82,地 63,山 35,塘 4) +166,−18	+83.506 66		172(田 77,地 52,山 39,塘 4) +127,−45	+83.326 37	502.501 86	+197.419 36
	李　成	4.243 0		3(田 1,地 1,塘 1) +1,−2	−0.358 0		4(田 3,地 1) +2,−2	+0.380 0	李　象 承继父	6(田 3,地 1,山 1,塘 1) +4,−2	+1.084 0	5.381 0	+1.138 0
	吴　个	0.858 0	吴天龙 承继孙	1(地 1) −1	−0.250 0		2(地 1,山 1) +2	+0.525 0	吴长富 承继兄	7(田 1,地 3,山 3) +7	+1.532 0	2.665 0	+1.807 0
	宋积高 承继兄	2.485 0	宋甲毛 承继兄	2(地 2) −2	−1.144 0		1(地 1) −1	−0.085 0		1(地 1) +1	+0.083 0	2.339 0	−0.146 0
	胡　曜	1.876 0		2(地 1,山 1) −2	−0.062 0	胡　风 承继父	2(地 1,山 1) −2	−0.050 0		3(地 2,山 1) −3	−0.133 0	1.641 7	−0.234 3
	刘再得 承继义父	18.879 0		5(田 4,山 1) +3,−2	+0.295 0		0	0	刘　岩 承继父	5(田 4,地 1) +5	+2.320 0	21.461 0	+2.582 0
	朱文枢	5.005 4	朱大仪 承继父	10(田 4,地 2,山 3,塘 1) −10	−4.038 0		3(地 2,山 1) −3	−0.137 0	朱继伯 承继父	3(地 2,山 1) −3	−0.030 0	0.645 6	−4.359 8
	刘巴山	0		0	0	刘文选 承继父	1(地 1) +1	+0.015 0		0	0	0.015 0	+0.015 0
	朱兴元	24.142 9		15(田 7,地 3,山 3,塘 2) +12,−3	+3.266 0	朱兴龙	0	0		2(田 2) −2	−11.117 0	18.562 48	−5.580 42
	项兴才	8.229 0		4(田 2,地 2) +1,−3	+0.135 0		0	0		11(田 7,地 1,山 3) +10,−1	+9.877 6	18.248 6	+10.019 6

（续表）

	万历十年册(1582)		万历二十年册(1592)			万历三十年册(1602)			万历四十年册(1612)				总计事产增减额
	户　名	事产额（实在）	户　名	事产卖买件数	事产增减额	户　名	事产卖买件数	事产增减额	户　名	事产卖买件数	事产增减额	事产额（实在）	
	金　黑	0	刘得应 承继义父	5(田 5) +5	+4.422 0		10(田 6,地 3,山 1) +10	+7.150 0		11(田 3,地 4,山 3,塘 1) +11	+2.881 35	14.460 35	+14.460 35
	朱社学 承继外祖	3.763 0		6(田 5,地 1) +5,−1	+2.168 0		2(田 1,塘 1) +2	+0.690 0		8(田 7,塘 1) +8	+8.015 0	14.328 0	+10.565 0
	王宗林	0		0	0	朱　标 承继外祖	36(田 8,地 14,山 7,塘 7) +36	+17.127 39		8(田 3,地 3,山 1,塘 1) +8	+5.566 16	22.093 55	+22.093 55
合计			有田土交易的业户 11 户 126 次(+82,−44)			有田土交易的业户 10 户 245 次(+219,−26)			实在户 13 户 有田土交易的业户 12 户 237 次(+181,−56)				有田土交易的业户 13 户 608 次(+482,−126) 无田土交易的业户 0 户
第四甲													
排年总户	王　时	68.445 0	王正芳	18(田 10,地 6,山 2) +9,−9	−3.807 0		22(田 7,地 15) +21,−1	+7.793 0		21(田 11,地 9,山 1) +21	+31.989 27	104.896 27	+36.451 27
	汪福寿	1.500 0		0	0		0	0		0	0	1.500 0	±0
	朱世明	40.583 6	朱大兴 承继祖	26(田 7,地 9,山 6,塘 4) +3,−23	−38.590 6		23(田 2,地 14,山 5,塘 2) +10,−13	−0.230 4		3(地 1,山 2) −3	−0.112 0	1.719 1	−38.864 5
	汪　山	0	汪文晁 承继祖	2(田 1,地 1) +2	+2.646 0		4(田 2,地 2) +1,−3	−2.346 0		1(地 1) −1	−0.300 0	0	±0
	朱文魁	1.894 0		15(田 2,地 6,山 5,塘 2) +7,−8	+0.122 0		20(田 1,地 13,山 5,塘 1) −20	−1.279 9		5(地 3,山 2) −5	−0.159 5	0.752 6	−1.141 4

（续表）

	万历十年册(1582)		万历二十年册(1592)			万历三十年册(1602)			万历四十年册(1612)				总计事产增减额
	户　名	事产额（实在）	户　名	事产卖买件数	事产增减额	户　名	事产卖买件数	事产增减额	户　名	事产卖买件数	事产增减额	事产额（实在）	
总户	王　法	9.164 0	王　美 承继兄	5(田 1,地 3,山 1) －5	－0.997 0		6(田 1,地 5) ＋5,－1	＋0.407 5	王　祥 承继叔	12(田 1,地 7,山 4) ＋12	＋3.806 53	12.273 0	＋3.109 0
	朱景和	15.391 0		21(田 4,地 5,山 7,塘 5) ＋5,－16	－8.884 4	朱大斌 承继父	23(田 3,地 13,山 5,塘 2) ＋5,－18	－4.008 25		2(地 1,山 1) －2	－0.044 0	1.185 75	－14.205 25
	倪　十	0.131 0	倪四保	4(地 4) ＋4	＋1.914 0		2(地 2) ＋1,－1	－0.145 0		0	0	1.896 0	＋1.765 0
	程大宾 铸匠	52.136 0	程友仪	35(田 10,地 10,山 11,塘 4) ＋4,－31	－28.187 0		30(田 11,地 10,山 7,塘 2) －30	－10.609 0		27(田 5,地 13,山 8,塘 1) ＋5,－22	－0.045 5	19.774 5	－32.361 5
	朱　象	1.125 0		4(田 2,地 2) －4	－0.990 0	朱文节 承继伯	4(田 1,地 3) ＋4	＋0.754 0		4(地 4) ＋4	＋0.169 0	1.058 0	－0.067 0
	王　英	0.210 0		0	0		0	0		0	0	0.210 0	±0
	吴　瑄	13.431 0		6(田 2,地 4) ＋4,－2	＋3.516 0		1(地 1) ＋1	＋0.300 0		9(田 5,地 3,塘 1) －9	－9.433 5	8.762 5	－4.668 5
	汪　得	0	朱岩志 承继外祖	11(田 1,地 8,山 2) ＋11	＋3.487 0		36(田 3,地 25,山 7,塘 1) ＋36	＋6.545 3		9(地 5,山 4) ＋4,－5	－0.225 0	9.793 0	＋9.793 0
	杨　曜	0		0	0		0	0		0	0	0	±0
			汪富美	4(田 1,地 3) ＋4	＋1.814 0	陈富万 改姓陈	3(田 1,地 2) ＋2,－1	－1.130 0		2(地 1,山 1) ＋2	＋0.275 0	0.959 0	＋0.959 0
合计			有田土交易的业户 11 户 151 次(＋53,－98)			有田土交易的业户 11 户 174 次(＋86,－88)			实在户 15 户 有田土交易的业户 10 户 95 次(＋48,－47)				有田土交易的业户 12 户 420 次(＋187,－233) 无田土交易的业户 3 户

	万历十年册(1582)		万历二十年册(1592)			万历三十年册(1602)			万历四十年册(1612)				总计事产增减额
	户　名	事产额（实在）	户　名	事产卖买件数	事产增减额	户　名	事产卖买件数	事产增减额	户　名	事产卖买件数	事产增减额	事产额（实在）	
第五甲													
排年总户	陈　章	179.644 0		64(田 42,地 9,山 11,塘 2) +3,−61	−89.251 0		42(田 24,地 8,山 10) +2,−40	−38.491 0		23(田 14,地 4,山 4,塘 1) +1,−22	−17.169 0	33.724 0	−145.920 0
	朱胜付	9.542 0	陈　方 承继外父	8(田 4,地 1,山 2,塘 1) +5,−3	−0.622 0		0	0		0	0	8.886 0	−0.656 0
	陈　新	23.606 0		2(田 1,地 1) −2	−0.570 0		2(田 1,塘 1) −2	−0.485 0		10(田 3,地 2,山 4,塘 1) −10	−7.049 0	14.630 0	−8.976 0
	陈信汉	14.942 0		1(田 1) −1	−0.400 0		2(田 2) −2	−2.022 0		1(田 1) −1	−2.597 0	11.043 0	−3.899 0
总户	金社保 竹匠	34.804 0		15(田 8,地 7) +10,−5	+3.421 0	金岩武 承继伯	22(田 8,地 7,山 7) +1,−21	−11.332 12		15(田 9,地 4,山 2) −15	−12.592 0	14.299 9	−20.504 1
	吴　京	24.472 0		0	0		30(田 16,地 13,塘 1) +6,−24	−13.283 66		7(田 2,地 4,山 1) +2,−5	−5.545 52	6.470 82	−18.001 18
	陈　旦	0.686 0		0	0	陈　应 承继兄	0	0		0	0	0.686 0	±0
	谢　友	0		0	0	谢　积 承继父	0	0		0	0	0	±0
	谢云玘	1.026 0	谢廷文	0	0		0	0		1(地 1) −1	−0.060 0	1.096 0	−0.070 0
	王　钟	0.320 0		1(地 1) −1	−0.050 0		0	0		0	0	0.356 0	−0.036 0
	陈　宜	4.598 0		0	0		0	0		0	0	4.598 0	±0
合计			有田土交易的业户 6 户 91 次(+18,−73)			有田土交易的业户 5 户 98 次(+9,−89)			实在户 11 户 有田土交易的业户 6 户 57 次(+3,−54)				有田土交易的业户 8 户 246 次(+30,−216) 无田土交易的业户 3 户

（续表）

	万历十年册(1582)		万历二十年册(1592)			万历三十年册(1602)			万历四十年册(1612)				总计事产增减额
	户　名	事产额（实在）	户　名	事产卖买件数	事产增减额	户　名	事产卖买件数	事产增减额	户　名	事产卖买件数	事产增减额	事产额（实在）	
第六甲													
排年总户	朱　广	115.119 0	朱　贵 承继孙祖	22(田 8,地 4,山 6,塘 4) −22	−37.609 0		34(田 2,地 18,山 10,塘 4) −34	−8.374 17		36(田 14,地 9,山 10,塘 3) −36	−27.444 06	44.260 77	−70.858 23
	朱　护	45.727 3		2(地 1,山 1) −2	−0.315 0		0	0		4(田 1,地 1,山 1,塘 1) −4	−3.500 0	41.840 0	−3.887 3
	王　科 匠户	1.594 0		4(田 1,地 3) +3,−1	+0.980 0		4(田 3,地 1) −4	−0.863 0		1(地 1) −1	−0.389 0	1.306 0	−0.288 0
	朱　镗	25.643 5	朱德厚	3(田 3) −3	−1.290 0		7(田 2,地 3,山 1,塘 1) +2,−5	−8.962 4		5(田 2,地 2,山 1) +2,−3	−2.138 3	13.271 5	−12.372 0
总户	朱　龙 匠户	26.723 5		12(田 3,地 4,山 4,塘 1) +1,−11	−4.505 0	朱新风	11(田 4,地 4,山 3) +1,−10	−3.937 95		7(田 2,地 3,山 1,塘 1) +1,−6	+1.090 6	19.389 73	−7.333 77
	汪　琰	19.957 0	汪　节 承继父	11(田 8,地 2,塘 1) +7,−4	−0.532 0	汪世禄	11(田 7,地 4) +9,−2	+4.872 5		23(田 13,地 5,山 1,塘 4) +4,−19	−13.076 2	11.986 3	−7.970 7
	汪　洞	4.793 0	汪　瑞 承继兄	2(田 2) +2	+2.293 0		15(田 9,地 5,山 1) +14,−1	+10.478 5		14(田 6,地 5,山 1,塘 2) +14	+8.823 5	26.324 0	+21.531 0
	汪　龙	3.826 0	汪廷真 承继孙	1(地 1) −1	−0.070 0		0	0		0	0	3.810 0	−0.016 0
	朱　曜	20.543 0		1(田 1) −1	−3.399 0		0	0		18(田 12,山 5,塘 1) +17,−1	+11.025 0	28.880 1	+8.337 1
	王　良	9.817 0	王起风 承继祖	9(田 4,地 4,山 1) −9	−6.420 5		1(田 1) −1	−2.714 0		0	0	0.266 5	−9.550 5

（续表）

	万历十年册(1582)		万历二十年册(1592)			万历三十年册(1602)			万历四十年册(1612)				总计事产增减额
	户　名	事产额(实在)	户　名	事产卖买件数	事产增减额	户　名	事产卖买件数	事产增减额	户　名	事产卖买件数	事产增减额	事产额(实在)	
	朱社嵩 承继义父	38.499 4		0	0	朱　枝 承继父	2(田 1,地 1) −2	−2.073 2		21(田 15,地 1,山 3,塘 2) +6,−15	−10.275 8	25.282 0	−13.217 4
	程贺成	41.633 4	朱永承 承继义父	2(田 1,山 1) −2	−1.186 0		0	0		4(地 2,山 2) −4	−0.739 5	39.711 5	−1.921 9
	金　盛	0.190 0		1(地 1) +1	+0.080 0		0	0		0	0	0.270 0	+0.080 0
	倪寿得	0.375 0		0	0		0	0		1(山 1) −1	−0.125 0	0.250 0	−0.125 0
	朱　嵩	33.841 0		1(地 1) −1	−0.116 0		1(田 1) −1	−0.186 0		28(田 16,地 4,山 3,塘 5) +1,−27	−12.971 9	20.699 1	−13.141 9
	朱之栋	33.208 0		0	0		0	0		42(田 15,地 16,山 9,塘 2) +16,−26	−10.466 3	22.757 7	−10.450 3
	朱八奠 立户 从嘉兴府	32.813 0		0	0		0	0		23(田 12,地 6,山 3,塘 2) +7,−16	−26.094 05	6.768 95	−26.094 405
			朱　楷 立户	20(田 8,地 6,山 4,塘 2) +20	+36.228 0		5(田 1,地 2,塘 2) +5	+0.327 0		15(田 7,地 1,山 3,塘 4) +1,−14	−10.091 5	26.463 5	+26.463 5
			朱　俊 立户	17(田 7,地 4,山 4,塘 2) +17	+26.515 0		1(地 1) +1	+0.060 0		20(田 5,地 9,山 6) +15,−5	+2.251 4	28.826 4	+28.826 4
合计			有田土交易的业户 15 户 108 次(+51,−57)			有田土交易的业户 11 户 92 次(+32,−60)			实在户 19 户 有田土交易的业户 16 户 262 次(+84,−178)				有田土交易的业户 19 户 462 次(+167,−295) 无田土交易的业户 0 户

（续表）

	万历十年册(1582)		万历二十年册(1592)			万历三十年册(1602)			万历四十年册(1612)				总计事产增减额
	户名	事产额（实在）	户名	事产卖买件数	事产增减额	户名	事产卖买件数	事产增减额	户名	事产卖买件数	事产增减额	事产额（实在）	
第七甲													
排年总户	王齐兴 军户	108.693 0		43(田 27,地 10,山 3,塘 3) +38,−5	+65.077 0		131(田 56,地 48,山 22,塘 5) +122,−9	+102.437 7		60(田 23,地 20,山 12,塘 5) +29,−31	−9.694 5	265.594 5	+156.901 5
	潘吉祥	3.128 0		1(地 1) −1	−0.600 0	潘云祥 承继伯	2(山 2) −2	−0.030 0		3(地 2,山 1) −3	−0.865 0	1.774 0	−1.354 0
	吴仁	11.746 0		2(田 1,地 1) +1,−1	−1.351 0		5(地 5) −5	−2.450 4		5(地 5) −5	−1.440 0	6.426 6	−5.319 4
	汪义	0.070 0		0	0		0	0		0	0	0	−0.070 0
	汪平 军户	1.494 0	汪泽	3(地 3) −3	−0.315 0	汪使 承继父	1(地 1) −1	−0.030 0		0	0	1.148 0	−0.346 0
	潘杰	8.385 0		7(田 3,地 3,山 1) +6,−1	+4.437 0		9(田 3,地 6) +8,−1	+6.240 0		7(田 5,地 2) +7	+13.232 0	32.206 0	+23.821 0
	程义祥	0.166 0		0	0		0	0		0	0	0.166 0	±0
	吴存孝	20.477 0	吴榛 承继伯	0	0		10(田 6,地 4) −10	−6.698 15		7(田 3,地 4) +1,−6	−7.604 11	6.286 74	−14.190 26
	潘亮 承继父	0		2(地 2) +2	+1.928 0		1(田 1) +1	+3.870 0		1(地 1) +1	+0.476 0	6.274 0	+6.274 0
	陈玄道	0	王承兴	4(田 2,地 1,塘 1) +4	+11.806 0		12(田 10,塘 2) +1,−11	−11.534 5		1(地 1) −1	−0.024 0	0.247 0	+0.247 0
	潘希远 承继父	7.920 0		1(地 1) −1	−0.550 0		3(地 2,山 1) −3	−1.230 0		5(田 1,地 3,山 1) −5	−1.709 0	5.129 0	−2.791 0

（续表）

	万历十年册(1582)		万历二十年册(1592)			万历三十年册(1602)			万历四十年册(1612)				总计事产增减额
	户名	事产额（实在）	户名	事产卖买件数	事产增减额	户名	事产卖买件数	事产增减额	户名	事产卖买件数	事产增减额	事产额（实在）	
	程周宣	3.896 0		2(田 2) +2	+2.163 0	程继周 承继父	2(田 2) +2	+1.102 0		2(田 1,地 1) +2	+0.929 07	8.289 07	+4.393 07
	潘天遂 立户	11.600 0		3(田 2,地 1) +1,−2	−0.853 0		4(田 3,地 1) +3,−1	+6.982 0		8(田 4,田 3,山 1) +2,−6	−14.491 9	3.121 1	−8.478 9
			潘承凤 立户	8(田 6,地 2) +8	+13.040 0		2(田 2) +2	+3.943 0	潘必生 承继父	9(地 4,田 5) +4,−5	−10.222 0	6.761 0	+6.761 0
合计			有田土交易的业户 11 户 76 次(+62,−14)			有田土交易的业户 12 户 182 次(+139,−43)			实在户 14 户 有田土交易的业户 11 户 108 次(+46,−62)				有田土交易的业户 12 户 366 次(+247,−119) 无田土交易的业户 2 户
第八甲													
排年总户	陈沧 军户	86.469 0		20(田 8,地 2,山 8,塘 2) +10,−10	+9.769 0	陈元和	27(田 13,地 8,山 6) +15,−12	+4.974 7		47(田 30,地 6,山 11) +15,−32	−10.987 5	90.840 1	+4.371 1
	王继成	10.219 0		7(田 3,地 2,山 2) +5,−2	+1.476 0		6(田 3,地 2,塘 1) +3,−3	−0.241 0		5(田 3,地 2) +5	+3.558 7	15.399 07	+5.180 07
	吴魁	0		1(田 1) +1	+0.503 0		9(田 8,地 1) +9	+7.634 0		4(田 3,地 1) +3,−1	+2.542 0	9.389 0	+9.389 0
	朱瑾	49.592 0	朱得九	7(田 5,地 2) −7	−38.340 0		18(田 8,地 6,山 3,塘 1) +1,−17	−7.722 2		11(地 6,山 5) −11	−0.595 4	2.859 4	−46.732 6
	汪奎	0	汪腊梨	0	0		0	0		? 不明	+14.381 6	14.381 6	+14.381 6

（续表）

	万历十年册(1582)		万历二十年册(1592)			万历三十年册(1602)			万历四十年册(1612)				总计事产增减额
	户 名	事产额(实在)	户 名	事产卖买件数	事产增减额	户 名	事产卖买件数	事产增减额	户 名	事产卖买件数	事产增减额	事产额(实在)	
	王应元 承继伯	21.957 0		4(田 2,地 1,塘 1) −4	−11.806 0	王应亨 承继兄	21(田 8,地 8,山 3,塘 2) −21	−7.689 0	王应玄 承继兄	4(地 2,山 2) −4	−0.340 0	1.941 0	−20.016 0
	朱添芳	0		0	0	朱良祐 承继伯祖	20(田 10,地 1,山 8,塘 1) +20	+14.461 6	朱良五 承继兄	1(地 1) −1	−0.080 0	13.487 0	+13.487 0
	程 学	13.045 0		17(田 6,地 7,山 2,塘 2) +14,−3	+2.197 0		2(田 1,地 1) −2	−0.396 0		22(田 12,地 6,塘 4) +8,−14	−2.412 7	12.812 3	−0.232 7
	朱文槐	4.530 0	朱文林 承继兄	25(田 8,地 5,山 8,塘 4) +7,−18	−1.390 0	朱文标	31(田 4,地 16,山 7,塘 4) −31	−4.581 6		1(地 1) −1	−0.060 0	0.175 4	−4.354 6
	陈 进	17.952 0		7(田 7) +1,−6	−7.572 0	朱 雪 承继义父	0	0		3(田 2,地 1) −3	−2.567 0	7.959 0	−9.993 0
	郭正耀	2.641 0		1(地 1) −1	−0.652 0		0	0		1(山 1) −1	−0.180 0	1.882 0	−0.759 0
	陈 仕	0		0	0	程廷隆 承继外祖	21(田 11,地 3,山 4,塘 3) +21	+13.208 0		7(田 7) +2,−5	−3.393 0	9.811 0	+9.811 0
	黄记大	0		0	0		0	0		0	0	0	±0
合计			有田土交易的业户 9 户 89 次(+38,−51)			有田土交易的业户 9 户 155 次(+69,−86)			实在户 13 户 有田土交易的业户 12 户 106 次(+33,−73)				有田土交易的业户 12 户 350 次(+140,−210) 无田土交易的业户 1 户

（续表）

	万历十年册(1582)		万历二十年册(1592)			万历三十年册(1602)			万历四十年册(1612)				总计事产增减额
	户　名	事产额（实在）	户　名	事产卖买件数	事产增减额	户　名	事产卖买件数	事产增减额	户　名	事产卖买件数	事产增减额	事产额（实在）	
第九甲													
排年总户	王　初 匠户	33.399 0		22(田 12,地 7,山 2,塘 1) +7,−15	−9.519 0	王　叙	23(田 7,地 12,山 3,塘 1) +1,−22	−8.268 7		17(田 6,地 8,山 3) +4,−13	−2.757 97	14.141 3	−19.257 7
	朱　得	0.677 0	朱法隆	0	0		0	0		1(地 1) −1	−0.020 0	0.657 0	−0.020 0
	毕　盛	13.527 0	毕　显 承继兄	11(田 6,地 3,山 2) −11	−9.263 0	毕　宾 承继叔	4(田 2,地 1,山 1) +1,−3	+0.958 0		0	0	5.117 0	−8.410 0
	朱　瑶	20.665 0		1(地 1) −1	−0.017 0		16(田 3,地 4,山 9) +16	+3.410 05		2(地 2) −2	−0.113 85	23.481 2	+2.862 0
总户	王茂伍 匠户	23.758 0		37(田 11,地 17,山 9) +28,−9	+27.723 0		31(田 15,地 9,山 7) +25,−6	+14.059 8		45(田 13,地 9,山 23) +27,−18	+0.172 1	66.260 4	+42.502 4
	洪　龙	0		0	0		0	0	洪　源 承继伯	4(地 1,山 3) +4	+2.321 0	2.321 0	+2.321 0
	李　得	0		0	0	李　清 承继伯	0	0		0	0	0	±0
	金　广	0		0	0		0	0		0	0	0	±0
	朱　辅	0		0	0	朱彰先 承继伯	3(田 3) +3	+2.494 0		0	0	2.494 0	+2.494 0
	汪三富	0		0	0	汪　社 承继兄	0	0		0	0	0	±0
	汪　振	0		0	0		0	0	汤　曜 承继母	7(田 4,山 3) +6,−1	+4.700 0	4.700 0	+4.700 0

（续表）

	万历十年册(1582)		万历二十年册(1592)			万历三十年册(1602)			万历四十年册(1612)				总计事产增减额
	户　名	事产额(实在)	户　名	事产卖买件数	事产增减额	户　名	事产卖买件数	事产增减额	户　名	事产卖买件数	事产增减额	事产额(实在)	
合计			有田土交易的业户 4 户 71 次(＋35,－36)			有田土交易的业户 5 户 77 次(＋46,－31)			实在户 11 户 有田土交易的业户 6 户 76 次(＋41,－35)				有田土交易的业户 8 户 224 次(＋122,－102) 无田土交易的业户 3 户
第十甲													
排年总户	金万钟 军户	138.756 0		20(田 15,地 2,山 2,塘 1) ＋7,－13	－4.028 0		58(田 45,地 6,山 5,塘 2) ＋24,－34	－16.218 5		49(田 23,地 12,山 12,塘 2) ＋8,－41	－43.668 92	74.295 18	－64.460 82
	汪　敏	13.575 0	汪应明 承继父	5(田 1,地 2,山 2) ＋2,－3	－0.321 0		2(田 1,山 1) －2	－0.880 0		2(田 1,山 1) －2	－0.510 0	11.934 0	－1.641 0
	詹应星	0.391 0		2(田 1,山 1) ＋1,－1	＋0.520 0		5(田 1,地 3,山 1) －5	－0.830 0		0	0	0.081 0	－0.310 0
	朱　太	1.915 0	朱　雷 承继兄	4(田 3,地 1) ＋4	＋5.273 0		17(田 12,地 3,山 2) ＋15,－2	＋11.051 7	朱朝道 承继父	18(田 11,地 5,山 1,塘 1) ＋16,－2	＋10.210 66	28.465 36	＋26.550 36
总户	汪　禄	20.866 0	汪　才 承继兄	2(田 1,地 1) ＋1,－1	－2.067 0	汪　寉 承继叔	2(田 1,地 1) －2	－0.546 0		0	0	18.395 0	－2.471 0
	王云览	4.254 0		15(田 4,地 8,山 3) ＋9,－6	－0.586 0	王端佑 承继父	10(田 2,地 5,山 3) ＋7,－3	＋2.428 0		5(田 3,地 2) ＋3,－2	＋11.483 27	17.958 2	＋13.704 2
	朱　佑	39.219 0	朱时选 承继父	11(田 6,地 3,山 1,塘 1) ＋1,－10	－12.118 0		11(田 3,地 4,山 4) －11	－6.278 75		7(田 3,地 4) －7	－1.613 42	19.229 37	－19.989 63
总户	陈　祥 军户	61.349 0		12(田 12) ＋1,－11	－20.084 0	陈　新 承继父	37(田 23,地 10,山 4) －37	－34.796 5		8(田 3,地 5) ＋1,－7	－2.669 0	3.083 7	－58.265 3

（续表）

	万历十年册(1582)		万历二十年册(1592)			万历三十年册(1602)			万历四十年册(1612)				总计事产增减额
	户 名	事产额（实在）	户 名	事产卖买件数	事产增减额	户 名	事产卖买件数	事产增减额	户 名	事产卖买件数	事产增减额	事产额（实在）	
	朱 社	5.220 0	朱祖光 承继孙	6(田 1,地 4,山 1) −6	−1.466 0		4(田 1,地 3) −4	−0.571 0	朱永保 承继祖	1(地 1) −1	−0.155 0	3.028 0	−2.192 0
	吴 积	14.931 0	吴 璜 承继父	12(田 7,地 4,塘 1) +2,−10	−14.153 0		0	0		0	0	0.778 0	−14.153 0
	汪 显	30.086 0		0	0		0	0	朱 良 承继义父	19(田 12,地 1,山 5,塘 1) +4,−15	−27.544 5	2.541 5	−27.544 5
	朱 瑚	8.326 5		5(田 3,地 2) +1,−4	−1.531 0		6(田 1,地 2,山 3) −6	−1.148 55		0	0	5.646 95	−2.679 55
	程 郎	2.726 0	程 产 承继父	3(田 2,塘 1) +1,−2	+0.117 0		0	0		6(地 5,山 1) +5,−1	+0.457 8	4.634 8	+1.908 8
	吴 滨	9.792 0		9(田 5,地 4) −9	−9.319 0		0	0		0	0	0.046 0	−9.746 0
	金廷贵	0		0	0	朱时新 承继外祖	5(田 2,地 2,塘 1) +5	+3.830 0		6(田 6) +6	+8.122 0	11.952 0	+11.952 0
			朱国钱 立户	12(田 4,地 5,山 3) +12	+18.789 0		12(田 6,地 1,山 3,塘 2) +12	+10.708 0		11(田 1,地 8,山 2) +8,−3	−0.107 8	29.505 85	+29.505 85
						朱德昌 立户	11(田 11) +11	+14.424 0		5(田 5) +5	+6.575 0	20.999 0	+20.999 0
						朱国昌 立户	19(田 8,地 5,山 5,塘 1) +19	+14.781 8		4(田 2,地 1,塘 1) +4	+5.879 7	20.661 5	+20.661 5
合计			有田土交易的业户 14 户 118 次(+42,−76)			有田土交易的业户 15 户 199 次(+93,−106)			实在户 18 户 有田土交易的业户 13 户 141 次(+60,−81)				有田土交易的业户 18 户 458 次(+195,−263) 无田土交易的业户 0 户

第八甲的汪腊梨户（十年册中的户名为汪奎。按：下文论及其他各户十年册中的户名也标注在括弧内；另外，新立户及分析立户者，均在括弧内注明其原户名）在万历三十一年至四十年的10年间获得了14.381 6税亩的土地，但在四十年册中却无其"新收"与"开除"的记载，故不将其列为分析的对象，因此，表3中的数字是根据152户实在人户的资料统计而成的。

这152户当中，在万历十一年至四十年这30年间完全没有进行土地交易的只有13户，即第一甲程富义（程保同）户，第四甲王福寿、王英、杨曜户，第五甲陈应（陈旦）、谢积（谢友）、陈宜户，第七甲汪义、程义祥户，第八甲黄记大户，第九甲李清（李得）、金广、汪社（汪三富）户；其余139户都曾进行过土地交易，所占比例为91.4%。这些业户在这30年间共进行了4 542次土地买卖（其中买入2 405次，卖出2 137次），平均一户买卖29.9次，一户大概一年即有一次土地买卖。

通过表3可知，买卖土地次数较多者均为占有土地多的业户，其中又有不少析产而未分户者或新立户者。明朝后期以降，与广东、福建一样，徽州也存在着析产而未分户这一经济形态。① 所谓析产而未分户，是指一个大户析产分成了几个独立的子户，但在官府的册籍上仍作为一户（总户）而并未正式分户。由于里长户需要承担较重的徭役，军户、匠户也须充当所定的专门差役，致使析产而未分户这种情况在这些人户里多有存在。② 新立户者一般在立户时购入大量土地，其中有些人出生、成长在淮安、浙江一带，这些人一次购买土地的数量往往超过一个五口之家维持再生产所需的标准（10税亩左右的田、地），很明显，他们是在外经商赚了钱的富裕商人。

万历四十年时包括成丁在内，人丁总数在10口以上、可判断出其为析产而未分户者，以及万历二十年以后新立户的实在人户如下：

---

① 栾成显：《明清大户经济形态》（《明代黄册研究（增订本）》）。［日］铃木博之：《明代徽州府の户と里甲制》，［日］井上彻、［日］远藤隆俊编《宋—明宗族の研究》，东京：汲古书院，2005年。

② ［日］伊藤正彦：《明代里甲制体制下の阶层构成—徽州府休宁县里仁东乡二七都五图の事例—》，［日］伊藤正彦编《〈万历休宁县二七都五图黄册底籍〉の世界》。

析产而未分户者(共18户)

第一甲:王茂　金尚尹(金清)

第二甲:朱洪　吴天保(吴和)

第三甲:朱学源(朱清)

第四甲:王正芳(王时)　程友仪(程大宾)

第五甲:陈章　金岩武(金社保)

第六甲:朱贵(朱广)　朱新风(朱龙)

第七甲:王齐兴

第八甲:陈元和(陈沧)

第九甲:王叙(王初)　王茂伍

第十甲:金万钟　汪隺(汪禄)　陈新(陈祥)

告明立户者(共16户)

第二甲:朱仲　朱作　朱世蕃　朱伟　朱尹　朱汶　朱诚侄　朱世福　朱永兴　朱御昌

第六甲:朱楷　朱俊

第七甲:潘必生(潘承凤)

第十甲:朱国钱　朱德昌　朱国昌

另外,在152户实在人户中,有6户家中出了不少为官者和读书人。第二甲朱淳和朱师孔家中有很多人当官,朱淳和朱师孔本人都是由国子监生出仕做官的;第二甲朱师颜(汪岩亮)和朱作家族中有很多人取得了进国子监读书的资格;第二甲朱洪与第三甲朱学源家族中也出现了类似于在野读书人的人,这些人和一般的老百姓是有区别的。①

去掉152户中比较富裕的人户(指上述析产而未分户者和告明新立户者,共34户),再去掉为官者、读书人辈出人户(其中朱洪、朱学源户与析产而未分户者重复;朱作户与新立户者重复,剩下朱淳、朱师孔、朱师颜3户),剩下

① [日]伊藤正彦:《〈万历27都5图黄册底籍〉をめぐる初步的知见》,[日]伊藤正彦编《〈万历休宁县二七都五图黄册底籍〉の世界》;[日]伊藤正彦:《〈明代里甲制体制下の阶层构成〉订误—任官者·读书人辈出人户をめぐって—》,《唐宋变革研究通讯》第6辑。

115 户实在人户 30 年间共进行了 1 741 次土地买卖(其中买入 834 次,卖出 907 次),平均一户 15.1 次,一户大概每 2 年进行一次土地买卖。

通过表 3 可以看出,无论土地所有增长者还是减少者,大多数人户不仅仅是购买土地,还卖出土地。例如万历三十年后该图占有土地最多的第三甲朱学源(朱清)户,30 年间共买入土地 348 次,卖出土地 81 次;占有土地少的人户亦是如此,比如第三甲李象(李成)户,万历四十年时占有土地 5.381 0 税亩,30 年间买入土地 7 次,卖出 6 次。这表明,为了获取更高的利益,或者满足便利性需求,人们一方面购入土地,一方面卖掉那些对自己不利的土地,平均每年 1—2 次的土地交易频度正是各户根据自身的经济状况作出选择的结果。

三、土地所有的变更

那么,以这样的频度进行的土地交易,其规模又如何呢?下面根据表 3 就这一问题作一统计分析。需要说明的是,各户土地所有的变更,除了转收与转除所载之外,还包括正收与正除(清查出来的隐匿土地或有税无产浮粮土地)的数额,加之《黄册底籍》在抄录过程中出现的错误,所以表 3 中很多业户买卖土地的总数同表中"总计事产增减额"一栏下面记载的十年册与四十年册的事产差额有所不同。可要把正收、正除一一列出来又很困难,加之两者之间的误差很小,故在分析中,以各户土地所有变更的数字为准。另外,万历十九年(1591)朱淳、朱信、朱师孔继承了第二甲朱洪户的财产,这 4 户是以其买卖土地的总计(表 3"总计事产增减额"栏下以※号注明)来统计的。

根据表 3 统计,万历十一年至四十年的 30 年间,通过土地买卖使得土地所有增长的业户有 61 户,减少的有 77 户。土地所有增长的业户,每户平均进行 35.1 次买卖(买入 29.3 次,卖出 5.8 次),新增土地 21.877 9 税亩。其中析产而未分户者 5 户(第三甲朱学源[朱清]、第四甲王正芳[王时]、第七甲王齐兴、第八甲陈元和[陈沧]、第九甲王茂伍户),新立户者 16 户(即上一节所列的 16 户),为官者、读书人辈出人户 2 户(原有 4 户,即第二甲朱师颜、朱师孔、朱作户,第三甲朱学源户,但因朱学源户与析产而未分户者重复,朱作户与新立户者重复,故只剩下朱师孔、朱师颜2户)。去掉上述23户,剩下38户,平均每户的买卖次数为17.5次(买入15.2次,卖出2.3次),新增土地9.776 7税亩。

土地所有减少的业户,每户平均进行31.1次买卖(买入8.0次,卖出23.1次),平均每户减少土地14.307 9税亩。其中析产而未分户者13户(第一甲王茂、金尚尹户,第二甲朱洪、吴天和[吴和]户,第四甲程友仪[程大宾]户,第五甲陈章、金岩武[金社保]户,第六甲朱贵[朱广]、朱新风[朱龙]户,第九甲王叙[王初]户,第十甲金万钟、汪寉[汪禄]、陈新[陈祥]户),为官者、读书人辈出人户1户(原有2户,因朱洪户与析产而未分户者重复,故只剩下朱淳1户)。去掉上述14户,剩下63户,平均每户买卖土地16.9次(买入4.0次,卖出12.9次),减少土地7.590 0税亩。

去掉比较富裕的人户,再去掉为官者、读书人辈出的人户,该图一般业户30年间土地变更规模增加时为9.776 7税亩,减少时为7.590 0税亩,不考虑田土种类,这一数字,与一个5口之家维持再生产所需的土地数量很接近。这样看来,一般人户在30年间平均每2年进行一次土地交易,土地增加或减少的量在一个5口之家维持其再生产所需的规模之内。

尽管土地所有减少的人户多于增长的人户,可是,30年来,无产户的数量减少到了10户。其中,通过土地交易致使田产归零的只有第一甲陈使和第四甲汪文晁(汪山)2户。相反,从无产户变为有产户的有以下17户:

第一甲:王琴(王显富)　金宗社(詹祐)
第二甲:朱师颜(汪岩亮)　朱祐生(汪护)
第三甲:刘文选(刘巴山)　刘得应(金黑)
第四甲:朱岩志(汪得)
第七甲:潘亮　王承兴(陈玄道)
第八甲:吴魁　朱良祐(朱添芳)　程廷隆(陈仕)
第九甲:洪源(洪龙)　朱彰先(朱辅)　汤曜(汪振)
第十甲:朱时新(金廷贵)

除去属于读书人辈出人户的第二甲朱师颜(汪岩亮),其余16户占土地所有增长的38户的42%,平均每户新增土地11.0866税亩,略高于一个5口之家维持再生产所需的标准。另外,这17户中除去朱祐生(汪护)、潘亮、王承兴(陈玄道)、吴魁,其余13户均在人户承继以后购入土地。现在还不清楚人户承继与土地购入之间有怎样的因果关系,有关这一问题,留待以后再作考察。

综上所述,无论土地所有增长还是减少,一般人户在30年间的土地变更规模都与一个5口之家维持再生产所需的量接近,并且在土地所有增长的人户中,有大约4成的人户从无产状态变为占有10亩左右的土地,这说明庶民一级的流动性是相当高的。

结　语

根据本文的统计分析可知,休宁县二十七都五图所属人户在万历十一年至四十年的30年间(大约是一代人的时间跨度),平均买卖土地29.9次(平均1年1次),土地变更规模增加时为21.8779税亩,减少时为14.3079税亩。去掉比较富裕的人户,再去掉为官者、读书人辈出的人户,一般业户30年间平均买卖土地15.1次(平均2年1次),土地所有增长时为9.7767税亩,减少时为7.5900税亩。

另外,需要指出的是,本文是根据赋役黄册所载进行的统计分析。拥有众多子户的大户,其子户间也存在着土地买卖关系,这些土地交易均未在赋役黄册中登载。所以,就二十七都五图的土地买卖而言,其实际交易的数字要超出本文所统计的数字。以往依据置产簿(誊契簿、抄契簿)一类的资料考察土地的买入情况,①使得这些研究局限于对特定的家族和宗族的考察,而赋役黄册反映了一个乡村行政组织所属人户土地买卖的平均次数以及土地的变更情况,弥足珍贵。

---

① 彭超:《休宁〈程氏置产簿〉剖析》,《中国社会经济史研究》1983年第4期;夏维中、王裕民:《从置产簿看清初徽州家族之间的财产互动——以休宁兖山孙氏为中心》,《中国农史》第20卷第1期,2001年;[日] 大田由纪夫:《徽州における私家文书の传来—〈率东程氏置产簿〉をめぐって—》,[日] 伊藤正彦编《〈万历休宁县27都5图黄册底籍〉の世界》,等等。

岩井茂树先生在上海图书馆发现的黄册原本《嘉靖四十一年浙江严州府遂安县十八都下一图赋役黄册残本》1册(563792号,上海图书馆目录中的名称是《浙江严州府遂安县人口税收册》)记载了严州府遂安县十八都下一图第六甲4户甲首的资料,[①]兹将嘉靖三十二年(1553)至四十二年(1563)正月这4户的土地交易与增减情况统计如下,见表4。[②]

表4 遂安县十八都下一图第六甲4户人户买卖土地事例表

(土地单位:税亩)

户 名	买 卖 次 数	买入或卖出	土地增减	实 在
汪 银	21(田10、地7、山4)	+18 −3	+14.679 0	47.067 0
洪彦亮	7(田1、地3、山2、塘1)	+4 −3	−0.170 0	26.550 0
凌仲仁	19(田8、地6、山3、塘1)	+13 −6	+4.659 0	68.762 5
洪廷实	4(地2、山2)	+4	+2.350 0	4.735 0

汪银等4户在大约10年的时间里,共进行了51次土地买卖,平均每户12.8次。其中,土地所有增长的有3户,平均增加7.229 3税亩。这2个数字,与休宁县二十七都五图所属人户10年间的平均数基本相同。虽然遂安县十八都下一图第六甲的平均买卖次数稍微多一点,但考虑到4户中有3户的土地占有量都很多,也就不足为奇了。严州府遂安县位于徽州府歙县东南,离休宁县二十七都五图不远,该黄册的攒造时间也只比万历十年早大约30年,虽然所载户数有限,但通过两者之间的对比,就会发现休宁县二十七都五图所属人户的土地买卖并非特殊现象。

① [日]岩井茂树:《〈嘉靖四十一年浙江严州府遂安县十八都下一图赋役黄册残本〉考》,[日]夫马进编《中国明清地方档案の研究》。除了这4户之外,还有余泰三1户,但其"旧管"后半部缺佚。

② 据岩井茂树《〈嘉靖四十一年浙江严州府遂安县十八都下一图赋役黄册残本〉考》考证,嘉靖四十一年(1562)这轮大造黄册是在嘉靖四十二年正月以后完成的,所以该黄册载有嘉靖四十二年正月的田土买卖记录。

再将时间上溯到190年以前。中国社会科学院历史研究所藏徽州文书中,有1件《永乐至宣德徽州府祁门县李务本户黄册抄底》(HZS3030004),栾成显先生认为它是迄今发现的遗存最早的黄册文书。该文书为抄件,记载了徽州府祁门县十西都李务本户永乐元年(1403)、十年(1412)、二十年(1422)及宣德七年(1432)4个黄册大造之年的资料(户主姓名永乐十年、二十年为李景祥,宣德七年为李阿谢)。[①] 据栾先生考察,李务本户在洪武二十五年(1392)至永乐元年进行了6次土地买卖(买入5次,卖出1次),土地所有增加了19.244 0亩;而在永乐二年(1404)至十年卖出5次,将册载37.769 0亩土地全部卖掉;又在永乐十一年(1413)至二十年7次购入土地,土地所有增加了32.393 0亩(永乐二十一年即1423年至宣德七年没有进行土地买卖)。[②] 通过土地买卖,土地所有的变更规模远在30亩以上,贫富升降转换剧烈。除了黄册所载,李务本户还拥有不少山场,实际拥有的田地山场总面积为60亩左右,采取的是地主经营方式,[③]这个事例表明,土地买卖造成的剧烈的所有变更在明初早已有之。

如果我们将上述两个事例与休宁县二十七都五图加以对比,就会发现万历十一年至四十年期间,该图所属人户的土地买卖频度、土地所有变更并非特殊现象。休宁县二十七都五图一带的农业现在仍不是商业性农业,[④]生产的产品是为了满足家庭自身消费的需要。可是万历年间生活在这里的人们,已经为了获取更多的利益,或者满足便利性需求,频繁地进行土地买卖,在大约一个世代的时间里使土地所有接近一个五口之家维持再生产所需的标准。频繁的土地买卖使明代里甲制度处于高度流动的状态中,从而形成了支撑里甲制度的以自耕农为中心的“小农自立”型阶层构造。

中国的这种“小农自立”型阶层构造与日本的“小农自立”在形成原理上

---

① 《永乐元年、十年、二十年、宣德七年祁门李舒户黄册抄底及该户田土清单》,王钰欣、周绍泉主编《徽州千年契约文书·宋元明编》第1卷,第54—56页。

② 栾成显:《明初黄册抄底》,《明代黄册研究(增订本)》。

③ 栾成显:《明初黄册抄底》,《明代黄册研究(增订本)》。

④ [日] 伊藤正彦:《明代里甲制体制下の阶层构成—徽州府休宁县里仁东乡二七都五图の事例—》,[日] 伊藤正彦编《〈万历休宁县二七都五图黄册底籍〉の世界》。

有着本质的不同,执行村落共同体内部各项公共业务、维持共同体再生产在日本“小农自立”的构建中发挥着极其重要的作用。赋役黄册是国家为征调赋役而制成的基本册籍,将各户的土地买卖情况一笔笔登记在册,其本身就反映了与日本封建社会完全不同的中国特有的社会组织原理。

明末清初田宅交易税契制度的演变

——以徽州文书为中心*

阿　风

（清华大学人文学院历史系）

摘　要：中国古代，政府对于田宅等交易行为征收契税，契税是国家财政收入的“杂项”。从明初开始，田宅交易税契制度逐渐成为黄册制度的一个组成部分，确保田土的推收过割是税契的主要目的。明代中后期，随着边供费繁，明朝政府开始重视契税的征收。特别是明末以契税补辽饷、定额坐派地方之后，巡按税票、户部契纸等先后登场，税契银开始成为明朝国家财政的重要补充。清朝确立对全国的统治之后，初期沿用明末的巡按税票与布政使司契尾制度，但将契税列入“奏销”与“考成”，始与田赋正项同等对待。雍正年间，又借鉴明末开始出现的田赋串票的骑缝式样，改进了明末的户部契纸，推行更为严密的契纸契根制度。乾隆十四年，又正式确立了通行到清末的骑缝契尾制度。通过现存徽州文书中保存下来的田宅交易税契凭证的考察，可以看出清承明制与清朝税契制度创新的过程，并了解明清两朝税契财政理念的异同。

关键词：徽州文书；税契；辽饷；印信契尾；骑缝制度

中国很早就开始对于田宅、人口、牲畜等交易行为征收契税。《周礼·

* 本文曾发表于《江海学刊》2021年第4期，收入此书时有部分修改。本文是清华大学自主科研计划文科专项“明清时代的契约与契约社会研究”（2021THZWJC33）的阶段性成果。

地官》中提到,市场交易时有“质布”与“质剂”,应该就是与税契有关的凭证。① 走马楼出土吴简提到了三国时期人口买卖时要“收责估钱”,“估”就是交易契税。② 晋室南渡之后,规定奴婢、马牛、田宅交易,需要输“估”,税率是百分之四。③ 不过,在古代,契税作为“课程”的一种,是国家财政收入中的杂项,与田赋正项相比,数额有限,而且不固定。同时,强化契税征收常常被认为是与民争利的行为,“其实利在侵削”④。

宋代以后,随着土地私有权的确立与土地交易的频繁,国家开始重视田宅交易契税的征收与管理。宋太祖开宝二年(969),政府“始收民印契钱,令民典卖田宅输钱印契,税契限两月”⑤。在元代,田宅、奴婢、牲畜交易,行用户部颁行的税契凭证——契本。同时,州县也广泛使用州县税务部门颁发的契尾。到了明代,田宅交易契税正式与牲畜交易契税分离,成为独立的杂税项目,⑥并逐渐转由州县政府征收。虽然田宅交易契税的总额在当时整个明清财政体系中只占很小的一部分,但作为“原额”之外的税种,在国家财政困难之际,政府往往会强化对于田宅交易契税的征收,以弥补财政亏空。特别是在明末清初这一动荡时期,明清两朝政府都采取了一系列措施,整顿田宅交易契税征收,防止隐漏侵蚀行为。

有关明清田宅交易税契制度的变化,包括何珍如、周绍泉、王毓铨、王帅

① (清) 孙诒让:《周礼正义》卷二七《地官·廛人》,北京:中华书局,2015 年,第 1303 页。

② 《长沙走马楼三国吴简(肆)》图版 1763①,北京:文物出版社,2011 年,第 210 页。本条史料得到侯旭东、邬文玲两位先生的指点。

③ 《隋书》卷二四《志》第十九《食货》,北京:中华书局,1973 年,第 689 页。

④ 《隋书》卷二四《志》第十九《食货》,第 689 页。

⑤ (宋) 马端临:《文献通考》卷一九《征榷考六·杂征敛·牙契》,北京:中华书局,2011 年,第 545 页。又《宋会要辑稿》六一之五九,新授西京转运司高觌言《编敕》:“应典卖物业,限两月批印契,送纳税赋钱。限外不来,许人陈告,依漏税条例科罚。”见刘琳等校点《宋会要辑稿》,上海:上海古籍出版社,2014 年,第 7466 页。

⑥ 洪武三十年颁行《大明律》,有关田宅交易税契的规定属《户律》之《户役》“典买田宅”条,而牲畜交易的规定则属《户律》之《课程》“匿税”条。见黄彰健《明代律例汇编》下册,台北:台湾“中研院”历史语言研究所,1979 年,第 492—493、567 页。有关明代田宅交易税契制度的演变过程,参见阿风《从契本、契尾到户部契纸——明代田宅交易契税凭证样式的变化》,复旦大学历史系编《明清史评论》第 4 期,北京:中华书局,2021 年。

一等都有过相当详细的分析。[①] 特别是周绍泉的《田宅交易中的契尾试探》一文，以徽州文书为中心，分析了始于元、终于清末，行用达六百多年的土地税契凭证——契尾的产生与演变，基本上厘清了宋代以后契税凭证与税契制度的变化过程。不过，由于史料的限制，以往的研究中，有关明末清初税契制度，特别是明清交替之际田宅交易税契制度变化的一些细节性问题，尚未能有更清晰的说明。

本文将以徽州文书为中心，分析明末清初江南徽州地区田宅交易税契制度的演变，进而分析清承明制与清朝田宅税契制度的创新过程。

一、关于明末清初的徽州府

明朝初年，继承元代的"腹里"之制，以"京畿应天诸府州直隶京师"。永乐迁都北京后，又以原北平所属府州为直隶，通称北直隶（京师）。原来应天诸府州则称南直隶（南京）。南直隶地区包括长江下游及淮河流域的广大地区，"统府十四，直隶州四，属州十七，县九十有七"[②]，是明朝的财富重区。为了更有效地管理这一广大地区，明朝政府设立凤阳巡抚等，监管南直隶江北诸府州；设立应天巡抚等，监管南直隶南部诸府州。应天巡抚辖区，除了上江的安庆府在江北外，主要是南直隶长江以东、以南诸府州，包括上江的徽州府、池州府、宁国府、太平府与下江的苏州府、松江府等。[③] 正德、嘉靖年间，明朝政府又设立苏松兵备道，管辖下江诸府州；设立徽宁兵备道，管辖上江诸府州，均受应天巡抚与应天巡按节制。[④]

---

① 何珍如：《明清时期土地买卖中的税契制度》，《中国历史博物馆馆刊》第 8 期，1986 年；周绍泉：《田宅交易中的契尾试探》，《中国史研究》1987 年第 1 期；王毓铨：《明代的田土赤契与赋役黄册》，《中国经济史研究》1990 年第 1 期；王帅一：《明清时代官方对于契约的干预：通过"税契"方式的介入》，《中外法学》2012 年第 6 期。

② 《明史》卷四〇《地理一》，北京：中华书局，1974 年，第 881、910 页。

③ 张哲郎：《明代巡抚研究》，台北：文史哲出版社，1991 年，第 64—72 页。

④ 关于徽宁兵备道的成立过程，参见李翼恒《明代徽宁兵备道考》，《明史研究》第 15 辑，合肥：黄山书社，2018 年。

清朝入关之初,对于明代北直隶的管理,因循明制,顺治元年(1644),“定鼎京师,以顺天等八府隶六部”①。顺治二年(1645),随着江南统治的确立,如何管理更为广大的明代南直隶地区,清朝政府没有延续明代的直隶制度,而是采取建省的策略。顺治二年(1645)闰六月,清朝政府下令“南京着改为江南省”②。徽州府作为直隶府的地位被取消。同时清朝政府设立江宁巡抚,管辖江南省的江南区域,大致相当于明代的应天巡抚辖区。当时徽州府属江宁巡抚辖区。顺治三年(1646),清朝政府又设安徽巡抚,③徽州府改属安徽巡抚。顺治六年(1649),清朝政府裁撤安徽巡抚,④徽州府又改隶江宁巡抚。不久以后,复设安徽巡抚,⑤驻安庆,徽州府归属安徽巡抚。康熙六年(1667),清朝政府开始江南分省,⑥徽州府由江南左布政使领之。当时江南左布政使随两江总督驻江宁,改称“江南江宁等处承宣布政使司”(后来又改称“江南安徽等处承宣布政使司”)。乾隆二十五年(1760),清朝政府下令将驻在江宁的江南安徽布政使司移驻安庆,其始与安徽巡抚同城,安庆正式成为安徽省省会。⑦ 同时,江宁添设布政使。⑧ 至此,江苏、安徽两省完全分立,徽州府属安徽省。

本文有关税契制度的考察,主要以明代的南直隶徽州府与清初的江南省徽州府为中心,也涉及江南分省后的江南安徽省徽州府。

---

① 《大清会典(雍正朝)》卷二四《户部·州县一》,《近代中国史料丛刊三编》第74辑,台北:文海出版社,1994年,第1075页。

② 《清世祖实录》卷一九“顺治二年七月壬子”,北京:中华书局,1985年,第166—167页。

③ 《清世祖实录》卷二五“顺治三年四月己亥”,第216页。

④ 《清世祖实录》卷四四“顺治六年五月癸未”,第354页。

⑤ 《清世祖实录》卷一百四“顺治十三年十月丁丑”,第808页。

⑥ 《清圣祖实录》卷二三“康熙六年七月甲寅”,北京:中华书局,1985年,第315页。

⑦ 安庆正式成为省会是在乾隆二十六年(1761),清人俞正燮在《黟县山水记》提到:“自乾隆二十六年,安庆为省会。”见(清)俞正燮《癸巳类稿》(道光十三年刊本)卷八,《续修四库全书》子部第1159册,上海:上海古籍出版社,2002年,第421页。

⑧ 《清高宗实录》卷六一五“乾隆二十五年六月己丑”,北京:中华书局,1985年,第918页;《清高宗实录》卷六一九“乾隆二十五年八月己亥”,第965页;《清高宗实录》卷六三〇“乾隆二十六年二月”,第32—33页。

二、明代田宅交易税契制度的确立

明朝初年,沿袭元代的税契制度。洪武元年(1368)颁布的《大明令》及现存的洪武年间的“户部契本”都记载了契税征收与田宅交易推收过割的法令:

> 凡买卖田宅、头匹,赴务投税。除正课外,每契本一纸纳工本铜钱四十文,余外不许多取。①
>
> 凡典卖田土、过割税粮,各州县置簿附写,正官提调收掌。随即推收,年终通行造册解府。毋令产去税存,与民为害。②
>
> 凡诸人典卖田宅、头匹等项交易,立契了毕,随即赴务投税。依例验价,以三十分中取一,就给官降契本,每一本纳工本铜钱四十文。③

田宅、牲畜交易,要向州县税务部门交纳契税,税率为三十取一,相当于三分税率。④ 户部颁发的“官降契本”为法定的税契凭证。同时规定,典卖田土,要立即推收过割税粮,以免产去税存。⑤

洪武十四年(1381)以后,随着十年大造黄册的推行,田土的推收过割往往在大造黄册之年进行,所以田宅交易契税征收也逐渐与黄册攒造紧密关联,成为黄册攒造的一个组成部分。⑥ 当时,虽然户部契本是法定的税

---

① 《大明令·户令》,(明)张卤辑《皇明制书》(万历七年刊本),《续修四库全书》史部第788册,第6页。

② 《大明令·户令》,(明)张卤辑《皇明制书》,《续修四库全书》史部第788册,第8页。

③ 周向华编:《安徽师范大学馆藏徽州文书》,合肥:安徽人民出版社,2009年,第7页。

④ 虽然明初法定的契税税率是三十分中取一,也就是三分税率,但实际上并未严格执行。直到嘉靖十年(1531),明朝政府开始“清查税银,以备储蓄”,这一时期的契税凭证才开始记载价银、税银与税率。例如《嘉靖十二年歙县胡思承契尾》(周绍泉、王钰欣主编:《徽州千年契约文书·宋元明编》第2卷,石家庄:花山文艺出版社,1993年,第76页)记载了土地交易的价银是283.95两,税银是4.259两,税率是1.5%。可以推测,明初以来,并未严格执行三分税率。

⑤ 周绍泉:《田宅交易中的契尾试探》,《中国史研究》1987年第1期;王毓铨:《明代的田土赤契与赋役黄册》,《中国经济史研究》1990年第1期。

⑥ 栾成显:《明代黄册研究(增订本)》,北京:中国社会科学出版社,2007年,第88—91页。

契凭证，但行用并不广泛，地方多使用州县税务部门的印信契尾。同时从明初以来，明朝政府开始裁撤各府州县的税课司局，首先是课税额度较小的州县，[①]到明代中后期，一些大县及府的税课司局也逐渐裁撤。[②] 随着府州县税务部门的裁撤，土地交易契税逐渐转由州县征收，“务官契尾”变成“（州）县印契尾”。

明初以来的田宅交易税契政策的调整，主要目的是为了确保田土的推收与过割，以免“产去税存”，从而确保田赋正项的征收。而实际的契税征收数额并不是政府关注的重点。现存的明代中前期税契凭证——契尾，多不记载价银、税银数量与税率，[③]这就反映出当时政府的态度。

三、明代中后期田宅交易税契制度的调整

明代中后期，特别是从嘉靖朝开始，随着边供费繁，加上皇帝“土木、祷祀，月无虚日，帑藏匮竭”[④]。传统的田赋正项难以满足朝廷的财政需要，明朝政府开始重视田宅交易契税的征收。一方面，明朝政府取消了明初以来田宅交易税率的减免政策，嘉靖二十年（1541），南直隶徽州府的契税税率恢复为三分。[⑤]另一方面，加强了对于契税的稽查，嘉靖三十年（1551），明朝政府要求州县征

① 洪武十三年正月，“吏部言天下税课司局，岁收课额不及五百石者，凡三百六十有四，宜罢之，从府州县征其课为便。从之”。《明太祖实录》卷一二九“洪武十三年正月辛酉”，台北：台湾“中研院”历史语言研究所，1962年，第2056页。

② 正统元年五月，“税课司局收钞不及五万贯者，俱如减省事例裁革。从之”。《明英宗实录》卷一七“正统元年五月乙酉”，台北：台湾“中研院”历史语言研究所，1962年，第337页。关于明代税课司局裁撤的原因，岩井茂树认为明初推行宝钞政策的失败，造成商税减少，税课司局“入不敷出”，所以一般的府州县税课司局被裁撤。参照［日］岩井茂树《中国近世财政史研究》，南京：江苏人民出版社，2020年（日文原版，2004年），第283页。

③ 周绍泉、王钰欣主编的《徽州千年契约文书·宋元明编》收录了多张明代中前期的契尾，较早的如《洪武二十四年（1391）祁门谢翊先买产税票》（第1卷，第32页）、明代中期的《正德三年（1508）祁门县孙达买田税证》（第1卷，319页）等，都没有记载价银、税银与税率。

④《明史》卷七八《食货二·赋役》，第1901页。

⑤《嘉靖二十年休宁县吴治契尾》（中国社会科学院中国历史研究院藏，藏契号：115122004001）明确记载，根据南直隶巡按御史的批示，“今后置买田产者，每价壹两，议定三分”，恢复了三分税率。

收契税后,要另造“税银青册”,与新攒造的黄册一同解府(直隶为府、各省为布政使司)查验。这一时期,田宅交易契税已经被视作“国课”的组成部分,嘉靖四十一年(1562)的契尾中提到了税契的目的是“以杜欺罔、以实国课”①。隆庆六年(1572),明朝政府规定契尾除押有县印外,亦须合钤府印,方为有效。② 这些措施的目的都是为了确保契税能够足额收纳,上缴户部。

万历二十年(1592)以后,随着“宁夏之役”“朝鲜之役”以及随后的“播州之役”爆发,“国用大匮”③。万历末年,辽东局势开始恶化,军饷逐渐成为明朝政府沉重的财政负担。为了解决财政困境,明朝政府除了加派田赋外,也开始强化田宅交易契税等杂项的征收。其中有两个最重要的变化:第一,不断提高契税凭证的印信管理机构,强化了对于田宅交易契税的征收稽查,从而确保税粮过割;第二,田宅交易契税开始定额化。

(一)兵备道契尾的出现与府契尾(各省为布政使司契尾)制度的确立

万历二十年(1592),又是一轮黄册大造之年。为了改正积弊,堵塞贪窦,经户部题准,明朝政府规定直隶各府的契尾由各司道钤盖印信后,再“转发州县收贮”。民间买卖田产时,卖主、买主赴本县“投契纳税”,买主“随递纳粮认状”,官府则发给买主司道印信契尾,同时钤盖县印。④ 徽州府属于徽宁兵备道辖区,所以行用徽宁兵备道印信契尾。徽宁兵备道的全称是“钦差整饬徽宁等处兵备道”,作为监司职官,在某种意义上代表中央政府来管理田宅契税的征收。实行司道契尾后,兵备道取代了州县,成为田宅税契凭证的印信管理机构,承担了田宅契税的征收与核查职责。⑤ 兵备道契尾的出

---

① 《嘉靖四十一年九月休宁县契尾》,周绍泉、王钰欣主编《徽州千年契约文书·宋元明编》第2卷,第318页。

② 《隆庆六年潘祖买田契尾》,周绍泉、王钰欣主编《徽州千年契约文书·宋元明编》第2卷,第485页。

③ 《明史》卷三〇五《宦官二·陈增》,第7805页。

④ 《万历二十二年十月休宁县程銮买山地契尾》,中国社会科学院中国历史研究院藏,藏契号:115142210003。

⑤ 阿风:《明代“兵备道契尾”考》,《明史研究论丛》第12辑,北京:中国广播电视出版社,2014年。

现,一方面表明明朝中央政府试图直接掌握田宅契税,另一方面表明明政府希望通过兵备道的介入,确保大造之年税粮的推收过割,以确保田赋的征收。

徽州府的兵备道契尾一直行用到万历末年。到了泰昌元年(1620),明朝政府针对税契过程中"有司奉行过当,不分已税、未税,一概拘追,致增烦扰"的情况,要求各地行用布政司或府印契尾。① 徽州府所在南直隶地区改用府印契尾。相对道而言,府的辖区较小,官员可以亲临,容易核查,同时又便于"请发契尾"②。至此,直隶府与各省布政使司,正式成为田宅契税的征收主体。

这一时期,明朝政府仍然将税契看成确保田土过割的重要手段。当时为了鼓励税契、过割,一度降低契税税率。万历二十四年(1596),徽州府的税率降为"每两三厘"③,相当于法定税率的十分之一。税率的变化对于田宅交易的契税数额影响很大。例如,《万历二十二年(1594)休宁县程銮买山地契尾》④中的价银是"肆两",当时税率为每两二分,税银为"捌分"(0.08 两)。而《万历二十五年(1597)九月歙县汪氏置产契尾》⑤的价银为"肆拾肆两伍钱"(44.5 两),而当时的新税率是每两三厘,税银为"壹钱叁分叁厘伍毫"(0.133 5 两)。仅仅相隔三年,价银相差十倍,但交纳的税银却相差不多。不过,这种低税率并没有持续很长时间,到了万历二十九年(1601),税率又改为每两三分。⑥

(二) 辽饷与田宅契税定额化

万历末年至天启年间,随着辽东战事的持续,解决辽东军饷问题成为

---

①《明熹宗实录》卷一"泰昌元年九月庚辰",台北:台湾"中研院"历史语言研究所,1962 年,第 32 页。

②《天启元年五月祁门买地契尾》,周绍泉、王钰欣主编《徽州千年契约文书·宋元明编》第 4 卷,第 27 页。

③《明神宗实录》卷三三〇"万历二十四年十月庚午",台北:台湾"中研院"历史语言研究所,1962 年,第 5679 页。

④ 中国社会科学院中国历史研究院藏,藏契号:115142210003。

⑤ 周绍泉、王钰欣主编:《徽州千年契约文书·宋元明编》第 3 卷,第 286 页。

⑥《万历二十九年歙县汪居常买田地契尾》(周绍泉、王钰欣主编:《徽州千年契约文书·宋元明编》第 3 卷,第 309 页)的价银为肆两,税银为壹钱贰分,税率为百分之三。

明朝政府急迫的任务。万历四十六年(1618),“户部以辽饷缺乏”,田赋“每亩权加三厘五毫”。[①] 万历四十七年(1619),明朝政府在原来每亩三厘五毫的基础上再加三厘五毫。[②] 万历四十八年(1620)三月,以“军兴诸费不足”,又追加了二厘。[③] 至此,每亩辽饷加派达九厘。天启初年,辽东战事再度恶化。鉴于田赋已经一加再加,天启元年(1621)十一月,户部尚书汪应蛟题奏以“杂项”来补辽饷。这些杂项包括铸钱、典铺、房产税契等二十余项。其中关于房产契税的征收,汪应蛟提出按省、按府分等定额征收的建议。[④] 徽州文书中遗存有《天启五年(1625)徽州府给程良辅契尾》[⑤],其中刻印了徽州府为税契事的公文,其中涉及按省、府(直隶府)定额征收契税之事:

> 直隶徽州府为辽饷亏额已多,杂饷久无确数,谨按省定数、按数定期以足饷额事。奉户部颁行辽饷册开,坐派徽州府递年税契银壹万两,解部济辽。等因。奉此。卷查本府向系十年大造,方行税契。故上轮干四十八年为始,遵照 部文,改用府尾。本府已经颁行格式,发属推收,攒造黄册,今已终局。以后民间置买,若仍照旧例,十年税契,则银每年壹万之数,何从措处。必遵部颁册开,年年税契,方足饷额。为此,合行另置鸳鸯尾式,颁发各属,照式印刷,编立字号,同簿送府请印,转发各属。凡民间置买产业,责令随买随税,每两上纳税银叁分,给票付与该轮册里、书算收执,以候十年大造,总汇造册。其大尾给与纳户粘契,坐尾同簿缴府。如过壹月不税者,许诸人并卖主出首,产业半没入官,壹半给还原主。务要壹契壹尾,毋许贰叁张粘连,混乱漏数。并有契无尾,与用县印尾者,即系隐匿漏税。查出,定将册里、书算依律以漏税重究不贷。须至契尾者。

---

① 《明神宗实录》卷五七四“万历四十六年九月辛亥”,第 10862 页。

② 《明神宗实录》卷五八九“万历四十七年十二月乙丑”,第 11289 页。

③ 《明神宗实录》卷五九二“万历四十八年三月庚寅”,第 11357 页。

④ (明)汪应蛟:《计部奏疏·会议新饷疏》,《续修四库全书》第 480 册,第 556—557 页。关于辽饷的加派,参照林美玲《晚明辽饷研究》,福州:福建人民出版社,2007 年。

⑤ 中国社会科学院中国历史研究院藏,藏契号:115160505006。

包括田宅交易契税在内的杂项,本来是根据实际的交易情况收税,不像田赋那样有明确的定额。不过,没有定额无助于解决辽饷亏空。所以明朝政府决定"按省定数、按数定期",将杂项定额,强行坐派各省、直隶各府。徽州府作为直隶府,每年田宅交易税契银坐派一万两。按照原来的惯例,税契当在大造黄册之年进行,上一轮大造黄册是万历四十八年(1620),如果仍然按照旧例,十年税契,那么现在每年上交的一万两无从措处。所以徽州府只能年年税契,才能完成定额。因此,徽州府新定鸳鸯尾式,要求属下各县照式印刷,编定字号,契尾与号簿送到徽州府,加盖府印。民间有田宅交易,随买随税。鸳鸯尾式的大尾给与买主粘连原契,坐尾与号簿一同缴府。这比旧式的府契尾增加了坐尾,用来与号簿进行核对。业户纳税后,政府另发税票,交给里甲负责黄册攒造的册里、书算收执,到黄册大造之年,再进行税粮的推收、过割。这既确保了每年能完成坐派的辽饷契税,也确保了黄册十年大造。

(三)巡按税票(察院契尾)

崇祯元年(1628),毕自严出任户部尚书,他为了改变"度支大绌"的困境,先后提出24项财政措施,[①]其中的"括杂税"就包括了强化田宅契税的征收。具体的措施就是实行"巡按税票"。现存《崇祯五年(1632)休宁县察院契尾》[②]就是一张巡按税票。这张税票天头大书"契尾"二字,右侧边框中有千字文序号,版框左上方则印有"察院"字样,年月处盖有巡按御史官印,契尾中还有歙县县印三颗。契尾刷印了崇祯元年(1628)应天巡按御史"为急催税契银两事"的公文:

> 巡按应天察院为急催税契银两事。奉都察院勘札,准工部咨前事。内开:税契之法,各省皆用布政司税尾,上税填给,以便过册。然漫无稽查,有发下税尾,含糊不报税银者;有不用布政司税尾,而径将私契用有司印信钤盖者。于是税契之银,付之不可问矣。今后俱用巡按税票,并

---

① 《明史》卷二五六《毕自严》,第6610页。

② 周绍泉、王钰欣主编:《徽州千年契约文书·宋元明编》第4卷,第337页。

置号簿发各州县填给,每一簿完,将簿发藩司照银解部。等因。凡买田地,随买随税,勿待十年大造。如无巡按税票,不得过田。等因。已奉钦依在案,为照税契一事,先奉户、工二部咨札,税银多寡不一,难以适从。本院呈堂咨部。复奉户部勘札,亦为前事。内开:先年臣部所定每两壹分,似属太轻,工部所定每两叁分,又属太重,合无每两定税贰分,以为适中之则,务足臣部原定解额而止,庶民不称苦而输门且嘉赖矣。等因。具题,奉圣旨:"是。"钦此。钦遵。移咨备札到院。奉此。合刻印契尾颁发。为此,仰县官吏自崇祯贰年为始,凡民间置买田地山塘,俱用本院颁发契尾,填给买业之人,每买价壹两,当年输税贰分。如有隐匿不行报税,及非本院契尾,有司不得过册,许卖主、册里首告。除给赏外,田产一半入官。契尾每字壹千号填给完日,另编一字,仍将填完号簿,共算税银若干,并簿缴院,以凭查核,照数知会解府转解。须至契尾者。

自泰昌元年(1620)开始,各省行用布政使司契尾,直隶用府契尾。不过,对于布政使司与直隶府的税银征收,由于缺乏有效的稽查,有"含糊不报税银",有"私契用有司印信钤盖",从而导致了"税契之银,付之不可问矣"。为改变这种局面,明朝政府决定由中央派出的监察官员——巡按御史具体承担田宅契税的征收与稽查工作,作为税契凭证的契尾也改用"巡按税票",实施巡按税票的法令也是由户部咨都察院,再由都察院札付巡按御史,然后由巡按批州县实施,巡按御史成为契税征收责任部门。巡按御史要将契尾编定字号,加盖巡按印信。每一千号为一组,填完后,另编一组。带有巡按编号的契尾发到州县,州县征收税银后,要将号簿并税银数目一起报送巡按御史,最终巡按御史再通知直隶各府将税银解送户部。

不过,从崇祯二年(1628)颁行的实施巡按税票的法令可以看出,当时明朝政府一方面强化契税监管,另一方面又担心"庶民称苦",所以中央政府的户部与工部围绕着税率也有不同意见,户部主张一分,工部主张三分,最终折中为二分,"以为适中之则"。虽然这二分税率低于以前的三分税率,但户部"原定解额"也必须完成。

(四)户部契纸

崇祯八年(1635)正月,“贼”势猖狂,作为明朝“万世根本之地”的中都凤阳一度失陷。崇祯皇帝震怒,下谕中外,“刷国耻、尽心杀贼”①。为了筹集军费,同年十月,根据户部尚书侯恂的提议,“严征新旧逋赋”②。十一月,又废契尾改用“契纸”。现存的徽州文书中保留下来多张崇祯年间的户部契纸。其中《崇祯十三年(1640)休宁朱士达卖田赤契》③就是保存相对完整的一张户部契纸。在这张户部契纸的右上方有“直隶徽州府休宁县”字样。左侧为方框,框内右侧大字写有字号、产价、税银等项,中间为格眼契纸,共7行,每行40字。框内左侧为立契时间、立契人、中见人依次画押。方框的右下方、中上方押有“休宁县印”方印2颗,左上角立契时间处则押有“巡按直隶监察御史”方印1颗。契约中正押“休宁县印”2颗。契约的右侧刻印了户部“酌采契纸之议”的公文及“契式条例”,内容如下:

户部题为酌采契纸之议、以防漏税事。崇祯捌年拾壹月拾贰日题前事。奉圣旨:“税契改用契纸,既编立号簿及按季造册报部等项事宜,俱依议严饬实行。如有势豪挠阻、郡邑侵欺等情,该抚、按即指参重治狥隐,一体追论。”钦此。钦遵。备行到州县。内开:按大明律一款:凡典买田宅,不税契者,笞五十,追田宅价钱一半入官。今奉前因,相应刊印契纸,编定上、中、下号簿,呈送巡按御史印钤,给发该州县,责成现年坊长、里长,凡遇典买房产、田、地、山、滩、荡、降等项,无论乡绅士庶,该坊里长人将所领契纸转给受业人户,使出业人将价值数目,眼同填注,随同受业人赴州、县照例纳税,每两三分,即将价目税数填写。原颁院印号簿仍用州县印钤盖,以便稽查。

一　颁式后有用白头文约,不用部颁契纸者,不论被人告发及推收编审时验出,即以隐漏科罪,照律追半价入官,坊长、中见等役一并连坐。

---

① 顾诚:《明末农民战争史》,北京:中国社会科学出版社,1984年,第77—78页。

②《明史》卷二三《庄烈帝一》,第319页。

③ 周绍泉、王钰欣主编:《徽州千年契约文书·宋元明编》第4卷,第457页。

一 私用州县印钤而非巡按号印者,官吏以侵欺论罪。

一 吏胥勒措不即印发,不即收银者,依律重治。

一 税银每两三分之外,如有加耗重者,官吏以赃论。

一 契纸用清水绵料,以便久长,每张纳纸价银三厘,多索者重治。

一 领有契纸、纳过税银者,不许卖主告增价值。

一 部文未到以前无契纸者,俱查已经纳过税银、给有契尾,即免其重税,不得指称漏隐,苛索透者重治。

户部契纸中除了刻印《大明律》关于“典卖田宅”的律文外,还有崇祯八年(1635)皇帝同意户部“为酌采契纸之议”的圣旨以及户部制定的税契新法令。规定以崇祯八年(1635)为始,禁用“白头文约”,也就是普通的白纸契约,而采用“部颁契纸”,也就是格眼式的官版契纸。同时“编立号簿”,“按季造册报部”。虽然称户部契纸,但年月处盖有巡按御史官印,实际上由巡按御史负责契税的征收与稽查。关于户部契纸的材料,明确规定了“用清水绵料,以便久长”,每张契纸“价银三厘”,这就是契纸的工本费。实行户部契纸的主要目的,就是使户部能够直接掌控契税的征收。“户部契纸”是契纸与契尾合一的官版契纸,其与明初仅作为税契凭证的“户部契本”的形制与性质有所不同。不过,户部契纸与户部契本都是由户部直接发出的税契凭证,因此,户部契纸在某种意义上就是明初户部契本制度的回归。户部契纸作为明代最后的田宅交易税契凭证,一直行用到明朝灭亡。

四、清代中前期田宅税契制度的继承与发展

(一)制度的恢复——按院、都察院与布政使司契尾

清朝入关后,随着全国统治的确立,逐渐恢复了正赋与杂税的征收。顺治四年(1647),根据江宁巡抚土国宝的题奏,清朝政府恢复了田宅交易税契制度。徽州文书中保存的《顺治五年(1648)江宁巡按契尾》①,记录了当时

---

①《顺治五年江宁巡按契尾》,中国社会科学院中国历史研究院藏,藏契号:116010510002。

恢复税契征收的法令与法令的制订过程：

院颁发契尾

徽州府歙县地字壹百贰拾伍号

巡按江宁等处监察御史窦为查取钱粮项款、以便酌定经制事。案奉都察院勘札,准户部咨送户科抄出,该江宁抚院土(国宝)题前事。等因。奉圣旨:“户部知道。”钦此。随该本部覆看得：税契之法,原已防奸伪,故之用印信契尾。自应照旧通行。若税例每两以三分为准,不得再有参差者也。既经该抚具题前来,相应议覆。奉圣旨:“依议。”钦此。钦遵。抄出到部,移咨备札到院。奉此。为照,税契之役,原以上供国赋,下杜分争,历行遵守,民皆翕然。方今新朝底定,合行照旧颁给。为此,仰县官吏,民间置买田房产业,赴县投税,即将院尾查照契开田地、山塘、房屋顷亩间架,并价税各数目逐一填注于后,粘连原契税票,用县印盖给与业主收执。如有隐匿不行投税,及无院印契尾者,有司不得推收过户。后若查出或告发,除将产业全没入官,仍按律究治不贷。须至契尾者。

计开……

顺治五年拾月　　日

察院给

当时江南虽已建省,设有布政使司,但税契制度仍沿用前明崇祯二年(1629)旧制,行用巡按税票,由巡按御史承担契尾印信与契税征收的主体责任。所以,当时恢复税契的文书不是由户部札付江南布政使司,而是由户部咨都察院,再由都察院札付江宁巡按御史,这与明代的巡按税票颁行时的文书行移基本一致。

在顺治四年(1647)恢复税契的法令中,特别提到田宅税契的目的是“上供国赋,下杜纷争”①,强调了田宅契税也是国家赋税的重要组成部分。康熙元年(1662),清朝政府规定了包括契税在内的各省杂税“照正赋例依限奏

① 顺治十七年,福建巡抚徐永祯为“严催各项杂税银两事”的题本中,也提到“杂税银两虽非正赋,丝毫皆系国课,岂可任意迟延”,看来这是清初官员的共识。参见中国第一历史档案馆《顺治年间收杂税史料选(下)》,方裕谨编选,《历史档案》1983年第2期。

销";康熙十八年(1679),又规定"直省杂项钱粮,俱照正赋例考成"。[①] 这些措施,都显示出清朝初期,清政府就开始将田宅交易契税与田赋正项同等对待,契税正式成为国家财政收入的重要组成部分。

清朝初年延续了明代的巡按制度。特别是顺治八年(1651)正月顺治皇帝开始亲政后,十分重视巡按的作用。[②] 不过,随着清朝督抚逐渐地方官化,督抚与巡按的矛盾日益突出,而且满汉官僚之间对于御史巡按的作用一直存在争议,所以清初的御史巡按旋停旋复。顺治十年(1653)五月,根据郑亲王济尔哈朗的上疏,清朝政府将"巡按概行停止"[③]。停止御史巡按之后,徽州地区征收契税的职责,转由巡抚负责。徽州文书中保留了顺治十一年(1654)"安徽巡抚"颁发的契尾[④]:

契　尾

徽州府休宁县天字拾陆号

> 钦命提督操江兼管巡抚安徽宁池太广、仍管光固蕲广黄德湖口等处地方军务、兵部右侍郎兼都察院右副都御史李为查取钱粮项款,以便酌定经制事。照得税契一项,原系按院经管,奉有都察院勘札,准户部咨送户科抄出江宁巡抚土题前事。等因。奉圣旨:"户部知道。"钦此。随该本部覆看得:税例每两以叁分为准,不得再有参差者也。既经该抚具题前来,相应议覆。奉圣旨:"依议。"钦此。钦遵。今遵"按院已裁,巡抚料理"之旨,合应通行。为此。仰县官吏,凡民间置买田房产业,赴县投税,即将契尾查照契开田地、山塘、房屋顷亩间架,并价税各数目逐一填注于后,粘连原契税票,用县印盖,给与业主收执。如有隐匿不行投税,及无印契尾者,

---

① 《大清会典(康熙朝)》卷三五《户部》十九《课程四·杂赋》,《近代中国史料丛刊三编》第72辑,第1690页。实际上,从顺治年间开始,契税等杂税就已经成为"奏销"的项目。顺治十七年,保定巡抚潘朝选在"为严催各项杂税银两事"的题本中就提到,杂项税银"在奏销钱粮疏内奏报备察"。参见中国第一历史档案馆《顺治年间收杂税史料选(下)》,方裕谨编选,《历史档案》1983年第2期。

② 《清世祖实录》卷五五"顺治八年三月丁亥",第437页。

③ 《清世祖实录》卷七五"顺治十年五月甲戌",第590页。

④ 《顺治十一年安徽巡抚契尾》,安徽省黄山市中国徽文化博物馆藏。

有司不得推收过户。后若查出或告发,除将产业全没入官,仍按律究治。倘有该县私给印信、侵渔税银、容隐过户,并违部定每两叁分、额外索杂、多收分文者,官以加派私征题参,经承计赃究遣,决不轻贷,须至契尾者。

……

顺治十一年拾壹月初三日

部院给

同顺治巡按契尾一样,这张巡抚契尾也转引了顺治四年(1647)户部根据江宁巡抚土国宝题奏所颁行的税契法令。但同时也提到顺治十年(1653)"按院已裁",契税征收转由巡抚"料理"的圣旨。契尾中除押有"休宁县印"外,还押有安徽巡抚的长条形关防,契尾左上角还刷印"部院给"三个大字。这张巡抚契尾反映了停止御史巡按后,其原来承担的契税征收职能转由巡抚负责。顺治十年(1653)的停止御史巡按只持续了两年。顺治十二年(1655)六月初一日,在济尔哈朗去世后不久,[①]顺治皇帝又重新派御史分巡各省。[②]恢复御史巡按之后,契税征收是否又转归巡按,由于没有见到相关的材料,还无法确定。到了顺治十八年(1661)五月,也就是顺治皇帝去世后不久,根据兵部尚书管左都御史事阿思哈条奏,"各省巡按差宜停止"[③],清朝政府正式停止了御史巡按。御史巡按停止后,其"综核钱粮"的职责转由藩司负责。[④] 江南省的契税征收,应该由江南布政使司负责,行用布政使司契尾。这实际上是恢复了明代泰昌元年(1620)确立的布政使司契尾制度。

(二)制度的调整——都察院契尾与循环号簿

康熙十二年(1673)以后,随着"三藩之乱"的爆发,为了解决军饷问题,

---

① 顺治十二年五月初八日,济尔哈朗去世。参见《清世祖实录》卷九一"顺治十二年五月辛卯",第717页。

② 《清世祖实录》卷九二"顺治十二年六月甲寅",第721页。

③ 《清圣祖实录》卷二"顺治十八年五月壬子",第64页。

④ 《清圣祖实录》卷三"顺治十八年六月戊寅",第69页。关于清初停止御史巡按,参见阿风《清朝的京控——以嘉庆朝为中心》,《中国社会历史评论》第15卷,天津:天津古籍出版社,2014年。

清朝政府也开始强化田宅交易契税的征收。一方面,采取定额加征的方式,康熙十六年(1677)、十七年(1678),加增江南、浙江、湖广、山东等地田宅契税,其中"苏松常镇四府,大县六百两,中县四百两,小县二百两","安徽等十府州,分别州县大小,自五百两至一百两不等"。[①] 这种定额征收的方式,与明末天启年间以杂税补辽饷、定额坐派的方法有相似之处。当时的清朝政府也认识到增添田房契税等杂税"不无过严",但为了"筹划军需,早灭逆贼,以安百姓",不得已而为之。[②]

康熙十七年(1678)前后,徽州府又一度行用"巡抚契尾"。徽州文书中存有康熙十七年的江南安徽巡抚印信契尾[③]:

契　尾

抚字肆百捌拾叁号发休宁县

江南安徽等处巡抚都察院为清查税契银两、以佐军需事。照得:民间置买田房,例应按价输税。本院所属,向系藩司给发契尾,稽核收解。乃积年以来,各属报解寥寥无几。其间明有隐漏情弊。值此军兴之际,需饷甚殷,一切钱粮出入,莫不慎重稽查,岂可以民间应纳之税银,而徒饱官蠹之侵欺隐漏也。今本院编立号簿,印刷契尾,通行所属,以杜积弊。毋许仍前擅用州县私印,隐蚀税银。所有契尾,合行颁给。为此,仰县官吏,嗣后凡有民间置买田房、山塘一应产业,即便赍契到官,照价投税钤印。契尾随到随发,毋得片刻留难。所收税银陆续解交藩库,仍将契价税银,俟号照填簿内,按季申送本院稽核。如有隐匿不税及无本院契尾,或查出,或告发,产业半没入官。仍按律一并治罪。须至契尾者。

计开……

康熙十七年叁月　　日给

都察院(押)

① 《大清会典(康熙朝)》卷三五《户部》十九《课程四·杂赋》,《近代中国史料丛刊三编》第72辑,第1689—1690页。

② 《清圣祖实录》卷七二"康熙十七年三月壬午",第921页。

③ 见张德义、郝毅生主编《中国历代土地契证》,石家庄:河北大学出版社,2009年,第39—40页。

契尾的天头大书“契尾”两字,右侧花边中写有“抚字肆百捌拾叁号发休宁县”,契尾版框内左半部分刻印了安徽巡抚清查税契银两、颁行都察院契尾的法令。当时安徽巡抚的全称是“江南安徽等处巡抚都察院”,由于巡抚加督察院衔,所以此契尾版框左上角刻印“都察院”三个大字,这与巡按御史称“察院”“按院”的含义是一样的。在安徽巡抚颁行契尾的公文中,提到了此前是布政使司(江南江宁等处承宣布政使司,当时驻地在江宁,与巡抚不同城)颁发契尾,但州县“报解寥寥无几”,有“隐漏情弊”,值此军兴之时,“需饷甚殷”。所以安徽巡抚“编立号簿,印刷契尾”,直接监管契税征收。各州县征收的契税银要解送到在江宁的“江南江宁等处承宣布政使司”,而契尾号簿则申送到安庆的安徽巡抚处。

由于目前仅见一件康熙年间的“都察院契尾”,所以“巡抚契尾”在安徽巡抚辖区的结束时间尚不清楚。到了康熙三十二年(1693)五月,因为兵饷缺额,江南安徽布政使佟国佐根据江南江西总督傅拉塔的批示,稽查田户契税,具体措施就是废除契尾,推行布政使司“循环号簿”:

奉县颁发循环编号

江南徽州府休宁县为兵饷之缺额等事,康熙三十二年五月内奉江南安徽等处承宣布政使司正堂加二级佟信牌前事内开:本年肆月贰拾捌日奉总督部院傅批,本司详覆:稽查田房契税,议设循环二簿,钤印给发州县……凡有业户置买产业,投契纳税,即着亲将花名、价税数目登注簿内,照式编定字号,同契合钤缝印,给发执据,季终连银解验。其循环印簿,务须按季倒换,实心报解。不得任胥私印,隐漏不钤缝印于簿。如敢欺隐,查与上届原额亏欠厘毫者,定以侵蚀通详督抚各院参究。慎勿视为无额,以身轻试。革尾设簿,原欲剔弊。如有经承敢以借立循环,需索季规,立即据实详报,毋得狥隐,致干与受查参之咎,自贻后悔。文到先具遵依送查,毋违。等因。牌行到县。奉此。随经停止契尾外,仍备具遵依申送在案。嗣后凡有民人置买田房产业,投契纳税者,着令业户亲将花名、价税数目登填入簿,照式编定字号,同契合钤缝印,给发执据。为此,抄牌刊给。须至执据者。

右给业户　姚仲茂　执据

康熙叁拾伍年柒月十七日给

县行①

循环号簿，先由布政使司钤印，然后发到州县。业户纳税之时，要将花名、价银、税银数量登记到簿内。然后编定字号，与原契约骑缝钤印。印簿与税银按季解送布政使司。旧簿用完，再换新簿。同时规定，如果税银低于上届征收的原额，就要上报督抚查办。如果承办人员借故需索，要据实详报。循环号簿实际上就是将契尾与号簿合而为一，其目的是确保布政使司掌握实际的税银征收情况。到了康熙四十三年(1704)，根据浙江道御史王玮条奏，田房税契统一使用"司颁契尾"，徽州地区又恢复使用布政使司契尾。②

(三) 制度的创新——契纸契根制度

虽然清初以来，清朝政府不断地采取各种措施，强化契税征收，然而诚如晚明一样，仍然是"税契之银，付之不可问矣"。雍正五年(1727)九月二十五日，河南总督田文镜上奏税契之法，③提出改革田宅交易契尾制度。他认为，传统的"(布政使)司颁契尾"，粘连民间契约，"钤盖缝印"，似乎很完美，但实际上弊端甚多：第一，"契尾"本身有"刊刷、纸张、用印、油红之费"，还有"差役路费、司胥饭食之资"，所以在州县征税时，"每张契尾勒索三五钱不等"。而小民零星交易，正税不过数厘，"而买此契尾且逾百倍"，所以"宁甘漏税之愆"。第二，每契必用布政使司颁契尾，州县官员则无从隐匿税银，所以州县官领过一次，用完之后，不肯再领，止于契上盖印，或者用朱笔在契内标注"契尾候补"，以脱逃契税。第三，因"契尾价贵"，故而有"税银五两以上者，方给契尾之陋规"，"其余概于契上用印"。结果就是，官民各方均避而不

---

① 《康熙三十五年七月休宁县奉宪颁发循环编号》，周绍泉、王钰欣主编《徽州千年契约文书·清民国编》第1卷，第135页。

② 乾隆《江南通志》卷七九《食货志·杂税附》，《景印文渊阁四库全书》第509册，台北：台湾商务印书馆，1986年，第300页。

③ 《雍正朱批谕旨》第31册，第16叶b—18叶b，清光绪十三年石印本。

用,使契尾“为可有可无之物”。

正是布政使司契尾“有此数弊”,田文镜提议从雍正六年(1728)开始,民间买卖田房、山场等,“概不许用白纸写契”,也不再发给布政使司契尾,而是行用布政使司颁发的“契纸契根”。所谓“契纸契根”,就是借鉴征收夏税秋粮的“连根串票式样”①,“刊刻契版、刷印契纸”,“每契一纸,用一契根”,“中空一条,编填字号”,钤盖布政使司印,形成官版契纸与契根。再将契纸“连根封固,从铺递发给州县,不必经司胥之手”。并将发过契纸契根数目,“报明督抚查考”。州县接到契纸契根后,将“契根”裁存,而将契纸发到各纸店,听民间按每纸五文的价格买用。民间交价立契后,赴官纳税之时,契纸送入州县,“发房照契填入契根”,钤印后将契纸发回给纳户,契根则在解税时一并解司核对。

对于田文镜的提议,雍正皇帝批示如下:

> 税契一事,指陈利弊,可谓剖析无遗。但朕自践阼以来,为百姓兴除之条,陆续颁发者难更仆数。各省督抚中或因循观望而敷宣不力,或竭力遵循而施措未遑,所以壅积者多,通行者尚少。今契纸之议名为税课,有赋敛之嫌。且遍行直省,一体更张,而天下督抚尚未尽得称职之人,州县半属初任新吏,恐奉行不善,办理乖迕,徒滋纷扰耳。将此折发回存留尔处,俟后相度时宜,有可行之机,具奏请旨可也。②

雍正皇帝虽然非常赞同田文镜对于以往税契弊端的分析,不过,当时出台了很多改革政策,如果再更税契之法,恐怕地方官“奉行不善”。而且田文镜的税契之法,也有“赋敛之嫌”。雍正皇帝没有立即答应田文镜的奏请。不过,三个月后,雍正六年(1728)正月,雍正皇帝还是下旨,“准河南总督田文镜之请”,“饬令直隶各省布政司将契纸、契根印发各州县”③。契纸契根之法正式施行。

---

① 串票出现于明代中后期,初为两联,后来出现三联甚至四联,逐渐成田赋征收的重要凭据。关于串票,参见何平《清代赋税政策研究》,北京:中国社会科学出版社,1998 年,第 241—247 页;郭润涛《明代的“串票”》,《杨国桢教授治史五十年纪念集》,南昌:江西教育出版社,2009 年;徐梦婷《明清串票研究》,浙江师范大学硕士学位论文,2019 年。

②《雍正朱批谕旨》第 31 册,第 18 叶 b。

③ 乾隆《江南通志》卷七九《食货志·杂税附》,《景印文渊阁四库全书》第 509 册,第 300 页。

徽州文书中保存有清代雍正十年(1732)“布政司奉旨颁用契纸”①。

布政司奉旨颁用契纸

江南江宁等处承宣布政使司为请杜田房税银等事。雍正陆年肆月拾壹日奉安抚部院魏宪牌,准户部议覆河南总督田奏议:民间典买田房一案,自奉旨之日为始,凡绅衿民人置田房山场产业,布政司照连根串票式样,刊刻契板,刷印契纸契根,给发各州县,裁存契根。将契纸发各纸铺,听民买用。若民间故违,仍用白纸写契者,向买主追产,卖主追价,概行入官,以漏税例治罪。倘州县将白纸私契用印者,亦照侵欺钱粮例究追。至活契、典业,亦照卖契,一例俱用契纸。未奉旨以前,自康熙伍拾柒年起至雍正伍年,此拾年之内,凡买卖文契已经纳税者,令其呈明存案,免换司颁契纸。其未经纳税者,于文到为始,限壹年内准其呈明,另换司颁契纸,限内不报,查出治罪。如有奸民、地棍,挟仇索诈,将康熙伍拾陆年以前文契,诬告隐漏,审实,按律治罪。等因。奉旨依议。钦此。咨院行司。奉此。除出示晓谕外。为此,颁发契纸。绅衿军民人等,一体遵照毋违,须至契纸者。

立契　　都　　啚　　甲人　　　今有　　　　　,凭中
立契出卖与　　都　　啚　　甲　　　为业,得受价银　　　　,并无重叠典卖,亲邻争执情弊。今欲有凭,立此印契存照。

计开　　坐落　　都　　啚　　甲地方

四至

雍正　年　月　　日

凭　中人

买主　　于雍正　　年　　月　　日　　两　　钱　　分

每契壹张,卖钱伍文解司。以为油红纸张之费,毋得多取,苦累小民。

发歙县　　字第陆百贰拾叁号　　契纸(半字)

---

①《雍正十年休宁张阿方等卖基地赤契》,周绍泉、王钰欣主编《徽州千年契约文书·清民国编》第1卷,第260页。

这是江南江宁布政使司发到歙县的“契纸”，为空白契纸。契纸右侧刻印颁行契纸契根的法令，提到户部议覆河南总督田文镜的奏议，要求民间买卖田房，“照连根串票式样”，行契纸契根之法。左侧与“契根”相连，骑缝处半字、半印。中间依次填写买卖双方姓名、住址和土地的种类、面积、坐落、价格以及契税金额等，并钤有“布政使司印”及州县官印。与这张契纸相连的契根，则留在歙县，以备核对。

田文镜提出的契纸与契根，实际上就是契纸与税契凭证合一的官板契纸，这与明代崇祯八年（1635）的户部契纸相似。同时，借鉴明末开始出现的田赋“串票”骑缝式样，有契纸，有契根，改进了明代崇祯年间的“户部契纸”无法核对的缺点，并降低了“契纸”的成本，从而确保契税的征收。

（四）制度的确立——骑缝契尾制度

雍正六年（1728）开始的契纸契根之法在推行过程中，又有“不肖州县官役，将契根藏匿，不令上税之人亲填。于收税之后，起解税根之时，任意更换户名，短填银数，仍肆侵隐。民间偶有争讼，呈验契纸，比对底号，常至互混不明”①。雍正十三年（1735）十二月，乾隆皇帝即位后不久，正式废止契纸契根之法：

> 禁契纸契根之法。谕曰：民间买卖田房，例应买主输税交官，官用印信钤盖契纸。所以杜奸民捏造文券之弊，原非为增国课而牟其利也。后经田文镜创为契纸契根之法，预用布政司印信，发给州县。行之既久，书吏夤缘为奸，需索之费，数十倍于从前。徒饱吏役之壑，甚为闾阎之累，不可不严行禁止。嗣后民间买卖田房，着仍照旧例，自行立契，按则纳税。地方官不得额外多取丝毫。将契纸契根之法永行禁止。②

清初以来，田宅交易契税一直被看成国课的重要组成部分。雍正皇帝虽然认为田文镜提出的“契纸契根之法”有“赋敛之嫌”，但还是推行了这项政策。

---

① 《雍正朱批谕旨》卷二六四，朱批赵弘恩奏折（雍正十二年七月初六日）。

② 《清高宗实录》卷八“雍正十三年十二月辛未”，第303—304页。

乾隆皇帝即位之初,却认为征收田宅契税“原非为增国课而牟其利也”,这实际上是否定了清初以来的田宅交易税契政策。同时他认为契纸契根之法,“书吏夤缘为奸,需索之费,数十倍于从前”,故而将“契纸契根之法”永行禁止。乾隆皇帝采取这项措施应该是其即位之初采取的一项赋税减免政策。①

废除契纸契根制度之后,清朝政府又恢复了原有的布政使司契尾制度。徽州文书中保存下来的《乾隆五年休宁张瑞玉卖园赤契》所附的《乾隆江南江宁等处承宣布政使司契尾》②就是乾隆初年恢复的布政使司契尾:

> 江南江宁等处承宣布政使司为请复契尾之旧例、以杜私征捏契事。奉督抚部院宪行,准户部咨开:民间置买田地房产投税,应照旧例,复设契尾。由布政司编号给发地方官,粘连民契之后,填明价值银数,钤印给民收执。所收税银仍令尽收尽解。等因。奉旨依议。钦此。咨院行司。奉此。合置契尾,颁给该州县。凡有绅士、军民置买田房、山地、芦洲,务令赍契到官,按照买价,遵依定例完税。即将田房价税数目、年月日期填入契尾,粘连原契,用印给付业户收执。如有乡愚听信该州县经承借称契尾未曾颁到,私用州县票及只钤盖州县印而无使司印信者,该业户即行赴司首出,以凭究拟。如敢隐匿,即以坐没入官之例,治罪不贷。须至契尾者。

恢复了布政使司契尾之后,田文镜提到的契税弊端仍然存在。乾隆十二年(1747)四月,皇帝就针对四川地方隐漏契税一事发布上谕:

> 谕军机大臣等。闻得四川省办理田房税契一事,地方有司,往往分别银数多寡,少者即行侵蚀,不给契尾。向来民间买卖,例由布政司颁

---

① 乾隆皇帝即位后,采取了一系列赋税减免政策。例如,雍正十三年九月,诏令“各省民欠钱粮、系十年以上者。着该部查明具奏。候旨豁免”(《清高宗实录》卷三“雍正十三年九月己亥”,第160页);九月二十三日,又下谕旨,“将雍正十二年以前,各省钱粮、实欠在民者,一并宽免”(《清高宗实录》卷三“雍正十三年九月己未”,第187页);十月七日,又根据果亲王密奏,认为“江南等省漕项、芦课,及学租、杂税等银”,“亦系雍正十二年以前之民欠”,全行豁免(《清高宗实录》卷四“雍正十三年十月壬申”,第212页),等等。

②《乾隆五年休宁张瑞玉卖园赤契》所附的《乾隆江南江宁布政使司契尾》,中国社会科学院中国历史研究院藏,藏契号:116040511007。

发契尾,与业户收执为据。不惟杜隐漏之弊,亦所以息争讼之端。岂可任不肖之员,侵欺舞弊。可传谕纪山,令其查办。①

税契之时,如果契税额度太少,地方官往往不给契尾,侵蚀税银,亦会造成诉讼纷争,这正是田文镜当年所列出的布政使司契尾的弊端之一。到了乾隆十四年(1749)十二月,根据河南布政使富明的条奏,清朝政府又推行骑缝契尾制度。下面就是乾隆十四年以后新式的江南江宁布政使司契尾。

江南江宁等处承宣布政使司,为遵旨议奏事。奉督抚部院牌,准户部咨开:嗣后布政司颁发给民契尾格式,编列号数。前半幅照常细书业户等姓名,买卖田房数目,价银、税银若干。后半幅于空白处预钤司印,以备投税时将契价、税银数目大字填写钤印之处,令业户看明,当面骑字截开,前幅给业户收执,后幅同季册汇送布政司查核。等因。奉旨依议。钦此。钦遵。咨院行司。奉此。合印契尾颁发。凡有业户呈契投税,务遵定例,照格登填,仍令业户看明,当面骑字截开,前幅粘给业户收执。后幅汇同季册送司查核。转报院、部。毋违。须至契尾者。

计开:业户 **张先万** 买 **张西岩** 田房　　亩间　用价银 **肆两** 纳税银 **壹钱贰分**

布字 **肆百伍** 号　右给业户　　　准此

乾隆　　年　　月　　日

业户 **张先万** 买 **张西岩** 价银 **肆两** 税银 **壹钱贰分** (半字)②

在契尾的天头大书“契尾”两字,契尾两字中间有“字号”二字。版框右半部(前幅)刷印户部与督抚推行骑缝契尾的法令,接下来填写业户姓名,交易的田房数目,价银与税银,然后是字号与年月日。年月日处正押布政使司全印。中间版刻有“业户”“价银”“税银”字样,已经预先钤盖布政使司印。书填姓名、数目后,在此骑缝截开。右半幅交给业户,用来粘连白纸契约,右侧

① 《清高宗实录》卷二八八“乾隆十二年四月庚申”,第751页。

② 《乾隆十九年休宁张西岩卖山赤契》附《乾隆江南江宁等处承宣布政使司契尾》,中国社会科学院中国历史研究院藏,藏契号:116041904004。

骑缝处盖州县印;左半幅则按季汇送布政使司查核。

从形制来看,骑缝契尾吸收了雍正时期契纸契根之法的骑缝半字、半印制度。不过,契纸契根制度是州县预先将契纸与契根裁开,州县只掌握编号,所以容易发生契纸与契根底号“互混不明”的情况。而骑缝契尾则是在税契时,当面填写业户姓名、价银、税银,然后再将契尾骑缝裁开,前幅给业户收执,后幅按季汇送布政使司。这样就可以在一定程度上避免“互混不明”的情况。因此,乾隆十四年(1749)确立的骑缝契尾制度比田文镜创立的契纸契根制度更为严密。这种骑缝契尾后来一直行用到清朝末年。

结　语

明代后期,因为辽东战事,明朝政府在加派田赋的同时,也不断强化对于杂税的征收。特别是天启初年以杂项补辽饷之后,包括田宅契税在内的杂项逐渐定额化,税契也由十年税契变为随买随税。崇祯年间,又推行“巡按税票”与“户部契纸”,由中央政府派出的监察官员直接监管田宅交易契税的征收,户部也试图直接掌握契税的征收。不过,明朝政府始终认为税契的主要目的是确保田粮的推收过割,虽然有以契税补辽饷、定额坐派之举,但税率始终处于变动之中,甚至一度出现千分之三的低税率。这反映了明代税契政策的矛盾性。所以有明一代,在田宅税契的管理上,虽然有青册、号簿、鸳鸯契尾、户部契纸等多种形式,税契凭证的印信管理机构也从州县到兵备道、直隶府或布政使司、巡按御史,但仍然出现了“税契之银,付之不可问矣”的局面。

清朝建立后,最初沿用明制,恢复了崇祯年间的“巡按税票”制度,由巡按御史掌管契税征收。在清朝政府看来,田宅交易契税可以“上供国赋,下杜分争”,是国家财政的重要补充,所以清朝定鼎之初,就一直维持着法定三分税率,没有像明代那样经常降低契税税率。顺治十八年(1661),清朝政府停止御史巡按后,又恢复了明代泰昌元年(1620)确立的布政使司契尾制度。可以说,清朝顺治、康熙年间,田宅交易的税契制度基本上延续了明代的制度。

雍正年间,清朝政府为了改变田宅交易税契制度长久以来形成的弊端,开始了创新性的改革。雍正六年(1728),根据河南总督田文镜的上奏,清朝政府推行布政使司契纸契根制度。契纸契根是契纸与税契凭证合一的官版契纸,一方面参照了明代崇祯八年(1635)的户部契纸的样式,另一方面借鉴了明末以来田赋征收的连根串票的骑缝式样。契纸契根制度作为一种相当严密的税契制度,是清朝田宅交易税契制度的创新。虽然乾隆即位之初,认为田宅交易税契"原非为增国课而牟其利也",废除了契纸契根制度,恢复了布政使司契尾制度。但到了乾隆十四年(1749),清朝政府又借鉴契纸契根的骑缝样式,将明代以来的全幅契尾改为半幅契尾,正式确立了更为严密的骑缝契尾制度,雍正年间的契纸契根制度又得到部分恢复。此后,骑缝契尾制度一直通行到清朝灭亡。

通过明末清初税契制度的变革,一方面可以看出田宅交易契税逐渐成为国家财政的重要补充,在财政困难时期,政府甚至采取定额坐派的方式进行征收。另一方面也可以看到清初多承袭明代制度,但到了雍正朝以后,进行了许多制度创新。不过,这些制度创新也多有前朝制度的痕迹,明清两朝的税契制度存在着很多内在的联系。

照丁粮朋贴、置产立会与明清徽州图甲职役的津贴*

刘道胜
（安徽师范大学历史学院）
宋　杰
（安徽师范大学历史学院）

摘　要：明清时期，里（图）甲是赋役派征的基本单位，繁杂的里（图）职役的佥报、承充和津贴主要是在里（图）内运作。由明至清，图甲职役既有继承而来者，又有因时新增者，原本体面的富户里役，逐渐变成一种门户的实际负担。清代徽州，在颇为常见的“祖遗户役”之下，是繁苛的“钱粮、里役、杂派、新例”派征，充役使费繁重。民间普遍采取照丁粮朋贴和置产立会的应对赋役方式，实属无奈之举，也是国家与社会博弈的结果，赋役的实际运作体现出从制度到契约的转变。

关键词：明清时期；徽州；里（图）甲；职役；丁粮朋贴；置产立会

明清时期，里甲（清代多称图甲）是赋役派征的基本单位。就里（图）甲职役而言，由明至清，诸如里长、老人、排年、册年（书）、册里、图（公）正、图（公）副、甲催、催头、量手、书手、画手、算手、经董、保长、保正（副）、甲长、牌长、地保、族正、乡约、约副等，不一而足，颇为繁杂，其佥报、承充和津贴主要是在里（图）内运作。特别在清代，图甲职役既有继承而来者，又有

---

* 本文曾发表于《安徽史学》2021年第3期。本文为国家社科基金重点项目“民间文献与明清徽州乡村治理研究”（18AZS011）的阶段性成果。

因时新增者,原本体面的富户里役,逐渐变成一种负担。在清代徽州,“承祖立户”“祖遗户役”颇为常见,户役之下,是繁苛的“钱粮、里役、杂派、新例”的派征,充役使费繁重。那么,繁重的里(图)甲职役使费是如何筹措的?专门研究尚不多见。[①] 从遗存的徽州相关文书资料记载看,照丁粮朋贴、置产立会是职役使费筹措的主要方式。本文以徽州相关文书记载为中心,尝试梳理明清图甲职役使费与津贴筹措的主要途径及其运作实态,敬请批评指正。

一、繁重的图甲职役

明代建立后,按照户籍户等编制里甲,推行“配户当差”,借以“催征钱粮,勾摄公事”,里甲职役原本在制度设计上体现了“上户承役”“巨室当差”“殷实充当”的原则。徽州地方文献中多有相关记载,明代《程典》中称:“能雄长于乡里乎,因籍田多寡称甲首,出赋税佐乡里之长,以奉大农。讵非役邪,夫里长长于一里,乡长长于一乡,闾正里户故记有之……是役为世业也,穷家小户,有损千金,而乞役不得者。而吾都一、九图为吾程者十六,而客家小户卒不得与。”[②]清代文书也曾提及此种情况:“缘因本家承祖充当本都四图二甲里役,原祖遗议墨以殷实充当。”[③]

在徽州,图内聚居大姓多垄断一甲总户,认为“承祖之役”“国课事务”是一种“沐圣主洪恩”的荣耀,为“事关门户”之要务,并借以彰显和维系其“大家规模”“大家气象”。徽州文书中有许多类似的观点,明天启年间休宁县环

---

① 其他区域的研究,可参见申斌《清前中期里长户的赋役应对策略——以中山大学图书馆藏祁门县程世芳户文书为例》,《图书馆论坛》2016 年第 9 期。徽州相关的研究,如王裕明《明末清初徽州里长户简论》,《安徽史学》2001 年第 1 期;[韩] 洪性鸠《明末清初の徽州における宗族と徭役分担公议——祁门县五都桃源洪氏を中心に》,《东洋史研究》第 61 卷第 4 号,2003 年;王绍欣《宗族组织与户役分担——以明代祁门桃源洪氏为个案》,《明史研究论丛》第 12 辑,北京: 中国广播电视出版社,2014 年,等等。

② (明) 程一枝:《程典·籍役志》,明万历刊本,安徽省图书馆藏。

③《乾隆三十八年吴元璋等立里役合同》,安徽师范大学图书馆藏。

珠里的文书言："里长系祖宗门户钱粮，属军国大事。"①清顺治年间的文书称："岂一户之役不能撑持，贻他讥笑。故集众合议，务其一心归向桑梓，为祖宗担荷门户，继绍前业。于国见忠，于家见孝，斯为有用之才，不至虚生此身，于吾门而使人指为不足算者耳。"②

然而，随着明中叶以降里甲制度的逐步衰落和赋役改革的实施，特别是赋役的折银化、定额化，赋役性质从等级户役变成比例化的财产税，户仅是核定财产的定额单位，基层社会普遍经历了从里甲到图甲的社会结构变动。③ 图甲内的"总户—子户"成为官府核征钱粮和派征职役的结构性单位，图甲演变为明清县以下基层行政的中心，成为国家与社会之间的重要节点。图甲钱粮繁重，职役苛杂，兹将休宁县九都一图和休宁县七都三图遗存赋役册籍所载赋役事项整理如下表。

表1 明清时期休宁县九都一图和休宁县七都三图遗存赋役册籍所载赋役事项表

序号	赋 役 事 项	材 料 出 处
1	九都一图立合同排年郑积盈、程应钦等，原因先年立有合同管解本图军伍，津贴管解无异	《万历十二年十排年立解军合同》，1
2	今因国课催限甚紧，奈因百家人户藐法坐抗缓以致拖延愆期，本图钱粮共计五百余两，理合照卯上纳	《天启三年休宁县九都一图郑积盈等立里排议约》，1

① 《天启五年休宁县环珠里陈继武等立里役合同》，《康熙陈氏置产簿》（抄本1册），南京大学历史学院资料室藏。

② 《顺治九年王懋绅等立里役合同》，《元至正二年至乾隆二十八年王氏文约誊录簿》，南京大学历史学院资料室藏。

③ 实际上，由明至清，从里甲向图甲演变，伴随着里甲黄册制度的衰落，由此带来基层行政的结构性变化。参见［日］片山冈《清末广东省珠江デルタの图甲表とそれをめぐる诸问题：税粮・户籍・同族》，《史学杂志》第91编第4号，1982年；［日］片山冈《清代广东省珠江デルタの图甲制について—税粮・户籍・同族》，《东洋学报》第63卷第3、4号，1982年；刘志伟《明清珠江三角洲地区里甲制中"户"的衍变》，《中山大学学报》1988年第3期；刘志伟《清代广东地区图甲制中的"总户"与"子户"》，《中国社会经济史研究》1991年第2期。

(续表)

序号	赋 役 事 项	材 料 出 处
3	今轮应役,而企役、灯笼、火夫、迎官接送,及上司登齐云小箸、值柜、解差并借贷充贼,所偿利息,种种赔费,俱不能兑	《天启五年休宁县还珠里村陈继武等立里役合同》,1
4	催征应比,完纳值柜、都长义民、灯笼火把、□茨纸张、迎官接送、习仪拜牌	《顺治十一年赵光祖立代充里役合同》,1
5	凡催办钱粮,承票勾摄,及奉批词投词,解忿息争,俱要奉公守法,勿辞劳苦	《顺治十一年还珠里村陈序斗等立里役合同》,1
6	其催办钱粮,黄册推收,一应公事,各管各甲,凭阄为定,不得违越……应官值月及合公理事,亦照阄月为定,不得违阄生事。其有倩(佥)役及值柜、灯笼、火把、写册、纸张、签解、驳册、罪续等费,俱是四股公众承当,不得推挨	《康熙十年张秋旸等立里役合同》,2
7	企官值柜,各股公派。正项之外造册、纸张、飞差及签点外费,照粮均派	《康熙二十年张同鼎等立里役合同》,2
8	本家该分里役公议朋当。其企官值柜、排年催征、册里造册、应卯各项使费,俱照股派认,不致误公……轮充里役,本家该分朋充,其企官、值柜、保歇、应卯各项使费,照股均派	《康熙二十年张同宥等立里役合同》,2
9	因本图二甲现年累及身等亲房代充二甲里役……其催征并飞差、造丁田册籍、通图算米、总契税、主人家到图支应交册等件,亦俱系三人均管	《道光元年项之有等立里役合同》,安徽师范大学图书馆藏

材料出处:1 为《康熙陈氏置产簿》(抄本 1 册),南京大学历史学院资料室藏;2 为《(休宁县七都三图)槐溪张氏茂荆堂田契册》(抄本 1 册),上海图书馆藏。

梳理上表大致可以看出,图甲赋役及其催征主要体现于以下几方面。

一是钱粮。明代折银化、定额化的赋役改革后,钱粮派征以图为单位,由现年里长负责催征,一图钱粮往往折银达数百两之多,由上表所示《天启三年休宁县九都一图郑积盈等立里排议约》可见,该图钱粮浩大,“共计五百余两”。清代道光间,歙县程光裕堂作为一甲总户,应交纳“钱粮五十二两一分五厘”，据此推算，该图十个甲钱粮折银总数亦当不少于五百两。[①] 而一图税额又具体分摊到各甲总户和子户（即花户）之上，各甲花户钱粮又一般由空歇排年或甲催负责本甲钱粮的催缴。

二是正役。民间文书或称“正项”，即明代里甲制下要求“殷实充任”的里役，由一图十甲排年轮流充任。正役职责在明清官方典制中，一般笼统地称为“催征钱粮，勾摄公事”。然而，从上表记载看，正役涉及事项颇为繁杂，如催办钱粮、承票勾摄、管解军伍、奉批词投词、解忿息争、都长义民、迎官接送、黄册推收、企役、值柜、灯笼、火夫（把）、保歇、应卯、签解、驳册、罪续（赎）、写册、纸张等。里甲正役中，充役的现年和空歇的排年每年均须应承正役之项。如，顺治年间徽州某县二十五图八甲所立合同规定了各房的承役安排：“今长房轮当顺治十四年里役一年，接管排年十年；二房接管后轮里役一年，排年十年；三房照前经管，周而复始。”[②]一般现年里长负责一图催征、勾摄、祭祀、迎接等常役和公务，排年里长往往在空歇期内，尚须充任诸如管解军匠、根捕逃亡等不时之派，并于地方上在充当中证、解忿息讼、催征本甲钱粮等事务中发挥作用。

正役使费亦颇为繁重，以万历年间休宁县九都一图的“管解军伍”为例，可见一斑：

> 九都一图立合同排年郑积盈、程应钦等，原因先年立有合同管解本图军伍，津贴管解无异……
>
> 计开：军卫所远近程途议定津贴银两数目于后。众议但遇清军费用银两，亦是十家均开，不得独累现年。其书算自有旧规，不在数内。再批。
>
> 一解辽东金州卫军一名，众贴银三十两正；一挨查一次，众贴银十六两正。一解广西驯象卫军一名，众贴银二十四两正；一挨查一次，众贴银一十三两正。一解安南卫军一名，众贴银二十四两正；一挨查一

① 《道光二年歙县程光裕堂立里承役合同》，《歙县程氏文书》，安徽大学徽学研究中心藏，包号：024。

② 《顺治十三年徽州某县二十五都五图八甲吴士大等立里役合同》，安徽师范大学图书馆藏。

次,众贴银一十三两正。一解普定卫军一名,众贴银二十一两正;一挨查一次,众贴银四两,众解。一新问太仓卫军一名,姚成众贴银九两正;一挨查一次,众贴银五两五钱正。一众议倘日后有新问军,照远近程途,每千里路费银四两,外贴银一十一两正。一解贵州卫军一名,众贴银二十一两正;一挨查一次,众贴银一十一两正。一解清平卫军一名,众贴银二十一两正;一挨查一次,众贴银一十一两正。一解永新卫军一名,众贴银二十一两正;一挨查一次,众贴银六两五钱正。一解新安卫军一名,众贴银四两,众解;一挨查一次,众加使用银六两正。一议本都图内挨查绝军,照文程途每千里贴路费银四两,外加使用银六两正。

计开:阄定管解排年编作五次轮流挨解,次满周而复始。一阄一甲郑积盈同二甲程应钦;二阄三甲程世隆同九甲陈济;三阄五甲陈辉同八甲陈杲;四阄四甲陈世芳同十甲陈世明;五阄六甲陈邦同七甲汪武得。

万历十二年八月二十七日立合同排年:郑积盈、汪武得、陈世芳、陈济、陈杲、程应钦、陈世明、程世隆、陈邦、陈辉①

从“但遇勾取旧军,每一名议着排年二名管解,阄填在后,轮流承解”的情况看,管解军伍多用排年轮流充役。可以看出,仅正役中“勾摄”“清军”之役就应充繁杂,使费不菲。如顺治年间休宁县九都一图正役使费每年支银数即以百两计:“本年贴费充贼、工食纹银一百两整。”②清前期,祁门县十一都二图程氏“因承祖二甲里长”,正役之费也在百两以上,“自新朝鼎革以来,门户多事。若遇十年正差,不无百金之费”③。

三是杂项。即杂泛之役,系正役之外的临时差遣,如皂隶、解户、运夫、斗级、弓兵、库子、门子、马丁、轿夫、膳夫、柴夫、铺兵、站夫等,属于计丁派充的力差。明代中期以后,逐渐实行均徭法,出现纳银雇役的“银差”和亲自充役的“力差”两种类型。明代后期至清代,徽州杂项多采取朋贴纳银。另外,

① 《万历十二年休宁县九都一图十排年立解军合同》,《康熙陈氏置产簿》。
② 《顺治十一年休宁县九都一图赵光祖立代充里役合同》,《康熙陈氏置产簿》。
③ 转引自申斌《清前中期里长户的赋役应对策略——以中山大学图书馆藏祁门县程世芳户文书为例》,《图书馆论坛》2016年第9期。

杂项还包括清丈、编审、管册、造册等，如表1中《康熙二十年张同鼎等立里役合同》中所载的“正项之外造册、纸张、飞差及签点外费”。清前期，祁门县十一都二图程氏每年杂派、册书等杂项之费在数百两之上，“递年排年杂派亦费则金，新例二十五年轮当册书，又有二百金之费，三项共约费数百金之资”①。特别是编审造册、清丈田土，须耗费大量人力、物力和财力，如休宁“五年编审一次，民间约费万金”。其中仅送县官的“公堂礼”，“科敛各图出钱，大图十两，小图八两，共计二百二十图，计银不下二千余两”，给造册使的规银“或十六两，或二十两不等”。②

所谓“五年编审一次，民间约费万金”当符合实际情况。如顺治四年，休宁县实施清丈，九都一图签订的“十排清丈合同”涉及清丈、书算、造册使费等，仅朋贴丈量使费即数以千两计。该图费用多以摊派方式筹集，其中丈量使费“照粮每石出钱一两”，书算、造册“每粮一石贴银一两五钱”。③这里的“粮”当系该图官解粮额，但具体数字已难以考实。根据《天启三年休宁县九都一图郑积盈等立里排议约》，该图“钱粮浩大，共计五百余两”④；再参考康熙间徽州粮价每石约在6钱，⑤大略推算税粮数额在830余石，清丈使费按照每粮1石征银1两，即达830两以上，书算、造册“每粮一石贴银一两五钱”，合计则需耗银逾千两。其中，在编审和清丈中，书算、册书是专业性强的重要职役，其津贴使费颇丰，如弘光元年，黄记仁承管册书，津贴银达47两。⑥

此外，一图之中，空歇排年在不应役的九年中，尚须督促“本甲钱粮，自

① 转引自申斌《清前中期里长户的赋役应对策略——以中山大学图书馆藏祁门县程世芳户文书为例》，《图书馆论坛》2016年第9期。

② （清）廖腾煃：《海阳纪略》卷下《为条陈编审并各款通详两院文》，《四库未收书辑刊》第7辑第28册，北京：北京出版社，1997年，第424页。

③《顺治四年休宁县九都一图十排年立清丈田土合同》，《康熙陈氏置产簿》。

④《天启三年休宁县九都一图郑积盈等立里排议约》，《康熙陈氏置产簿》。

⑤ 据婺源县生员詹元相于康熙四十年间的记载，“谷价六钱”，“米六钱一石”。参见（清）詹元相《畏斋日记》，中国社会科学院历史研究所清史研究室编《清史资料》第4辑，北京：中华书局，1983年，第225、227页。

⑥《弘光元年黄记仁立承管里役文约》，王钰欣、周绍泉主编《徽州千年契约文书·清民国编》第1卷，石家庄：花山文艺出版社，1993年，第5页。

行上纳”,亦当属于正役之外的杂项,均有津贴银。如《万历八年洪时可等立朋充合同》规定:“现年每分轮管一次,每次议贴银二十两;排年轮流承当一年,每年议贴银三两。”[①]这里的排年贴银,当为空歇排年负责本甲事务的杂项津贴。

其他诸如承值保长、乡约、地保等役,多按图甲签派。如康熙间休宁县藤溪王氏,不但对于图内保役要求“一门当役,四门共贴,周而复始,永远遵行”,而且对于本图乡约的承充亦采取“轮流随保充任”“四股朋当”的办法。[②] 雍正间,徽州汪氏围绕“都图添设保正”而订立合同,采取“合里(图)公议,每年在于本里(图)二十九甲户内公派”。[③] 光绪间,休宁县二十九都一图以“挨甲轮充”的方式应对图内地保之役的承充。[④]

综上,明清图甲职役既有继承而来者,又有因时新增者,面对繁苛的“钱粮、里役、杂派、新例”的派征,充役使费十分繁重。

如上所述,图甲在明清赋役征收和基层行政中具有重要地位和作用,不但一图钱粮由图内共同管解,名目不一的职役使费也有赖图甲自行津贴。那么,繁杂的图甲职役使费是如何筹措的?从遗存徽州文书看,按照丁粮朋贴、置产立会是十分常见的方式。

二、照丁粮朋贴

民间按照丁粮分摊赋役,与明代中期赋役折银化、定额化的改革有关。明中叶实施一条鞭法,人丁不再作为实际人口单位,而多是银差的折算单位,丁差已变为折算银差。同时,土地等事产则采取税亩制,并逐步将田地山塘一律换算为“折实田”,即将地、山、塘等的土地面积,各按一定比例折算

① 王钰欣、周绍泉主编:《徽州千年契约文书·宋元明编》第3卷,石家庄:花山文艺出版社,1993年,第62页。

②《康熙四十六年王茂等立本图保长议墨》,《元至正二年至乾隆二十八年(休宁县藤溪)王氏文约誊录簿》(抄本1册),南京大学历史学院资料室藏。

③《雍正五年汪兴等立合同》,安徽师范大学图书馆藏。

④《光绪十八年徽州府歙县正堂为接充地保下颁饬谕》,休宁县汪金发藏。

成相应的田亩数，按照“折实田”核算事产应缴纳的折色银两。[①] 由明至清，民间不断编审的内容就是按照一图丁粮予以折丁折田而核算出银两数额，各甲总户、子户作为图内核定钱粮单位，又分别根据其人丁、事产而核算出相应税额，如康熙五年《休宁县简明赋役全书》就记载了休宁县丁田折色的具体情况。[②]

因此，受到官府折丁折田的影响，民间往往依据“官则”，不但钱粮体现为丁粮折色，职役使费也多依据丁粮共同“朋贴”。如嘉靖元年祁门十西都里役支费等项，“俱本户丁粮津贴银两”，“照丁粮多寡一并付足承役之人”；[③]《万历八年洪时可等朋充合同》规定，“津贴银照依税粮多寡为则”[④]；《顺治四年张义朋等立当图正墨》指出，“如有一应等项，公私用费，照本甲各户官则民粮数目派出”[⑤]。很多文书则明确记录了折银的比例，天启三年休宁县九都一图环珠里，“派出赔费各银，以六十两为度，除支下子孙所寄世芳户内丁粮每丁一口照例派银三钱，每粮一石照例派贴银一两”；《崇祯六年方魁元等立合同》，“每田一亩除正编粮米外贴银叁钱伍分，每一私丁贴银贰钱伍分”[⑥]。

所谓“照依税粮多寡”“照本甲各户官则民粮数目派出”“照粮计丁”等，均属民间比照官府丁粮折色规定和标准，筹措职役使费。其中，关于折色前的“人丁”计算，按照传统官方规定，举人、监生、生员等有身份者豁免徭役，[⑦] 普通民众的充役年龄为16—60岁。

---

① 参见栾成显《明代黄册研究（增订本）》，北京：中国社会科学出版社，2007年，第236页。

②《休宁县简明赋役全书》，清康熙刻本，安徽博物院藏，转引自刘和惠、王庆元《徽州土地关系》，合肥：安徽人民出版社，2005年，第291—292页。

③《嘉靖元年祁门十西都谢景辉等立合同》，南京大学历史学院资料室藏。

④《万历八年洪时可等朋充合同》，王钰欣、周绍泉主编《徽州千年契约文书·宋元明编》第3卷，第62页。

⑤《顺治四年张义朋等立当图正墨》，《（休宁县七都三图）槐溪张氏茂荆堂田契册》（抄本1册），上海图书馆藏。

⑥ 王钰欣、周绍泉主编：《徽州千年契约文书·宋元明编》第4卷，第350页。

⑦《明会要》卷五二载：“举人、监生、生员，各免二丁，粮二石。”从《大明会典》记载看，优免主要涉及杂项徭役，里甲正役不在优免范围之内。参见栾成显《明代黄册研究（增订本）》，第340—341页。关于清代优免，据康熙《婺源县志》卷七《食货·徭役复典附》载：“顺治十四年奉部文，吏承不准优免，照见在乡绅、进举、贡监、生员止免本身一丁，实免人丁六百七十三丁。”

类似的资料很多,如《嘉靖元年祁门十西都谢景辉等立合同》强调,“其丁以一十六岁起准作一丁”;《顺治十二年胡秉珪等立合同》载,“户内生员秉珪该除优免田叁拾叁亩不派贴役”①;道光二年程光裕堂也规定,“派役丁自十六岁起充役,至六十岁者免当有功名(者)免当”②。

需要进一步讨论的是,按丁粮编审作为一条鞭法赋役改革的举措,自明代中后期至清代长期延续,丁粮编审采取丁自为丁、粮自为粮的办法,各自折色。从相关徽州文书看,民间照丁粮朋贴也主要采取丁与粮分开核算的方式。如嘉靖元年,祁门十西都谢氏“共承祖户里长”,“里役支费等项”以“本户丁粮津贴银两”,其中,照粮派出 14 两,照丁派出 7 两,丁粮之间的折算执行“四丁折粮壹石,粮壹石折作四丁”的标准。③

然而,康熙、雍正年间实施“滋生人丁,永不加赋”和“摊丁入亩”,编审制度遂丧失其历史职能和作用。乾隆三十七年,清政府宣布,“嗣后编审之例,着永行停止”④。也就是说,“摊丁入亩”和停止编审后,废除了人丁税,原则上开始完全以土地多寡为标准收税,计丁折役当亦废止,如雍正六年徽州李陈茂户对于应承的七甲里役,即采取“现役以及次年保长,向系李陈两姓照粮计丁,拈阄管月,笃义认充,于兹有年矣”⑤。此处的“照粮计丁”似应与“摊丁入亩”改革有关。

但是,徽州文书《道光二年程光裕堂立承役合同》中仍存在照丁粮朋贴,丁粮各自折算的现象。具体记载如下:

> 立议合同程光裕堂等,今因轮值六甲承役,充当现年保长,勾摄催征等事。公议照旧例,本年以三百六十五日零三个时辰,人丁作一股,钱粮二股,派役丁自十六岁起充役,至六十岁者免当,有功名(者)免当。共计五十七丁派役,一百二十一日九个时辰,每丁当二日,一分二

① 王钰欣、周绍泉主编:《徽州千年契约文书·清民国编》第 1 卷,第 43 页。

②《道光二年程光裕堂立承役合同》,《歙县程氏文书》。

③《嘉靖元年祁门十西都谢景辉等立合同》。

④《清高宗实录》卷九一一“乾隆三十七年六月壬午”,《清实录》第 20 册,北京:中华书局,1986 年,第 195 页。

⑤《雍正六年李陈茂户立合同》,南京大学历史学院资料室藏。

厘四毛[毫]四丝。钱粮除甲首、寄庄、众户不算,共计实钱粮五十二两一分五厘,派役二百四十三日六个时辰。粮每两当役四日,六分七厘三毛[毫]四丝。其钱粮照依赤历册算。现年之役,自道光二年五月初四日巳时起,至三年五月十四日申时夏至止。其催征钱粮营卫米自三年正月初一日起,催征比较,周而复始,如有失卯不到,系失卯之人支差补比,不得累及下口接管之人。其保长自三年五月十四日申时夏至起,至四年五月二十五日戌时夏至日止,照现年头阄挨至充役。其配定名下之役日期,或有情愿托人当者,照旧例贴人充当,每一日里、保长共贴银二钱五分与代充役之人。其催征勾摄等事,俱系代充人料理经管,不得波及本役之人……不得扳扯前役之人。但派定日期不能预知来年月之大小,遇月大则算三十日,月小则算二十九日,挨次接管,不得推辞。其保长或官点得的名有事,仍系值期之人经管,不得推卸。如有不依合同有误公事者,执此呈官理论。恐后无凭,立此合同一样拾纸各执一纸存照。

再批:保长认状推收,其使费系当众支用,其赤历册、保甲册所用使费,除閛各甲,如少众补。今将各家人丁钱粮派定阄管日期现年催征并保长依合同公议照此挨算,保役日期列后……(笔者按:以下详细开列人丁钱粮、派役、承当起止时间,从略)

道光二年岁次壬午五月　日立,族长:国芳、国城、天贵、开洲、开宁、开富、基树、德生、基濂、诏勇[1]

从这份文书看,程光裕堂当系六甲总户名称,轮值现役由共享该甲总户的人户共同应充。现役包括"勾摄催征"的里役和"充当现年保长",反映清代保甲编制是以图甲为基础的,保长充任同于里长按甲轮值。[2] 根据"钱粮照依赤历册算"的记载,[3]程光裕堂作为一甲总户,应交纳"钱粮五十二

---

① 《道光二年程光裕堂立承役合同》,《歙县程氏文书》。

② 参见刘道胜《清末保甲编制与村族治理》,《安徽师范大学学报》2015年第5期。

③ 赤历册系宋至明清官府汇编赋役的账籍。据清代王庆云《石渠余记》卷三《纪赋册根票》载:"存于官者,一曰赤历,使粮户自登纳数上之布政司。后以州县日收流水簿解司而停赤历(康熙十八年停)。"(北京:北京古籍出版社,1985年,第111—112页)

两一分五厘”。充役方式采取以周年为标准,以丁粮数额为则,依据两者换算出各实际人户拥有丁粮及其相应充役的具体时限,并详细开列各实际人户丁粮数额和派役起止时间。充役使费按照“人丁作一股,钱粮二股”予以朋贴,丁粮各自折算。

综上,照丁粮朋贴以筹措应役使费是明清徽州常见的做法,朋贴资金灵活用于轮流应役、专人代役、雇人充役的津贴支出,并签订相关契约予以运作。

三、置产立会

在丰富的明清徽州文书中,诸如租簿、誊契簿、抄契簿、会簿、置产簿等簿册比较常见,这从一个方面反映出,在传统徽州社会,众存公产普遍存在,积贮之风相沿成俗,置产观念深入人心。正如康熙《丛桂堂置产簿》所云:“人有深谋者,必当思患而预防;人有远虑者,必先经营而处置,斯言则知积贮之不可无,而置产之不可废也。”①

在明清徽州,设置公产的一个重要动因是为了应对门户赋役,所谓“众存山业原为绸缪牖户之用,其绸缪牖户莫大于祖宗门户”②。先看以下几个事例:

> **文书一:**三十都汪廷元、汪文魁同侄汪尚贤、汪盛时、汪应凤、汪随时等,承祖三房共充本图三甲里长,历系三房轮流充当,周而复始,合同存证……三房议立合同:原祖遗下(土名略)共计贰拾伍砠,递年存众收贮入仓,并立一匣存众,眼同收支。如遇清军查盘及管粮使用盘费,俱是存众出办支用无词。③

> **文书二:**本家承祖南汝公遗下四甲里长户名陈世芳,原有备役田租足以供役,公私两利。续因赔赓,田卖无存。④

① 《清康熙六十年(徽州某氏)立〈丛桂堂置产簿〉》(写本1册),南京大学历史学院资料室藏。
② 《康熙九年张之问等立当里役墨》,《(休宁县七都三图)槐溪张氏茂荆堂田契册》。
③ 《万历十二年汪廷元等立承里长合同》,张传玺主编《中国历代契约粹编》中册,北京:北京大学出版社,2014年,第954页。
④ 《天启三年休宁县九都一图环珠里陈继武等立里长合同》,《康熙陈氏置产簿》。

文书三： 每遇临役，尽是丁粮均派，甚于艰难，况又在外者多，遇事不能济急。若不预立众会储蓄以备急用，恐日后临差，家外人等不齐，难于支撑。①

文书四： 原承祖本公里役……将采公所存山业取苗利作册里公用……今轮之章，帮助催取山租、苗利，付承役之人公费。②

文书五： 原因承祖管甲催一事，以作三股。今有现银三十八两五钱正，众面议定每两每月加一分利钱，其利钱递年贴值年做甲催之人收，以为供膳图差季钱册房费用，毋得异言。③

以上文书所及大多系“承祖”里役，存在“祖遗公产”“备役田租”“预立众会储蓄”“存众山业”“共有资金”等赋役性公共资产，反映明清时期徽州民间置产应役现象普遍存在。对于公共资产中的田产，往往于一甲总户之下设置子户，而对于共有资金又多委托殷实之家生息，无论是田产抑或资金，普遍通过“设匣”予以管理。④

与置产密切相关的是立会，明清徽州具有“富庶则各醵钱立会”的传统，⑤图甲或家族基于钱粮、职役的互助，往往设置赋役会等组织。

赋役会首先体现为以里(图)为单位设置的范围较大的会组织。如顺治十一年，祁门十一都下五保一二图排年立有里仁会；⑥乾隆四十五年徽州汪德裕堂“缘上代自德徽公创立户籍，因立里长会，生殖以为祖宗坟茔及差役亟公之费，历世相承”⑦。这里的“里仁会”“里长会”均系里排合作应役组

① 转引自申斌《清前中期里长户的赋役应对策略——以中山大学图书馆藏祁门县程世芳户文书为例》，《图书馆论坛》2016 年第 9 期。

② 《康熙九年张之问等立里役合同》，《(休宁县七都三图)槐溪张氏茂荆堂田契册》。

③ 《乾隆五十三年康文喜等立承管甲催合同》，《康义祠置产簿》，南京大学历史学院资料室藏。

④ 可参见刘道胜《清代图甲户籍与村落社会》，《学术月刊》2017 年第 5 期；《明清徽州民间资产生息与经济互助》，《史学月刊》2013 年第 12 期；《明清徽州宗族的“公匣”制度》，《中国农史》2008 年第 1 期。

⑤ 嘉庆《黟县志》卷三《风俗》，南京：江苏古籍出版社，1998 年，第 59 页。

⑥ 转引自申斌《清前中期里长户的赋役应对策略——以中山大学图书馆藏祁门县程世芳户文书为例》，《图书馆论坛》2016 年第 9 期。

⑦ 《乾隆四十五年汪德徽堂众支立合同》，田涛《徽州民间私约研究及徽州民间习惯调查》上册，北京：法律出版社，2014 年，第 231—232 页。

织,系以里(图)为赋役共同体而设置。明末,休宁县九都一图“因国课催限甚紧,奈因百家人户藐法抗缓,以致拖延愆期”,所属各甲排年“共立平济义会”,“每甲出银贰两,共银一十六两整,朋助均济,轮流交领,预备济急,应卯上纳”。[①] 平济义会之立显然旨在筹措催征钱粮使费。

进一步看,休宁县九都一图内部各甲当有相应的赋役会。如该图四甲陈世芳户,系“本家承祖南汝公遗下四甲里长户名,原有备役田租足以供役,公私两利”,早在明代,四甲陈世芳户为“备役田租”,即设置了“南汝公会”。该会于清初一度出现“续因赔赎,田卖无存,今轮应役,毫无积储”的窘况,以致康熙四年四甲人户按照“每丁出银一钱,复立汝公会”。

同样的事例还见诸休宁县二十七都五图,遗存的《元至正二年至乾隆二十八年王氏文约誊录簿》保存了四甲“王正芳户”自明代至清前期系列承充里役的合同。[②] 从记载看,该图四甲户众设置有“排年田”“均安会”“承裕会”“六仝会”“兴成会”“新积会”“报本会”“敦本会”“智公会”“敦义会”等组织,大多为“烝尝祀典、户役排年等项”而设置。再如祁门十七都环砂程氏也立有“虚粮会”,该会置有田地、山场、会屋等产业,以为“粮会之根”,虚粮会直至清末光绪间仍在发挥作用。[③]

实际上,明清时期,一里(图)十排是赋役实际运作的基本单位,是“催征钱粮,勾摄公事”的赋役共同体,十排之间相互牵制。一户排年无力应役,甲户钱粮空虚拖欠,则十排赔贴,即所谓“钱粮及里排贴费无从措办,累及各甲赔贴”[④],“向来里役、钱粮遗累各排”[⑤]。特别到了清代,一遇图内甲户衰微、人口外徙等特殊情况,里排、甲户之间往往为应对和调整承役方式,设置诸如“急公会”等组织。如清初康乾间,休宁县三都六图二甲吴氏承祖有里长户役,户名吴一坤。康熙年间,吴氏因人丁式微,“与

---

① 《天启三年休宁县九都一图郑积盈等立里排议约》,《康熙陈氏置产簿》。

② 《元至正二年至乾隆二十八年(休宁县藤溪)王氏文约誊录簿》。

③ 《祁门十七都环砂程氏文书》,《徽州文书》第1辑第9册,桂林:广西师范大学出版社,2005年,第117页。

④ 张传玺主编:《中国历代契约粹编》中册,第1189页。

⑤ 《(休宁县七都三图)槐溪张氏茂荆堂田契册》。

余尚镇户两下朋充”①。到了乾隆间，吴一坤户“后只一丁，远年在外，更无信息”。一起朋充二甲里役的余尚镇户户丁余宪章，将吴氏地产“土名长汀，系新丈暑字七百三十四号”②多次出当。然而，乾隆间，朋充二甲里役的吴、余二户，不但吴氏“远年在外，杳无音讯”，且余宪章又不幸去世，“仅存螟蛉一子，乳名孙仞”，“全然不知门户钱粮、花户、名姓、住址”。③ 随着吴、余二姓人丁式微，其朋充的二甲里役无从措办，势必造成其他各排“历年各里代完户内虚粮，赔贴排年此费”，“十数年来累身等各甲赔贴虚粮排费”的困扰。为此，六图其他九甲里长户曾控告至县，县主“追差催数次，无奈孙仞实贫无措，立有限状在案，即此赔贴无休”。其他九个排年于乾隆二十九年和四十七年先后共立合同，通过杜卖吴氏产业予以解决，并于乾隆四十七年杜卖吴氏产业后，将“契价银五十两整，公同酌议，代二甲立一急公会”，借以代办二甲里役公务。④ 再如，康熙三十年，休宁县七都三图四甲总户叶茂因清初外逃而“绝排”，导致四甲“里役钱粮遗累各排”，该图众排年联合处置四甲叶茂风水基地等产业，以出卖所得“价银八十两，将此价置肥田八十砠，众排齐议立一公会于四甲，名曰急公会”，借以解决四甲绝排之累。⑤ 嘉庆十五年，休宁县十三都一图四甲汪氏为完纳祖户钱粮，支下九门“并立急公会”⑥。另外，婺源北乡十六都四图的“十全会”，当系该图十个甲为联合应对钱粮征纳而成立的钱粮会。⑦

---

①《康熙四十一年吴一坤、余尚镇立承二甲户役合同》，南京大学历史学院资料室藏；《乾隆二十九年休宁县里长程文明等立代户卖厝地契》，张传玺《中国历代契约汇编考释》，北京：北京大学出版社，1995年，第1267—1268页。

②《清乾隆三年休宁县余宪章立典地契》，张传玺《中国历代契约汇编考释》，第1503页。

③《清乾隆四十七年休宁县里长程文明等立代户卖空地契》，张传玺主编《中国历代契约粹编》中册，第1189页。

④《乾隆二十九年休宁县里长程文明等立代户卖厝地契》，张传玺《中国历代契约汇编考释》，第1267—1268页。

⑤《康熙三十年休宁县七都三图汪应兆等立卖契》《康熙三十年休宁县七都三图汪应兆等立合同》，均载《（休宁县七都三图）槐溪张氏茂荆堂田契册》。

⑥《清嘉庆十五年十二月休宁县为十三都一图四甲汪兴九门等户完纳钱粮颁印照》，《中国社会科学院经济研究所藏徽州文书类编（四）》，北京：中国社科文献出版社，2017年，第129页。

⑦《婺源十六都四图十全会簿》，上海交通大学地方文献研究中心藏，转引自舒满君《明清图差追征制度的演变及地方实践》，《史学月刊》2017年第2期。

结　语

综上,由明至清,图甲既是与贡赋体制密切相关的基层行政单位,也是乡治体系的结构性共同体。对明清里(图)甲相关问题的具体探讨,有助于进一步了解明清基层行政和治理之实态。

明清时期,我国基层治理以及地方公共事务主要由民间自我承担,而从里甲到图甲的嬗递,实为基层社会释放了巨大的实际运作空间。在徽州,图甲内的聚居大姓大多拥有"承祖立户""祖遗里役"的图甲户籍,这种户籍实际兼具融田土产业归属、税粮征纳单位、乡族统合实体为一体的性质,在图甲"总户—子户"结构下,宗族、家族乃至房派通过立甲设户,借以彰显和维系特定房族的"大家规模""大家气象"。图甲体制下的赋役实际运作,集中体现为聚居宗族的实际应对。照丁粮朋贴、置产立会是徽州基层应对赋役的实践,基于朋贴、置产、立会而形成的赋役性公产,为朋充、轮充、承揽、津贴等提供了保障,从而使得赋役负担不断在村族社区得以协调和分配。从里甲户籍编制到图甲户籍继承,促使图甲作为稳定的乡治结构在基层社会长期发挥重要作用,并在明清赋役体制和基层行政中具有不可替代的重要地位。

另一方面,清初,大量徽州人口外出"生理",不乏避役而外徙者,里甲户役的"告脱""绝户""绝排"现象颇为常见,某种程度上说,繁杂职役和繁重使费是导致清初徽州人口流动的一个重要动因。同时,沉重的赋役负担和门户差役,不可避免地带来家户的破产。在遗存的徽州文书中,因"里役钱粮使费无办""祖役里长,充贼无措""轮充现里,该身股份门户无办"等而出卖房屋田地的契约屡屡可征。[①] 因此,照丁粮朋贴和置产立会作为一种应对赋役的方式,一定程度上说,实属民间的无奈之举。

---

① 《顺治四年陈宗孝立卖地契》《康熙四年陈阿刘立卖房屋、屋基契》《康熙四年陈阿刘立卖房屋契》,均载《康熙陈氏置产簿》。

徽州文书遗存考

——以《率东程氏置产簿》为中心

[日]大田由纪夫

(日本鹿儿岛大学法文学部)

摘　要： 本文根据从安徽博物院所藏《率东程氏置产簿》看出的土地买卖趋势，针对徽州文书遗存现象的发生原因进行探讨。从其所阐明的历史趋势来看，由于15世纪后半期以后徽商的经济性成功，在徽州有限的地域内积聚庞大财富的现象发生了，而且这种情况给徽州社会带来了“不动产泡沫”的发生。这个不动产泡沫造成土地资产价值的异常高腾，同时也导致了剧烈的土地争夺。为了稳定地拥有价值极为昂贵的地产，徽州人对筹措各种书证倾注了很大的努力，从而增强了文书遗存意向，民间文书的长期遗存现象因而出现。总而言之，15世纪后半期开始制作的《率东程氏置产簿》，可以看作体现“徽州文书”形成、遗存这一历史现象的象征性文书。

关键词： 文凭；文书遗存；不动产泡沫；明清徽州特有的社会经济环境

一

古来在徽州有各种各样的民间文书大量地流传下来。本文在大田2012[①]（以下称《旧稿》）对安徽博物院所藏《率东程氏置产簿》（以下简称《置产簿》）所作分析的基础上，针对徽州文书遗存的原因进行探讨。

---

① 编者按：正文中相关著作的表述为“作者名+作品年份”，具体信息详见文后参考文献。

首先介绍一下本文所使用的《置产簿》的概要(有关详细内容参阅《旧稿》)。安徽博物院将此簿命名为《明休歙县程氏置产簿》(收藏号2:16755号)。可是,由于封面丢失,不能确认原来的标题,所以在《旧稿》中暂称之为《率东程氏置产簿》。

留下《置产簿》的率东程氏,是居住于休宁县十六都由溪的宗族,为元末明初以来,世代商人辈出的经商世家。率东程氏11世的程维宗(字明德,1332—1413),靠从事盐业发家,奠定了一族的发展基础。传到他的孙子时(永乐十二年[1414]),这一族解除了自祖父以来的同居共财关系,形成了9个支房[彦武房、彦韶房、彦基房、彦威房、彦容房、彦祥房、彦善房、彦广房、彦真房,参阅图1《率东程氏(彦基房)世系图》],之后扩大势力,确立了"名族"的地位(大田2012、2021)。

《置产簿》的文献信息如下:全1册,不分卷,全115张(有2张破损)。每行的文字数,从30到40不等,不过行数都是半叶14行。其尺寸,长36厘米,宽28厘米。制作者是彦基房的18世程林(字伯儒,?—1597)。

《置产簿》由5个部分构成,其概要如下:

①《以清公置产簿》:收录14世程纶(1423—1482)的文书207件。

正统十二年(1447)正月—成化二十二年(1486)三月之间(约39年)的记录。

②《景霁公置产簿》:收录15世程霓(1446—1510)的文书232件。

成化十五年(1479)十月—正德六年(1511)四月之间(约31年)的记录。

③《世大公置产簿》:收录16世程广(1468—1543)的文书154件。

弘治六年(1493)二月—嘉靖二十一年(1542)三月之间(约49年)的记录。

④《理山公置产簿》:收录17世程鹏(?—1565)的文书101件。

嘉靖四年(1525)九月—四十五年(1566)二月之间(约41年)的记录。

※①—④是程林在万历元年(1573)正月抄写的。

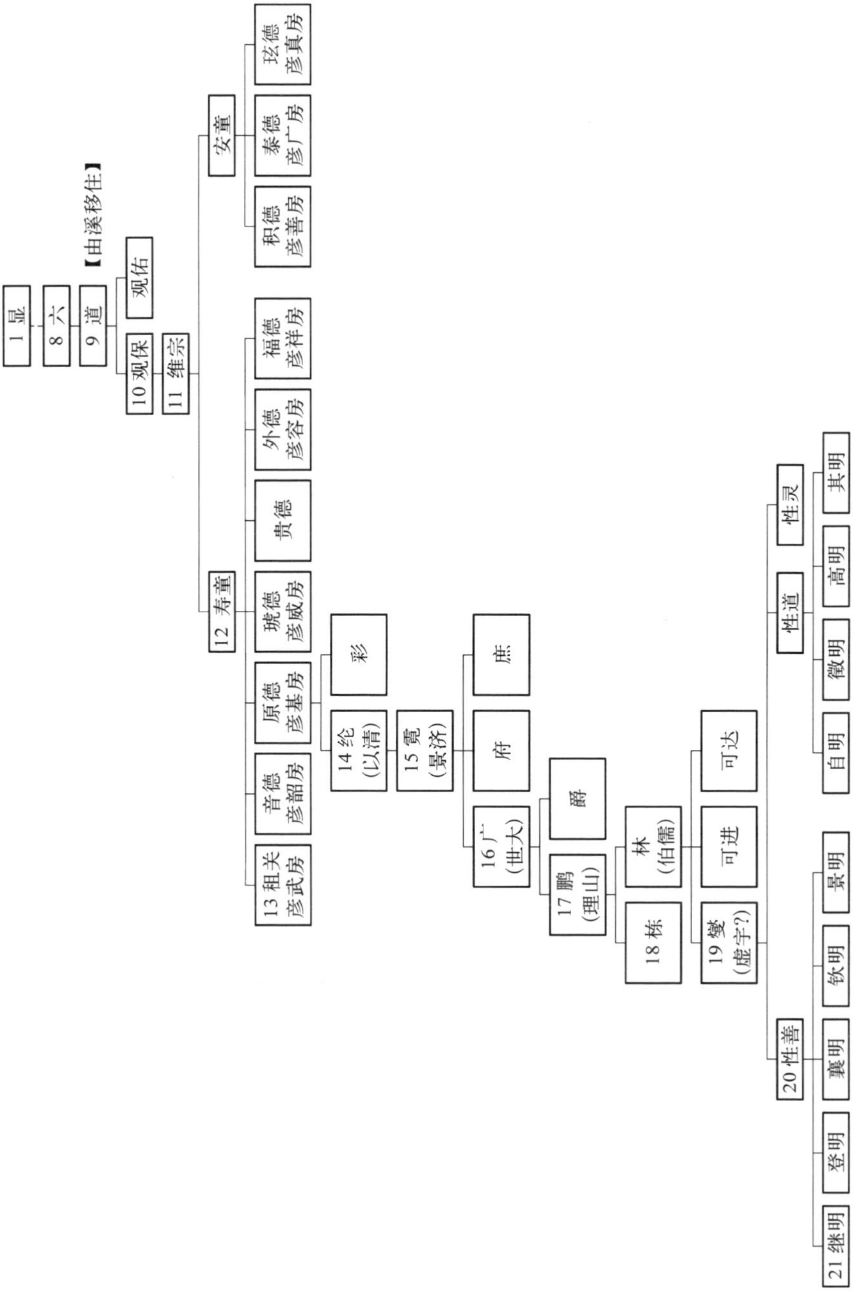

图 1 率东程氏(彦基房)世系图

⑤《伯儒续置产业(簿)》:收录18世程林的文书161件。

嘉靖三十八年(1559)六月—万历十八年(1590)五月之间(约31年)的记录。

此簿是18世程林在明朝万历年间(1573—1619)抄写的4代祖先各自留下的《置产簿》(正统十二年[1447]正月—嘉靖四十五年[1566]二月)、加上他自己购置土地的买契(嘉靖三十八年[1559]六月—万历十八年[1590]五月)的抄本,由5本《置产簿》组成。《置产簿》无间断地记录了15世纪中叶至16世纪末直系5代每个人(家庭)长期购置土地的情况,记载了很有意思的内容。《置产簿》中的契约,大体按时间序列抄录,在《旧稿》中,为了整理、论述方便,我给各件契约编上了No.001—No.855的号码。其中买契831件,典契9件,对换契9件,批契1件,受赠1件,退还契1件,批记2件,卖契1件。(详见表1)其记载内容并不是契约全文,例如土地卖买契约只记载了成交的年月日、买方姓名、支付金额(价银)、出卖者姓名、土地类别、字号、四至、面积、耕种者姓名、地租额、中间人姓名等,其余均省略。笔者曾于2009年9月、2010年9月阅览过《置产簿》。①

表1 《置产簿》中契约的细目

年　代	数量	买	典	对换	受赠	批与	退还	批记	卖
1441—1450	4	4	0	0	0	0	0	0	0
1451—1460	30	28	0	1	1	0	0	0	0
1461—1470	65	63	0	0	0	0	1	1	0
1471—1480	101	95	0	4	0	0	0	1	1

① 彭超1983、1988所探讨的《置产簿》,与笔者在安徽博物院阅览的《置产簿》有几点差异。据彭超1983,其簿册收录正统十一年[1446]—崇祯十六年[1643]的契约,计1 037件,由14世程纶至19世程燮(字虚宇?,1553—?)6代的各《置产簿》构成。关于《置产簿》的后续部分及其所在,目前不明。关于两者的详细差异,参阅《旧稿》。

（续表）

年 代	数量	买	典	对换	受赠	批与	退还	批记	卖
1481—1490	75	73	0	1	0	1	0	0	0
1491—1500	98	97	0	1	0	0	0	0	0
1501—1510	131	122	8	1	0	0	0	0	0
1511—1520	19	19	0	0	0	0	0	0	0
1521—1530	30	29	0	1	0	0	0	0	0
1531—1540	45	45	0	0	0	0	0	0	0
1541—1550	39	39	0	0	0	0	0	0	0
1551—1560	48	48	0	0	0	0	0	0	0
1561—1570	27	27	0	0	0	0	0	0	0
1571—1580	61	61	0	0	0	0	0	0	0
1581—1590	82	81	1	0	0	0	0	0	0
合 计	855	831	9	9	1	1	1	2	1

二

下面介绍一下《置产簿》中呈现的土地购置趋势及其给予我们的启示。率东程氏（彦基房）所购置的土地，大多在这一族所居住的休宁县十六都及其近邻地区（二十一、二十二都等）。即使有县外土地，也基本上是与休宁县十六都邻接的地区（歙县二十五都、浙江遂安县十三都），几乎没有县外的远地。把《置产簿》中收录的土地买入数量按 10 年统计制成表 2、图 2，可见，自 1460 年代前后开始，买卖数量（买契数量）增多；1490、1500 年代达到顶峰（97 件、130 件）；进入 1510 年代后，数量急剧减少(19 件);[①]1520、1530 年代以后,维持在 30—40 件的水平;18 世程林活跃的 1570、1580 年代,迎来了另一个高峰(61 件、81 件)。

表 2 为购置土地开支的总额与每件支付金额(银两)

年代	买契	不明	开支总额	每件支付金额
1441—1450	4		11	3
1451—1460	28		187	7
1461—1470	63		376	6
1471—1480	95	1	943	10
1481—1490	73	1	811	11
1491—1500	97	3	2 001	21
1501—1510	130	1	2 024	16
1511—1520	19	1	245	14
1521—1530	29		962	33
1531—1540	45		1 600	36
1541—1550	39		2 296	59
1551—1560	48		1 318	27
1561—1570	27		2 582	96
1571—1580	61		3 067	50
1581—1590	81	1	3 752	47
合计	839	8	22 173	27

※“买契”的数量是买契与典契的共计。表中数据经过了四舍五入。

① 《世大公置产簿》内有 1 张破损,这张部分在正德六至十一年(1511—1516)之间,丢失了 10 件(?)左右的契约记载。为此,1510 年代的买卖件数,实际可能更多。

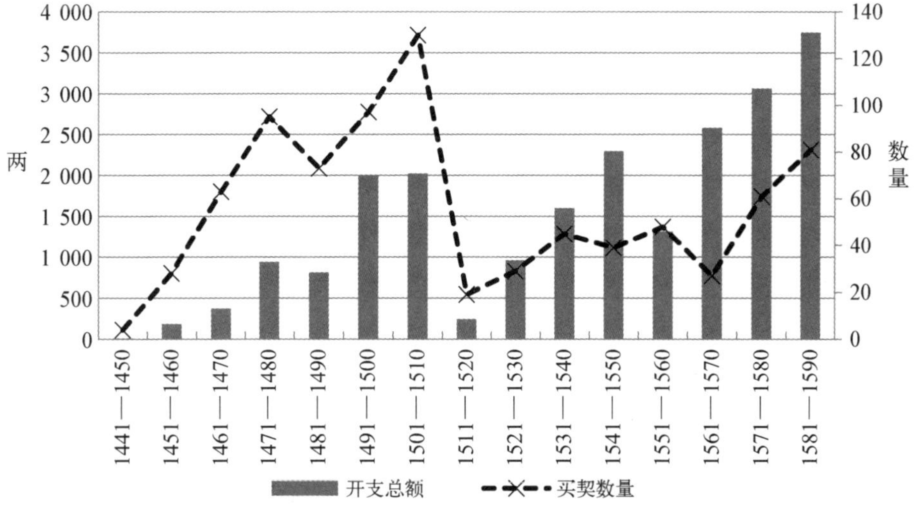

图 2 《置产簿》中之土地买契数量与为购置开支的总额

从买卖数量的变动来看,到了 16 世纪,率东程氏(彦基房)的土地买卖活动好像停滞了。可是,如果不从买卖数量,而从为了购买土地所支付的价银(支付金额及其共计的开支总额)来看,情况与买卖数量的变动明显不同(参阅表 2、图 2)。1510 年代的开支总额,确实降到银 245 两,不过,1520 年代的总额达到 961 余两,与过去的总额相比并不低。1530 年代恢复到 1 600 两,这个数额与 1490、1500 年代(2 001 余两,2 023 余两)相比差不了多少;1540 年代达到 2 295 余两,超过 1500 年代的水平;1560—1580 年代的总额为 2 581—3 751 余两,达到前所未有的水平。从上述开支总额的变动可以看出,除了 1510 年代以外,16 世纪前半期,率东程氏(彦基房)的土地买卖活动并没有停滞。而且 1520 年代以后,土地买卖虽然数量减少了,但开支总额反倒增多了。总之,购置土地时,每笔所支付的金额增多了。

根据研究,自 16 世纪前半期以来,随着赋税负担的繁重化,徽州商人减少了对土地的投资,因此,徽州田价从上升局面转为低迷(图 3,岸本 1990,张海鹏、王廷元 1995,刘和惠、汪庆元 2005)。然而,如上所述,从《置产簿》中所记开支总额的变动来看,徽州商人(率东程氏)的土地买卖活动并没有衰退。

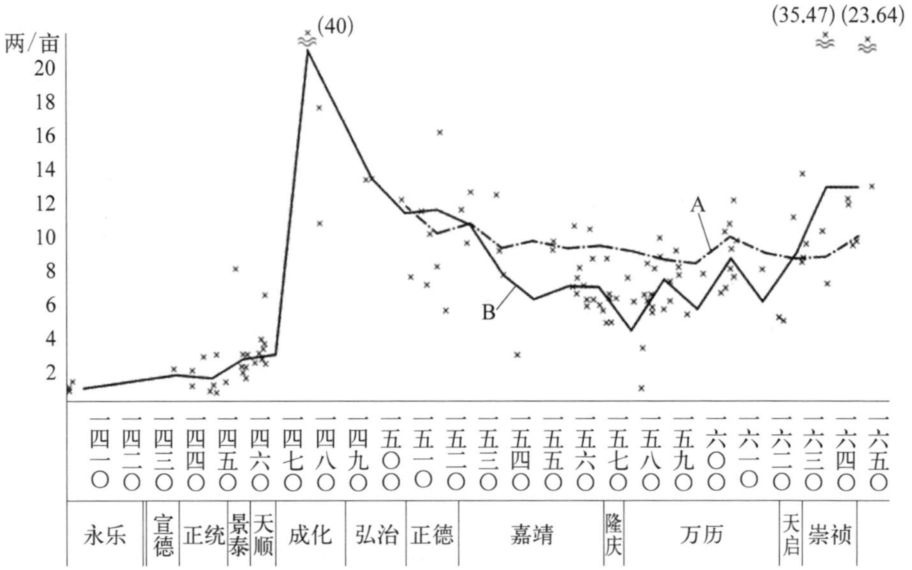

图 3　明代徽州的田地价格（岸本 1990）

这一时期每笔交易所支付金额的增多主要有两个原因。第一，是 1520 年代以后，与族内人买卖的比例提高了（图 4，彭超 1983），同时，以重价购置族人所拥有的不动产的买契也增多了（表 3）。例如，弘治十年（1497）五月，15 世程霓，从同族程茂实处购买田地 8 分 3 厘，支付金额是“价银”53 两（No.312）。这个田价的每亩价格（亩价），折合成白银为 63.86 两，与这一时

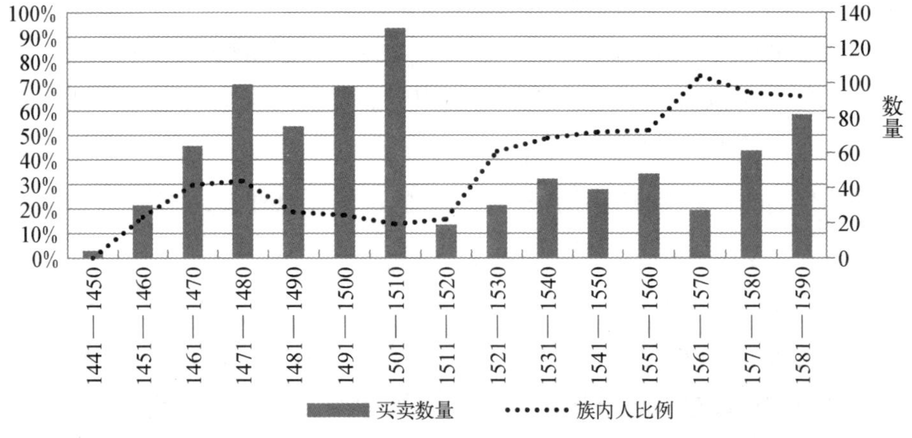

图 4　卖者中之族内人的比例

表3 《置产簿》中之高价田地

		时　　间	支付金额	亩价	卖　主	关系	地目	面积（亩）	字号	所在·土名
No.39	以清-39	天顺五年(1461)十二月	6.6	52.8	汪义静	外姓	田	0.1	鞠	冬青树
No.119	以清-119	成化九年(1473)九月十日	18.5	33.6	程彦器	外姓	田	0.6	常	深丘
No.225	景霁-18	成化十九年(1483)三月	12.5	30.0	王积得	外姓	田	0.4	养	司里墓
No.236	景霁-29	成化二十一年(1485)五月	73.0	26.1	王士昆	外姓	田	2.8	常	六亩丘
No.271	景霁-64	弘治三年(1490)闰九月	27.0	29.4	程景镇	同族	田	0.9	养	渠口
No.297	景霁-90	弘治九年(1496)一月	12.0	34.3	孙社实	外姓	田	0.4	养	果子园
No.304	景霁-97	弘治九年(1496)十一月	15.6	56.3	程茂琪	同族	田	0.3	养	果子园
No.312	景霁-105	弘治十年(1497)五月	53.0	63.9	兄程茂实	同族	田	0.8	养	果子园
No.332	景霁-125	弘治十三年(1500)二月	60.0	60.0	程景贤等	同族	田	1.0	养	果子园
No.333	景霁-126	弘治十三年(1500)二月	14.1	112.8	程景明	同族	田	0.1	养	石桥头
No.334	景霁-127	弘治十三年(1500)二月	28.2	117.5	程景新、景大	同族	田	0.2	养	石桥头
No.344	景霁-137	弘治十四年(1501)一月	47.0	174.1	程茂播	同族	田	0.3	养	果子园
No.351	景霁-144	弘治十三年(1500)	55.0	29.2	程世美	同族	田塘等	1.9	养	余家丘

(续表)

		时　　间	支付金额	亩价	卖　主	关系	地目	面积（亩）	字号	所在・土名
No.454	世大-15	弘治九年(1496)六月	10.3	32.3	孙昇	外姓	田	0.3	敢	下塘
No.480	世大-41	弘治十七年(1504)九月	33.6	30.7	程世英	同族	田	1.1	养	塘根、塘山
No.519	世大-80	正德十三年(1518)	130.0	200.0	程廷敬等	同族	田	0.7	养	后底丘田
No.524	世大-85	正德十六年(1521)	46.0	137.3	程世烈、世岳	同族	田	0.3	养	塘下坑
No.533	世大-94	嘉靖元年(1522)	8.0	156.9	程世瑞、世宝	同族	田	0.1	养	
No.569	世大-130	嘉靖十四年(1535)一月	180.0	829.5	程世岳	同族	田	0.2	养	
No.580	世大-141	嘉靖十七年(1538)	12.3	25.6	程时盛	同族	田	0.5	养	派塘尾
No.597	理山-4	嘉靖十七年(1538)一月	73.5	27.2	程世治	同族	田	2.7	养	审坑等5处
No.599	理山-6	嘉靖十七年(1538)十月三十日	76.5	535.0	程君乐、程荣	同族	田	0.1	养	后底田
No.601	理山-8	嘉靖十九年(1540)六月十九日	165.0	541.0	程君实、君彦	同族	田	0.3	养	后底田
No.602	理山-9	嘉靖十九年(1540)六月二十三日	47.0	1 044.4	程君实、君彦	同族	田	0.05	养	后底田
No.668	理山-75	嘉靖三十六年(1557)五月一日	10.0	140.0	程子一	同族	田塘	0.1	养	果子园
No.669	理山-76	嘉靖三十六年(1557)五月六日	10.0	140.0	程子富	同族	田塘	0.1	养	果子园
No.672	理山-79	嘉靖三十六年(1557)八月	25.0	44.1	吴福渊	外姓	田	0.6	立	社屋前

期徽州田产的平均亩价(10—15 两,岸本 1990,刘和惠、汪庆元 2005)相比高出很多。以后也有亩价 174 两(价银 47 两,No.344,弘治十四年[1501]正月的买契)、200 两(价银 130 两,No.519,正德十三年[1518]的买契)等。再者,在《置产簿》的买契中,支付金额一次达白银 100 两以上者共计 37 张,其中 32 张是对同族人的。

1520 年代以前,在《置产簿》的土地买卖中,对族内买卖所占比例为两到三成;到 1540 年代,超过五成;1560 年代以后,高达七成左右(图 4)。根据过去的研究,在明清徽州,为了阻止把族人所拥有土地出售他姓("保持共业"),加之也有救济族人的意义("收族济贫"),人们往往以重价购置同族的土地(彭超 1983、1988)。尽管如此,族内买卖的地价并不是经常高于对族外的买卖。族内买卖中的一部分超常价格,究竟是因为土地的特殊性("夹心地"等),还是由于土地价值以外的因素(救济同族、融资性购买等),不容易辨别。尽管如此,族内土地买卖的增多,是推升每件支付金额(以及开支总额)的一个原因。

第二,每件支付金额增多的另外一个理由如下所述。1510 年代以前,《置产簿》中所购置的土地类别,从件数和支付金额来看,田、地、山(尤其是田产)占绝大多数,不过,之后(1540 年代以后),宅基地(含店地)的比例显著提高(尤其是支付金额,图 5)。① 一般来说,宅基地的价格,与坟地(风水地)一样,比其他地类(田、地、山等)都更为高昂(彭超 1988,刘和惠、汪庆元 2005)。再参阅《置产簿》宅基地的亩价,1460 年代在白银 30 两上下;16 世纪以后,有 82 两余(价银 4.8 两,No.378,弘治十五年[1502]二月的买契)、145 余两(价银 20 两,No.382,弘治十六年[1503]十一月的买契)、1 684 余两(价银 160 两,No.556,嘉靖十一年[1532]三月的买契),随着时间的推移不断上升,终于,3 480 两的亩价也出现了(价银 87 两,No.583,嘉靖十八年[1539]十二月的契约)。宅基地价格远超田价,宅基地买卖件数的增多也推升了每件

---

① 《置产簿》中,在 1 张购买复数地类的买契中,通常只记所支付的总金额。因此,在制作图 5 之时,为了掌握按地类支付的金额的概况,计算时把 1 件买卖所支付的总金额看作各个地类的支付金额,计入各种地类内。因此,各种地类的支付金额的总计超过表 2 的开支总额。

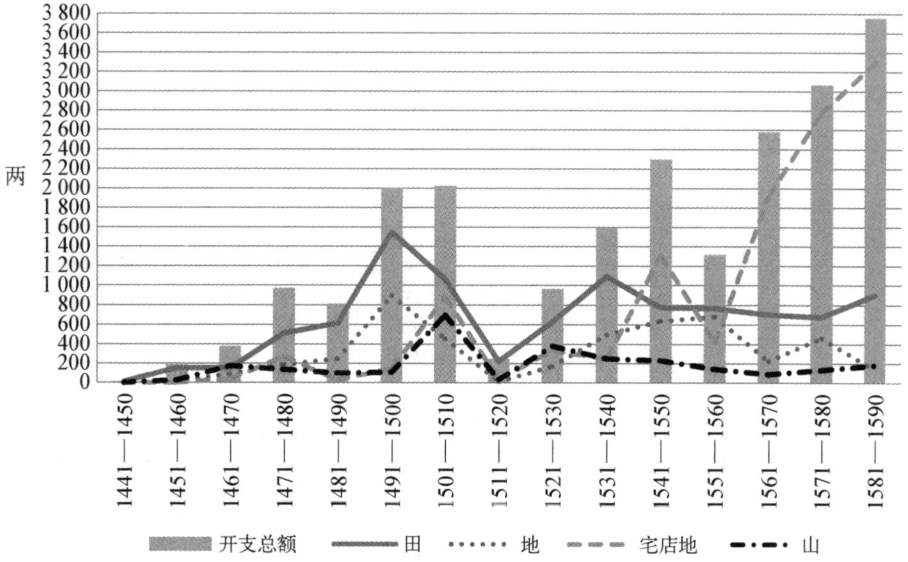

图 5 《置产簿》中之每地类的支付金额与为购置开支的总额

支付金额和开支总额。再者,1540 年代以后,在率东程氏的土地买卖中,宅基地的比例显著提高,这些土地又大多是族人所拥有的,因此,族内买卖和购置宅基地的增多,与支付金额、开支总额的上升有密切关系。笔者认为,在 1520、1530 年代族内买卖的增多,及接下来 1540 年代以后宅基地买卖的增多,是推升开支总额的重要原因。

《置产簿》中的土地买卖趋势,给我们提供了很有趣的情况。如前面所述,15 世纪后半期以后呈现活跃趋势的率东程氏(彦基房)的土地购置活动,到了 1510 年代,一度停滞;但在这一时期以后,又出现了不同的情况。这个情况从 1540 年代开始显露,并于 1560 年代因程林的土地买卖活动而达到顶峰(程林在长江流域经营典业)。与之并进,1540 年代之后,这一族所购置的不动产,从休宁十六都和邻接地区(二十一、二十二都,歙县二十五都)的田、地、山,转移到率东程氏所居住的由溪以及族人在由溪附近所拥有的宅基地。虽然多少也购置了一些田产,但亩价几乎都在白银 5—10 两之间,在开支总额中所占比例极低。

这样的土地买卖趋势,不单出现于率东程氏(彦基房),而是这一时期徽

州地区的普遍趋势。例如,嘉靖《徽州府志》卷八《食货志·岁役》言:

田少而直昂,又生齿日益,芦舍、坟墓不毛之地日多。

从上引史料不难看出,在徽州各地,对宅基地、坟地的需求越来越高,这种地产随之逐渐增多。还有,《岩镇志草》卷首《志草发凡》载:

岩镇自嘉、隆以来,巨室云集,百堵皆兴,比屋鳞次,无尺土之隙,谚所谓寸金地也。

由此可见,嘉靖年间前后以来,在歙县岩镇,对宅基地的需求急剧增多。坟地也是一样,岩镇人方弘静(1517—1611)说:"今人千金买风水,未必得吉地。"(《岩镇志草》利集《艺文上·里语》)16 世纪以后,因为沉重的赋役,徽州人避开田产,田价因此跌落;不过与之形成鲜明对比的是,宅基地、坟地的价格却因大量需求而一路上涨。

如前人所指出的那样,进入 16 世纪以后,徽州商人对于购置田地变得消极(藤井 1953,第 90—93 页;刘和惠 1982;张海鹏、王廷元 1995 等)。可是,这个现象并不意味着徽商从土地买卖中撤退。从率东程氏土地买卖的趋势可以看出,所购置的不动产中,田产等耕种地的比例虽然减少,可是,宅基地等不动产的买卖反而变得活跃。并且,率东程氏的这种情况,并不是这一族所特有的现象,可说是徽州一带的普遍情况。

三

以下,根据前面所述的从《置产簿》看出的情况,对徽州文书遗存的原因进行探讨。横跨 140 多年、记录了直系 5 代置产情况的《率东程氏置产簿》之所以出现的先决条件,一是率东程氏(彦基房)长期的资产累积,二是其资产的累积与这一族从明初就开始的经商活动有很大关系。与资产的长期累积一起,族内土地买卖的增多、由家财分割的地权转让等土地所有情况的变化,也让率东程氏继续不断地制作《置产簿》。因为在所谓"来历管业系统"所支撑的中国前近代土地所有秩序之下,土地买卖契约是证明遵从合法手续购买土地的"文凭",人们通过这种"文凭"授受的连锁关系,来确保自己所拥有的地权的正当性(寺田 1989)。因此,为了稳定地拥有不动产,需要整理复杂的地权关系,从而明示地权的来历、所在。《置产簿》的制作,是为了对族内外确保自我土地所有而采取的一种行为。考虑到率东程氏(彦基房)的置产情况,《置产簿》成立的个别原因,可以这样理解。

还有,与上述的个别原因一起,笔者觉得更重要的,是促使《置产簿》出现的一般原因,即明清徽州特有的社会经济环境的形成这个历史因素。这里所谓"特有的社会经济环境",是指巨额财富在狭小的空间内长期积聚的状态。由于 15 世纪后半期以后徽商的经济性成功,在徽州有限的地域内积聚庞大财富的未曾有过的现象发生了,而且这种情况持续了整个明清时期。这给徽州社会带来的就是"不动产泡沫"的发生。

众所周知,明代徽州田价比江南贵出 3—5 倍。① 不过,"不动产泡沫"这个现象,在 16 世纪的田价停顿期,基本上也没怎么变化。从《置产簿》中土地买卖的趋势来看,以宅基地为中心的"泡沫"在这一时期的徽州一带也出现了。宅基地(和风水地)被认为是安全、稳定的资产,这些地产被投入大量资本,使得这些资产价值急剧上涨,"泡沫"非但不破,反而越来越热。

15 世纪后半期后,徽州的"不动产泡沫"造成土地资产价值的异常高腾,同时也导致剧烈的土地争夺。明代徽州是非常有名的"健讼"之地,其争端大致围绕土地纠纷,这是广为所知的事实。② 在土地所有流动化、不稳定化之趋势下,为了稳定地拥有价值极为昂贵的不动产,徽州人对筹措各种书证倾注了很大的努力,从而增强了"契约观念"、重视赤契的意向(下利 1993,岸本 2003)。从这个脉络来说,在徽州,为了预备诉讼等纠纷,

① (明)俞弁《山樵暇语》卷八(16 世纪前半期):"江南之田,惟徽州极贵,一亩价值二三十两者,今亦不过五六两而已,亦无买主。"

② (明)程敏政《篁墩程先生文集》卷三五《奉送张公之任徽州府序》(1498 年):"(徽州)民性朴而好义,其弊也。性朴则近愚,好义则近争,故讼起于杪忽,而至于不可遏。……(中略)其争不过产与墓、继之类耳。"

(明)谢肇淛《五杂组》卷四(1610 年代):"(徽州人)惟娶妾、宿妓、争讼,则挥金如土。余友人汪宗姬,家巨万,与人争数尺地,捐万金。"

对于记载有关地权信息的各种书证("文凭":土地买契、家谱、置产簿、鱼鳞图册、黄册底籍之类)的制作、保管,比什么都重视,从而使这些文书成为一种"遗产",①民间文书的长期遗存现象终于出现了(阿风 2011、2013,大田 2012)。所以,如表 4"中国社会科学院历史研究所徽州文书档案分类统计表"所示,虽然徽州是徽商的辈出地,但在徽州文书中,商业类文书极少(1.2%),"文凭"类("土地关系与财产类""赋役类"等)则占压倒性多数。

表 4 中国社会科学院历史研究所徽州文书档案分类统计表

种 类	件 数	所占比例
土地关系与财产类	10 298	72.8%
赋役类	1 512	10.7%
商业类	163	1.2%
宗族类	982	6.9%
政治类	727	5.1%
教育与科举类	57	0.4%
会社类	150	1.1%
社会关系类	233	1.7%
其 他	15	0.1%

(严桂夫、王国健 2005,第 51 页)

① 《著存文卷集》,知县曾乾享《休宁县详文》(万历十一年[1583]闰二月十三日,上海图书馆藏本):

一问得,一名陈禄,年四十一岁,直隶徽州府休宁县二十七都一图民籍。状招有,在官金革孙,伊有宋始祖进士金革原葬在本都地方,墓前建创宗祠,因祠造观,取名著存观,为香火奉祀。有各志书、家谱、册籍、碑铭存证传遗。本观各项产业,洪武初年间保簿,俱以著存观立户佥业。……(中略)金革孙执出志书、家谱、府照、碑铭、册籍及本观道士原底册、合同送验,覆蒙究审,各犯执词不一。随责令当堂,将各家经佃本观地业,照税照号,照亩照分,开具实数,取出各黄册、保簿,查对相同。

过去的研究认为,“健讼”“商业化”“宗族的发达”“封闭的地理环境”等因素是徽州文书长期遗存的原因(刘重日 1989,中岛 2003,严桂夫、王国健 2005,刘伯山 2007 等)。只是这些因素,在其他时期、其他地区也同样存在,不限于明清徽州。确实,虽然在宋元时期的徽州,“健讼”“商业化”也达到了很高的水平,保有强烈的记录意向性(斯波 1972,卞利 1993),此外,明代江西也有与徽州类似的现象(小川 2006),但是这两者都不能确认有与明清徽州匹敌的大量民间文书遗存的现象。明清徽州遗存文书的数量之多、时代之古老、种类之丰富,都远远超过其他时期和地区。尽管前人指出了各种遗存的因素,但是那些因素之间有着怎样的关系,又是如何引起文书的长期遗存,其条理似乎不太清楚。明清徽州与其他地区的差异,到底在哪里?

这里应该想到的是前面指出的“明清徽州特有的社会经济环境”。这个环境就是只有明清徽州才有的因素。与明清徽州相比,宋元时期的徽州在“商业化”上不如明清时期;中小商人辈出的明代江西(山本 1996),在财富积累的规模上也远逊徽州;与这一时期的徽商势力旗鼓相当的“山西商人”的来源地山西地区,因为富商们分散在“五府十六州百余县”的广大空间(张正明 1995,第 247 页),所以财富的集中程度与“一府六县”之非常狭小的徽州比起来还是很低的。除了这些地区之外,在商业化和财富的积聚规模、宗族的发达水平达到相当高度,因而多少遗存了些古老文书的福建沿海,其经济繁荣只局限于明代的某一个时期(16 世纪前后),之后,该地区的经济状况起起伏伏,极不安定,所以从经济繁荣的持续性来看,也远远达不到明清徽州的水平。

如上所述,“明清徽州特有的社会经济环境”,正是引起长期“不动产泡沫”现象、增强文书遗存意向性的重要原因。

四

近年来的研究(中岛 2002,朴元熇 2009,阿风 2016 等)表明,15 世纪后半期之后,在徽州社会,随着徽商积聚巨额财富,为了获得资源,与同族、他姓的竞争日趋激化;为了对应这个情况,徽州人通过家谱编写和宗族的重组,使得族内成员团结、和谐,寻求一族的秩序化与势力扩大。明清徽州宗族的发达现象，就是这样的趋势所带来的结果。因而，与文书遗存意向性的增强一样，“宗族的发达”也是前述“明清徽州特有的社会经济环境”所带来的归结。并且，在“特有的社会经济环境”成形之15世纪后半期，《置产簿》的制作也开始了。

现存的“徽州文书”中，宋元时期的文书极为稀少。另一方面，明代以后的文书，数量剧增，且持续地流传下来。而且明代以后的趋势是，越往后，文书数量越多（参阅表5）。从这样的文书遗存情况来看，那么强烈的文书遗存的意向性，不是从宋元时期继承的“传统”，而是明代（尤其是15世纪后半期）以后发生的现象。如果这个认识没错，15世纪后半期开始制作并传承下来的《率东程氏置产簿》，可以看作体现“徽州文书”形成、遗存这一历史现象的象征性事例。

表5　中国社会科学院历史研究所徽州文书各朝代文书件数

朝　代	件　数	所占比例
南宋	2	0.01%
元	15	0.11%
明	3 045	21.61%
清	9 450	67.06%
民国	1 579	11.21%

（严桂夫、王国健2005，第20页）

此后，明代末期到清代中期的中国经济盛况，再加上因之而发生的田价长期上涨，产生了围绕土地买卖的各种惯例（岸本2006）。随着这些历史趋势的发展，其他地区形成了与徽州类似的“社会经济环境”，增强了对文书遗存的意向性。众所周知，在徽州以外的地区（例如江南地区等），清代以来的文书群大量地遗留下来（滨下武志等1983、1986，洪焕春1988，福建师范大学历史系1997等）。笔者认为，这反映了中国各地进入清代也终于达到徽州社会在明代中期（15世纪后半—16世纪前半期）实现的水平。

参考文献(按作者姓氏笔画排序,刊行年原则上以初次发表年份为准)

大田由纪夫 2012　《徽州における私家文书の传来—〈率东程氏置产簿〉をめぐって—》,收于[日]伊藤正彦编《〈万历休宁县27都5图黄册底籍〉の世界》,2009—2011年度日本科学研究费补助金基盘研究(C)研究成果报告书。

——2021　《率东程氏之兴起》,收于王振忠、刘道胜主编《徽州文书与中国史研究(第二辑)》,上海:中西书局。

山本进 1996　《清代长江中上流域の商业网》,收于《明清时代の商人と国家》,东京:研文出版,2002年。

小川快之 2006　《明代江西における开发と法秩序》,收于[日]大岛立子编《宋—清代の法と地域社会》,东京:东洋文库。

王钰欣等 2000　《徽州文书类目》,合肥:黄山书社。

中岛乐章 2002　《明代乡村の纷争と秩序—徽州文书を史料として》,东京:汲古书院;中译本《明代乡村纠纷与秩序——以徽州文书为中心》,南京:江苏人民出版社,2010年。

——2003　《徽州商人と明清中国》,东京:山川出版社。

卞利 1993　《明清徽州民俗健讼初探》,《江淮论坛》1993年第5期。

寺田浩明 1989　《中国近世における自然の领有》,收于[日]柴田三千雄等编《世界史への问い1:历史における自然》,东京:岩波书店。

朴元熇 2009　《明清徽州宗族史研究——歙县方氏的个案研究》,北京:中国社会科学出版社。

刘伯山 2007　《徽州文书遗存的原因》,《安徽史学》2007年第2期。

刘和惠 1982　《明代徽商程锁家世考述》,收于《探古集》,合肥:安徽人民出版社,2009年。

刘和惠、汪庆元 2005　《徽州土地关系》,合肥:安徽人民出版社。

刘重日 1989　《徽州文书の收藏、整理と研究の现状について》,姜镇庆译,《东洋学报》第70卷第3、4号。

严桂夫、王国健 2005　《徽州文书档案》,合肥:安徽人民出版社。

张正明 1995　《晋商兴衰史》,太原:山西古籍出版社。

张海鹏、王廷元 1995　《徽商研究》,合肥:安徽人民出版社。

阿风 2011　《明代徽州宗族墓地与祠庙之诉讼探析》,收于《明清徽州诉讼文书研究》,上海:上海古籍出版社,2016年。

——2013 《公籍与私籍——明代徽州人的诉讼书证观念》,收于《明清徽州诉讼文书研究》,上海：上海古籍出版社,2016 年。
——2016 《明清徽州诉讼文书研究》,上海：上海古籍出版社。
岸本美绪 1990 《明末の田土市场に关する一考察》,收于《清代中国の物价と经济变动》,东京：研文出版,1997 年。
——2003 《贵州の山林契约文书と徽州の山林契约文书》,收于《礼教、契约、生存：明清史论集 3》,东京：研文出版,2020 年。
——2006 《土地市场と“找价回赎”问题—宋代から清代の长期的动向—》,收于《礼教、契约、生存：明清史论集 3》,东京：研文出版,2020 年。
洪焕椿 1988 《明清苏州农村经济资料》,南京：江苏古籍出版社。
栾成显 1996 《明末典业徽商一例——〈崇祯二年休宁程虚宇立分书〉研究》,《徽州社会科学》1996 年第 3 期。
唐力行 1999 《明清以来徽州区域社会经济研究》,合肥：安徽大学出版社。
彭超 1983 《休宁〈程氏置产簿〉剖析》,《中国社会经济史研究》1983 年第 4 期。
——1988 《明清时期徽州地区的土地价格与地租》,《中国社会经济史研究》1988 年第 2 期。
斯波义信 1972 《宋代の徽州》,收于《宋代江南经济史の研究》,东京：汲古书院,1988 年。
滨下武志等 1983、1986 《东洋文化研究所所藏中国土地文书目录、解说上・下》,东京：东京大学东洋文化研究所附属东洋学文献センター刊行委员会。
福建师范大学历史系 1997 《明清福建经济契约文书选辑》,北京：人民出版社。
藤井宏 1953 《新安商人の研究(3)》,《东洋学报》第 36 卷第 3 号。

明初师儒的政治认同及其地方性转向：以婺源汪叡为中心的研究*

章　毅

（上海交通大学人文学院）

摘　要：元明易代之际儒者的出处选择，不仅取决于个体的心性特质，更反映了当事人的身份背景和行事经历。晚明以降的诸多官私史籍，常将汪叡视为开国时期重要的循良师儒，而却忽略了他对于洪武朝廷所秉持的疏离态度。在元明易代之际的特殊环境中，婺源儒士汪叡从一名默默无闻的乡儒成功转型为绥靖地方的精英，但这种身份的转变，也使其在明初难以对新朝建立充分的政治认同。汪叡早在壮年即定下"贞心自持"的心志，归乡后转而致力于地方事务的经营，从庙堂到乡里的转向，才使其最终达到了"出处"之间的平衡。

关键词：师儒；汪叡；政治认同；地方性

序　论

明朝肇建于东南，在立政之初，虽然得到了部分士大夫的拥戴，却始终未能获得更广泛的政治认同，仍有颇多江南儒士留恋故元，疏离新朝，进而

* 本文为教育部人文社会科学研究规划基金项目"宋明时期的徽州社会与制度变迁研究"（18YJA770025）以及中国历史研究院"朱鸿林工作室"研究项目的阶段性成果。

选择了不合作的退隐之道。[①] 因此，洪武政治不仅力主“夷夏之辨”，以民族身份巩固政治基础，而且“崇儒重道”，强调以理学正统塑造社会思想。[②] 经过了几乎一个世代的涵化，明朝才逐步实现了合法性的确立。考察这一复杂的政治过程，固然需要研究朝纲大政的制度和运作，但了解儒士个体的取舍与行藏也同样关键。他们选择出、处时的历史情境，退隐乡居后的价值诉求，都是值得深究的学术议题。

清初学者张夏在其学术史著作《洛闽源流录》中认为，洪武、建文两朝儒者，“虽隐显不同，大抵生本元余，远续宋派，为明祖作养而出”[③]，其中最具代表性者（“正宗”）多出自江浙行省，尤以金华和徽州最为突显。两地在元末动乱之际，均是被朱元璋率先纳入治下的地区，也是明初文臣的重要来源地。两地儒者在洪、建两朝颇为活跃，并非偶然。关于金华儒士的政治认同，史学界已经积累了相当丰富的学术成果。[④] 相比之下，有关徽州儒士的政治选择，虽然已有学者进行了探索，[⑤]但未发之明尚多。《洛闽源流录》名列“正宗”的徽州儒者有四位——朱升、汪克宽、赵汸、汪仲鲁，其中汪仲鲁

---

① 吴晗：《朱元璋传》，天津：百花文艺出版社，2000 年，第 90—92 页；钱穆：《读明初开国诸臣诗文集》《读明初开国诸臣诗文集续编》，《中国学术思想史论丛（六）》，台北：东大图书公司，1978 年，第 77—171、172—200 页；萧启庆：《元明之际士人的多元政治选择——以各族进士为中心》，《台大历史学报》第 32 期，2003 年 12 月。

② 张佳：《新天下之化——明初礼俗改革研究》，上海：复旦大学出版社，2014 年，第 294—306 页；朱鸿林主编：《明太祖的治国理念及其实践》，香港：香港中文大学出版社，2010 年，第 19—62 页。

③ （清）张夏：《洛闽源流录》卷一，第 2 叶 b，《续修四库全书》（上海：上海古籍出版社，1995 年）影印清康熙黄昌衢彝叙堂刻本。

④ John D. Langlois Jr., “Political Thought in Chin-hua under Mongol Rule”, in John D. Langlois Jr. (eds.), *China under Mongol Rule*, Princeton: Princeton University Press, 1980, p.138; John W. Dardess, *Confucianism and Autocracy: Professional Elites in the Founding of the Ming Dynasty*, Berkeley, Calif.: University of California Press, 1983, pp.131 - 182; Peter K. Bol, “Neo-Confucianism and Local Society, Twelfth to Sixteenth Century: A Case Study”, in Paul Jakov Smith and Richard von Glahn (eds.), *The Song-Yuan-Ming Transition in Chinese History*, Cambridge, MA.: Harvard University Asia Center, 2003, pp.241 - 283.

⑤ 刘祥光：《从徽州文人的隐与仕看元末明初的忠节与隐逸》，《大陆杂志》第 94 卷第 1 期，1997 年；章毅：《元明之际儒士的政治选择：赵汸、朱升、唐桂芳之比较》，《中国文化研究所学报》第 51 期，2010 年 7 月。

(叡)最不为人所知,也正是值得细致梳理的个案。

一、师 儒 汪 叡

汪叡(1323—1401),字仲鲁,婺源人。年少习儒,“耕稼为养,乘间读书”①,元末动乱中,曾与其弟汪同一起组织义兵,维护地方秩序。入明之后,大部分时间均乡居不仕,但在洪武十七年(1384)至十九年(1386)间,曾应征辟至京师入东宫“辅导”太子,授任左春坊左司直郎。② 清代官修《明史》将汪叡列为师儒,与明初儒者刘三吾(1312—1399)等人同传:

> 洪武十七年复召见(叡),命讲《西伯戡黎》篇,授左春坊左司直。尝命续《薰风自南来》诗及他应制,皆称旨。请春夏停决死罪,体天地生物之仁。从之。逾年,疾作,请假归。叡敦实闲静,不妄言笑,及进讲,遇事辄言。帝尝以“善人”呼之。③

从《明史》汪叡本传不难看出,汪叡在京师的任职颇受好评。《明太祖实录》对此亦有记载:

> 洪武十九年三月……左春坊司直郎汪仲鲁以肺疾乞还乡。上许之。明日,复召至便殿赐坐。顾谓曰:“汝昨以疾告归,期秋后来见。朕知汝疾剧,宜休养以延寿考。汝平生力为善,今郁然庞眉,乃寿之征。更慎起居、精药物,以终余齿,无庸再至也。”仲鲁为人敦实简靖,不妄言笑,进讲两宫历三载,遇事辄言,明白简直。上尝以“善人”称之,故始终被礼遇云。④

《实录》编者显然认为汪叡在任职期间,性格沉静,言语简明,内心仁善,是一

---

① (明)汪叡:《东山存稿原序》,(元)赵汸《东山存稿》原序,第1叶b,文渊阁《四库全书》本。

② 《明太祖实录》卷一六四“洪武十七年八月”,第4叶b,台北:台湾“中研院”历史语言研究所,1962年。

③ (明)张廷玉等:《明史》卷一三七《列传第二十五·汪叡》,北京:中华书局,1974年,第3943页。

④ 《明太祖实录》卷一七七“洪武十九年三月”,第6叶a。

名理想的“师儒”，所以“始终被礼遇”。

从《实录》“进讲两宫”一词还可以看出，汪叡在当时不仅“辅导”太子，还为明太祖本人讲解经义，具有了经筵讲官的色彩。晚明史家尹守衡（1549—1631）在其著作《皇明史窃》中评论：“国初经筵无定日，亦不拘定员。凡有道德文学之儒，每令进讲。儒士汪仲鲁讲《西伯戡黎》篇称旨，擢左春坊左司直郎。”[①]正是将汪叡视作经筵讲官。或许也因为如此，清代官修《明史》才对清初万斯同（1638—1702）所撰《明史》的相关内容进行了改动。万斯同《明史》记载了十八名“师儒”，汪叡位列第九，其重要性仅居中游。[②] 而官修《明史》有关汪叡的传记虽然多袭自万氏，但对其位次作了调整，在本传三十人中，汪叡的排位上调至第二，居于翰林学士刘三吾和文渊阁大学士朱善之间，这应当是将汪叡看成曾给明太祖讲经的早期“帝师”之一，因此汪叡在所有“师儒”当中，才有资格居于靠前的位置。这也符合从明代中期开始流传的有关明初“翰林三老”的说法。

明代中期著名儒者黄佐（1489—1566）在《翰林记》中记述：

> 洪武中，多擢老成之士，官以本院及为东驾辅导。……学士刘三吾、文渊阁大学士朱善、左司直郎汪仲鲁，皆年逾六十，时承顾问，翊赞东宫。趋朝则同班，赐坐则联席，衣冠俨雅修洁，人望而敬之，时称“翰林三老”。[③]

明代成化以后，负责东宫事务的詹事府官员多由别官兼掌，不仅其长官常由翰林出身的礼部长官兼任，而且其属员——坊、局——往往也只是“翰林官迁转之阶”[④]。黄佐本人的仕途正是由翰林院而简任“宫僚”，仕至“少詹事”。[⑤] 因此对于黄佐来说，将仅有东宫任职经历的汪叡确认为“翰林三老”之一，或许并不困难。“三老”并称之说，在晚明清初的私修历史著作中

---

① （明）尹守衡：《皇明史窃》卷一一《礼乐志 · 经筵》，第 7 叶 b—8 叶 a，《续修四库全书》影印明崇祯刻本。

② （清）万斯同：《明史》卷一七八《列传二十九》，第 8 叶 a—b，《续修四库全书》影印清钞本。

③ （明）黄佐：《翰林记》卷三《擢用耆俊》，第 14 叶 a—b，文渊阁《四库全书》本。

④ （清）张廷玉等：《明史》卷七三《职官志》，第 1785 页。

⑤ （清）张廷玉等：《明史》卷二八七《文苑三 · 黄佐》，第 7365—7366 页。

已被广泛接受，朱国桢《皇明史概》、何乔远《名山藏》、张岱《石匮书》、傅维麟《明书》均采用此说。[①] 由此就不难理解，为何清朝官修《明史》会将汪叡与刘三吾、朱善并列，置于明代"师儒"的首列。

不过值得留意的是，"三老"之说，黄佐并非创始人，最早记载此说的文献，是汪叡门生程汝器于永乐三年(1405)所写的《明故承务郎左春坊左司直郎贞一汪先生叡行状》(以下简称《行状》)。程汝器，徽州休宁人，曾任金华府浦江县知县，本人并不知名，但该《行状》曾被弘治时期著名文臣程敏政(1445—1500)收入《新安文献志》，[②]经过精简后，又被收录于弘治《徽州府志》，[③]因此在明代中叶，该文应颇为人所知。只是《行状》记载汪叡行事虽然详细，但其中委婉曲笔之处也有不少。即如"三老"之说，除了《行状》之外，其实别无史源，亦无同时代者之旁证，因此其可信度如何，并非不可置疑。或许正因为如此，官修《明史》虽然将汪叡尊为师儒之先进，却并未真正采用"三老"之说。

除此之外，汪叡致仕前与明太祖曾有一段问对，在明代史籍中也被广泛征引，其史源亦出自《行状》。谈迁(1594—1657)《国榷》记载：

> (洪武十九年三月辛未)左春坊司直郎汪仲鲁致仕，命以秋行。是日，忽召至，赐坐，曰："尔今老，可即还，无容来矣。所戒者，近侍臣归，有司来见，当闭门谢之，曰：'仲鲁蒙恩予告，杜门谢客。输租应役，则有恒制。其敢以是自速厥戾？'如此则可以考终。"仲鲁顿首谢，明日辞归。[④]

---

① (明)朱国桢：《皇明史概·四·皇明开国臣传》卷一一《司直郎汪公》，第6叶a，《续修四库全书》影印明崇祯刻本；(明)何乔远：《名山藏》卷六一《臣林记》，第28叶b，《续修四库全书》影印明崇祯刻本；(明)张岱：《石匮书》卷六四《汪叡传》，第12叶a，《续修四库全书》影印明稿本配清钞本；(清)傅维麟：《明书》卷一一七《名臣传二·汪叡传》，第18叶b，《四库全书存目丛书》影印清康熙三十四年刻本，济南：齐鲁书社，1996年。

② (明)程汝器：《明故承务郎左春坊左司直郎贞一汪先生叡行状》，(明)程敏政编《新安文献志》卷七二，第18叶a—24叶b，明弘治十年刻本，缩微胶卷，香港中文大学图书馆藏。(以下引用简称《汪叡行状》)

③ (明)彭泽修、(明)汪舜民纂：《徽州府志》卷七《人物·勋贤》，第25叶b—26叶b，《天一阁明代方志丛刊》影印明弘治十五年刻本，上海：上海古籍书店，1981年。(以下引用简称弘治《徽州府志》)

④ (明)谈迁：《国榷》卷八《太祖洪武十九年》，张宗祥点校，上海：上海古籍出版社，1958年，第662页。

这段记录亦见于《翰林记》《皇明史窃》《名山藏》《本朝分省人物考》《石匮书》《明书》等史籍。① 《行状》中的相关文字为：

> 三月朏，上御奉天门，敕中使传宣召先生。既至，赐坐，语次，顾曰："……朕今许若还乡，毋庸再来矣。所戒者：近侍之归郡，若邑官势须来见。当闭门以绝。否则笔之于柬，俾僮仆辈示之，若曰：'仲鲁幸蒙圣恩，予告还乡，理宜杜门谢客。输租应役，则有恒制矣。其敢以是自速厥戾？'如是则可考终命矣。"先生叩首谢曰："圣上爱人以德，适兹圣训，是欲臣全其晚节者。敢不钦佩，以矢毋负上心。"②

对比《国榷》和《行状》，在内容方面，前者并未超出后者的范围，而后者因为多了汪叡本人的反馈，相关信息更显完整。

明代后期吏治松弛，高官致仕归乡后，往往不受地方规管。诸多史籍引用此条史料，其本意应在于说明太祖严于吏治，对致仕官员多有约束，而明初大臣也能恪守礼法，可为后世之镜鉴。晚明黄景昉（1596—1662）《国史唯疑》的评论称："美哉！谟训煌煌。凡致政士大夫，所宜遵守。"③意思更为直白。不过，世易时移，明初的情况与明代后期似乎颇有不同。就汪叡而言，虽然《行状》中有"欲臣全其晚节"之说，但实际上，致仕之后的汪叡受制于当时的赋役制度，在乡里远非养尊处优。

根据《行状》所载，汪叡有子四人，除了长子，其余三人均因赋役事壮年而殁：

> 嫡长曰泽，弱冠从事于金陵、两浙、八闽、两广、岭海边戍，年五十甫告归养亲，获终其孝。嫡次子渊，年四十四以进呈田亩图册，所司责缓，罚造京官第宅，殁于江宁。嫡次二曰淮，年二十九亦以图册事罚役，未毕，从殁于京之石城门。庶曰潭，年三十一，继役于京，还，感疾而殁。

---

① （明）过庭训：《本朝分省人物考》卷三六《南直隶徽州府·汪叡》，第2叶a—b，《续修四库全书》影印明天启刻本。其余出处同第179页注①、③及180页注①。

② （明）程汝器：《汪叡行状》，第22叶a—b。

③ （明）黄景昉：《国史唯疑》卷一《洪武、建文》，第7叶，《续修四库全书》影印清康熙三十年钞本。

关于汪叡嫡三子汪淮,从《行状》前述"壬寅夏,……安庆城陷于陈寇,夫人与邻妇襁褓赤子淮窜入山谷",可知汪淮出生于龙凤八年壬寅(至正二十二年,1362)。引文说汪淮"年二十九"以"罚役"事殁于京师,则此事发生的时间应在洪武二十三年(1390)。考虑到汪淮是跟随兄长汪渊"从殁于京",因此汪渊因"田亩图册"之事"殁于江宁"的时间也应在这一年。《行状》载汪叡庶子汪潭在汪淮之后"继役于京,还,感疾而殁",则意味着汪潭殁亡也在同年。更有甚者,《行状》载汪叡嫡妻程氏,"先于先生十年殁,是为洪武二十三年庚午秋七月望前一日",即谓夫人程氏也在当年去世,时间如此巧合,与三子之丧当不无关系。汪叡致仕后不过四年,全家即因田赋册役之事而丧亡大半。《国榷》和《行状》中记载太祖对汪叡归乡的告诫是"输租应役,则有恒制",不论此说是否确凿,实际情形恐怕都要严峻得多。

作为明初知名的师儒,在官方史籍的简约记述中,汪叡循良沉静,符合人们对于师儒的设定和预期。即便是私撰的行状,出于为尊、亲者讳的考虑,也尽力展现了传主温柔敦厚的面貌。不过,行状中所保留的诸多未被裁剪的史实细节,还是透露了历史事相本身的紧张与复杂。

二、出处与经历

汪叡洪武十七年(1384)八月至京师任职,十九年(1386)三月致仕,前后共计一年半。据程汝器《明故承务郎左春坊左司直郎贞一汪先生叡行状》,汪叡生于元至治三年(1323)癸亥冬十月,卒于明建文三年(1401)辛巳春三月,可知被征辟时,汪叡已六十二岁。因此,虽然在明代中后期形成的各类官私史籍当中,这个任职均是记录的重点,但如果回到当时的历史情境,这次经历对于汪叡来说,可能未必同样重要。

实际上,从前引《太祖实录》不难看出,汪叡之所以任期短暂,正是他"以肺疾"而尽力请辞的结果。《行状》亦载:"丙寅(洪武十九年)仲春,先生喘疾大作,力疾奏请归家疗病,期秋再至。可其请。"虽然病假归家的请求得到太祖的批准,而且被允许"毋庸再来",但同时汪叡也得到一些带有压力的评语:"仲鲁喘嗽,为病诚剧。然恒见得此病者,往往寿考。矧若庞眉,有寿之征。若之心事，朕深知之。”①所谓“得此病者，往往寿考”，其中应也隐含了对“为病诚剧”的实况的质疑。

以“肺疾”请辞仕宦，在汪叡此前的人生经历中，早有先例。在明朝尚未正式建政的龙凤时期，“朝廷选儒官，委参军詹同领入川蜀，随军参赞”，汪叡即“以肺疾辞”。随后，“洪武初，驸马和阳王公克恭由新安移镇会稽，从调八闽。……乃专使礼延先生至三山”，汪叡又“以疾辞归”。到了洪武七年、八年之间，“屡奉朝命，郡邑交札勘问先生疾愈与否。郡府命医，视曰：‘肺疾难疗。’由是复命，得遂田园旧居”。② 由此可知，在洪武十七年(1384)征辟至京师之前，汪叡已经三次“以疾”辞宦，而最早的一次，当时汪叡不过四十岁而已。在出处进退的政治选择上，汪叡无疑很早就设定了退处不仕的原则，从中年到老年，虽有权通，但并未真正改变。

这种状况与汪叡青少年时期的经历应深有关联。《行状》记载：

> 汪氏世居徽之婺源，号巨族。先生曾祖讳瑗，祖讳宾，考讳闰，俱宽厚礼让，不希仕进。先生赋性聪敏，颖悟过人，幼知务学，年十二能赋诗，十五能属文，……其族叔祖古逸翁喜其性质超迈，务学之勤，收教之。日诵经传千余言，凡有疑难，必籍记逐一问辨，其志愈笃。……先生既冠，游于江淮两浙，一时知名之士莫不器重。至正壬午秋，尝应浙江乡试，不合有司，归家。取友于乡里如倪仲弘、郑子美、朱允升、赵子常、吕安贞诸先达，相与讨论。既而与族人茂昭子文，即里之碧云庵玉莲僧舍，穷日夜潜心于诸经子史，靡不研穷考订，融会贯通。③

这段文字给人的直观感受，是汪叡少年时颖悟好学，有家世(“巨族”)，有师承(“族叔祖古逸翁”)，有交游(“名士器重”“取友乡里”)，具备儒者养成的良好条件。但究其实际，除了个人的聪敏和勤奋之外，汪叡的其他条件恐怕未必十分理想。

所谓汪氏“巨族”，应只是虚称，具体到汪叡自身的家庭，曾、祖、考三代

---

① (明)程汝器：《汪叡行状》，第22叶a。
② (明)程汝器：《汪叡行状》，第20叶a。
③ (明)程汝器：《汪叡行状》，第18叶b。

之内并无仕宦人物,实则难以得到家学支持。师承"族叔祖古逸翁"确为事实,而且"古逸翁(汪炎昶)"在元末婺源也的确是颇有造诣的儒者,①只是汪叡"年十有五"方才从学于"古逸先生之门",②当年(后至元三年,1337)汪炎昶已七十七岁高龄,而且第二年"夏四月"即去世,③所谓师承,恐怕也是名义的成分居多。至于说"既冠,游于江淮两浙",应即指"应浙江乡试"一事。元代徽州路隶属江浙行省,省治在杭州,徽州学子要想考获省级功名,均须到杭州应试,"至正壬午"即至正二年(1342),当时汪叡二十岁,正是"既冠"之年。不过,当年的乡试,汪叡并未成功("不合有司"),因此所谓"一时知名之士莫不器重"颇有可能也只是委婉的虚词。

汪叡落第归乡后的"取友",《行状》列举了多人,其中不乏郑玉(子美)、朱升(允升)、赵汸(子常)等知名学者。汪、赵之间有多篇酬答文字,见载于《东山存稿》,二人的交往颇为可信。赵汸(1319—1369)是元末徽州著名儒者,年长汪叡五岁,亦曾师从汪炎昶,与汪叡有同师之谊,在元末壬辰乱后,也曾参与地方义军,入明后又曾隐居婺源阆山,与汪叡的背景也相近。两人多有互动,正在情理之中。但细读这些酬答文字却不难发现,两人交往实际多在壮年,早期反而少有交集。这或许与赵汸的求学经历有关,从后至元三年(1337)起,赵汸即赴九江、杭州、临川等地问学于黄泽、黄溍、虞集等名儒,直到至正六年(1346),才因母病而归乡,外出游学长达十年之久。④ 在此期间,汪叡即便想要"取友",可能也难得其门径。

真正值得注意的,应该是引文的最后一句:"既而与族人茂昭子文,即里之碧云庵玉莲僧舍,穷日夜潜心于诸经子史,靡不研穷考订,融会贯通。"这是说汪叡回乡后,曾与族人汪茂昭一同在乡里的碧玉庵中用功读书。类似说法还见于其他史源,汪叡在《东山存稿原序》中也曾自述"与一二友生读书于邑东崇

---

① (元)胡炳文:《云峰集》卷一《与古逸汪先生炎昶书》,第9叶a—b,文渊阁《四库全书》本;(明)汪元锡:《跋古逸先生文集》,(元)汪炎昶《古逸民先生集》附录,第7叶a—8叶a,《续修四库全书》影印宛委别藏清钞本。

② (明)汪叡:《东山存稿原序》,第1叶a。

③ (元)赵汸:《东山存稿》卷七《汪古逸先生行状》,第3叶a—b。

④ (明)詹烜:《东山赵先生汸行状》,(元)赵汸《东山存稿》附录,第2叶a—4叶b。

寿观"①,说明在僧舍和道观中苦读,应是汪叡落第归乡之后进德修业的主要途径。除此之外,汪叡又曾自称"予方耕稼为养,乘间读书",还有史料显示他曾"教授休宁里中",②说明在读书之外,耕稼和从教也都是其生活的常态。从这个意义上说,青年时代的汪叡不啻为一名在乡间教书耕读的乡儒。

元末的"壬辰(至正十二年,1352)之乱",完全改变了这种情况。《行状》记载:

> 会元季干戈聿兴,四海鼎沸,乡里横溃,杀人如刈草菅,先生恻然不忍,乃设策与其弟同,集义旅以靖乡邦,协大兵以复郡邑。凶恶者锄之,柔善者扶之,诸大家来依者,亦警谕劝化,相为保全之计。事宁,退归田里,不希进用,惟以悦亲为心。③

按照《行状》所述,在"壬辰之乱"中,汪叡与弟汪同一起聚集义兵,安靖乡邦;动乱结束后,又退归乡里,继续奉亲养家。整个过程似仍颇为平和,但只要细究史实就不难发现,这背后对应的其实是一段激烈而复杂的历史。

对"壬辰之乱"中的徽州史事,明末清初知名学者钱谦益(1582—1664)曾有简练的概括:

> 元末盗起汝、颍,而襄、汉、蕲、黄应之。蕲、黄之贼,既陷江州,旋略南康、鄱阳,即由婺源犯休宁,一夕而陷徽州。由是而陷昱岭关,破杭州,蔓延吴兴、延陵,江南之涂炭,从此始。当时克复徽、杭,……遏楚贼方张之势,虽董抟霄、三旦八辈督师剿御,而汪同、程国胜、俞茂结集民兵,誓死血战,恢复城栅,其功尚多。④

由此可知,"民兵"是元末徽州应对"寇乱"、恢复秩序的重要力量,而其中领衔者即是汪同——汪叡之弟。据赵汸所写的传记,汪同(1327?—1360)少年时"不肯事笔墨,跄踉不检束",而且"亦不事耕耨",但勇武有胆略。至正

---

① (明)汪叡:《东山存稿原序》,第1叶b。

② (明)汪叡:《东山存稿原序》,第1叶b;(元)赵汸:《东山存稿》卷二《送张子仪还姑苏序》,第44叶b。

③ (明)程汝器:《汪叡行状》,第19叶a。

④ (清)钱谦益:《牧斋初学集》卷八《回金正希馆文书》,钱曾笺注、钱仲联标校,上海:上海古籍出版社,2009年,第1715页。

十二年(1352)三月,蕲黄红巾"陷婺源"时,年仅约二十五岁的汪同即聚集乡里逃民,"依山谷保聚捍御",并"分署部众",使"寇不敢犯",而此时汪叡则"走官军所"担任参谋,"陈策以决进取",以至于元军统帅有"得子兄弟,无忧矣"的赞誉。[①] 汪氏兄弟也由此走上一条保聚乡里同时建功立业的道路。从至正十二年(1352)壬辰三月,到至正十七年(1357)丁酉七月,汪氏义军在五年之间发展到万人,先后克复婺源、饶州、浮梁、休宁、黟县、祁门乃至徽州府城,成为可以和镇戍徽州的元朝官军(徽泰万户府)并立的重要武装。[②] 其中汪同是领军人物,而汪叡也是重要的辅助者。

五年的军旅活动,不仅伴随着激烈的军事战斗,也给汪氏兄弟带来了社会流动的良机。至正十六年(1356)五月,汪同克复徽州府城,元廷授任"徽州路府判",年底升任"治中"。与此同时,汪叡"领兵进复婺源",由此"升摄婺源知州"。[③] 不过短短数年,汪氏兄弟即从默默无闻的乡里子弟,一跃成为举足轻重的地方精英,对社会的影响力陡增。在此期间,汪同在婺源阆山修建书院;[④]在婺源大畈原籍修建类似宗祠的"知本堂";[⑤]组织开拓休宁和婺源之间的五岭驿道;[⑥]在休宁修建商山书院,捐赠学田;[⑦]还重建了歙县云岚山汪王墓,并捐赠了墓田。[⑧] 身份变化的剧烈,使这段经历更显难忘。多年之后,汪叡在纪念赵汸的文章中还提及自己当年"授州牧,膺省檄,什伍其民,以御寇攘"[⑨]的往事。而赵汸也同样认为,汪叡的这段经历弥足珍贵,"立

---

① (元)赵汸:《东山存稿》卷七《资善大夫淮南等处行中书省左丞汪公传》,第33叶a—b。(以下引用时简称《汪同传》)

② 弘治《徽州府志》卷九《人物·义勇》,第31叶a—b。参见刘晓《元镇守建德"怀孟万户府"与镇守徽州"泰州万户府"考——兼及元代的纯只海家族》,《安徽史学》2014年第3期。

③ 弘治《徽州府志》卷九《人物·义勇》,第31叶b。

④ 弘治《徽州府志》卷一《山川·婺源县》,第22叶a。

⑤ (元)赵汸:《东山存稿》卷四《知本堂记》,第16叶a—b。

⑥ (清)顾祖禹:《读史方舆纪要》卷二八《南直十·婺源县芙蓉岭》,北京:中华书局,2005年,第1376页。

⑦ 弘治《徽州府志》卷五《学校·休宁县》,第23叶a;(元)赵汸:《东山存稿》卷四《商山书院学田记》,第29叶b。

⑧ (元)汪同:《王墓庙记》,(元)郑弘祖辑《新安忠烈庙神纪实》卷四上,第14叶b—15叶a,明正德刊本,中国国家图书馆藏;(元)汪同:《又田记》,见同书,第15叶a—b。

⑨ (明)汪叡:《东山存稿原序》,第1叶b—2叶a。

保伍、塞亭隧，左支右吾，风餐雨宿不倦，乡人赖之。虽擢居州牧，犹谓不足为君报”①。

只是时事变化迅速，至正十七年(1357)丁酉秋，随着朱元璋的力量进入徽州，汪氏兄弟此前五年的“成功”经历反而变为他们难以摆脱的“困境”。据《明太祖实录》，至正十七年(1357)七月庚辰，“元帅胡大海等进兵徽州，……遂拔其城”。乙酉，“改徽州路为兴安府，立雄峰翼元帅府，命邓愈守之”②。汪同率领乡兵，反复夺城无果，被邓愈诱降。③ 随即被送至应天府面见朱元璋，然后起复原职，并在明军经略徽州和周边地区的过程中充任先锋。④ 大约一年之后，到戊戌年(龙凤四年/至正十八年，1358)年末，徽州已稳固地在明军的掌握之下，社会秩序也逐渐恢复。⑤ 鉴于婺源地理位置的重要，同年十二月，明军在此设立了“星源翼分院”，“以元帅汪同为院判”。⑥在一年多的任职期内，汪同虽然也曾尽力于地方的军政事务，如“筑垒为城”，为婺源州建造了完整的城墙，⑦但在庚子年(龙凤六年/至正二十年，1360)六月，还是“单骑潜往”杭州，复归于元廷，最终于当年九月，在苏州被张士诚所杀，⑧年不过三十四岁。

从丁酉(至正十七年，1357)到庚子(龙凤六年/至正二十年，1360)，在这政治形势急剧变动的三年中，汪叡本人因为先后丁母忧(丁酉年七月)和父忧(庚子年七月)而乡居服丧。“三年之间，不接人言，哀毁踊顿几绝，丧祭以礼，庐于墓侧”⑨，暂时远离了政治。但在汪同归降明军后不久，汪同妻、子即

① (元) 赵汸：《东山存稿》卷三《松云轩记》，第 112 叶 a。
② 《明太祖实录》卷五“丁酉年秋七月”，第 3 叶 a—b。
③ (元) 赵汸：《东山存稿》卷七《汪同传》，第 40 叶 a—b。按：汪同归降的时间，清初学者潘柽章考之甚详，见(清) 潘柽章《国史考异》卷一，第 17 叶 b—19 叶 a，《续修四库全书》影印清初刻本。
④ 《明太祖实录》卷五“丁酉年秋七月”，第 3 叶 b；卷六“戊戌年春正月乙卯”，第 1 叶 a。
⑤ 《明太祖实录》卷六“戊戌年十二月庚辰”，第 5 叶 b—6 叶 a。
⑥ 《明太祖实录》卷六“戊戌年十二月己丑”，第 7 叶 b。
⑦ 弘治《徽州府志》卷一《城池·婺源县》，第 53 叶 a。
⑧ (元) 赵汸：《东山存稿》卷七《汪同传》，第 41 叶 b—43 叶 a。
⑨ (明) 程汝器：《汪叡行状》，第 19 叶 a—b。

“往金陵”成为人质,[1]而在汪同复入元廷之后,汪叡本人也和“夫人程氏,并次子渊,存寓江宁为质”[2]。汪氏兄弟的两个家庭,均已无法逆转地被卷入元明易代的历史漩涡之中。

庚子年(1360)秋,汪同在苏州身亡,汪叡得以获释,被授“安庆税令”,并携妻、子一同赴任。壬寅年(龙凤八年/至正二十二年,1362)夏,安庆城陷落于陈友谅军,其妻、子一度离散,备尝艰辛。汪叡此后数年的情况,《行状》有所记载,但似乎又有言之未尽之处:

> 朝廷选儒官,委参军詹同领入川蜀,随军参赞。先生以肺疾辞,得归田里。洪武初,驸马和阳王公克恭由新安移镇会稽,从调八闽。先生长子泽先从事王公幕下,公素知先生学行,乃专使礼延先生至三山,辟馆于中山之阳,再越岁,以疾辞归。[3]

以上引文显示,在随后的数年间,汪叡以“肺疾”为由,婉拒了朝廷的两次征辟:一次是朝廷征选儒官“入川蜀随军参赞”;另一次是驸马王克恭从徽州“移镇”绍兴“从调八闽”之时,“礼延”汪叡至福州(三山)。从表面上来看,汪叡似乎很快就成功地“得归田里”。但对比汪叡在其他文字中的自述,情况似乎又并非如此。汪叡曾在《东山存稿原序》(以下引用时简称《原序》)中自称:

> 予以忧制退处荒僻,子常(引者按:赵汸)亦避地吾里之阆山。时结屋携书,相期毕志,庐室苟完。变故莫测,遂有远役,六载方还。疾疢衰惫,情况异昔。[4]

此前已经论述,汪叡丁忧居乡的时间是丁酉至庚子年(1357—1360)。而据明人詹烜所作《赵汸行状》:“己亥(龙凤五年/至正十九年,1359),(汸)结茅

---

[1] (元)赵汸:《东山存稿》卷七《汪同传》,第40叶b。

[2] (明)程汝器:《汪叡行状》,第19叶b。

[3] (明)程汝器:《汪叡行状》,第20叶a。“再”字弘治本作“载”,兹据四库本校改。见(明)程敏政《新安文献志》卷七〇,第20叶b,文渊阁《四库全书》本。

[4] (明)汪叡:《东山存稿原序》,第2叶a。

于星溪之古阆山，山深阒寥，人事几绝，潜心著述。”①即谓赵汸是在己亥年隐居于婺源阆山的。因此，汪叡自述两人“结屋携书，相期毕志”，应也发生在己亥年（1359）。而所谓“变故莫测，遂有远役”，即指汪叡因其弟汪同叛归元廷而被解往京师扣为人质，其时在庚子年（1360）六七月间。关键的信息是“六载方还”，即谓直到丙午年（龙凤十二年/至正二十六年，1366），汪叡才得以还乡。这一情况与《行状》所载颇有出入。

有关“远役六载”之说，文献中还有旁证材料。今存汪叡诗文，有一首五言律诗《予归江左泽往四明》，收录于晚明曹学佺（1574—1646）所编《石仓历代诗选》，诗载：

> 倚闾怜母老，长路望儿归。六载眼中泪，三春身上衣。
> 霜清听雁远，天阔见云飞。海峤连闽越，乌啼月尚微。②

诗题中的“泽”，应即汪叡的长子汪泽。据《行状》，长子汪泽“弱冠从事于金陵、两浙、八闽、两广、岭海边戍，年五十甫告归养亲，获终其孝”③。可知汪泽常年“远戍”在外，足履所涉，遍及京师、浙闽、两广各地。由《行状》还可推知，汪泽“告归养亲”之年，亦即汪家一门四丧之年，即洪武二十三年（1390）。从情理推测，当年汪叡丧亡三子，身边已然无儿，汪泽得以从“边戍”之地归乡奉亲，颇为合理。根据我们之前的研究，汪泽应当出生于元后至元六年（1340），在汪叡夫妇入京为质之时，汪泽正当二十岁“弱冠”，因此所谓“从事于金陵”，所指似也应为“入质”之事。换而言之，受到汪同事件影响，汪叡实际上是全家均入京作了人质，并非如《行状》所说，入质者只有汪叡夫妇和次子汪渊三人。因汪同在庚子年（1360）秋天很快身亡，汪叡家的人质身份也随之获解。次子汪渊尚幼（十四岁），需随父母去安庆赴任，而长子汪泽已经“弱冠”，则可以另外安排。或许正因为如此，《行状》才隐去了他的人质身份。

---

① （明）詹烜：《东山赵先生汸行状》，第6叶b—7叶a。

② （明）曹学佺：《石仓历代诗选》卷三二七《明诗初集·第四十七詹同附汪叡诗》，第13叶a，文渊阁《四库全书》本。

③ （明）程汝器：《汪叡行状》，第23叶a—b。

至于汪泽解除人质之后的去向,现存史料并无明确线索,但《行状》中有一条记录值得注意:“长子泽先从事王公幕下。”所谓“王公”,即指明初在徽州长期担任军政要职的王克恭。王克恭为朱元璋侄女婿,洪武元年(1368)获封为“驸马都尉”,①明代各类徽州史籍多以“驸马”称之。据弘治《徽州府志》,王克恭于庚子年(1360)领兵镇守婺源州,辛丑年(龙凤七年/至正二十一年,1361)转任“同知徽州卫指挥使”,最迟在乙巳年(龙凤十一年/至正二十五年,1365)十二月已转正指挥使,②丙午年(龙凤十二年/至正二十六年,1366)十月离开徽州,“移镇绍兴”,前后在徽州任职六年。③ 如果汪泽确系庚子年(1360)与父母分离,且曾“从事王公幕下”,则他颇有可能是在当年就回到徽州,进入王克恭的幕府。

从这个角度来说,前引《予归江左泽往四明》诗中“长路望儿归,六载眼中泪”之句,不仅显示汪叡与长子汪泽分离已经六年,而且提示我们,因为汪泽在此期间是在原籍服事于王克恭幕府,因此“远役”他处者反而是汪叡本人。这也从侧面印证了汪叡“远役六载”的说法颇为可信。

不过,从《予归江左泽往四明》诗也可以看出,在汪叡即将返乡的同时,长子汪泽却又离乡远戍了。汪泽本人的经历不易了解,但因他一直服务于王克恭幕府,因此从王克恭的经历中可以间接探知。据弘治《徽州府志》,王克恭于丙午年(1366)十月从徽州“移镇绍兴”;又据《明太祖实录》,洪武二年(1369)十一月,王克恭获任福建行省参政,④最迟在洪武四年(1371)正月,已转任福建卫指挥使。⑤《行状》记载汪泽曾“从事于……两浙、八闽……边戍”,正与王克恭的任职经历吻合。虽然王克恭在浙江任职三年的详情已难悉知,但第一站在绍兴应无疑问。绍兴地处徽州(“江东”)与宁波(“四明”)之间,符合汪叡诗题中所示的地理方位。由此可以推测,汪叡父子再度分离

① (清)张廷玉等修:《明史》卷一二一《公主传》,第3668页。

②《明太祖实录》卷一五“乙巳年十二月乙卯”,第24叶b—25叶a。

③ 弘治《徽州府志》卷四《职制·国朝兵卫官属》,第50叶a。有关王克恭在徽州的任职情况,参见王浩《元明之际王克恭抚理徽州考》,安徽大学徽学研究中心编《徽学》第10辑,北京:社会科学文献出版社,2017年。

④《明太祖实录》卷四七“洪武二年十一月庚申”,第3叶b。

⑤《明太祖实录》卷六〇“洪武四年正月庚寅”,第4叶a。

之前，应曾在绍兴有短暂的相聚。

龙凤十二年丙午（至正二十六年，1366），年已四十四岁的汪叡，在外"远役六载"之后终于得以归乡，二十七岁的长子汪泽原本在乡，此时却又要随军远戍。父子歧路，各奔东西，这也是徽州入明近十年来，汪叡一家境遇的写照。

三、歧出的政治认同

关于汪叡父子丙午年（1366）在绍兴的短暂相聚，除了《予归江左泽往四明》诗之外，汪叡诗文中还有一组《杂赋三首》可作相关的旁证。这组五言古诗共三首，收录于《新安文献志》，依次为：

之　一

我游会稽岭，复登秦望山。天高海涛寂，日落空云闲。
三山渺何许，鲍腥动函关。回车探禹穴，千古高巑岏。

之　二

有客来昆仑，抱璞将何适？熠熠含辉光，椟韫夜生白。
荆舒人莫知，举世珍燕石。所以鲁仲尼，待价靡欣戚。

之　三

嘉橘生南服，累累黄金姿。碧叶霜不悴，贞心终自持。
渭滨钓鱼叟，西伯梦见之。西伯今寂寞，野处徒伤悲。①

第一首的首句，即是"我游会稽岭"，显示汪叡曾有绍兴之游；而第三首中"碧叶霜不悴"之句，则显示该组诗应写于深秋时节，与此前《予归江左泽往四明》诗中的物候（"霜清听雁远"），以及汪泽随行到绍兴的时间（"十月"）都是吻合的。因此这组诗应是汪叡在父子相聚于绍兴时所作。

与单纯抒发离别之情的《予归江左泽往四明》不同，这组《杂赋三首》比兴言志的意味很浓。今存汪叡诗文总计 17 篇，其中韵文仅 4 篇，而能够直接

---

① （明）汪叡：《杂赋三首》，（明）程敏政《新安文献志》，合肥：黄山书社，2004 年，第 1132 页。

探知作者胸臆者，此篇应是代表。

第一首借登临绍兴秦望山，感慨嬴秦之兴亡。其中“鲍腥动函关”句，典出《史记·秦始皇本纪》，指秦始皇巡幸途中崩殂，随从购置鲍鱼藏匿车中，以其腥气来遮掩秦皇之亡。用“鲍腥”指代秦亡，是元明之际诗家熟用的典故。杨维桢（1296—1370）《斩蛇剑赋》之“彼白蛇之当道，肉已带夫鲍腥”①，贝琼（1314—1379）《石经赋》之“悲祖龙之鲍腥兮，坑亦湮而无烟”②，均是例证。实际上，元末群雄崛起于草莽，逐鹿于中原，其情形颇类似于秦末，后世论者也常以明太祖与汉高祖并提，③因此，汪叡此诗所感者虽然是亡秦，但无疑也有比拟故元之意。

第二首以昆仑璞玉自比，认为自己虽有经世之志，却无人欣赏，只能等待时机“待价而沽”。诗中第三联“荆舒人莫知，举世珍燕石”，其中“荆舒”代指和氏璧，即不被人知的璞玉，典出《韩非子》的《和氏》篇；而“燕石”则与“荆舒”相反，意指被当作美玉的普通石头，语出先秦佚书《阚子》。显然，汪叡在这里是以不被人知的“璞玉”自况，同时也讥讽那些没有才华的人却受到了重视。本诗最后一联“所以鲁仲尼，待价靡欣戚”使用了《论语》的典故。《子罕》篇：“子贡曰：有美玉于斯，韫椟而藏诸？求善贾而沽诸？子曰：沽之哉！沽之哉！我待贾者也。”④借用此典，汪叡进一步确认自己具有经世之才，是藏在椟中的“璞玉”，同时也表达了等待机会的入世态度。

第三首则是说自己终无知音，无缘用世，因此只能坚持“贞心”，维护操守。诗中第三、四联，使用了殷周之际姜尚（“渭滨钓鱼叟”）和周文王（“西伯”）君臣知遇的典故，借以感叹世间已无贤主（“西伯今寂寞”），自己只能僻居草野（“野处”），持守“不悴”的“贞心”。这里有两点值得细究。按照我们之前的梳理，这组《杂赋》应该写于龙凤十二年丙午（1366），此时汪叡与明

① （元）杨维桢：《丽则遗音》卷三《斩蛇剑》，第7叶a，文渊阁《四库全书》本。

② （明）贝琼：《清江贝先生诗集》卷一〇《石经赋并序》，第17叶a—b，《四部丛刊初编》影印清赵氏亦有生斋本，上海：上海书店，1985年。

③ （明）伍袁萃：《林居漫录》卷二，第1叶a，《四库全书存目丛书》影印明万历刻本，济南：齐鲁书社，1997年；（清）屈大钧：《广东新语》卷七《人语》，北京：中华书局，1985年，第221页。

④ 杨伯峻：《论语译注》，北京：中华书局，1980年，第91页。

军以及明廷的互动已将近十年，且曾有明确的任职经历，但却仍有“不遇”的感慨，可见他对于新立的明朝的政治态度相当疏离。由此理解诗中所说的“贞心”，除了一般理学意义上的个人道德心之外，就政治立场来说，汪叡此时所谓的“贞”，应该并非对新朝而言，而是向故元而发。

如果说对于故元的政治认同，在《杂赋》中还只是一种比兴寄托式的表现，那么在汪叡此后所写的另一篇韵文《七哀辞》里，则有着更明确的表达：

> 古人之咏七哀者，盖感而发，其可哀有是七者之目。至杜子美《八哀诗》，则一篇为一人作。是则七哀者，其哀在己，而八哀者，其哀在人也。仲鲁窃哀平日交游取益为师若友者，其守节服义，无所屈挠，凡七人焉。其间如汪尚书泽民、余左丞阙、待制郑玉、陈状元祖仁，皆名著史传。其未见载录者，程礼部文、王进士诜、朱县丞倬三人尔。感而哀悼，前后岁月不同，兹录为一卷，以便观览。①

这篇辞序特别点明，古人感怀伤世，分为“哀人”和“哀己”两类，前者是对他人的同情，例如杜甫的《八哀诗》，而后者则是对自己命运的感叹，不仅曹植的《七哀诗》如此，自己的这篇《七哀辞》也是如此。因此，这篇辞中描写的虽然是七位为元朝“守节服义”而死的“师友”，但所抒发的，却是汪叡自己的心志与认同。

与《杂赋》写于明朝尚未正式肇建的龙凤时期不同，《七哀辞》基本可以肯定是写于明朝开国之后，因此更能体现汪叡的出处态度。关于《七哀辞》的写作时间，该辞有关“汪尚书泽民”的题记可以提供进一步考证的资料。汪泽民是元末江浙行省为数不多的科举士大夫之一，籍贯宣城，出身进士，曾任礼部尚书，致仕后曾至婺源祭扫祖墓，途中与汪叡有所交往。汪叡在《七哀辞》中回顾：“公尝归婺源，率宗族祭扫武口、大田先茔，过乡里，不以仲鲁贫窭而外焉，兹已二十有余岁。”②可知汪叡此诗作于汪泽民回乡祭扫之后

① （明）汪叡：《七哀辞》，（明）程敏政《新安文献志》（点校本），第1047页。
② （明）汪叡：《七哀辞》，（明）程敏政《新安文献志》（点校本），第1049页。

“二十余岁”。据汪泽民所撰《婺源三梧镇汪端公祠堂碑》，他回婺源“展墓会宗”的时间是“至正戊子冬”，其间曾“道三梧，憩鳙溪”。① “三梧”即是汪叡的乡里“吾村”，“至正戊子”即至正八年（1348），应即汪叡与汪泽民相遇的年份，此年之后“二十余岁”，无疑已是明朝正式建政之后了。因此对故元“守节服义”的态度，不仅在元明之际为汪叡所欣赏，即便进入新朝之后，也同样为其所认同。

四、地方性转向

龙凤十二年丙午（1366），汪叡与长子汪泽在绍兴短暂相聚之后，即回到婺源乡里，在近二十年内，虽屡有征辟的“朝命”，却多次拒辞。对于汪叡来说，“肺疾”或许也是影响入仕的因素，但壮年时所确立的“贞心”，恐怕才具有更持久的力量。

归乡之后，汪叡转而专注于地方事务的经营。《行状》记载：

> 虽卧病中，犹激厉[励]乡里子弟之好学者，如邑之李文徵、休阳范平仲、吴韫中、程子静皆得造就，受任于朝。凡远近祖宗坟墓有倾圮者，务坚完之；荒芜者，芟除荆棘，立石碣以表之。……其奉宗祠，祭享一如古制，割田四十亩，立定规，俾子孙永守，立祠额曰“著存”。丧乱之余，邻境银峰、洎水、浮梁有流移颠沛来依者，悉皆捐粟与之食，假室庐于村落，俾居之。②

从这段文字不难看出，这些事务涉及教育、社会、慈善等诸多方面，其中有不少活动都是针对丧乱之余的社会秩序的整顿。除此之外，汪叡对地方社会还有几个方面的持久影响，其中之一是对乡邦文献的整理。

洪武二年（1369），赵汸参修《元史》后归乡，不久即去世，其文稿的整理工作就有汪叡的参与。据汪叡所撰《东山存稿原序》：

---

① （明）汪泽民：《婺源三梧镇汪端公祠堂碑》，（明）程敏政《新安文献志》（点校本），第960页。按：引用时校正了标点。

② （明）程汝器：《汪叡行状》，第20叶a—21叶a。

洪武二年冬，休宁赵君子常以史事召至京师，既竣事归，未逾月以疾终。明年春二月，葬于里之东岩。亲友毕来会葬。其门人汪荫乃集其所为诗文若干卷，属予序之。已诺，多疾未遑也。未几荫以贤良召，而范生准乃续录之。旁搜靡遗，复申前请。①

由此可知，赵汸文稿先后由汪荫、范准二人整理，最终由汪叡写序。范准即《行状》中所说受业于汪叡的"范平仲"。据弘治《徽州府志》，"范准，字平仲，休宁汊川人。从乡先生朱升、赵汸、汪仲鲁游。学问赅博，为文宏议阔论。洪武十一年，以明经举任本县儒学训导，擢陕西葭州吴堡知县"②。此《原序》称范准为"生"，则写作时间当在范准入仕之前，即早于洪武十一年(1378)。

与此同时，汪叡还整理了元末婺源儒者汪炎昶的文集。嘉靖二年(1523)汪元锡《跋古逸先生文集》记载：

古逸先生当元季不仕，著书立说，与江雪矼、陈定宇、胡云峰诸先正，以道相尚。左春坊左司直仲鲁，先生之高弟也。……先生卒后，仲鲁公既葬之于里中，请宋潜溪学士为之墓铭，又为之搜集其遗文如此。③

又据宋濂所写汪炎昶墓志铭：

(先生殁)后十九年，至正丙申某月日，叡始买地葬先生于黄京山高路原，又以为请。赵君乃为状，属余铭，余诺之，未获为。去葬之岁又二十四年，余欲铭先生墓而赵君之死亦已久矣。④

由此可知，不仅汪炎昶的遗文由汪叡搜集整理，而且在炎昶卒后十九年(至正十六年，1356)，也是汪叡助其安葬，并在葬后二十四年(洪武十三年，1380)，又请到宋濂为之撰写墓志铭。对于乡儒的身后事宜，汪叡颇为尽心。

---

① (明) 汪叡：《东山存稿原序》，第1叶a。
② 弘治《徽州府志》卷七《人物·文苑》，第67叶a。
③ (明) 汪元锡：《跋古逸先生文集》，(元) 汪炎昶《古逸民先生集》附录，第7叶b。
④ (明) 宋濂：《文宪集》卷一九《汪先生墓志铭》，第41叶b，文渊阁《四库全书》本。

除了整理乡邦文献,汪叡在徽州当地还为多处公私建筑撰写题记。在婺源县内,先后受邀撰记或题诗于高安程氏孝则堂、钟吕俞氏黄冈书房、济溪游氏得月楼。在邻近的休宁县,曾为万安任氏的水南山房写记,也曾为璜原吴氏的孝思亭撰文。在徽州府城的附郭县歙县,为县治南环谷轩、东关方山楼都撰写有题记。① 其中为游氏得月楼撰写的题诗称:“层楼近水月先得,我与皓月俱圆融;光涵大地山河外,身在九霄风露中。”颇能在题诗中传达理学趣味。

乡居时期的宗族建设,也是汪叡经营地方事务的一个重要面向。洪武三年(1370),汪叡率先编纂了《汪氏家乘》,继承了元代以来徽州族谱修纂的传统,同时也开创了明代徽州谱牒编纂的先河。正德时期名宦汪奎(成化二年[1466]进士)系汪叡的五世孙,他在其编纂的《重修汪氏家乘》中明言,该谱最初由汪叡(贞一)编纂于洪武初年,“《汪氏家乘》,洪武庚戌(三年)我高祖贞一先生修辑之。由亲及疏,统宗毕具,于今四世。”②汪叡本人在谱序中也不讳言对于修谱工作的精心投入:

> 叡也才庸识浅,学问空疏,兼以病疾忧患,沉郁日久。同宗诸弟侄群请曰:“兵燹之后,吾汪氏之谱谍罕在。其存而未泯者,尚编集之,以示来裔。”于是勉稽旧章,旁收远引。晋淮安侯旭之表志,唐越国公华(之)叙述,宋国谕仔之编次,韶州杞之撰集,梅磵翁之搜录,休宁松寿之《渊源录》,族中诸老之所纂辑,考索上下,推原本始。传以图系,图以世昭,既终本支,由亲及疏,自近周远。图具文著,宗法可明,行实可征。祖功宗德,灿然在目,返本合一,不外是矣。③

由此可知,汪叡在编纂《汪氏家乘》之时,并未局限于其本身的婺源大畈支系,④而是追根溯源,旁搜博取,尤其注重吸收元代中叶汪松寿所编《汪氏渊

① 弘治《徽州府志》卷一〇《宫室》,第37叶a—46叶a。

② (明)汪奎:《重修汪氏家乘序》,(明)汪奎《重修汪氏家乘》序,第1叶a,《中国国家图书馆藏早期稀见家谱丛刊》影印明正德间木活字本,北京:线装书局,2002年。

③ (明)汪叡:《家乘序》,(明)汪奎《重修汪氏家乘》卷首,第7叶b。

④ 关于汪叡和婺源大畈汪氏的关系,参见拙文《元明之际徽州地方信仰的宗族转向:以婺源知本堂为例》,《中国文化研究所学报》第47期,2007年。

源录》的内容，[①]体现了宗族记忆由元入明的传承和接续。汪叡在洪武时期所编的《汪氏家乘》今已不存，但其中不少内容仍留存于正德版《重修汪氏家乘》，且其编纂体例也为后者所遵从。正德版《家乘》中《凡例》的第一条即称，该谱所登录的支派信息“多依春坊仲鲁公《统宗会谱》及正心《渊源录》，间有异同者，必参考较证，而笔削之”[②]。足见洪武版《家乘》的影响力。

时当壮年即退隐乡居的汪叡，通过教育乡里子弟、整理乡贤文献、题记乡土建筑以及编纂宗族谱牒等种种作为，致力于地方事务的经营。一方面成功实践了理学儒者的经世之志，与此同时，也有效规避了元明易代之际出处选择的两难困境。

余　论

元明易代，不仅意味着政治权力的更替和社会结构的变动，也伴随着合法性的重新建立。对于身处其中的儒者来说，调试对于新朝的政治认同，不啻为一个艰难的过程。作为最早进入明朝管治的地区之一，徽州理学昌盛、儒者众多，不同人物的政治态度虽各有差异，但退隐不仕却是颇具共性的选择。

清人《洛闽源流录》追溯朱子学源流，将四位明代徽州儒者列入“正宗”，其中汪叡最少为人知。晚明以降的诸多官私明史，多将汪叡视为开国时期的循良师儒，强调其在洪武十七年至十九年（1384—1386）之间在京师詹事府的任职经历，凸显其与明太祖之间的君臣之遇。但通过爬梳元末明初的诸多史籍，却不难探知，汪叡对于明廷所秉持的政治态度实则相当疏离。

政治认同的淡薄，不仅缘于抽象的理学观念，也与汪叡的个人际遇息息相关。汪叡出身寒微，为学刻苦，但在三十岁之前，始终与兄弟汪同僻居乡间，默默无闻。元末的“壬辰之乱”，虽扰乱了社会秩序，但也给汪氏兄弟带

① 关于汪松寿和《汪氏渊源录》的编纂，参见拙文《元代谱牒〈汪氏渊源录〉研究》，《中国文化研究所学报》第61期，2015年。

② （明）汪奎：《重修汪氏家乘》凡例，第1叶b。

来了社会流动的机会。在五年间,汪氏兄弟组建乡兵,绥靖地方,屡建军功,由此得到元廷的持续封赏,一跃成为颇具影响力的地方精英。但元明易代的历史进程,也将汪氏兄弟推入了认同两歧的困境。随着汪同的降而复叛,汪叡被迫举家入质京师,进而与长子承受轮番"远役"之劳。这些境遇明显妨碍了汪叡的入仕意愿,以致他在四十余岁的壮年,即定下了"贞心自持"的心志。

但另一方面,政治认同的困境并未完全阻碍汪叡经世之志的展开。壮年归乡,汪叡转而致力于地方事务的经营,在教育、社会、慈善等诸多方面均有作为,进而整理地方文献、编纂宗族谱牒,产生了广泛的社会影响。而从庙堂到乡里的转向,使得类似汪叡的儒者,在变动剧烈的政治环境中,最终达到了"出"与"处"之间的平衡。

开豁为良与徽州小姓的家族建设

——以祁门县溪头坞江姓为中心的考察*

郑小春

(安徽师范大学历史学院)

摘　要: 咸丰九年,祁门县溪头坞江姓通过一纸契约得到开豁放赎,与在城方姓脱离了自明代即已形成的主仆名分和经济依附关系。改贱从良之后,江姓开展了一系列家族建设活动:通过建祠堂、修族谱、选族长等组织化建构,实现了家族社会地位的华丽转身;通过持续购置田地,为家族的生存发展准备了必要的物质条件;通过协作生产、接受找价、租田取利等生产经营活动以及联姻联亲、联合办会、教育子弟等社会文化活动,适应了地方社会生活。江姓最终实现了由小姓之家到庶民家族的转变,顺利地融入徽州宗族社会,为考察徽州小姓的开豁以及开豁之后的家族建设实态提供了典型案例。

关键词: 开豁为良;家族建设;祁门县;溪头坞江姓;徽州小姓

明清时期的徽州"最重宗法"①,尤重名分出身,等级秩序森严。除了大姓望族之外,徽州还存在一个非常特殊的社会群体——小姓,②其习业低微,

---

* 本文曾发表于《清史研究》2020年第1期。本文为教育部人文社科重点研究基地重大项目(15JJDZONGHE001)、安徽省教育厅2018年高校学科(专业)拔尖人才学术资助项目(gxbjZD41)的阶段性成果。

① 嘉庆《黟县志》卷三《地理志·风俗》,清嘉庆十七年刻本。

② "徽州有小姓。小姓者,别于大姓之称。大姓为齐民,小姓为世族所蓄家僮之裔,已脱奴籍而自立门户者也。"徐珂编撰:《清稗类钞》第4册《种族类·小姓》,北京:中华书局,1984年,第1904页。

深处社会底层，与大姓存在主仆名分，生存发展环境十分恶劣。雍正五年（1727），清廷发布开豁为良谕旨，[①]徽州小姓获得摆脱大姓束缚的契机，在雍正、乾隆、嘉庆、道光等几朝一再推动下，大批小姓得以开豁，改贱从良。有关于此，学界的研究成果已相当丰硕。[②] 然而，大姓在开豁小姓时，究竟是通过何种方式实现的？开豁之后，小姓又是如何生存发展和融入徽州宗族社会的呢？对于这些重要问题，学界一直鲜有专论。幸运的是，刘伯山编著的《徽州文书》第5辑收录了一户祁门二都九保溪头坞江姓的文书，[③]为详细考察徽州小姓的开豁以及开豁之后家族的建设实态提供了珍贵史料，很大程度上能够弥补徽州小姓家族史乃至徽州宗族研究之不足。

一、开豁放赎约与江姓的改贱从良

溪头坞江姓文书系归户性文书，共有53件，其中明代1件、清代28件、民国24件，最早的是《明万历十四年五月三四都汪天銮同侄等立卖山契》，最晚的是《民国三十一年四月江接根四二九号官契买契税收据》，时间跨度为356年。要注意的是，其中有10件田土买卖契，其买卖双方皆非江姓，究竟为何收入江姓文书中，不太清楚，或许是相关田土买卖的上手老契。

江姓文书中，最为罕见的系《清咸丰九年五月在城方彦斌公、彦清公祀

---

① 《清世宗实录》卷五六“雍正五年四月癸丑”。

② 2006年之前有关徽州小姓研究的学术史，参见邹怡《徽州佃仆制研究综述》，《安徽史学》2006年第1期。之后参见王振忠《明清以来徽州村落社会史研究——以新发现的民间珍稀文献为中心》，上海：上海人民出版社，2011年；陈瑞《清代徽州境内大、小族对保甲组织主导权的争夺——以乾隆年间休宁县西乡十二都三图渠口分保案为例》，《徽学》第7卷，合肥：黄山书社，2011年；黄忠鑫《清代徽州边缘村落的大小姓纠纷——以〈跳梁记事〉为中心》，《徽学》第8卷，合肥：黄山书社，2013年；冯剑辉《明代徽州“义男”新探——以嘉靖祁门主仆互控案为中心》，《安徽大学学报（哲学社会科学版）》2014年第6期；郑小春《谱牒纷争所见明清徽州小姓与望族的冲突》，《安徽大学学报（哲学社会科学版）》2016年第3期；黄忠鑫《清代徽州佃仆的宗族意识与族谱书写》，《安徽师范大学学报（人文社会科学版）》2018年第6期，等等。

③ 刘伯山编著：《徽州文书》第5辑第1册，桂林：广西师范大学出版社，2015年，第23—72页。按：本文涉及江姓文书比较多，限于篇幅，对引用文书标题者不再作注。

秩下长四房方大莲、方大有、方士溶等立开豁放赎约》,此类文书尚属首次发现,特将全文移录如下:

立开豁放赎约人在城方彦斌、方彦清公祀秩下,长房大莲、大有,四房士溶、启棣等,缘先年江姓之祖自前明投在身祖名下,居住西路二都九保溪头坞,看守坟茔,迄今已经数代,并无过犯。今伊等托中相求,身长、四两房公同嘀议,凭中将江姓及伊子孙一并开豁,永为良民,一应役使概行消除。先年伊祖还有身祖文约,凭中一并取赎消毁。所有从前伊等祖坟曾葬身等山内,免其起扦。存留坟茔境步外,其余山场、田亩、住屋、基址概行交出,日后不得借以邻近在山,加葬坟茔及砍伐柴薪。自今以后,伊等既属良民,秩下长、四两房家外人等,毋得生端异说,但伊等亦知身等祖恩。倘仍有字据散落各房,现遭兵燹难保无遗失,未曾查交,日后查出,概作废纸,不得行用。自此永断葛藤,听伊等自立门户。今欲有凭,立此开豁放赎文约,永远存据。

咸丰九年五月十七日立开豁放赎约文人

长房:方大莲、方大有、方学铸

四房:方士溶、方启棣、方启槐、方启荣、方启根、方启棫、方大熊

中见:谢子坚、汪仰山

代笔:马詠瞻(以上全押)①

根据内容可知,这是咸丰九年(1859)五月祁门县在城方姓为开豁溪头坞江姓而立下的一纸契约。

在城方姓,根据《新安名族志》记载,主要有两支:一支聚居在邑西北隅之英才坊以及邑北隅之荷嘉坞、省状元坊和胡村等地,皆“出伟溪派”,唐学士方谕徙居石埭,其三子方禀“自唐迁祁门伟溪”,“为伟溪始祖”;一支聚居在邑西崇善坊之城西,唐代太常博士方可通弃官隐此。② 开豁放赎约中的

---

① 刘伯山编著:《徽州文书》第5辑第1册,第32页。

② (明)戴廷明、(明)程尚宽等:《新安名族志》前卷《方》,朱万曙等点校,合肥:黄山书社,2004年,第128—131页。

"在城方彦斌、方彦清公祀下"应当世出其中一支,但究竟是哪一支,尚待考证。有一点则是可以肯定的,即开豁放赎约中的在城方姓应属祁门县大姓。

至于溪头坞江姓,根据文书记载,"居住西路二都九保溪头坞"。"溪头坞"是一个地名,有的文书记作"溪头"。据方志记载,祁门县二都在县西,共有八个村子,①不见"溪头坞"。可见"溪头坞"应是一土名。又据 2013 年刘伯山现场调查得知,"溪头坞"在 1949 年后已改名为"新溪"。② 关于溪头坞江姓的世系源流,据同治八年(1869)修谱同心合约记载,"支由婺源罗云村"江姓,具体详后。

开豁放赎约正文共 300 字不到,但提供的信息十分丰富,主要有以下几个方面。

一是开豁放赎前,在城方姓与溪头坞江姓的关系。契约开头即用简短文字作了交代:"缘先年江姓之祖自前明投在身祖名下,居住西路二都九保溪头坞,看守坟茔,迄今已经数代。"可见,江姓先祖在明代即已投身方姓,方姓为江姓之主家,而江姓则为方姓之佃仆,两者实为主仆关系。根据江姓文书保存的最早的立卖山契来看,方、江二姓的主仆关系至迟于明万历十四年(1586)即已形成,迄止咸丰九年(1859)开豁,至少延续了 270 余年。

关于佃仆的来源,叶显恩曾指出有六种情况:一是释放家内奴仆为佃仆;二是佃种地主或祠堂土地而沦为佃仆;三是投身地主庄屋居住而沦为佃仆;四是葬地主山场,死者后人沦为佃仆;五是入赘、婚配佃仆的妻女而沦为佃仆;六是因生活所迫而卖身充当佃仆。③ 江姓究竟如何沦为方姓佃仆,契约没有交代,但正文有一句"先年伊祖(江姓)还有身祖(方姓)文约"。可见,江姓由于以上某种原因,曾通过立下一纸名为"立还文约"(或名为"立还入赘文约""立还应主文约""立还应役文约"等)之类的卖身契约,最终失去了自由,沦为方姓的佃仆。

又,从立约人来看,江姓应当为方姓长、四两房同时服役。其所从事的

① 同治《祁门县志》卷三《舆地志三·疆域·都图》,清同治十二年刊本。
② 刘伯山编著:《徽州文书》第 5 辑第 1 册,第 20 页。
③ 叶显恩:《明清徽州农村社会与佃仆制》,合肥:安徽人民出版社,1983 年,第 240—246 页。

劳役，是专为方姓“看守坟茔”。此类佃仆一般住居主家坟茔附近，主要职责是给坟茔添土拔草，守护庇坟荫木，避免人畜践踏砍伐，一旦发生有损坟茔的事件，有责任及时告知主家。自身更是不能不尽责，一旦被主家发觉砍伐荫木或侵葬盗葬，即会招致严重的责罚。例如，明中后期祁门县十八都方天同弟方元盗葬房东叶姓坟山，房东要行告官，兄弟二人托中哀告求免，最终在立下一纸立还文约后得到房东谅解，约文最后规定：“身等兄弟日后子孙再毋得在前山侵葬盗葬，如有仍前□主住远、在山侵葬盗葬等情，听主闻官一并秉究服罪。即有通山荫木，身同兄弟自承□□，倘有外人盗砍，自行报主。”①

还要注意的是，自唐宋时期开始，徽州宗族一度盛行在祖坟周边建寺招僧守坟，这些僧人实为宗族私家之“守墓僧”。随着佃仆制日益发达，至迟自明代中叶开始，徽州宗族日渐倾向于责令佃仆守坟。② 江姓于明代投身方姓为其看守坟茔，估计与此背景有一定的关系。

二是开豁放赎后，溪头坞江姓及其子孙身份的改变。开豁放赎约规定：“凭中将江姓及伊子孙一并开豁，永为良民，一应役使概行消除……自此永断葛藤，听伊等自立门户。”可见，方姓对江姓及其子孙全部予以开豁，且一应役使全部消除，非常彻底。从此，江姓与方姓彻底脱离主仆名分关系，改贱为良；也彻底与方姓脱离经济依附关系，改业自新。

那么，江姓在咸丰九年(1859)一次性被开豁了多少人呢？开豁放赎约没有告知。据开豁放赎10年后，亦即同治八年(1869)修谱同心合约记载，江姓与黄溪口一支修来族谱一副共32本，其中江姓领了8本，“其谱费银照派生丁拾五名，均同派出”。一般而言，明清时期的男子称“丁”，妇女称“口”。③ 照此来看，江姓“谱费银照派生丁拾五名”，实指男丁15名，再加上女口，只要年龄在10岁以上者，皆属10年前的开豁对象，总数应该在十数人以上。但要提醒的是，该同心合约显示的可能不是江姓全部人口。据开豁

① 《明中后期祁门十八都方天同弟方元等立还文约》，安徽大学徽学研究中心藏。
② 郑小春：《〈洪武四年祁门县僧张宗寿户帖〉的发现及其价值》，《历史档案》2014年第3期。
③ 栾成显：《明代黄册研究(增订本)》，北京：中国社会科学出版社，2007年，第285页。

同一年《清咸丰九年十月在城方彦清公祀秩下方大连同男学铸等立杜出卖基地住屋契》记载,在城方姓将溪头坞基地住屋"出卖与江正顺、江正松名下",此二人显然是在开豁之列;又据开豁五年后《清同治三年五月王以贤、王荣贵、江麟书、江正枝、汪振存立议合同约》记载,江麟书、江正枝已与外姓开展协作生产,二人也分别为之后江姓的族长和房长,再加上这纸合约的代笔人江锦辉,三人肯定是在咸丰九年前出生,都应该在开豁之列。可见,这次开豁放赎的人数不少,同时也说明江姓人口已有一定的规模。

三是开豁的具体方式以及所要解决的核心问题。雍正五年(1727),清廷正式发布开豁谕旨,其后雍正六年(1728)、乾隆三十四年(1769)、嘉庆十四年(1809)、道光五年(1825)又四次颁文推进徽州开豁佃仆。尽管如此,涉及开豁的具体操作方式仍未见明确规定。幸运的是,咸丰九年开豁放赎约为我们提供了这方面的原始信息。

方姓对江姓的开豁,是通过签订一纸开豁放赎约来实现的。这种契约系徽州众多民间契约中的一种,其实相当于一纸赎身契约,与"立还文约"之类的卖身契约相对。此类契约一般具备五项构成要件:一是立约双方当事人,二是立约事由,三是立约双方的权利和义务,四是立约时间,五是立约人、中见人、代笔人及其押署。开豁放赎约五项构成要件全部具备,其中最主要的是重新界定方、江二姓彼此间的权利和义务关系,亦即把自明代以来形成的各种关系彻底脱离开,而这正是开豁所要解决的核心问题。

那么,开豁所要解决的问题包括哪些方面呢?有关于此,乾隆三十四年(1769)安徽按察使暻善就曾奏请朝廷并得到准许:"主仆名分全以卖身契为断……应请悉准其开豁为良,其有先世实系殡葬田主之山,子孙现在耕种田主之田者,饬令地方官查讯明确,或令其给价退佃,以杜日后葛藤。"①可见官

① (清)暻善:《条奏佃户分别种田确据以定主仆名分》(乾隆三十四年六月十四日),转引自叶显恩《明清徽州农村社会与佃仆制》,第291页。安徽省图书馆藏《奏请钦定徽宁池三府世仆例案》亦载,嘉庆十年(1805)三月十二日,礼部尚书恭阿拉等"尊旨议奏":"臣等查乾隆三十四年,臣部议准,安徽省徽州、宁国、池州三府细民……其种田主之田,居田主之屋,现受田主豢养之人,应查其先世是否典身卖身,抑或投靠服役,分晰详报核议……"说明暻善奏折为礼部议准。

方规定开豁所要解决的核心问题,主要包括如何解除主仆之间的名分关系和经济依附关系两个方面。具体到方、江二姓,契约也正是从这两个方面进行了规定:一是“将江姓及伊子孙一并开豁,永为良民,一应役使概行消除。先年伊祖还有身祖文约,凭中一并取赎消毁”,亦即解除主仆名分关系;二是“所有从前伊等祖坟曾葬身等山内,免其起扦。存留坟茔境步外,其余山场、田亩、住屋、基址概行交出”,亦即解除经济依附关系。可见,通过契约简短的文字规定,双方不仅彻底脱离了“受主豢养”“听从主家役使”的主仆名分关系,也顺利地解决了“佃主田、葬主山、住主屋”等复杂的经济依附关系,为徽州小姓开豁为良提供了典型个案。

开豁放赎约签订之后,还需要走哪些法律程序?开豁放赎约毕竟是民间契约,其效力究竟如何呢?明清时期,佃仆在法律上被认定为主家之仆,一般附录于主家之下,没有独立户籍,且不许承担差役。因为差役是编户齐民对封建国家的义务,没有录入户籍的佃仆除非为主家供值,否则是不被允许承担的。然而,开豁为良是清廷颁布的一项重要政策。按照规定,一旦开豁,江姓的佃仆身份即会发生根本改变,其法律权利及义务理应按良民身份来重新确定。由此可知,开豁放赎必须要通过官府“确查削籍”以“改业为良”。也就是说,开豁放赎约签订后还需要祁门县官府备核,为江姓做好登录户籍的工作,即对其人口进行注册登记,削去贱籍,改业为良,使其最终得以与编户齐民一样列入保甲管理系统;此外,还要对其拥有的田亩财产进行丈量登记,以摊派应有的田赋和差役,而这也正是清廷在推行“摊丁入亩”赋税制度改革后不久颁布开豁为良谕旨的指归所在。要言之,开豁放赎约只是私下里解决了江姓对方姓在名分和经济上的依附关系,如要彻底改头换面,江姓还必须到官府去走程序,以正式获得编户齐民的法律身份,进而享有和履行应有的法律权利及义务。

总之,通过私下签订的一纸开豁放赎约,方姓对江姓实行了开豁,从此方、江二姓之间自明代即已形成的主仆名分及经济依附关系彻底解除,江姓在为方姓服役两百多年之后获得了人身自由,最终实现了小姓身份的根本改变,但也迎来了经济独立之后如何生存发展的现实难题。

二、开豁为良之后江姓的家族建设

咸丰九年(1859),江姓得到开豁。那么,改贱从良之后,江姓是如何以新的身份融入地方主流社会的?又是如何生存发展并适应地方社会生活的呢?根据文书提供的信息,主要表现在四个方面。

(一)家族组织建构

对于江姓而言,开豁放赎只是脱离了贱籍。改贱从良之后,要想顺利融入地方主流社会——徽州宗族社会,最为重要的是必须在不断扩大的小姓之家的基础上开展家族建设,建立稳固的家族组织,为族人应对地方社会竞争、适应地方社会生活提供有力保护。

常建华曾指出:“宋元明清宗族制度的总体特征是通过祭祖及建祠堂、选族长、修族谱、设族田、建族学使之组织化。”①根据文书记载,在开豁之后,江姓着手开展家族组织化建设,重点做了以下三项工作。

一是修建祠堂。遗存下来的文书对之未作记载。但据刘伯山2013年现场调查得知,溪头坞现在有汪、王、江等姓,各姓都曾建有小祠堂,现在已经拆了建新屋了。可见,江姓曾建有祠堂,只是具体时间不明,但应当是开豁之后不久的事。江姓祠堂的建立,为祭祀先祖提供了场所,并以之为纽带,把整个家族成员联系了起来,进而在精神上形成凝聚力和归属感。

二是编修家谱。据同治八年修谱同心合约记载:“我祖择居仁里,支由婺源罗云村祖居,于戊辰年设谱局,大造统修宗谱。”江姓“内同黄溪口一支修来族谱一副,计数三十二本,昆字号,计谱费纹银贰百两正”,“黄溪口三房人等共领去族谱贰拾四本,身溪头领来族谱八本入匣,着令轮流为首人,封锁收贮”。可见,江姓在同治八年(1869),亦即开豁十年后就已经修成了统宗谱。修成统宗谱的意义十分重大,说明江姓已成功对接婺源罗云村江姓

---

① 常建华:《中华文化通志·制度文化典·宗族志》,上海:上海人民出版社,1998年,第38页。

谱系(详后),构建了一幅家族历史悠久、血缘正统且流传有序的世系图谱,从而将其曾经的小姓身份以及卑贱经历彻底抹去。换言之,江姓从此改头换面,拥有了大姓望族的出身。

三是选立族长等组织机构。同治八年修谱同心合约还规定:“其族谱各房分领”,“着令轮流为首人”,“自立议协力同心合文之后,以免子孙倘有人心不古,准不孝之罪,族内鸣官惩治”。这些规定说明,围绕着家谱保管工作,江姓建立了相应的协助管理族务的组织机构和家族规定,且正式运作,发挥作用。至于族长等信息,修谱十四年后签订的一则《清光绪九年正月母江门汪氏立分书》记载:

> 立分书母江门汪氏受生三子,长子辉怀,次子辉棠,三子辉盛,未情婚配。因夫故,历因家事繁急,难以照管诸务,要[邀]请亲族,将已祖续置薄产田地坦山场房屋厕所耕牛农器家伙等物,品搭均分,神福社会,拈阄为定,来往账目均分均派。所有土名下塘坞口田皮五分提出,余母日用之需,百年已后,存众祭扫,不得独自己分。以后各男自去吹爨,须宜竭力支撑。兄友弟恭,妯娌和睦,毋得争长竞短,不可见祖忘情……
>
> 大清光绪九年正月念五日立分书:母江门汪氏、长子辉怀、次子辉棠、三子辉盛
>
> 族长:麟书
> 房长:正枝
> 族兄:辉南
> 亲:汪有初
> 代笔:汪振清(以上全押)①

这是一件十分常见的分家书,光绪九年(1883),江门汪氏在夫故之后,将家产均搭三份扒分给三个儿子。这次分家看似很普通,但对江门汪氏家庭来说显然是一件大事,为此,特隆重邀请了江姓家族族长江麟书、房长江正枝、族兄江辉南以及汪姓族亲汪有初等人一同参与见证。这些信息非常重要,

① 刘伯山编著:《徽州文书》第5辑第1册,第40页。

虽然未能提供族长、房长选立的准确时间,但足以说明江姓包括族长、房长在内的组织机构已经建立,并对家族内部日常事务展开了有效管理,发挥着重要作用。

从上文来看,江姓开展了修建祠堂、编修家谱、选立族长等一系列家族组织建构活动,尤为重要的,"修谱是宗族建设中极其重要的一环,令宗族群体稳固,以大族、望族出现于社区社会,而族人取得强有力的宗族保护,易于生存"①。可见,凝聚血缘关系的统宗谱的成功编修,宣告江姓家族在开豁为良十年之后建立,实现了家族社会地位的华丽转身和质的提升。

(二)田地房屋购置

开豁放赎后,江姓脱离了对方姓的经济依附,随即面临的最为现实的难题,就是如何做到独立地生存发展。根据文书提供的信息,江姓通过持续购置田地,不断地积累经济实力,从而为家族的生存发展准备了必要的物质条件。

江姓文书中,最主要的是田地、房屋等买卖契,其中与江姓直接相关的有27件,明代1件、清代11件、民国15件;又,江姓自外姓买入15件(其中合买1件),主要来自方、汪、冯、王四姓,江姓内部买卖8件;江姓卖出4件。由于契约在表述田地面积时没有统一标准,有的用亩,有的用丘,有的用租额,有的与外姓合买,因而具体买入、卖出的面积难以准确统计。

开豁放赎前,有7次买卖,5次为买入,2次为内部买卖。说明在开豁之前,江姓已有一定发展。其中,嘉庆七年(1802)十月,汪元茂立出卖田皮契,江公义一次性支付纹银24两;其后,咸丰九年(1859)五月,江姓备价取赎,改贱为良;五个月后,在城方彦清公祀秩下立杜出卖基地住屋契,江正顺、江正松一次性支付51两。这些较大数额的支出,说明江姓在开豁时即已具备相当的经济实力。

开豁放赎后,共有20次买卖,10次为买入,6次为内部买卖,4次为卖

① 冯尔康:《宗族不断编修族谱的特点及其原因——以清朝人修谱为例》,《淮阴师范学院学报(哲学社会科学版)》2009年第5期。

出。内容涉及基地房屋、厕所、田皮、荒田高地、茶萪山骨、田租等，其中有关田皮的买卖最多，有 14 次，说明为了经济独立和生存发展，江姓在开豁之后持续开展田地房屋等购置，不断积累生产生活资料。又，在所有买卖契中，属民国时期江接根的最多，达 10 次，共买入田皮 10 余亩(按：有 3 桩买卖属于重复找价，未计)，说明其经济实力较强，发展也较快。

还要注意的是，徽州向来山多田少、人稠地狭，农耕资源非常紧张。为此，江姓十分看重田地购置，这是家族生存发展的保障，因而在遗存下来的文书中，很少看到其卖出田地；甚至在江姓人员出当、典押田地后取赎出现困难时，其他人也会及时代为取赎，以确保田地不流失。例如，江玉廷先年将“塘坞山契一纸押在中元会内”，之后身故，光绪十五年(1889)，通过签立期票，其“辉怀侄将塘坞山契照老价取回”。① 再来看一则民国时期的例子：

立收字人王礼泉，今收到江接根表名下法币洋捌元正，其洋代辉镛叔祖出当土名下塘坞口、风树坞口田皮贰丘，今手代取赎。因契据失落，日后查出不作行用。今恐无凭，立此收字为据。

民国二十七年十二月十八日立收字人：王礼泉(押)②

总的来说，27 起田地房屋买卖贯穿明末、清和民国时期，实属跨时 300 余年的持续性行为，尽管如此，却并不能反映江姓买田置地的所有情况。通过《清同治三年五月王以贤、王荣贵、江麟书、江正枝、汪振存立议合同约》等文书即可看出，江麟书、江正枝等江姓人员皆拥有不少田产，但其田产来源在江姓文书中都没有反映。可见，遗存的江姓文书并不完整，但从中基本可以管窥江姓家族生产生活资料积累的方式和过程，以及经济实力不断发展壮大的大体状况。

(三) 生产经营活动

开豁放赎之后，江姓家族通过开展系列生产经营活动来适应地方经济

---

① 刘伯山编著：《徽州文书》第 5 辑第 1 册，第 41 页。
② 刘伯山编著：《徽州文书》第 5 辑第 1 册，第 61 页。

生活。

一是协作生产。来看同治三年(1864)王以贤等五人立议合同约的记载:

> 立议合同约人王以贤、王荣贵、江麟书、江正枝、汪振存五人,合买水牯牛一头,计买价钱贰拾千文整。其牛照田亩派出价,五人共计田肆拾玖亩正,扣算每亩派出钱四佰拾文。王以贤计田捌亩正,派出价钱叁千贰百八拾文;王荣贵计田十六亩正,派出价钱陆千五百六拾文;江麟书计田捌亩正,派出价钱叁千贰百八拾文;正枝计田拾叁亩正,派出价钱五千叁百卅文;汪振存计田肆亩正,派出价钱壹千陆百四十文。五人合买水牯牛一头前去过手,轮流挨临派期看养耕种田地,无得懈怠等情。但牛迭年临场耕作,五家通嘀推帮均用,毋得争竞,其牛倘有闲空,恐有知己人情牛,务要向牛伙相嘀兑换条索,均仝贴头,无得执拗……
>
> 同治三年五月十五日立议合同约人:王以贤、王荣贵、江麟书、江正枝、汪振存
>
> 依口代笔中:江锦辉(以上全押)①

以上合约,一则说明江姓在开豁五年后即与当地其他族姓开展生产协作,且同等享受合约权利,同等履行合约义务;二则说明江姓人员田亩在签约的三姓中属于中上等,且按照田亩同等派出价钱,显示江姓在经济上已发展至有一定的实力;三则说明在传统农耕时代,诸如水牯牛之类的大型生产工具,需要联手合作购买和使用,从而达到协作生产的目的。显然,这非常有利于江姓与其他族姓开展协作交流,进而顺利地适应当地的生产生活。

二是接受找价。在徽州,民间田土买卖盛行找价之风,这在江姓文书中也有反映。例如民国时期江接根买入的3块田皮,都有找价现象发生:其一,民国十三年(1924)八月,江门黄氏同男炎甫立契出卖田皮5亩,时价英洋42元;2年后,即民国十五年(1926)二月,江炎甫将原田皮再次立契出卖,

① 刘伯山编著:《徽州文书》第5辑第1册,第36页。

为英洋 54 元。[①] 其二,民国二十八年(1939)十月,王庭芬立契出卖田皮 2 亩 6 分,时价法币洋 85 元;2 个月后,即民国二十八年腊月,王庭芬将原田皮再次立契出卖,为法大洋 20 元;5 个月后,即民国二十九年(1940)五月,王庭芬又将原田皮第三次立契出卖,时价法币洋 150 元。[②] 其三,民国二十九年五月,王庭芬将田一丘立契出卖,时价国币洋 80 元;之后王庭芬亡故,民国三十年(1941)正月,王阿汪氏同男积栎将"承夫遗下"原田一丘再次立契出卖,为国币 130 元。[③] 江接根能够一而再再而三地接受找价,首先是经济实力允许,其次是考虑了族亲之谊以及当时法币加速贬值[④]等因素,最后也显示了其对徽州地方田土买卖习俗的逐渐适应,直至完全接受。

三是租田取利。来看《民国廿二年二月叶如皋立承租税坦约》记载:

> 立承租税坦约人叶如皋,今租到江接根名下税坦一号……是身承租,听凭前去入坦开挖兴种五禾、花莉,三面言定,时值纳租金大洋一角正。其洋订定每年冬至前五日交付,送至上门,不得短少。不能再加租金。如有短少租金,听凭东人收业。后有来历股分、税纳钩割不明,尽是东人自理,不干承租人之事……
>
> 民国廿二年二月初四日立承租税坦约人:叶如皋
>
> 代笔中:程星明(以上全押)[⑤]

根据记载,江接根将已有税坦一号出租给了叶如皋,其收租方式是"其洋订定每年冬至前五日交付,送至上门,不得短少",这与其他族姓收取租金的方式相同。此外,江接根在契约中被称作"东人",这与其他族姓出租田地时的身份也相同。可见,通过一纸承租契约,江接根与叶如皋之间其实形成了所谓的租佃关系。这也说明,通过发展,江姓子孙中有的甚至转以

---

① 刘伯山编著:《徽州文书》第 5 辑第 1 册,第 54、56 页。

② 刘伯山编著:《徽州文书》第 5 辑第 1 册,第 62、63、65 页。

③ 刘伯山编著:《徽州文书》第 5 辑第 1 册,第 64、66 页。

④ 1937—1938 年是法币和缓通货膨胀阶段,1939 年则进入了恶性通货膨胀时期。参见杨培新《旧中国的通货膨胀》,北京:人民出版社,1985 年,第 35 页。

⑤ 刘伯山编著:《徽州文书》第 5 辑第 1 册,第 61 页。

田地富余之家,[1]从事着田地出租经营取利之活动,完全适应了地方经济生活。

(四) 社会文化活动

开豁放赎之后,江姓家族还通过开展系列社会文化活动来适应地方社会文化生活。

一是联姻联亲。从《清光绪九年正月母江门汪氏立分书》来看,江门汪氏应当是汪姓女嫁入江门;根据《民国十三年八月江门黄氏同男炎甫立杜出卖田皮契》《民国二十年夏历四月江阿黄氏立杜卖田皮契》也能得知,江门黄氏、江阿黄氏应当是黄姓女嫁入江门。可见,江姓与汪姓、黄姓结成了姻亲关系。此外,《清道光二十三年祀三月汪启光立杜出卖田皮契》中的汪启光称买主为"江羲谷叔",《清光绪三十二年闰四月方正成立杜出卖田皮契》中的方正成称买主为"江树根兄",《民国二十九年阴历五月王庭芬立卖田租契》中的王庭芬则称"江接根表叔",从这些称呼中也可看出,江姓与汪姓、方姓、王姓似乎因某种联系而形成了戚友关系。且这种关系至少在道光年间,亦即开豁之前就已经开始了。又,据刘伯山 2013 年现场调查得知,《民国三十年国历新正月王阿汪氏同男积柣立杜出卖田租契》涉及的仍健在的王积槟(柣)亲口说,江姓和王姓确实是亲戚,他叫江接根为"叔老"。与其他族姓开展联姻联亲活动,以此构织比较稳定的亲缘关系网络,有助于江姓与其他族姓频繁开展日常交往,进而借势提升家族的社会地位和影响。

二是联合办会。祁门县重视祭祀越国汪公,据方志记载,正月"十八日,祀越国汪公,有演剧者"[2]。在江姓文书中,收录了三则出卖田租契:《清光绪二十五年十一月方静山立杜出卖田租契》《清光绪二十七年十月方静山立杜出卖田租契》《清宣统二年八月胡四季立杜出卖田租契》,最终皆由"汪王会"(按:有的记作"汪王圣会""溪头汪王胜会")买入,这说明汪王会在溪头

---

① 根据文书记载,江接根经济实力较强,于民国期间买入田皮十余亩,且将部分田地出租他人,经营取利。但其自身是否耕种,不得而知,因而难以判断究竟是地主还是富农。

② 同治《祁门县志》卷五《舆地志五 · 风俗》。

坞当地比较活跃。又,据刘伯山2013年现场调查得知,仍健在的王积槟也说:“解放前我们这里有个庙会,叫太阳会,是几个姓的人一起祭祀汪华王的。”至于江姓与其他几姓如何联合办会祭祀汪华王的,缺少文字记载。但至少能够说明,通过联合办会,江姓同等地参与了地方社会祭祀活动,与其他族姓一同享受着群体性文化娱乐生活。

三是教育子弟。这方面的信息未见文字直接记载,但从系列江姓文书中的“依口代笔人”的名单可以找到印证。如《清道光二十九年二月义茂店经手人方廷远立出兑换田皮契》依口代笔人为江玉舒,《清同治三年五月王以贤、王荣贵、江麟书、江正枝、汪振存立议合同约》为江锦辉,《清同治八年六月江元功公祀转迁溪头秩下旺樊、旺梗、旺桔、旺乐同侄发矩等立议同心合文约》和《清同治八年六月江麟书同弟正枝立议合同约》皆为江孔章,《清光绪十五年十月江辉怀等立期票》为江钦明,《民国十五年阴历十月江桂林立出当田皮契》为江秀华,《民国丙辰年六月江大吉、江桂林立出卖田皮契》和《民国十六年十二月江桂林立杜出卖田皮契》皆为江秀泉,而《民国十八年十一月江秀泉立杜出当山骨茶萪契》则由江秀泉亲笔自书。从以上记载来看,江姓至少自道光年间即开始有人接受文化教育,特别是开豁放赎以后,族下子弟接受教育似乎日益增多,也越来越频繁地参与地方经济社会活动。除了依口代笔之外,江姓人员在一些契约中充当“中见人”的现象也不鲜见。这些信息说明,在开豁放赎之后,江姓主动适应徽州社会尚文重教之风,注重通过子弟教育去塑造和提升家族的社会形象,促使家族的社会认可度越来越高。

综上,开豁为良之后,江姓在短时间内完成了家族的组织化建构,又通过开展田地购置、生产经营、社会文化等活动,努力提升家族的经济实力和社会地位,最终实现了从小姓之家到庶民家族的转变,顺利地融入徽州宗族社会。

三、江姓的先祖出身与开豁原因

根据江姓文书记事,前文考察了江姓的开豁以及开豁之后家族的建设实态。然而,我们发现尚存一些疑问,涉及江姓的出身以及开豁的真相,故而有必要作进一步探讨。

(一) 疑问一:溪头坞江姓的先祖究竟是何出身?

根据开豁放赎约记载,江姓实为"在城方彦斌、方彦清公祀下"佃仆,亦即所谓的小姓,且自明代开始即为方姓"看守坟茔"。然而,问题似乎并不是这么简单。来看《清同治八年六月江元功公祀转迁溪头秩下旺樊、旺梗、旺桔、旺乐同侄发矩等立议同心合文约》的记载:

立议同心合约文江元功公祀转迁溪头以来秩下旺樊、旺梗、旺桔、旺乐,仝侄发矩、发禄等,我祖择居仁里,支由婺源罗云村祖居,于戊辰年设谱局,大造统修宗谱。今集六人等,同心合一,内同黄溪口一支修来族谱一副,计数三十二本,昆字号,计谱费纹银贰百两正。其银身等应派过纹银五十两正,交付谱局,其谱费银照派生丁拾五名,均同派出,每丁出过纹银叁两三钱三分三厘外,又买过祀内田皮并当价洋拾六元支消费,□其族谱各房分领。黄溪口三房人等共领去族谱贰拾四本。身溪头领来族谱八本入匣,着令轮流为首人,封锁收贮……自立议协力同心合文之后,以免子孙倘有人心不古,准不孝之罪,族内鸣官惩治。自此同心合文收贮,永远子孙发达。存照。

同治八年六月初三日立议同心合文约

江元功公祀秩下:旺樊、旺梗、旺桔、旺乐

仝侄:发钜、发禄

中见:汪秀泉

代笔:江孔章(以上全押)①

这是江姓开豁为良十年后为修谱而签订的一则同心合约。根据合约记载:江元功应当是溪头坞江姓之始迁祖,其世出"婺源罗云村";同治七年(1868),婺源罗云村江姓设谱局大造统修宗谱,溪头坞江姓"同黄溪口一支

① 刘伯山编著:《徽州文书》第5辑第1册,第37页。

修来族谱一副”。这些信息非常重要，透露了溪头坞江姓的世系源流，牵涉到其先祖之身份出处。

据《新安名族志》记载，江姓系徽州一大姓，其中一支在婺源县谢源江村，“在邑北七十里，旧名谢坑。济阳醴陵滚淹公之十四世孙曰尚质，为歙州护军将军，再世曰洪，仕唐谏议大夫，因巢乱避居于此。三世曰潜，曰沄，兄弟仕宋，并任尚书”。其后一支徙居“花园罗云”，“在邑北六十里。出谢坑派，宋尚书沄之三世曰潞，承恩县尉，同建花园宝兴庄。七世曰仲忠，仕河南郡守，因尚书沄殡清华古邑畔，依产迁花园……十三世曰志己，迁罗云”。[①] 可见，十三世江志己实为罗云村江姓之始迁祖，世出谢坑派。从记载也可得知，罗云村江姓之先祖出官入仕众多，实为官宦世家。

这就存在一个疑问了：溪头坞江姓先祖既然世出罗云村，显然出身名门大族，怎么会沦为在城方姓的佃仆呢？

其实，徽州大姓子弟沦为佃仆的例子并不鲜见。据乾隆《橙阳散志》记载：歙县江村在宋以前称“寒江村”，其时“别有江氏栖此，今‘后山界’乃其苗裔，以世族寒微故名”，“‘后山界’江氏不审所自来，稽其先年谱牒及转徙他处者，亦不乏衣冠，而其居吾村者，则大都托庇宇下，臧获自甘矣。一行作吏，遂不得齿于辈流，君子宁不耻为人役也哉”。[②] 可见“后山界”江氏原属大姓，但由于后世苗裔逐渐衰微，凋零堕落，最终“大都托庇宇下，臧获（按：臧获是对小姓的贱称）自甘矣”。又，据嘉庆《桂溪项氏族谱》记载：朱四二原本是源岭朱十八伯之子，“有岭口人项长十一到三六学正宅充仆，朱十八嫂携子四二嫁项长十一，因此借姓呼为项四二。四二长大，就妻为项九成之婢邵六姐，有子亦呼为项三。项三之子呼项壬，今不复言其原姓朱矣”[③]。可见，朱四二就是因为其母嫁给了充仆的项长十一，从而随其母一同沦为了家仆，且长大后又娶项氏婢女，彻底丢弃了朱姓而沦为小姓。从这些案例来看，溪头坞江姓由大姓沦为佃仆是完全可能的。

---

① （明）戴廷明、（明）程尚宽等：《新安名族志》后卷《江》，第533—534页。

② 乾隆《橙阳散志》卷一二《别志·村考》，清乾隆四十年刻本。

③ 嘉庆《桂溪项氏族谱》卷二三《姓同非族考》，清嘉庆十六年木活字本。

但接下来又是一个问题,即佃仆在法律上划归"奴仆类",在社会等级上属于"贱民"阶层,等同于妓女、戏子或奴婢,地位极其低下。由此,徽州名门望族坚决禁止族下子弟充当奴仆,[①]也不许"娉取优伶、臧获之女为妻。违者,不许庙见"[②]。即便家道破落,也多由祠产、义田给予赈济。凡委身为他姓之仆者,则被视为辱没先祖而开除出族。由此来看,倘若溪头坞江姓由大姓沦为佃仆,为何又能被其本宗接纳呢?不得而知。或许是不知道其曾经沦为佃仆的经历,或许是有其他可原谅的原因。例如由于外迁、战争等原因,加上长时间未曾统谱,最终导致族下某些子孙"失考",造成谱系断裂,与本宗失去联系,[③]久而久之,其后人在遇到某种实际困难时而沦为佃仆。这种情况不能排除,有之则似乎情有可原。

还要特别提醒的是,总观明清时期徽州大小姓之间的冲突,实际上还有一种难以排除的可能。即溪头坞江姓原本就是小姓,但通过谋谱冒宗等手段,[④]成功插入婺源罗云江姓秩下某个支派世系,最终"改变"了世系源流,跻身大姓行列。这种可能性究竟有多大,不得而知,但绝对不能排除,因为徽州历史上确实存在非族冒宗成功的案例。例如嘉庆九年(1804),祁门县栗里王氏修谱时经费不足,非族王积等"出多金,浼为一体",从而成功插入"王三俊之后"。[⑤] 又,婺源县有一张姓,因为在道光年间与当地望族甲道张氏通了谱,最终改变了小姓的身份。[⑥]

综上所述,江姓的先祖出身,或则大姓,或则小姓,皆有可能,但都有疑点。事实上,江姓最终成功对接婺源罗云江姓谱系,实现了家族世系源流的

① "毋以奴隶以辱先也:奴隶,下人也,上辱先祖,下辱自身,岂自爱自重者为之哉?切宜记之。有一于此者,不耻于族,死不入于祠。戒之,敬之。"道光《锦营郑氏宗谱》卷末《祖训》,清道光元年木活字本。

② 雍正《潭渡孝里黄氏族谱》卷四《家训》,清雍正九年校补刻本。

③ 因战争造成谱系断裂的现象,在绩溪南关许氏宗族即大量存在。参见光绪《南关惇叙堂宗谱》卷七《本宗失考图》,清光绪十五年活字本。

④ 郑小春:《谱牒纷争所见明清徽州小姓与望族的冲突》,《安徽大学学报(哲学社会科学版)》2016年第3期。

⑤ 刘伯山编著:《徽州文书》第2辑第2册,桂林:广西师范大学出版社,2006年,第331页。

⑥ 王振忠:《明清以来徽州村落社会史研究——以新发现的民间珍稀文献为中心》,上海:上海人民出版社,2011年,第136页。

根本改变。

（二）疑问二：溪头坞江姓为何能够在咸丰九年得到开豁？

江姓自明代即为方姓佃仆，降至清代，清廷正式颁布将徽州佃仆“开豁为良”的政令。然而，自雍正五年（1727）颁布开豁谕旨，直至咸丰九年（1859）江姓开豁放赎，其间延续了130余年。问题是，雍正五年之后，清廷又有多次推动，甚至在嘉庆十四年（1809），徽州“一时开豁数万人”①之多，力度非常大。即便如此，江姓始终没有得到开豁，却偏偏拖延到了咸丰九年，这是为什么呢？

其实，中国封建社会的一个基本特点是实行宗法制度，历来法律皆竭力维护宗法制度所规定的身份等级秩序。为此，主仆名分自宋代被法典化之后，相关法律一直未作大的调整。重大调整始自清雍正朝，先后有4位皇帝共5次推动将徽州佃仆开豁为良。然而，历次推动的政令以及地方官府的实际做法，却又不约而同地为开豁规定了种种制约条件，一些人被排除在开豁之列外。雍正五年开豁为良的谕旨规定：“若果有之，应予开豁为良，俾得奋兴向上，免至污贱终身，累及后裔。”但雍正六年（1728）礼部遵旨议准：“嗣后绅衿之家，典买奴仆，有文契可考，未经赎身者，本身及其子孙，俱应听从伊主役使。即已赎身，其本身及在主家所生子孙，仍应存主仆名分。”②乾隆三十四年（1769）调整为：“主仆名分全以卖身契为断。其有年代虽远，而其祖父卖身文契现存，其子孙仍在主家服役，或虽不在伊主家服役，而伊主给田佃种，确有凭据，自应仍存主仆名分，不便悉行开豁。”③嘉庆十四年（1809）又规定：“若早经放出，并非现在服役豢养，及现不与奴仆为婚者，虽曾葬田主之山，佃田主之田，均一体开豁为良。”④反之，即现在主家服役豢养、与奴仆

① （清）高廷瑶：《宦游纪略》卷上，清同治十二年成都刊本。

② 《清世宗实录》卷五六“雍正五年四月癸丑”。

③ 乾隆三十四年六月十四日曝善，《朱批奏折》，中国第一历史档案馆藏，档案号：04－01－01－0275－047。

④ （清）薛允升：《读例存疑》卷九《户律之一·户役·人户以籍为定》，清光绪三十一年京师刊本。

为婚者不得开豁。道光五年(1825)则规定:“若无卖身文契,又非朝夕服役受其豢养,虽佃大户之田,葬大户之山,住大户之屋,非实有主仆名分者,应请除其贱籍,一体开豁为良。”①反之,即有卖身文契、朝夕服役、受主家豢养者不得开豁。由此来看,不断调整的政令所确认的主仆名分的范围看似在逐步缩小,但主仆名分的法律规定始终没有彻底废除。正因为如此,一直到清朝灭亡,徽州佃仆也没有完全被开豁,甚至一直延续到了民国时期。

那么,江姓究竟符不符合开豁条件呢?又符合哪一朝的开豁规定呢?从开豁放赎约来看,其实一直到咸丰九年(1859),方姓都保存有江姓先祖立还文约,亦即卖身契;且看守坟茔已经数代,即所谓朝夕服役;此外,江姓祖坟葬在方姓山内,还佃种方姓田地,住居方姓房屋。因而,江姓同时具备立有卖身契,朝夕服役、受主家豢养,以及佃主家之田、葬主家之山、住主家之屋等诸多限制性条件。比照几朝开豁条件即知,江姓不符合任何一朝开豁的政令规定。由此,一直没有得到开豁,也就完全可以理解了。

但要注意的是,自道光五年(1825)之后,清廷再也没有进一步调整有关开豁为良的政令了。既然如此,江姓于前几朝不符合开豁,按理咸丰朝肯定也是,那么为何偏偏在咸丰九年得到开豁呢?开豁放赎约似乎给了一个解释:江姓“看守坟茔,迄今已经数代,并无过犯”。但这个解释明显存在矛盾,因为直至咸丰朝并无过犯,那么依次回溯道光朝、嘉庆朝、乾隆朝、雍正朝也定然“并无过犯”,为何前几朝就不能开豁呢?可见,这种解释存在问题,尽管不排除是一个前提条件,但显然不具有说服力。换言之,咸丰九年开豁,应当存在其他实质性的原因,只是开豁放赎约并没有点明罢了。究竟是什么原因呢?综合江姓文书来看,可能与以下多重因素有关。

其一,与备价取赎有关。要注意的是,方、江二姓签订的系“开豁放赎”约。所谓“开豁”,是指开脱小姓身份,实为朝廷诏令用词,反映了朝廷政策,代表了朝廷期望所要达到的结果。所谓“放赎”,从法律上看,不是无条件的,其本身就包含了以财取赎的意思。来看大清律例相关规定:“新疆等处,

---

① (清)祝庆祺等编:《刑案汇览》卷三九《良贱相殴·安省细民殴死大户分别拟罪》,《刑案汇览三编》,北京:北京古籍出版社,2004年,第1420页。

及各省驻防官员兵丁为奴人犯,并无应卖事故,辄私行典卖及得财放赎者,系官革职,兵丁枷号两个月,鞭一百,追价入官。”①可见,放赎反映了民间脱离主仆关系的实际做法。由此来看,方姓开豁江姓,在遵守国家政策规定的前提下,应该采用了让江姓备价取赎的做法。对此,契约也说:“先年伊祖还有身祖文约,凭中一并取赎消毁。”尽管没有指出具体付出多少赎金,但从江姓得到彻底开豁的范围来看,肯定是一笔不小的数字。从中也可看出,江姓在当时已经具备相当的经济实力。

其二,与太平天国战争有关。咸丰四年(1854),太平军正式兵入徽州,此后的十年里,徽州一府六县处于频繁战火之中。激烈的战事,很大程度上激化了徽州地方社会矛盾,其中主仆矛盾就是一个重要方面。其实,每每遇到大的时局变动,徽州的主仆关系均首先受到冲击。例如在明清鼎革时期,徽州地区万黑九、宋乞、朱太领导的佃仆暴动就异常激烈。② 同治《祁门县志》引康熙《祁门县志》亦载:“近缘剿防驻兵,呼卢博雉,年少效尤矣,至下户贱厮向奉法不敢望见官府,今则越分跳梁者比比,是为厉阶。”③又如顺治二年(1645),地仆朱老寿与胡清等人“聚众结寨,倡乱劫掳放火”,并“行劫本县西门汪容剑刀行……乱砍家主住基对面坟山荫木数十根造寨”。④ 太平天国时期,徽州是一主战场,这为主仆矛盾激化同样提供了背景,徽州等地佃仆借此背主抗争的现象非常突出。例如邻县旌德江村大姓江氏七分祠原有六姓仆人,“共计不下千余丁”,太平天国之后,“男女数十名而已”;其他“各都世仆,也零落不堪”。⑤ 祁门县是整个徽州地区交战最为频繁的区域,据载,太平军于咸丰四年(1854)正月首次攻破祁城,且击毙知县唐治。此后三年内,又六次攻占祁门。咸丰四年之后,仅在溪头坞所处的祁门西乡发生的战事,就有十几次之多。⑥ 可见,咸丰九年(1859)正处祁门县战事特别紧张的

---

① (清)薛允升:《读例存疑》卷九《户律之一·户役·人户以籍为定》。

② 嘉庆《黟县志》卷一五《艺文·国朝文》。

③ 同治《祁门县志》卷五《舆地志五·风俗》。

④ 王钰欣、周绍泉主编:《徽州千年契约文书·清民国编》第1卷,石家庄:花山文艺出版社,1993年,第11页。

⑤ 叶显恩:《明清徽州农村社会与佃仆制》,第289页。

⑥ 同治《祁门县志》卷三六《杂志·记兵》。

当口,其激烈程度前所未见,地方大姓遭受沉重打击。开豁放赎约也提及"现遭兵燹"。显然,这为方、江二姓脱离主仆名分关系带来了极大可能,并提供了合理解释:战争冲击之下,方姓对江姓的控制力逐渐下降,与其由之"越分跳梁",莫如对之开豁放赎,既能免去无穷后患,又可获得丰厚赎金,可谓一举两得。

总的来看,促成开豁江姓的因素是多重的,备价取赎、太平天国战争应当是主要因素。此外,江姓的"大姓"背景及其发展壮大以及方姓遭受战争打击等,同样也可能是重要原因。

结　语

溪头坞江姓文书数量不算多,但其较为珍稀的文书种类以及长时段的记事内容为考察清代徽州小姓开豁为良提供了珍贵史料。总体上看,江姓文书记事跨时350余年,但其重点还是将近代100年左右的江姓家族发展史勾勒了出来,且具体解答了两个方面的重要问题:一是咸丰九年(1859)江姓究竟是如何开豁为良的;二是开豁之后直至民国后期,江姓家族又是如何建构、发展和融入徽州宗族社会的。厘清这两个问题非常有意义,很大程度上弥补了学界对这一方面研究的欠缺。此外,从江姓文书中还可看出不少疑问,除了前文讨论的之外,再如:江姓在开豁前后购置了不少田地,显示其经济实力不容小视,那么作为小姓出身的江姓,究竟是通过什么途径一步步发展壮大起来的呢?又如,据刘伯山2013年现场调查得知,江姓后人现在只剩下1户,距离开豁已150余年,江姓经历了由不断发展壮大再一步步走向衰落的跌宕过程,这期间又有着怎样的故事?徽州社会是典型的宗法社会,对于名分等级秩序尤为看重,但从江姓开豁前后地方宗族社会的宽容态度来看(特别是与汪、黄等姓的联姻联亲关系等),似乎与之存在一定的矛盾,这又如何解释呢?如此等等。这些问题对于完整呈现江姓家族发展史同样具有重要价值,有待进一步考察。

清代晚期,社会变动日益加剧,社会矛盾日趋紧张,这给徽州小姓开豁为良带来了一定的影响。很难想象,江姓的开豁会在社会稳定时期,亦即清中前期开豁为良谕旨颁布不久时发生。其时围绕着开豁为良，在徽州大小姓之间恰恰发生了诸多影响非常大的诉讼案件，乾隆三十年(1765)休宁县汪胡二姓互控案①、嘉庆七年(1802)婺源县葛胡二姓豢仆"跳梁"案②、道光元年(1821)祁门县周容法殴死李应芳案③等皆十分典型。江姓一直到咸丰九年(1859)方才得以开豁，也印证了之前开豁之艰难。其实，根据历朝谕旨政令规定，江姓皆不符合开豁条件，换言之，方姓在咸丰九年完全可以对之不予开豁，即便江姓越分跳梁、面官起诉，也很难得到官府的支持。然而，实际情况却是，掌控着开豁决定权的方姓，在战争冲击之下，及时地权衡了利弊，还是打破常规，彻底开豁了江姓。有意思的是，如此打破常规之举，出于战时地方社会稳定的需要，官府保持了默许的态度，未作任何阻挠。这在尤重名分、等级森严的徽州社会，显然是一个令人震惊的事件。而这个事件也向世人透露：晚清时局变动日益加剧，社会风气正在发生变化，相应的社会关系也在悄然进行着调整。正是受此大环境影响，加上小姓自身的发展壮大以及持续不断的抗争，无论大姓的真实意愿如何，其在现实中，其对小姓的控制确实出现了松动的迹象。④

通过家族组织建构和经济实力发展，江姓顺利地适应了地方社会生活，融入了地方主流社会。对于江姓乃至所有的小姓而言，在开豁为良之后，随即面临诸多无法回避的难题。其中最主要的，一是在挣脱对大姓的经济依附之后，究竟如何独立地生存发展；二是在摆脱名分束缚削去贱籍之后，又如何以良民的身份融入地方主流社会，进而适应全新的生活环境。这些都是最为现实的问题，若不能及时解决，必然会严重影

① 《清乾隆休宁县状词和批示汇抄》，安徽省图书馆藏，档案号：2:43651。

② 《奏请钦定徽宁池三府世仆例案》，安徽省图书馆藏，档案号：2:43639。

③ (清) 祝庆祺等编：《刑案汇览》卷三九《良贱相殴·安省细民殴死大户分别拟罪》，《刑案汇览三编》，第1417—1420页。

④ 同时期的案例，又如同治十二年(1873)，歙县木瓜坦村洪姓依靠自身经济实力和地方权力，编修了家谱，摆脱了主家札源村吴姓的长期压制。而走向衰落的吴姓，对此却毫无办法，无力控制。参见黄忠鑫《清代徽州佃仆的宗族意识与族谱书写》，《安徽师范大学学报(人文社会科学版)》2018年第6期。

响开豁之后的生存发展。[①] 针对这些难题，江姓重点开展了四个方面的活动：一是通过修家谱、建祠堂、选族长等活动，短时间内完成家族组织建构；二是持续开展田地房屋购置，为家族的生存发展准备必要的物质条件；三是通过协作生产、接受找价、租田取利等生产经营活动，适应地方经济生活；四是通过联姻联亲、联合办会、教育子弟等社会文化活动，适应地方社会文化生活。这些活动都是围绕着家族建设这一核心而展开的，促使江姓的经济实力和社会地位得到质的提升，最终实现了由小姓之家到庶民家族的根本转变，从而顺利地融入徽州宗族社会。与普通家族建设相比，江姓家族的建设方式和途径呈有相同特征，但其建设过程则显得更为艰辛和不易。然而，这都是基于现实生存发展的迫切需要，因为只有如此，江姓方能置身于宗族社会之中应对各种竞争。

总之，江姓文书记事向世人展示了一部艰辛而鲜活的小姓家族发展史，也为系统考察清代徽州小姓的开豁以及开豁之后建构家族、发展经济、适应社会的方式和途径提供了典型案例。

---

① 例如道光元年（1821）祁门县周容法殴死李应芳案，根据嘉庆十四年（1809）条例，周容法符合开豁条件，但考虑到主家李氏不依，尤其是开豁后别无生计，因而不得不照常服役。正因为如此，才有了后来殴死主家李应芳的惊天大案。可见，经济实力微弱的小姓在没有新的谋生之业保障的情况下，根本就不敢开豁从良、改业自新。

明清之际徽州清丈人役的承充、组织与田土处置*

黄忠鑫
（暨南大学历史地理研究中心）

摘　要： 明清之际，徽州经历了三次时间间隔较短的土地清丈，地方实践方式有较大的延续性。清丈人役的佥选依托图甲，具有多层的承充结构，每一差役名目背后的实际承担人员众多。为了协调整个清丈组织，钱款筹措、宴席和盟誓活动必不可少。清丈人员利用掌握土地税粮信息的优势，能够规避和解决田土纷争，亦可从中牟利。因而站在民间社会角度评估，清丈活动对于地方经济社会的影响是多方面的，利用民间惯例的同时，也强化了地方势力。

关键词： 土地清丈；徽州；图甲；差役；图正；鱼鳞册

万历九年（1581）、顺治四年（1647）和康熙二年（1663），徽州各县都陆续奉命进行了三次大规模的土地清丈。相对于前后历史时期，这一阶段的丈量活动间隔较短，在徽州地方社会还留下不少文本记录，引起学者们的关注和讨论。权仁溶以中国社会科学院历史所收藏的《万历状稿供招》为核心资料，分析祁门县十西都谢氏宗族产权纷争案的细节，论证里甲组织在土地清

* 本文曾发表于《安徽大学学报（哲学社会科学版）》2020 年第 3 期。本文为国家社科基金重大项目“中国古代财政体制变革与地方治理模式演变研究”（17ZDA175）的阶段性成果之一。写作过程中，暨南大学中文系曾旭彤博士协助查阅若干明清文集，并针对民间饮食文化的疑问提供了诸多帮助，谨申谢忱。

丈中扮演了重要角色,并未丧失功能。[①] 夏维中、王裕明在承认“明末至清初徽州地区在土地丈量上存在着较大的继承性”的前提下,首次使用休宁县九都《康熙陈氏置产簿》所录告示、合同等文书,继续深入探讨清丈人员的佥选、分工和押署等问题。他们认为,里甲组织的作用不仅体现在佥选上,更重要的作用体现在丈量费用的分摊上。在实际运行过程中,主要以村为单位进行分工。[②] 汪庆元同样以《康熙陈氏置产簿》为切入点,结合更多文书,对顺治朝清丈活动的负担估算、字号分配、数字加工等问题均作了新的阐发。[③] 洪性鸠也聚焦于徽州顺治朝的清丈,除了沿用前人史料之外,还使用了《明清两朝丈量田亩条例》等新史料,论证了清朝国家权力和徽州民间社会已经具备实现清丈成功的条件。[④]

这些研究都揭示了徽州民间社会对土地清丈的关注与高度参与。图甲(里甲)是承担明清之际土地清丈的组织基础,这一点成为共识,但是具体差役的承充结构、民间的组织逻辑并没有得到足够的揭示。对土地数字、税收成效、丈量技术,大多立足于官府的角度进行评估,没有充分考虑民间社会在参与清丈过程中所获得的利益。所以,本文主要依据新发现的民间合同、契约等文书资料,并挖掘既有史料中尚未引起注意的重要细节,对休宁九都、祁门十一都等民间文书进行拼合,从民间实践的视角对明清之际徽州土地清丈人役的承充层次、组织运作和田土处置等三个方面问题进行论述。

一、当差应役:清丈组织的人员承充

明初洪武时期的土地清丈,主要以“遣官”的形式,即委派太学生或县丞

---

① [韩] 权仁溶:《明末徽州的土地丈量与里甲制——以祁门县“谢氏纷争”为中心》,《历史研究》2000 年第 1 期;又见载于《东洋史学研究》(韩国)第 63 辑,1998 年。

② 夏维中、王裕明:《也论明末清初徽州地区土地丈量与里甲制的关系》,《南京大学学报》2002 年第 4 期。

③ 汪庆元:《清代顺治朝土地清丈在徽州的推行》,《中国史研究》2007 年第 3 期。

④ [韩] 洪性鸠:《清代顺治时期在徽州推行的清丈与国家权力》,《东洋史学研究》(韩国)第 131 辑,2015 年。

等地方官员开展。[①] 此时里甲组织尚未完善，似乎是官员在基层动员并直接委任若干地方能人进行清丈。金华府是依托宋元的都保为单元，择人清丈："都统保，大率十。乃令都择一人焉为量长，保择一人焉为里长。"[②]祁门侯潭村汪克明的墓志铭也有类似的记载："国初所司以才荐，辞不赴公。其长子幼颖敏，敦孝友，志气不群，遇事刚而有制，有司知其才，属经理本都田地山亩，一一躬履覆实，上有益而下无损，官悦而民德焉。"[③]休宁黄土岭的邓佑民，"洪武二十四年，邑举为清丈都正，恪勤执法，奉公无私"[④]。这里的都正与量长大体相当，都是依托都保单元选出的临时人役。伴随着明代中叶以来赋役制度的演变，图甲组织塑造成型并活跃于明清之际土地清丈的各个环节。

（一）图正及清丈组织的构成

明清之际，徽州土地丈量主要由六个名目的差役承担：图正、图副、弓手、算手、书手、图手。与明初官府直接指派特定人员承役不同，万历朝以后的清丈"六役"由民间社会自行呈报人选，"拈阄应管本图图正、量、画、书、算"[⑤]。其中，图正是清丈组织的首领，现存清丈合同的主要内容也大多是商议图正差役之相关条款。顺治四年八月休宁七都张村张氏家族签订的一份合同，就记载了图正承充、职责的具体内容：

> 立议墨合同人张义朋、张时旸、张之遵、张之问、张同溶，今奉上司明文，遵奉新朝创制，更行丈量。蒙县主明示，佥报图正等役，以备监临丈量田土。今图现里议报本甲图正名目，本都图地里间隔广阔，各业更

---

① 栾成显：《洪武丈量考论》，中国社会科学院历史研究所明史研究室编《明史研究论丛》第6辑，合肥：黄山书社，2004年，第352—377页。

② （明）苏伯衡：《苏平仲文集》卷六《核田记》，《景印文渊阁四库全书》第1228册，台北：台湾商务印书馆，第640页。

③ （明）沈弘彝：《侯潭汪氏两世墓志铭（嘉靖十七年）》，《韩楚二溪汪氏家乘》卷七《文献》，清宣统二年刻本，上海图书馆藏，档案号：JP541。

④ （明）曹嗣轩：《休宁名族志》卷四，胡中生等点校，合肥：黄山书社，2007年，第752页。

⑤ 《顺治四年十月休宁九都一图十排清丈田土合同》，《康熙陈氏置产簿》（1册），清代抄本，南京大学历史学院资料室藏，档案号：000132。

改存没,分析不一,系干重务,实难独力管承。本甲各户今虽另籍,原系一脉流传,今凭众议,张之遵、张时旸、张之问、张同溶四人协力,立墨串名"义朋",具认承役在官,其监临地所丈量,四人俱要齐临经管,毋得临事推诿误公。其应官接送,四人阄定月分为据。如该管月之人失于应接,设有差费,系是阄得之人承认,毋得推累不当月之家。如有一应等项公私用费,照本甲各户官则民粮数目派出,贮匣眼同支用,注簿明白。其监督丈量,照依官则弓步遵行,毋得畏势、曲徇私意、受贿隐瞒、挪移舞弊等情。倘有怀私坏法招尤者,自当甘认无辞,不涉奉公者之事,亦不得妄扳生情异说。如奉公之外,或有奸徒捏情诬害,盘缠等费亦照粮派出。自立合同之后,各宜遵守,如有生情异说者,甘罚白米十石公用,仍依此文为据。或各户外有为业公差等费,各自应管,不在此议。今恐无凭,立此合同一样四张,各执一张存照。

今将阄管月分以开弓之日为首月,逢闰月四股朋应

时旸阄得一、五、八月

之遵阄得七、九、十二月

之问阄得二、十、十一月

同溶阄得三、四、六月

顺治四年八月　日立议墨合同人张义朋,承役人张时旸号、张之遵号、张之问号、张同溶号,凭现里朱启明号,族见人张仕登号,代书人朱希圣号①

相对于专业性质较强的弓(丈量)、算(换算)、书(誊录)、图(绘图),图正和图副主要行使领导、协调和监督整个清丈团体的职责,即"监临丈量田土"。"图正"和"图副"的得名,便是源于图甲组织直接参与土地清丈。或为了与绘制图形的"图手"相区别,不少民间文献中还将图正、图副称为"公正""公副"。

图正的具体职责主要包括四个方面。其一,监督丈量,保证官府颁行的

① 《槐溪张氏茂荆堂田契册·当图正墨》,清代抄本,上海图书馆藏,档案号:线普563598。田契簿抄录者将合同签署人的画押全部写成"号"。

税则、弓步能够在丈量和造册等环节得到执行，前引合同即载有“毋得畏势、曲徇私意、受贿隐瞒、挪移舞弊等情”的条款。《休宁名族志》中有几例图正的事迹，均体现了监督之责。瑯斯的程权，“万历九年清丈，举为图正，不扰豪强，凡弱家产业久遭占夺，一一改正”；西村的金铉，“清丈表正，一乡无枉尺”；厚田的何镇，“神庙清丈，举为图正，事峻[竣]无间言”。[①] 其二，编造册籍。现存万历年间鱼鳞册（保簿）的签署中就有“图正”名目，如休宁县二十七都五图由“都正”陈润德、“图正”朱滔率领十甲排年共同编造；[②]同县二十五都八图也是由“图正”汪惟忱与十排年一起，于万历二十八年（1600）完成土地清丈和鱼鳞册登记。[③] 图正还在鱼鳞册基础上编造了归户册和归户票。[④] 其三，管理经费公匣，张氏家族合同就规定：“如有一应等项公私用费，照本甲各户官则民粮数目派出，贮匣眼同支用，注簿明白。”顺治四年十月休宁九都一图十排清丈田土合同，也提到图正需要经管贮众银匣、簿匣、图记、灰印和钥匙。[⑤] 第四，在官府值差，尤其是比较钱粮之任务。康熙二年十一月祁门五都三甲洪氏两大房朋充公正合同就提到，公正需要“当官值月比较”[⑥]。顺治六年（1649）正月休宁九都一图十排年清丈土地字号议约亦载，“图正答应见官，每一周年众支七两二钱，四季支付，不得推托。倘违公事，工食扣除”[⑦]。

（二）休宁九都一图“陈程芳”图正的多层承充结构个案分析

在上述顺治四年休宁七都张氏家族合同中，图正是由张时旸等四人共

---

① （明）曹嗣轩：《休宁名族志》卷一，第 132 页；卷四，第 710 页、721 页。
②《休宁县二十七都五图丈量保簿》（1 册），明万历年间写本，上海图书馆藏，档案号：线普 563585。
③《休宁县二十五都八图丈量保簿》（6 册），明万历年间写本，上海图书馆藏，档案号：线善 811553－8。
④ 栾成显：《明代黄册研究（增订本）》，北京：中国社会科学出版社，2007 年，第 154—156 页。
⑤《康熙陈氏置产簿》。
⑥《明嘉靖清嘉庆承当都长丈量公正里役排年合同议约》，南京大学历史学院资料室藏散件文书，档案号：000056。
⑦《康熙陈氏置产簿》。

同承充,并以"张义朋"之名上报官府。可见,官府所得到的图正信息其实是虚拟姓名。关于这一现象,休宁《康熙陈氏置产簿》所录《顺治四年九都一图公议图正、量、书、画、算合同》较早进入学者的视野。文书中的图正"陈程芳"就是六甲陈泰茂、三甲程上达、四甲陈世芳等户的串名。夏维中等指出:"具县呈报的6人中除现里陈泰茂户外,其余皆为虚名。"①不过,在同一簿册中收录的天启三年(1623)各甲共立平济义会合同中,就已出现陈泰茂户的记载。顺治四年合同的押署中,陈泰茂户有"户丁远铨管理图正簿帐印匣"。从表面上看,似乎很难断定该户是否属于虚拟姓名,而户丁陈远铨似乎更像真实人名,实际掌控陈泰茂户头。所幸的是,该家族尚有未抄录在置产簿中的相关散件合同存世,如康熙二年九月合同便是重要线索:

> 立议合同人陈拱原枝孙远、安等,陈淮德枝孙铨、韬等。今因奉旨复行清丈,本家里名泰茂户。但本图十排,原于顺治四年议定,一应事例俱照万历九年旧规,其一切造册、各项使费,十排俱已定议,照田亩派出。而蓝渡六、七、九三排,另议合同定酌。而本家枝孙合众眼仝公议,清丈一应公需,本户俱照田亩派出应公,并议二人清丈,俱照西馆、环珠二村,照旧充应图正各务。……
>
> 康熙二年九月二十六日立合同户丁陈远诏(押)、珮达(押)、悦安(押)、善禧(押)、良栢(押)、审高(押)、铨征(押)、俊杰(押)、孝韬(押)、韬略(押)、守思(押)②

这份合同是六甲陈泰茂户下的蓝渡村陈氏支派订立的。这里说明陈氏家族共同的税户是"陈泰茂"户,并非实在人名。根据这份合同的内容和押署,还可以确定顺治四年合同中的户丁"陈远铨"同样也是串名,应为陈氏两个支派陈远诏和陈铨征的组合。不仅如此,康熙二年合同还明确约定,陈远诏房下的陈良栢和陈审高二人共同"承管图正事务,及三村应答、抽丈并造册等事。众贴鞋袜之资,每年十两"。这一做法,在合同中被称为"照旧充应图正

① 夏维中、王裕明:《也论明末清初徽州地区土地丈量与里甲制的关系》,《南京大学学报》2002年第4期,第122页。

②《康熙二年九月陈氏清丈合同》,中国徽州文化博物馆藏,档案号:WS08566。

各务”,强调与前朝清丈运作的延续性。[①]

从顺治四年二月初七日的官府清丈文告进入基层社会之后,形成了不同层次的应对规约。十月十五日,全图十甲排年共同协议,确定了六个差役的承担人员、分工和费用分摊原则。在此之后,置产簿抄录的是蓝渡六、七、九排年合同,时间标为二月初七日,与官府颁布告示的时间一致,颇为可疑。而合同内容提及已经“立有合同墨,佥报陈程芳为图正、汪世昭为量手、郑以升为画手、程世纶为书手、陈明伟为算手,公呈本县”。据此判断,该三排年合同当在十月十五日之后才订立。此合同还提到,“本村蓝渡三排年议作三股,一应公费食用等项,俱系三股均贩。但见官下会,各认名目。陈远铨图正、汪时乘量、陈泰钥画,三人不得推委”。同样将里排视同“股”,还将陈远铨视作实在人名。不过,具体到“陈远铨”份下,陈远诏和陈铨征还将继续细化订约,划分“本家”合伙之下的各自责任。

因此,呈送官府的“陈程芳”图正,在陈氏家族就有至少“陈泰茂—陈远铨—陈远诏、陈铨征”三个层次,涉及十余人。再算上另外两姓家族,可以推测,一个图正名目背后,至少有数十人参与运作。依托图甲的清丈六役之直接参加人员数目众多,需要相应机制进行协调。

二、经费与仪式:清丈人员的组织机制

(一)清丈组织的经费筹措

万历清丈时,户部颁行的八款规定中有“处纸札供应之费”[②]。但丈量人员属于临时性的差役性质,整个清丈过程中的开销都得自行承担,而村落、家户主要以集体分摊集资的形式对其提供支持。为了保证公平,民间社会形成各种分摊方式。顺治五年(1648)祁门县三四都二图合同载曰:“所有

① 根据下节的研究,这里所谓的“照旧”只是保持图正职权范围、应得到家族集体给予津贴等原则,在具体操作方式上(特别是经费筹措上)仍然会根据实际情形进行调整。

②《明神宗实录》卷一〇六“万历八年十一月乙亥”,台北:台湾“中研院”历史语言研究所,1962年,第2051页。

官中并衙门领册、请弓、纸笔等各项使费,俱查照万历九年旧规,各排年并各甲下,每粮一石出纹银三钱,的于二月初四一齐付出,贮匣眼同,暂于开丈支费。"①这是依据钱粮多寡,按照比例分摊费用。康熙二年祁门三四都一图则约定:"凡有开丈解册各项差费、纸张饭食等费,俱以二年二甲实征为则,照粮均摊,以后递年照实征均派。"②同样按照一定的比例筹集钱款,但明确提出以特定年份实征册上开载的税粮数额为准则。

休宁九都一图陈氏家族的分摊规则有所不同。康熙二年的蓝渡村第六甲合同指出:"本图十排,原于顺治四年议定,一应事例俱照万历九年旧规,其一切造册、各项使费,十排俱已定议,照田亩派出。……本家枝孙合众眼仝公议,清丈一应公需,本户俱照田亩派出应公。……切清丈重务乃朝廷之大典,若不合议出费,付承役之人应公,诚恐误事不便。切有府县往来盘缠之费及料理册务,众议本户每年照亩派出,不得推诿延捱,负累承役之人误事。"因而他们规定:"每亩派九五色银八分整,作二次开出。"③文书共列出该族41户,550多亩土地被纳入清丈费用摊派,每亩折合0.08两,共44两有余,平均每户约为1.1两。④

---

① 南京大学历史学院资料室藏,转引自汪庆元《清代顺治朝土地清丈在徽州的推行》,《中国史研究》2007年第3期,第147页。

②《明嘉靖清嘉庆承当都长丈量公正里役排年合同议约》。

③《康熙二年九月陈氏清丈合同》。

④ 这些户名及其税粮分摊分别是:"尚义户,十二亩三分四厘四毫一丝;祐禧户,九亩一分九厘五毫四丝;宗万户,十八亩八厘二毫;应乾户,二十亩四分二毫;应坤户,二十六亩五分八厘二毫;良宠户,十七亩六分四厘五毫五丝;福有户,二十一亩五毫;永有户,二十二亩四分八厘四毫;聚有户,一亩七分三厘;世珮户,四亩五分二毫;世琏户,二亩一毫;宿安户,十九亩二分九厘三毫四丝;有德户,六亩五分二厘二毫二丝;正茂户,十三亩七分一厘七毫四丝;悦茂户,二十亩一分三毫;高茂户,七亩五分一厘四毫;德芳户,二十八亩八分九厘四毫五丝;永元户,二十三亩九分二厘四毫二丝;永亨户,十八亩八分一厘五毫一丝;永利户,十九亩七厘五毫九丝;永贞户,二十二亩四分三毫;永泰户,九亩七分二厘四毫;永富户,十亩八分九厘二毫六丝;祖祀户,十五亩一分一厘二毫六丝;守铨户,九亩六分;守衡户,十六亩一分二厘四毫;守征户,十三亩三厘七毫七丝;守达户,二十三亩六分七厘八毫九丝;信甫户,十六亩三分八厘六毫三丝;万胜户,十六亩二分七厘八毫九丝;问儒户,五亩二分二厘二毫;问俊户,十四亩七分六厘四毫;问伟户,十五亩四分六厘九毫;问倚户,五亩三分四厘;问亿户,十五亩六分四毫三丝;问仁户,十四亩六厘二毫五丝;鸾户,七亩二分二厘九毫六丝;盈祀户,二亩六分八厘五毫六丝;守传户,七亩二分六厘七毫五丝;守侃户,三亩四分六毫;福德户,十三亩七分三厘。"共计41户552亩1分7厘2毫2丝。

但在此之前的顺治四年一图共同订立之合同,并非所谓的“照亩派出”,而是依据税粮比例均摊,“十排照粮每石先出五钱应用,如不敷,再斗五钱,合每石一两之数。其甲首贴当书、算使费等项,每粮一石贴银一两五钱,斗众注簿存匣,以使造册等费开支”,与前述祁门三四都两份合同做法相同。蓝渡三排单独订约,亦按照“十排照粮每石先出五钱,斗入众匣公用”①的形式。可见,依据税粮摊派是图甲组织保障清丈顺利进行的常见方式。其一,对于“丈量使费”,还珠村第四甲 9 个户即按照每石 0.5 两的比例,共计摊派 3.787 两。即便分为两次“合每石一两之数”的比例,总数也大致在 7.5 两上下,平均每户约为 0.8 两。其二,对于敬神费用,还珠四甲、八甲、十甲 17 户共有粮 19 石 9 斗 7 升 68,折算约为 9.988 4 两,户均 0.588 两,按照二次开出比例约为户均 1.2 两。其三,对于甲首津贴书算等费用,折算比例是每石 1.5 两,依还珠村第四甲的数据,平均每户达到 2.4 两。这三项中,仅有“丈量使费”低于康熙二年蓝渡陈氏支派的户均金额,但就绝对规模而言,陈氏支派摊派的户数多,总规模颇为可观。

因此,各户税粮和地亩数量,其实都由图甲组织以及由图甲选出的清丈人役掌握。依据何种对象、何种比例摊派,主要由钱款使用目的和规模的差别决定,主要延续的是“二次开出”的筹集方式。

(二)齐集寺庵:清丈宴席与盟誓活动

前节所引《康熙陈氏置产簿》中,还收录有顺治四年二月初七日《大清国清丈田土告示》,其文称:“耆老、书、算、弓手务寻身家德行之人,以重其任。万不可因而索民酒食、踏民田麦、荒民春作。有一此者,候县不时查出,拿解本道重究,以儆其余,不得违错。”明确规定丈量差役不能在清丈过程中索要酒食。但是,从官府发布公文到基层应役人员协议的达成,并不意味着丈量即刻开展,还需要通过民间社会约定的仪式和流程,保证整个工作的协调一致。民间订立的许多丈量合同上就写明了宴席、盟神等活动,形成与官府颁行条例有所不同的规约。

---

①《康熙陈氏置产簿》。

康熙二年十一月十八日,祁门县三四都一图在清丈合同中称:“众排年输心齐集,神前公议,六役俱系十排朋充。”①在清丈正式开展之前,参与人员往往要在神灵面前集体商议和盟誓。同县十一都顺治四年合同中也有“自议之后,朔望盟神歃血,务要公心协力,任事不得徇私,作弊坏法”,以及“清丈之时,先一日齐至永禧寺盟神歃血,毋得徇私”的条款。② 该图甲不仅在清丈之前需要共赴寺院盟誓,也要在清丈期间定期(每月朔望之日)举办同样的仪式。

休宁九都一图的十甲排年于顺治四年十月十五日签订合同十张,约定了清丈的十个条款,均无酒席仪式的内容。但此后又有一次“众议”,数次从公匣中支出经费,用于敬神、开弓丈量仪式:

> 十一月十一吉日上和合敬神众,匣内出支买办福事。整酒七席,每席十二品,每排麻饼三双、寿桃三双。
>
> 十八日蓝渡六甲、七甲、九甲开弓丈量起首。整饭七桌,每桌荤素五品,整酒七席,每席荤素十品。
>
> 十二月初二日西管[馆]二甲、三甲、五甲开弓丈量起首。整饭七桌,每桌荤五品,整酒七桌,每桌荤素十品。……
>
> 十二月初八吉日还珠四甲、八甲、十甲开弓丈量起首。整饭七桌,每桌荤素五品,整酒七桌,每桌荤素十品。③

其中,还珠村的三排年(四甲、八甲、十甲)早在当年二月初七日就形成了单独的约定:“各户照粮每石派出银五钱,以备火烛、纸马敬神,候十排开弓整酒饭支费。”根据胡中生对徽州祭品食物的统计分析,大多数会社祭祀,在饮食上是全荤或重荤的,而荤素搭配比较均衡主要是经济实力不济的无奈之举。④ 开弓清丈之前的祭祀和宴席,往往菜品荤素搭配均衡,但未必就是因

---

①《明嘉靖清嘉庆承当都长丈量公正里役排年合同议约》。

②《清顺治四年十月二十二日吴自良等立合同(清丈事)》,周向华编《安徽师范大学馆藏徽州文书》,合肥:安徽人民出版社,2009年,第142页。

③《康熙陈氏置产簿》。

④ 胡中生:《从〈徽州会社综录〉看清代徽州的祭品与食物》,《徽学》第9卷,合肥:合肥工业大学出版社,2015年,第49—50页。

为欠缺经济实力,而是由于清丈任务本是整个村落和图甲共同筹资的临时性事务,并不如会社那样长久运行。另外,蓝渡、西馆和还珠3个村各有3个甲,在宴席安排上是每桌10品,共有7桌,当有70人左右,而9个甲就达到210人之规模。结合前述图正名目之下即有数十人参与,宴席的规模其实也反映了清丈组织人员的规模。当然,这只是参与共同筹资津贴、轮值应役的人数,地方能人仍在其中扮演主导角色(如后文所述及的图正吴之鼎等)。

根据都图文书《休宁县都图里役备览》,休宁九都一图十甲主要由4个村落构成(参看表1)。① 4个村各姓只有郑村的清丈时间没有记录,其余3个村均举行了酒礼仪式。文书还详细开列了本村(还珠村)的收取费用情况:"三排四甲、八甲、十甲各户照粮每石派出银五钱,以备火烛、纸马敬神,候十排开弓整酒饭支费。"四甲8户共收7石6斗5升4、八甲3户共粮4石6斗5升7、十甲6户共粮7石6斗6升58,"匣共米十九石九斗七升六八"。②从这一细节还能看到丈量组织也筹集了一定钱款,预留给清丈结束后的宴席。

表1 休宁九都一图的村落、总户姓氏构成

村落	郑村	西馆			蓝渡			还珠		
甲别	一	二	三	五	六	七	九	四	八	十
总户	郑积盛	程世和	程尚达	程思祖	陈大茂	汪辰祖	陈 栋	陈世芳	陈 琛	陈世明

清丈组织一般以图甲为单位,极少有一个村落家族可以垄断整个图。《茗洲吴氏家记》载:"万历十年经野之命下,邑令君曾公趋事,我里编德字为号。图各有图正,惟我里区就令族里之长,清其圳亩以闻。"③可知万历时,以族长为图正、以家族为单元开展清丈的情况并不多见。因此,整个图势必涉及诸多村落和姓氏,因而民间社会在丈量前后的仪式,往往伴随着酒席。全

① 《休宁县都图里役备览》(1册),清代抄本,安徽省图书馆藏,档案号:2:30710。

② 《康熙陈氏置产簿》。

③ (明)吴子玉:《茗洲吴氏家记》卷八《里区记》,抄本,日本东京大学东洋文化研究所藏。

图祭拜神灵的仪式中,可以宣读条规,明确清丈规则;共同盟誓,保证按时、公正等。在此之后,各村择日分别开工。无论是全图祭拜仪式,还是各村开工仪式,均安排酒席,相关人员一起参加,能够相互沟通,保证清丈组织的有效运行。举行仪式的场合,通常是寺庵。

前述史料中的祁门县十一都永禧寺,据说是吴氏家族祖先于北宋时期建造的。有文献记载:"始祖吴五二于宋朝开宝年间建造土名祊坑永禧寺,批助田地、苗山各百亩",寺内不仅"侍奉香火、万岁龙牌",而且"寺僧立祖神位,世代奉祀"。[①] 永乐《祁阊志》则载为庵而非寺:"枋坑永禧庵,邑东四十九里,在十一都,宋时建。"[②]唐宋时期,世家大族往往依托寺院进行祭祖活动,并逐渐加强对寺院的控制。[③] 以吴姓作为图正,率领其他姓氏人员赴祖先营造的永禧寺"朔望盟神歃血",能够提升自身的领导威望;也可以借助神灵力量,敦促所有人员"务要公心协力,任事不得徇私,作弊坏法"。

许多寺庵本来就是图甲(里甲)组织的日常议事和置产收款之地。例如,万历三十九年(1611)十一月的一份合同记载,休宁县三十一都一图张祥在祁门十一都十甲吴世显户下开立户丁,承户当差,每年五月交纳税粮,"依本都庙会等兑,不致欠少"[④]。这里指出,该都庙会是钱粮收缴场所。又如休宁三十三都三图十甲汪德徵户,实际上是坑口汪氏始祖之名,亦是该族的共用税户。该宗族依托祠堂"德徵堂"之名义,设立里长会,置产生息,以保证"祖宗坟茔及差役亟公之费"。其合同载:"递年十排所分八甲之项,责在本会经收租谷之人,至圆通庵亲领,头日到家,次日即邀三房眼同入匣。"[⑤]可见,在里长会的具体运作环节中,凡是涉及图甲费用收取的,便在庵中完成,而不是祠堂。这是因为,一方面,寺庵较之祠堂,具有更大的包容性和公共

---

① 《(祁门县十一都祊坑永禧寺)契据存底簿》(1册),清代抄本,上海图书馆藏,书号:线普563729。

② 永乐《祁阊志》卷五《僧寺》,祁门县地方志办公室整理点校本,内部出版,2009年,第53页。

③ 郑振满:《莆田平原的宗族与宗教——福建兴化府历代碑铭解析》,《历史人类学学刊》第4卷第1期,2006年。

④ 封越健编:《中国社会科学院经济研究所藏徽州文书类编·散件文书》第4册,北京:社会科学文献出版社,2017年,第272页。

⑤ 该合同照片见田涛《徽州民间私约研究》,北京:法律出版社,2014年,第231—233页。

性,也适合多姓氏之间的合作议事。九都一图、三十三都三图等图甲的构成,并不是一个大型宗族,而是包含了若干村落和姓氏,选择寺庵作为公共空间最为合适。另一方面,寺庵之中供奉一方神祇,议定事务、收取钱款,均在神灵面前完成,具有符合传统普通民众心理的公信力。

三、田土处置:清丈人员与土地税粮的分配

(一)都正、图正与土地纠纷的平息

土地清丈势必造成民间土地纠纷不断,影响徽州民间诉讼纷争的内容与数量。[①] 权仁溶在研究祁门十西都谢氏的《万历状稿供招》时就指出:"徽州为数颇多的地块有不止一个所有者,或是土地所有者变化频繁,形成非常复杂和不稳定的所有关系。这造成了土地诉讼频繁,加重了土地清丈的难度。"[②]在这份案卷中,的确系由谢氏宗族内部其他支派的人士诬告公副和里长"乘丈乱法"侵占土地,而最终败诉。但在徽州民间文书中,并不都是刁民无事生非、阻扰清丈的案例。《万历十年休宁毕九礼等合同文书》载:

> 一都五图立合同人毕九礼、金晋,原于万历六年讦告,向未归结。今蒙清丈词状批都图、公正、里排,有亲人许锡、吴马等,见得二家户婚小忿,讦告□载倾家。近前劝谕,将金晋和北头尖角屋地拆开钉阔,凑前二家婚丧;南头古路一道亦因窄狭,往来不便,谕毕尚元、九礼将空地钉阔凑众,永远通行。于门前山地连树四根内,除一根与毕岩寿己分管业,仍有三根,毕九礼、金晋二家照依亩步税粮管业,再无异说。所有府县告词,二家均赎,如有生情扯拽强占,听从执此合同经公理治,仍依此墨为矩[据],今恐无凭,立此合同一样二张,各执一张,永远存照。
>
> 万历十年正月廿三日立合同人毕九礼(押)、毕尚元(押)、金晋

① 阿风:《明清徽州诉讼文书研究》,上海:上海古籍出版社,2016 年,第 257 页;王浩:《在朝廷功令与地方公议之间——从嘉靖、万历年间休宁县的赋税争议看明代的知县行政与地方社会》,《安徽大学学报》2019 年第 4 期。

② [韩] 权仁溶:《明末徽州的土地丈量与里甲制——以祁门县"谢氏纷争"为中心》,《历史研究》2000 年第 1 期,第 98 页。

(押)、金和(押),都正汪锡(押),图正汪琏(押),里长汪福(押),排年许泽生、吴岩乞(押)、许廷瓒(押)、许廷春、程得兴(押)、许舟富、汪鸾(押)、吴理公正、金应华、汪世瑚(押),亲人许锡(押)、吴马(押)、汪世璁(押)、汪曙(押)、吴天锡(押)、汪珠(押)、许廷柱(押)、吴天请(押),代书人吴堂(押)①

毕九礼和金晋的土地纠纷发生在万历九年清丈之前,持续了四年。在清丈期间,经由众人协调,重新划定各自归属的房屋、公共道路和山地树木。特别是山林,虽只有三根树木,却依据两家既有的亩步和税粮比例进行分配。由此可见,土地清丈并不总是造成纠纷,也有平息旧有纷争,让双方将讼状从官府赎回的情形。在此过程中,经过丈量的田亩数、重新核算的税粮额度被作为均平利益之依据。

这里的众人,除了两位"亲人"之外,主要包括清丈组织和里甲组织两套人员,前者是都正、图正、公正等,后者是里长和十户排年,只有吴理户既是公正也是排年。令人疑惑的是,署名同时出现图正和公正,可能是公(图)正和公(图)副之别。

宋元和明初洪武时期的清丈中,都保(一都十保)是主要的丈量单元,但都正的角色并不显著。而到了明清之际的三次清丈时,图(里)甲成为承担者,都正的踪影更属罕见。笔者管见所及的徽州文书中,仅有上述合同。万历时期休宁清丈,全县33个都均曾设立都正,其职能定位名义上是"治都",作为知县在各都的代理,专门处理本都相关事务和纠纷,即"小事则稽于众而决其成,大事专达"②,并未承担实际的丈量任务。休宁方塘的吴长公便是如此。据《大鄣山人集》载:"万历十年,疆田之役,县推择父老方正有护者属之。是乡民稠而田广,以属长公。质成者相望而至,质之闾称闾有司,质之乡称乡师氏,流誉于道。长公益自縛抑,每曰:'明府君之指若是也,则固臣

① 王钰欣、周绍泉主编:《徽州千年契约文书·宋元明编》第3卷,石家庄:花山文艺出版社,1993年,第87页。

② (明)汪道昆:《曾令君经野记》,《太函集》卷七五《记七首》,胡益民、余国庆点校,合肥:黄山书社,2004年,第1539页。又见于万历《休宁县志》卷七《艺文志·经野记》。

何力之有。'"①清丈之后，都一级仍有都长的设置，但似乎已经转入乡约范畴。康熙十二年(1673)七月，祁门五都三甲洪氏家族主要以乡约津贴都长，其合同言："今奉县主何老爷钧票，遵奉宪檄，谕同各都里长举报都长一名。今当年二甲里长，不便擅报。于本年七月初七日，合同通都四约会议，先立合同文四纸，议定凡有公务公费，四约均派均出。其都长出身之人，四约同在神前拈阄，樨墅约拈得都长。今本族齐集会议，公举二人，一长一副。"②顺治十一年(1654)十一月赵光祖承揽休宁县九都一图四甲陈世芳户合同也提到，里长户的主要事务包括"都长议民"③，即对乡里人士评价。

作为清丈组织的首脑，图正副掌握了第一手土地信息，进而为后续成为地方社会的赋税征收代理人积攒了巨大的优势。顺治四年十月祁门县十一都吴自良等所立的清丈合同就有一项条款称："临田地之际，公正、副执旧经理册为则，弓、图、书、算手各执其事，务要协同奉公丈量。"④这意味着在明清之际多次清丈中，新旧鱼鳞册等资料掌握在图正等人手上，旧册被应用于新册的制造过程之中。在康熙初年清丈完成之后，我们还能看到清中叶图正活跃于赋税征收的环节。乾隆四十六年(1781)十一月歙县十一都五图革除甲催缴纳钱粮议墨提到这样一个细节："如有拖欠粮者，该图正引差向花户出费，锁梆追逼，毋容徇情。所有沙丘田租六秤，仍照各甲轮流均收，其贴图正纸张银一两六钱，及贴图差九四银一钱二分，俱坐收租之甲交出，毋得拖欠。"⑤图差是明代中后期州县设置的、与比限制度紧密结合的追征差役，并在清代成为州县催征实践中非常重要的一环。⑥ 当本图内发生拖欠税粮的情况，在地的图正向在官的图差通气，两者均有共同追索之责。

---

① (明) 吴子玉：《大鄣山人集》卷一四《拜高年爵吴长公七十荣寿序》，《四库全书存目丛书》集部第 141 册，济南：齐鲁书社，1997 年，第 426 页。

②《明嘉靖清嘉庆承当都长丈量公正里役排年合同议约》。

③《康熙陈氏置产簿》。

④《清顺治四年十月二十二日吴自良等立合同(清丈事)》，周向华编《安徽师范大学馆藏徽州文书》，第 142 页。

⑤ 安徽省博物馆编：《明清徽州社会经济资料丛编》第 1 集，北京：中国社会科学出版社，1988 年，第 570 页。

⑥ 舒满君：《明清图差追征制度的演变及地方实践》，《史学月刊》2017 年第 2 期。

清丈组织的人员因掌握土地税粮信息,在地方社会中具有相当的影响。前引顺治四年祁门十一都吴自良等清丈条款合同中,算手是张庆,副算手有三位,分别是李爱春、李祯泰和吴之鼎。① 此四人均在合同中签署画押,是实在人名。张庆和吴之鼎在随后的顺治六年八月吴氏寄税张氏合同中再次出现。② 正值清丈开展之时,吴氏以"立户不便"为由,将几次祀田寄税于"本都二图三甲张同仁户下吴桂户内",实则是张氏总户之下的吴姓子户。参与签名的还有吴启连、吴汝瑯和吴之鼎,亦出现在顺治清丈合同中,是担任公正的五位任事之人中的三位。康熙二年十二月,吴姓又产生了一份寄税合同③,将田

---

①《清顺治四年十月二十二日吴自良等立合同(清丈事)》,周向华编《安徽师范大学馆藏徽州文书》,第142页。

②《五祠租簿及十王寺租合同》(1册),清代抄本,上海图书馆藏,档案号:线普563757。合同全文如下:

> 立议合同人张同仁、吴彦五。今吴有祀田地数备,土名吴四坞、强公充墩、上福州等处,计税米麦一石有零,今当清丈,因立户不便,自情愿将前项田地装入本都二图三甲张同仁户下吴桂户内供解。每粮一石,面议认纳官丁一口。递年钱粮并杂派等项,递年正月初四日每石预付银二两,余银冬至日面算找足,不累张同仁之事。所有三甲正役之年,议定每石津贴银二两四钱正,不致短少。其钱粮张同仁递年收去完官,不累吴祀之事。自议之后,两无悔异。如违,甘罚白银五两公用无词。恐后无凭,立此合同一样二张,永远存照。
>
> 顺治六年八月十五日立议合同人张同仁号,经手张庆号
>
> 吴彦五号、吴启连号、吴自焕号、吴汝瑯号、吴汝珩号、吴之鼎号

③ 前引《五祠租簿及十王寺租合同》。合同全文如下(按,田、地、塘面积中的"毛"字,原文如此,即"毫"):

> 立议合同人程永昌、吴彦五。今吴有田二十七亩六厘一毛四丝三忽,有地八亩七分四厘四毛四丝二忽,塘九厘八毛一丝三忽,因彦五支下人繁,恐生情弊,兹两相情愿,归入二图七甲程永昌户,递年代纳供解所有税粮。议定递年按照比应付完官,不致迟误。其十年正役,每石米贴银二两五钱算,自议之后,两无悔说,今恐无凭,立此合文二纸,各执为照。如彦五日后倘有新收,听入无词,再批。
>
> 康熙二年十二月　日立议合同人程永昌、程元濂、程其祥
>
> 吴彦五支下吴启连、士铉、仪汉、之鼎、考元,中见李宁甫、代笔张淋之
>
> 甲辰年张同仁户尽割到程永昌户,田地塘共折实田三十二亩六分四厘二毛三丝一。计米一石七斗四升六合三勺六抄。
>
> 丁未年收五甲吴良翰户孔光九亩段田六分二厘七毛。
>
> 丁未年收五甲吴良翰户孔光批入九亩段田税六分二厘七毛,年赔宸将二甲吴德户杨枫塘田税一亩〇二八批入借税。

27亩6厘1毫4丝3忽、地8亩7分4厘4毫4丝2忽、塘9厘8毫1丝3忽，全部“归入二图七甲程永昌户，递年代纳供解所有税粮”。这次吴姓将寄税的理由称作“因彦五支下人繁，恐生情弊”，参与签名的人仍旧是吴启连、吴汝珩、吴仪汉和吴之鼎等清丈人员。因此，这两次都是在公正和算手操作之下的寄税行为。如此一来，“立户不便”之理由便显得牵强。因为吴姓早已开立十一都一图三甲吴自祥和七甲吴自应两个总户，[①]在本族户头下设立一个子户并非难事。以土地清丈为契机，平衡各户头之间的税负、规避纠纷风险才是主要目的。不独在清丈期间，平时徽州地方家族也有类似的行为。在清代休宁璜茅胡氏家族的誊契簿中，有两则田地作了同样的批注：“此宗田税于(乾隆)四十六年提入本甲新立胡五福户内，因益茂户税多，恐日后多事之故，是以批明。”[②]其中一处田地交易，是册里胡礼三、图正程旭初共同见证的。而乾隆四十六、四十七年(1781、1782)的两项交易，本应将税粮推入胡五福户，但契约之后皆有批注曰：“因本家户内税少，不能照则推出，故自少推，倘日后内外人等生情异说，尽是卖人自理，不涉买人之事。”因而同样作为子户，既有的胡益茂户与新开立的胡五福户应该承载哪些地块的税粮，皆在地方家族的掌控之中。[③]

参与土地清丈的族人，还将鱼鳞册中相关产业的图文内容以改绘等形式编入族谱等家族文献。如歙县西溪南《吴氏先茔志》所配插图即以“元明丈量清册”为依据。[④] 笔者还见到歙县《潭渡黄氏族谱》直接将万历清丈的弓口图作为坟茔插图并作了补注(图1)。[⑤] 可见，土地清丈也有助于家族产业的整理和管理。

---

① 乾隆《祁门修改城垣簿》(1册)，清乾隆三十六年刻本，上海图书馆藏。

② 《胡氏契约留底册(胡彩臣记)》(1册)，清代抄本，上海图书馆藏，档案号：线普563714。

③ 已有学者论及浙江丈量组织的佥派及形成与土地占有、宗族有着密切的关系。参见胡铁球、徐伟、赵婷婷《清代鱼鳞册所见业主姓名、地权分配及相关问题研究》，《史林》2019年第4期。

④ 栾成显：《洪武鱼鳞图册考实》，《中国史研究》2004年第4期。

⑤ 《潭渡黄氏族谱》卷五《祖墓》，清雍正八年刻本，第36叶b。

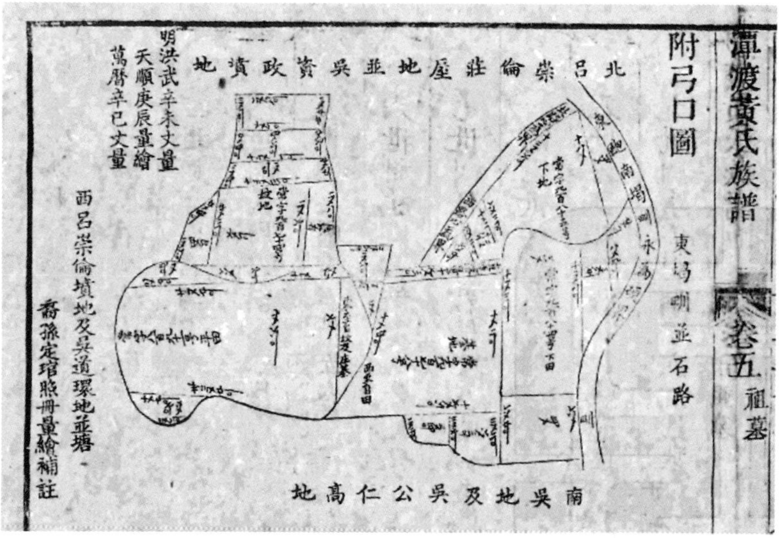

图 1 《潭渡黄氏族谱》插图

(二)清丈人员侵占田土:永禧寺的个案

宋元以来,当经理田土、清丈土地之际,随同鱼鳞图册的攒造,多亦编造有归户册一类的文书。① 但寺庵的田产,多属地方人士捐赠,另立僧户寄存税粮。据说自南宋理宗朝开始,祁门十一都一图祊坑吴氏家族捐赠四百余秤的田租给城南二里,依托梅锠墓地建立十王寺。顺治九年(1652)正月初六日,吴姓与十王寺订立合约称:"原檀越吴五二公,先朝施田租四百一十七秤十三斤五两,施与本寺以为香灯之资。前檀越恐秩下子孙繁衍不一,有负盛念,先年将税入在城一都一图二甲下汪世盛户下十王寺户。今值清丈归户,蒙今檀越遵先人之志,其税仍归在城十王寺原户。"②可见,田产虽位于十一都,但皆寄税于十王寺所在的一都,并在清丈之际得到确认。次年六月,双方又订立合同,在承认"祖例"捐田租 417 秤 13 斤 5 两作为吴氏祖先香灯之费"定期六月二十日遵例备价付僧"外,继续追加津贴,"近因差繁,吴氏支

① 栾成显:《明代黄册研究(增订本)》,第 154 页。
②《五祠租簿及十王寺租合同》。

下又缵先人美意,除额外,递年议定贴差徭银四两正”。[①] 参与此合同的就有顺治四年开始担任公正的吴汝珋。

如前节所述,祊坑吴氏还建有永禧寺,并在清丈时将其作为盟神场所。顺治年间十王寺的两份合约中,中见人也皆有三位永禧寺的僧人。从永禧寺留存的一册契据簿所收嘉靖四十五年(1566)契约可知,十王寺和永禧寺的部分田产是相邻的,[②]因而永禧寺僧作为中见自在情理之中。与十王寺不同,永禧寺即在祊坑当地,吴氏祖先捐助的土地数量更为庞大,据说“批助田地、苗山各百亩”,又称“户田三千余亩”。这些土地也在吴氏家族的总户(一图七甲吴自应户)下缴纳税粮。康熙年间,永禧寺住持的“议文”称,寺庵土地所缴税粮,被吴氏总户肆意加价,“每年官则一分,私征三分,无银押票,写田抵当,收租算利,又无收票”。在顺治、康熙清丈时,寺产又被吴之鼎等人侵夺。[③] 根据前文所引清丈合同,吴之鼎在顺治清丈时任副算手,康熙清丈时则为图正。

顺治七年(1650)十二月初八日,永禧寺的寺口庄屋被火焚毁。庄仆李四、李重阳等与寺僧商量,自行买木造屋。但吴之鼎私自与李姓庄仆串通,改认吴姓为主,“写投主文墨”,由吴姓津贴钱款给庄仆造屋,从而侵吞木料。次年“又诱僧明通、如懋,哄至吴之鼎内室,多人作奸作歹,逼写卖契”;又过数月,“恩威并行,勒逼画押,如善口称寺业系伊祖吴批助,今买者卖者于理各有不便,致触,与人辱骂,只得画押”,最终只是“实契虚价”。这份契约也被抄录在“存底簿”中,其文曰:

> 立退契僧如善、明通、如懋,今有先年承施主吴永旺公买得李七保、徐子茂火佃基地,系二保一千四百六十三号,又一千四百六十四号,土名黄土桥寺口住基地,施与寺中造屋,与李弟居住。今不幸遭回禄之

① 《五祠租簿及十王寺租合同》。

② 《(祁门县十一都祊坑永禧寺)契据存底簿》。其契文大略:“十一都吴禄仝侄文英,承父有地一备,坐落土名寺口,李周护住基、李七保住基,系经理周字号,其地新立四至,东至十王寺田,西至寺坦,南至永禧寺田,北至永禧山。今将前项四至地尽行立契出卖与同都永禧庵僧呈理为业,面议时值价银一两二钱,价契两相交付明白,契后再不立领。……”

③ 《(祁门县十一都祊坑永禧寺)契据存底簿》。

> 殃,本寺无力复造,情愿退还施主,当受价银三两正,听自造屋与李重阳、社仁、天成三房人等居住。其税听自清丈佥业入户割税供解无词存照。
>
> 顺治六年十二月立退契僧如善号、明通号、如懋号
>
> 中见人张庆号、李养廉

订约时间是顺治六年十二月,比寺僧所言的焚毁时间整整早了一年。中见人张庆,正是顺治清丈中的算手,与前述寄税文约如出一辙。而此时吴之鼎、吴鐕光"为正"(实为副算手),"清丈鳞册,权尽总握,切除真焕户、寺僧佥业名字,改注吴兴諕户丛桂名字,并将相连一字土名夏革桥下园坦地鳞册概佥吴兴諕户丛桂"。由此导致寺僧"国课无供,糊口无计",一度"募化族众取赎,恶吞不吐",寺产被顺理成章地占据了。①

康熙时,吴姓又两次借清丈里役之机勒索寺僧。其一,康熙三年(1664),七甲吴自应总户轮充里甲书手,"例应津贴,不由僧写,自秉笔、自祚[作]中,勒僧画押,填退八十两";其二,住持立"议文"的当年(笔者推测是在康熙十三年[1674]左右),七甲吴自应户又轮充里长,"照粮津贴,不容寺僧情愿,山孺秉笔,户众作中,诱僧画押填银三十两,限定本年完足"。因而寺僧忍无可忍,"必要赴府县老爷台下陈告,将庄基及坦地追还寺业,其粮割入五祠,听僧照则自行兑票上官,庶俾祖宗功德可保永远",希望清算旧账,索回田产并摆脱吴姓牵制,自行向官府缴纳钱粮。② 诉讼记录至此戛然而止,寺僧的愿景应该没有达成。一方面,将眼前的津贴勒索与二十多年前的田产侵夺一并上诉,未免导致案情复杂。另一方面,寺僧希望将田产索回之后,钱粮交割到五祠(应为吴五二公祠堂),似乎有摆脱吴之鼎等人勒索,由族众共同监督管理之意。但现存的《五祠租簿及十王寺租合同》簿册首页题写"祖文畿公传,之鼎公亲笔抄,孙四房标声立"字样,说明五祠产业也在吴之鼎的掌控之内。

结合以吴之鼎为代表的差役在清丈期间及其后的表现,可以看到家族

① 《(祁门县十一都祊坑永禧寺)契据存底簿》。

② 《(祁门县十一都祊坑永禧寺)契据存底簿》。

网络与清丈赋役组织结合,利用权力不断集中田产的趋势。宗族占有田产取代了中古时代将田产寄托于寺庙的做法。同时,宗族还将对应税粮分割到其他总户之下,规避赋税风险。

结　语

土地清丈本来体现的是国家政权的意志,但交由基层组织具体执行,由此,清丈过程中的诸多环节都蕴含着民间社会的逻辑。本文通过几个家族合同契约文书的拼合,还原了以图正为中心的人役组织在明清之际清丈活动中的若干重要层面。

如果说现存的土地簿册是土地清丈和整理后的文本,具有结果性质,清丈合同、诉讼案卷则更具有过程性意义。清丈人员的充任,以图甲组织为外在框架,村落和宗族进行重新组合,从而具有"户役"色彩。由此,清丈组织的人员规模不小,不同于明初委任少数地方能人的做法。他们的经费筹措,主要依据税粮地亩进行分摊,用于清丈期间的各项费用开支。他们还聚集于寺庵进行盟神仪式,以此形成组织凝聚力,协调来自不同村落、宗族的人员。以图正为首的清丈人员掌握了第一手土地税粮信息,在地方社会的田土纠纷、钱粮征收乃至家族产业管理等方面都发挥了重要作用。

这些认识有助于我们深入了解鱼鳞图册、归户册等赋役册籍背后的制作群体。以图正为代表的清丈人员和图甲税收人员具有较高的重合度,他们在攒造、保存和使用土地册籍的过程中,既有应对官府差事、乡里集体事务的一面,也有围绕家族和个人利益的上下其手。随着清丈的完成,图正等六役主要恢复图甲赋税催征的常规职能,都正则演变为具有乡约色彩的名目。所以,清丈虽然只是几次临时性的任务,却具有长期的影响力,丈量底册、赋税私册广泛留存于徽州民间社会,图正、都正等差役转换为地方掌握田土和税收信息的代表,是官府既忌惮又不得不依赖的人群,也是我们观察徽州基层社会不可忽视的因素。

清代盐价制定中的政商关系

——基于雍正初年湖广盐务风波和官员受贿案的考察*

韩燕仪

（中山大学历史学系）

摘　要： 在清王朝规定的"随时价而销售之"、官员调控的盐价原则下，雍正元年三月，湖广总督杨宗仁核减湖广盐价，由此引起一场盐务风波。这场风波一方面体现于两淮巡盐御史谢赐履和湖广总督杨宗仁在政治上的纷争，进而引起清廷对湖广盐价的两度核定；另一方面则体现于两淮盐商与地方势力运作引起的汉口食盐供需失衡，盐价飞涨，盐市混乱。雍正二、三年揭发的黄叔琳定价受贿案和部议盐价受贿案显示，两淮盐商通过官商之间的金钱、人际关系，对两次朝廷定价产生了实质性影响。这一系列事件揭示了清代盐价的制定呈现出结合市场和行政等多种力量共同运作的机制，而政商关系在此次湖广盐价制定中具有突出意义。

关键词： 湖广；盐价；行政；市场；政商关系

物价是市场调节机制之核心。在这一认识基础上，前辈许多学者利用传统史料中关于粮食、棉花、丝织品、土地等商品的价格数据来研究物价的整体趋势、市场整合等问题。① 然而却很少有学者关注物价的形成机制。传统中国

---

* 本文曾发表于《中国社会经济史研究》2020年第1期。

① 关于物价整体趋势的探讨，参见彭信威、全汉昇、王业键、岸本美绪、陈春声等人的研究：彭信威《中国货币史》，上海：上海人民出版社，2015年，第605—645页；全汉昇《美洲白银与十八世纪中国物价革命的关系》《清中叶以前江浙米价的变动趋势》，全汉昇《中国经济史论丛（二）》，北京：中华书局，2012年，第542—586、587—595页；王业键《清代（1644— （转下页）

的物价是一套复杂的体系,往往不能简单用西方价格理论中的供求关系理论来理解。而这一复杂体系的形成在很大程度上与传统中国市场的运作方式有关。根据诸多前辈学者的研究,传统中国的市场颇为发达且受朝廷赋税体系影响至深。① 这使得物价在不同程度上受到国家财政的影响,其中,国家专营商品的价格受到国家财政引导的色彩更为浓厚。因此,探讨最具代表性的国家专营商品——食盐的价格形成机制,不仅有助于我们理解传统中国物价的形成机制,也对我们理解传统中国市场的运作具有较为典型的意义。

食盐作为国家专营商品,其价格受到学界的许多关注。学者们多利用史料中关于盐价数据的材料,来探讨盐商的行盐利润以及盐价的增长趋势等问题。② 而关于盐价如何制定的问题,学界所论甚少。汪崇筼在为徽商的

(接上页)1911)物价的长期趋势》,《上海经济研究》1983 年第 2 期,第 42—50 页;[日] 岸本美绪《清代前期江南的米价动向》《清代前期江南的物价动向》,[日] 岸本美绪《清代中国的物价与经济波动》,刘迪瑞译,北京: 社会科学文献出版社,2010 年,第 85—124、125—160 页;陈春声《18 世纪广东米价上升趋势及其原因》,《中山大学学报(哲学社会科学版)》1990 年第 4 期。关于市场整合的探讨可参见全汉昇与克劳思、陈春声等人的研究: Han-sheng Chuan and Richard A. Kraus, *Mid-Ch'ing Rice Markets and Trade: An Essay in Price History*, Boston: Harvard University Asia Center, 1975;陈春声《市场机制与社会变迁——18 世纪广东米价分析》,北京: 中国人民大学出版社,2010 年。

① 波兰尼认为传统中国的经济类型是再分配型,即国家经济依靠中央财政而运转。参见[英] 卡尔·波兰尼《大转型: 我们时代的政治与经济起源》,冯钢、刘阳译,杭州: 浙江人民出版社,2007 年,第 45 页。梁方仲认为,明代一条鞭法之后的"货币财政"变革,造成了贡赋经济体制,即国内市场依靠朝廷贡赋体系而形成。参见梁方仲《明代粮长制度》,上海: 上海人民出版社,2001 年,第 127—128 页。

② 其中何炳棣、汪士信、周志初、汪崇筼、吴海波探讨了两淮盐商的资本和利润;刘翠溶、徐泓、汪崇筼等人探讨了盐价增长的趋势。分别参见何炳棣《扬州盐商: 十八世纪中国商业资本的研究》,巫仁恕译,《中国社会经济史研究》1999 年第 2 期;汪士信《乾隆时期徽商在两淮盐业经营中应得、实得利润与流向试析》,《中国经济史研究》1989 年第 3 期;周志初《清乾隆年间两淮盐商的资本及利润数额》,《扬州大学学报(人文社科版)》1997 年第 5 期;汪崇筼《乾隆年间徽商在淮盐经营中的获利估算》,《盐业史研究》2000 年第 1 期;吴海波《乾隆年间两淮盐商的资本积累与流向》,《四川理工学院学报(社会科学版)》2006 年 6 月;Ts'ui-jung Liu (刘翠溶), "Feature of Imperfect Competition of the Ming-Ch'ing Salt Market", in Yung-san Lee and Ts'ui-jung Liu (eds.), *China's Market Economy in Transition*, Taipei: The Institute of Economics, Taiwan "Academia Sinica", 1990, pp. 259 - 327;徐泓《清代两淮盐商没落原因的探讨》,《徽学》第 7 卷,合肥: 黄山书社,2012 年,第 10—32 页;汪崇筼《清代淮盐江广口岸价探讨》,《盐业史研究》2008 年第 2 期。

盐业经营垄断性辩护的时候,曾指出盐价的控制权始终在朝廷手里。[①] 刘翠溶则从清代盐区的差异性盐政制度出发,依据乾隆年间不同盐区的定价情形,指出某些地区的盐价由官方制定,不由市场决定,另一些地区则可能相反,揭示了盐价的二元面相。[②] 李克毅指出清代的盐价是一个复杂的问题,不能简单用供求关系自行调节的规律来理解,朝廷一般是官为定价,而盐政往往要求盐价放任自流,无奈接受官方定价后,又会为盐商利益提高盐价。[③] 萧国亮认为,食盐的垄断价格受到各方面经济利益矛盾斗争的左右。消费者、地方官、盐商和国家都处于这种矛盾斗争中。食盐的垄断价格名义上是封建国家规定的,但是,消费者可以以购买选择来抗议国家制定的高额盐价;地方官为了保证地方治安要求限制盐价上涨;盐商与盐务官员为了各自利益共同推动盐价的上涨;国家则为缓和社会矛盾、照顾各方利益,寻求"不禁定盐价以亏商"又"不高抬时价以病民"的盐价平衡状态。[④] 简言之,萧国亮宏观把握了影响清代盐价制定的四种力量,并指出这些力量的博弈最终塑造了盐价。

的确,清代的盐价既呈现出区域差异,又受到盐商、地方官员、盐务官员、皇帝个人意志以及市场供求关系等各种因素的影响。在市场供求关系的约束之下,朝廷在这些因素当中,对盐价的制定具有最强的话语权。

以上学者的研究,在概念和逻辑层面上讨论了影响清代盐价的多种因素,揭示出盐价制定问题的复杂性,为我们理解清代盐价的制定机制提供了坚实的基础。但是,在运作层面上,这些因素如何具体施行于盐价的制定,却未得到切实的讨论。这些因素到底如何展开博弈,从而制定出盐价呢?也就是说,盐商、地方官员、盐务官员分别通过怎样的媒介和渠道来表达自己的诉求,以获得具有强大话语权的朝廷的支持?朝廷又是在怎样的语境

---

① 汪崇筼:《对"徽商勾结、垄断"说的学术思考》,《四川理工学院学报(社会科学版)》2007年第2期,第14页。

② Ts'ui-jung Liu, "Feature of Imperfect Competition of the Ming-Ch'ing Salt Market", in Yung-san Lee and Ts'ui-jung Liu (eds.), *China's Market Economy in Transition*, pp. 259 - 327.

③ 李克毅:《清代的盐官与盐政》,《中国社会经济史研究》1990年第4期,第44—45页。

④ 萧国亮:《清代盐业制度论(续)》,《盐业史研究》1989年第2期,第20—21页。

中作出最终的盐价决策呢？显然，只有深入讨论这些问题，才能在前人研究的基础上，真正理解盐价制定的机制与逻辑。

雍正初年，针对湖广盐价①发生了一系列精彩纷呈的事件。学界对此事件已有一些讨论。陈东有叙述了雍正元年湖广总督杨宗仁核减盐价，引起盐商停售食盐，反而导致盐价上涨、民怨沸腾，湖广总督和两淮巡盐御史因之争执不断，最后朝廷平息风波的过程，认为风波的起因与结果均与雍正皇帝的自私和无常有关，将盐价事件归结到皇帝个人性格上。② 张小也在讨论清代官盐质次价高时，简要叙述了雍正初年湖广总督杨宗仁和两淮巡盐御史谢赐履针对湖广盐价的争执。③ 巩立彬则从分析两淮盐政和地方督抚关系的角度，对两淮巡盐御史谢赐履和湖广总督杨宗仁的盐价争论进行了简要描述。④ 本文在此基础上，从上述诸多研究所未阐发的盐价如何制定的角度，更为详尽地分析这一事件的曲折过程，同时发覆更为精彩的人物与事件，在史实层面揭示出此次湖广盐价事件中朝廷王公重臣、户部主官与两淮盐商的联系，并进而分析清代盐价在各方力量的博弈中制定出来的过程，侧

---

① 此处尤需交代的制度背景是：1. 在官督商销制下，湖广盐业市场是由官方监管的两淮盐商（此处概指驻于扬州的淮南运商群体，包括总商和散商）垄断的市场。湖广淮盐的销售开放给两淮（两淮分为淮南和淮北，湖广属于淮南盐区，此处两淮其实只包括淮南）所有运商，而不是由单个或者特定的几个商人承担。因此，湖广盐务往往关系两淮盐商群体，而决策权往往握于总商之手。参见何炳棣《扬州盐商：十八世纪中国商业资本的研究》，《中国社会经济史研究》1999 年第 2 期，第 63 页。2. 清代文献中，湖广盐价常常与汉口盐价同义，指的是两淮盐商在汉口通过代理商（即文献中的岸商）卖给湖广各地水贩的批发价（即文献中的岸价）。清朝两淮盐区，湖广引地在食盐贸易上实行一例通融行销的政策（即湖广各州县的淮盐不用严格分地行盐，可以互相自由销售）。在这一政策之下，汉口是湖广盐业贸易的公共口岸和转运中心。两淮盐商销盐，只需将盐运到汉口口岸，通过代理商批发给各地水贩，即完成此次行盐任务。此后水贩在各州县的食盐销售，与两淮盐商没有直接关系。也就是说，两淮盐商对湖广盐业市场的垄断止于汉口。因此，汉口盐价关系重大，两淮盐商依靠控制汉口盐价获取湖广市场的商业利润。而地方督抚也往往通过调控汉口盐价来稳定各州县盐价，保证地方民食。参见杨久谊《清代盐专卖制之特点——一个制度面的剖析》，台湾《“中研院”近代史研究所集刊》第 47 期，2005 年 3 月，第 17 页。

② 陈东有：《雍正初年湖广盐价风波议》，《江西财经大学学报》2001 年第 3 期，第 52—58 页。

③ 张小也：《清代私盐问题研究》，北京：社会科学文献出版社，2001 年，第 52—54 页。

④ 巩立彬：《清代两淮盐区盐政与地方督抚的关系》，《盐业史研究》2011 年第 1 期，第 34—35 页。

重从政商关系的视角,揭示清代盐价制定机制中复杂的内在逻辑。

一、清代“价由商定”“官员调控”原则与杨宗仁核减盐价

雍正初年,围绕湖广盐价出现了一场震动官场与汉口食盐市场的风波,此风波起于湖广总督杨宗仁试图对汉口食盐批发价进行调整。事实上,在当时的制度体系中,作为地方长官的杨宗仁,具有调整盐价的权责。清王朝基于国家财政和社会安定的需要,对盐价极为关注。在朝廷眼中,盐价的制定往往需要满足以下三个条件:一是保证朝廷的财政收入;二是百姓可以接受;三是让盐商有利可图。[①] 为了让这三者达到一个有效的平衡,乾隆《大清会典》对盐价应该如何制定,作出了如下规定:

> 凡行盐以商,商有世业,行有地限,其转输于各省者,先纳课而后领运,各按应行之地,随时价而销售之。……凡产盐之省,运使、盐道察场民之生计,与商之行息,而平其盐价。行盐之省,由驿盐道或分巡道、知府兼理之,其水陆挽运,必计其道里,时其往来,平其贵贱,俾商无滞引,民免淡食。盐政……以时审其价而酌剂之。[②]

这是乾隆时期朝廷总结的关于盐价制定的法律条文。但是在实际运作层面上,因时因地之不同,该条文往往具有不同的内涵。而就笔者关注的两淮盐区而言,该规定是清初顺治、康熙年间盐价制定原则的如实体现。

这一原则规定,盐价“随时价而销售之”,即盐商根据垄断市场的供求关系制定盐价。但是朝廷同时规定,产盐之省的盐运使、盐道,行盐之省的驿盐道、分巡道、知府以及综理盐务的盐政等各方官员具有平抑和审核盐价之责。他们需要综合考虑食盐生产者、运销者、消费者的利益,依据产盐成本、

---

① 参见方志远《明清湘鄂赣地区的“淮界”与私盐》,《中国经济史研究》2006年第3期,第111页。

② (清)允祹等:《钦定大清会典》卷一五《户部·盐法》,《景印文渊阁四库全书》第619册,台北:台湾商务印书馆,1986年,第148页。

运输成本、商人利润和民众的承受能力等因素，找到一个具有平衡力的盐价。简言之，盐价制定的原则是价由商定、官员调控。

根据这一规定，不仅地方官员具有平抑盐价的职责，盐政官员也需要“以时审其价而酌剂之”。正如萧国亮等人指出的，基于行政和私人利益的不同，盐政官员和地方官员对食盐定价具有不同的立场。身为民政官员的地方督抚，往往顾及民情政情，希望盐价低廉。身负盐课重任的盐政官员，与盐商各种利益产生关联在所难免，因此更多地考虑盐商利益，希望盐价上涨。[①] 而当地方督抚以实际举动核减市场盐价时，双方之间这种不同的态度往往转化为实质上的冲突。[②] 雍正初年，两淮巡盐御史谢赐履和湖广总督杨宗仁针对湖广盐价问题引起的纷争即是一例。纷争的起因，便是湖广总督杨宗仁核减汉口盐价。

杨宗仁，字天爵，满洲汉军正白旗人，曾任浙江按察使、广东巡抚，康熙六十一年十一月，被刚刚登基的雍正皇帝擢升为湖广总督。[③] 雍正元年三月，上任之后的杨宗仁对两湖“盐价逐渐增长”表示不满。他认为“各官多贪盐规”，商人才得以“借长盐价”，“总督衙门盐规，渐次加至四万，所以从前一钱一包之盐价，今则公然要卖至一钱五六分一包也”。[④] 因此，他决定“溯本穷源”，革除各级衙门陋规，并令商人将盐价减到每包一钱发卖，以达到康熙

---

① 参见萧国亮《清代盐业制度论（续）》，《盐业史研究》1989 年第 2 期，第 20—21 页。

② 在康熙后期的两淮盐区，有多位湖广、江西督抚曾经平减盐价，他们分别是湖广总督郭世隆、偏沅巡抚赵申乔、湖广巡抚陈诜、江西巡抚李基和、江西巡抚白潢。而当江广督抚核减盐价时，两淮巡盐御史往往提出反对意见。最为典型的是在康熙四五十年多次担任两淮巡盐御史的李煦，曾经三次向康熙皇帝上奏反对地方督抚的核减盐价之举，认为应该放任盐价由市场调节。分别参见（清）迈柱等纂《湖广通志》卷四二《名宦志》，《景印文渊阁四库全书》第 532 册，第 605 页；（清）陶易等等纂乾隆《衡阳县志》卷三《田赋》，《中国地方志集成·湖南府县志辑》第 36 册，南京：江苏古籍出版社，2002 年，第 99 页；（清）谢旻等《江西通志》卷五八《名宦志》，《景印文渊阁四库全书》第 515 册，第 74 页；中国第一历史档案馆编《康熙朝汉文朱批奏折汇编》第 8 册，北京：档案出版社，1984 年，第 8—12 页；中国第一历史档案馆编《康熙朝满文朱批奏折全译》，北京：中国社会科学出版社，1996 年，第 337 页；故宫博物院明清档案部编《李煦奏折》，北京：中华书局，1976 年，第 28、252 页。

③ （清）赵尔巽等：《清史稿》列传七九，北京：中华书局，1977 年，第 10305 页。

④ 中国第一历史档案馆编：《雍正朝汉文朱批奏折汇编》第 1 册，南京：江苏古籍出版社，1986 年，第 263 页。

三十年的水平。①

杨宗仁核减盐价的动因与雍正初年的两淮盐务形势息息相关。② 自康熙后期以来,两淮盐课亏空严重,盐务积弊甚深,这种情形引起雷厉风行的雍正皇帝的重视。雍正元年正月初一日,雍正皇帝即发布一道上谕:

> 盐道一官,尤关国课。迩年盐法弊窦丛生,正项钱粮每多亏欠。一由上下各官需索商人,巧立名色,诛求无已,穷商力竭,不得不挪新补旧,上亏国课,高抬盐价,下累小民,至于官盐腾贵,贫民贩卖私盐,捕役斗殴,株连人民,流弊无穷。一由商人用度奢靡,不知节俭,致欠额征。尔等运筹盐法,宜将陋例积习情弊禁革,必思何以苏商,何以裕课,上供军国,下利闾阎,方为称职。果能肃清纲纪,无致废弛,朕当破格奖励。其或因循不改,朕必置之重法。特谕。③

显然,雍正皇帝认为,盐务官员向商人的需索是造成盐课亏空、盐价上涨、民食受损、私盐盛行的最主要原因。因此,他要求各级官员禁革陋规,整顿盐务。

由此看来,杨宗仁借革陋规而减盐价的举动,既符合清代盐价制定的制度规定,在很大程度上又是响应雍正革除陋规的谕令而展开的,④因此得到

① 中国第一历史档案馆编:《雍正朝汉文朱批奏折汇编》第1册,第278页。

② 对于杨宗仁裁革陋规、核减盐价一事,陈东有认为,雍正皇帝对杨宗仁的信任、支持和鼓励促使杨宗仁对湖广地方进行改革,但是他没有说明杨宗仁核减盐价和当时盐务形势的关联。参见陈东有《雍正初年湖广盐价风波议》,《江西财经大学学报》2001年第3期,第54页。

③ (清)王定安等:《两淮盐法志》卷一《王制门·制诏一》,《续修四库全书》第842册,上海:上海古籍出版社,2002年,第620页。

④ 对于杨宗仁核减盐价的动因,我们需要考虑的因素可能不仅于此。身为湖广总督,督销盐引考成和地方州县盐税都是杨宗仁在处理盐务时不能忽视的问题。对于督销盐引的考成,康雍时期,湖广人口逐渐增长,而额销引盐增加极少,食盐的实际需求量远远高于额定供给量,所以,湖广引地基本上不会出现食盐滞销的情况,湖广督抚不会有因食盐滞销而被处罚的考成之忧。关于州县盐税,各地水贩按照额引缴纳,每引纳银2分。这笔税收由各府州县上交省级藩库,作为省级财政收入。查湖广全省额引总共不到80万引,盐税总共收入不到16 000两,不会对省级财政造成什么影响。而且州县盐税与汉口盐价不构成直接关系,不足以对杨宗仁核减盐价造成干扰。综上讨论,我们可以排除杨宗仁因督销考成或州县盐税而核减盐价。

雍正皇帝“览而所奏，朕实嘉悦”①的回应。而杨宗仁核减盐价的行为，体现了地方行政官员对垄断市场原有供应关系的干预。②

二、湖广盐务风波与两次朝廷定价

雍正元年三月，湖广总督杨宗仁利用行政手段将汉口盐价减到康熙三十年每包一钱的水平，引起两淮盐商、盐官的反对以及地方势力的投机行为，由此酿成盐务风波。这场风波体现在两方面：一方面是两淮巡盐御史谢赐履作为两淮盐商的利益代言人，在政治上与湖广总督杨宗仁反复周旋，请求朝廷驳回杨宗仁核定的盐价；另一方面，两淮盐商群体利用对湖广盐业市场的垄断，停止食盐供应，引起供需失衡，盐价上涨，而汉口地方势力也趁机大量囤盐，造成盐市的混乱。这一风波的过程，可以以官方两次定价作为标志，划分为前、后两个阶段。

（一）第一阶段（雍正元年三月到八月）：从杨、谢纷争到户部核定湖广盐价

雍正元年四月，两淮巡盐御史谢赐履收到杨宗仁核减盐价的咨文之后，立即奏请皇帝驳回杨宗仁核定的盐价。谢赐履说明湖广盐价增长的原因，一是“天时有水旱不同，产盐亦多寡不一”造成的场价波动；二是康熙后期增添“织造河工铜斤”共数十万两的捐解，使盐商成本增加。如果按照杨宗仁所定的“三十年前时价”发卖，盐商“实为亏本”。他提出，“楚省陋规核算总计十五万余两”，即便按照这个数额核减盐价，每包也应“照时

---

① 中国第一历史档案馆编：《雍正朝汉文朱批奏折汇编》第1册，第263页。

② 陈东有认为杨宗仁裁革陋规是急功近利的草率行为，而核减盐价是越俎代庖的错误行为，是对市场的直接干扰。笔者无意对杨宗仁的行为作主观判断，不过认同陈东有所言，杨宗仁核减盐价之举，是对原有市场关系的干预。参见陈东有《雍正初年湖广盐价风波议》，《江西财经大学学报》2001年第3期，第56页。关于地方行政对盐价的干预，可参见笔者另文《清代盐价制定中的地方干预——以康熙年间衡、永、宝三府为中心的考察》，《中国经济史研究》2019年第2期，第82—93页。

价减去六厘”[①]销售,于商无亏,于民有利。[②]

谢赐履此次奏请,是应盐商之请而发。除了为驳回杨宗仁核减盐价寻找合理性之外,他还借机陈述杨宗仁减价之后扬州盐商“乏术垫赔,无力挽运”“哀求告退”的情状,以博得皇帝的同情和支持。最后,谢氏以各省盐法向有“照依时价销售”的惯例为由,请求皇帝下令,汉口食盐要么依旧按照汉口原来的市价销售,要么将杨宗仁所定的盐价每包“量增一二分”销售。[③]

雍正皇帝赞赏杨宗仁革除陋规、核减盐价行为的时候,并不知道杨宗仁核定盐价的实际数据。意识到杨宗仁的举动引起两淮方面的不满之后,雍正皇帝令谢赐履“会同杨宗仁确议”[④]。然而,事与愿违,杨宗仁与谢赐履互不让步,并没有达成一致意见,也没有按照惯例联名具题,而是再次向雍正帝各自陈奏。

雍正元年六月,杨宗仁向皇帝上奏,总结了核减盐价的多条理由。择其要者言之,杨宗仁认为:第一,虽然“淮盐课饷重大”且康熙后期陆续增加“织造河工铜斤脚价”等捐解项目,使得商人成本有所增加,但是每次遇到加捐事宜,盐官都会应商人的请求,“于引内准令多加盐斤”,这些盐斤无需纳课,以补偿商人的损失。而“盐到仪镇称掣”之时,商人每引盐之中,往往“夹带一引有余无课之盐”。显然,商人“每年虽有数十余万之捐项”,但是却有

---

① 此处“六厘”何来?按照谢赐履所言,湖广盐商陋规总计15万余两。将此15万两盐规摊入湖广总额77万多引的盐引内,则盐商每引平均需要支付陋规成本0.194 805两。雍正元年淮盐每引294斤,每包8斤4两(即8.25斤),则每引约为35.636包。照此计算,每包的盐规成本为0.005 466两。也就是说,将杨宗仁革除的15万两陋规摊入盐价之中,汉口盐价应该每包减少0.005 466两。此处谢赐履将之约计为六厘。陈东有亦引述了这一数据,但是并未详细分析这一数据来源的依据。另需说明的是,陈东有认为,杨宗仁核减盐价之前,革除的只是总督衙门盐规4万两;然而,结合杨宗仁和谢赐履的说法,雍正元年杨宗仁革除的陋规包括总督衙门和其他衙门盐规,总计应为15万余两。参见陈东有《雍正初年湖广盐价风波议》,《江西财经大学学报》2001年第3期,第55页。

② 中国第一历史档案馆编:《雍正朝汉文朱批奏折汇编》第1册,第278—279页。

③ 中国第一历史档案馆编:《雍正朝汉文朱批奏折汇编》第1册,第278—279页。谢赐履此奏的一些观点,陈东有亦有所引述。参见陈东有《雍正初年湖广盐价风波议》,《江西财经大学学报》2001年第3期,第53页。

④ 中国第一历史档案馆编:《雍正朝汉文朱批奏折汇编》第1册,第278页。

“百十万不纳课银之余利”。所以,商人不该借加捐而增长盐价。第二,二十年前偏沅巡抚赵申乔核减衡、永、宝三府盐价时,长沙盐价为“每包一钱”,汉口盐价为每包“八九分不等”,虽然近年来加增盐规,盐商成本有所增加,但是盐价的增长不仅是因为盐规所导致的成本增加,还因官员收受盐规之后为盐商提供庇护,使得他们可以滥抬盐价,“各官增添盐规,商人借此以长盐价,听加数倍,不敢顾问”。现在既然“全革盐规”,那么盐商可以省掉这一笔花费,并且此前仗着官员庇护而滥增的盐价也应该降下来。所以,将现在的盐价定为“一钱之价值”,足够盐商成本。第三,根据自己在浙江按察使和广东巡抚任上对盐务的了解,即使天气不好导致食盐产量减少,但是场价“每斤不过增价半厘一厘而止”,不会增加太多,所以,商人以场产“成本过重”为由抬高盐价,“全属欺蔽”。第四,盐商一直强调盐价应该“随时消长”,既然如此,盐价应该有涨有跌,可是实际上,湖广盐价“自数十年以来,只见渐长,从未闻有稍减之日”。可见盐商往往借助盐价“随时消长”的惯例,滥抬盐价。第五,经过他的查访,两淮盐商运盐至汉口“每盐一包共需本银七分四厘有零”,现在他将盐价定为一钱,商人“每包赚利二分五厘有零”,“湖广每年额引七十余万”,则商人已“获利六十余万两有零”。况且这只是按照额定引数计算,实际上商人还夹带很多私盐,湖广“每年销盐实有数倍溢额”。总计盐商“行盐一年”,可获得“将及二百三十余万两自然之利”。① 简言之,其核心结论是,盐商利润实在过大,盐价过高。

如果说,雍正元年三月,杨宗仁只是响应雍正皇帝的号召,以革除陋规为名核减盐价。那么,经过与谢赐履一番争执后,杨宗仁对两淮盐务表达出更多深切的认识。虽然杨宗仁对盐商成本、利润、私盐数量等的估算存在夸张或偏颇之处,但是他确实揭露了两淮盐商高额利润和湖广盐价增长的许多实质性问题。

根据杨宗仁所言并结合相关史料,可以总结盐商垄断利润和盐价增长

---

① 中国第一历史档案馆编:《雍正朝汉文朱批奏折汇编》第 1 册,第 486—488 页。对于杨宗仁此奏,陈东有亦有引述,不过他重在叙事,与本文的分析角度不同。参见陈东有《雍正初年湖广盐价风波议》,《江西财经大学学报》2001 年第 3 期,第 56 页。

的实质,那就是在国家专营体制下,两淮盐商垄断湖广盐业贸易,具有高额的垄断利润。这一高额利润的获得,不仅源于盐商从低买高卖的巨大价差中所得的利润,还在于官盐商在运输途中夹带许多私盐,获得大量非法利润。而当朝廷基于形势需要增加盐商盐课,或者明示暗示盐商捐输报效以获取财政收入的时候,朝廷往往会以增加盐斤、奖励职衔的方式补偿盐商。因此,汉口市场的两淮盐商利润不会因此而降低。可是,现实情况是,盐商在获得补偿之后,依然借此机会继续抬升盐价。① 除此之外,非人力所能控制的天气状况确实会影响食盐产量,进而影响盐价,但是,因天气变化引起的盐产变动只能解释盐价的短期波动,不足以构成盐价长期上涨的理由。

显然,杨宗仁揭露的盐商的这些涨价行为并不符合道德与行政伦理。那么,盐商何以能够达到这样的效果呢?显然,为了商业运作的便利,盐商往往在符合清朝财政潜在规则的情况下,向官员输送陋规。盐商陋规对盐价的影响,并不仅仅体现于其增加盐商成本,从而使得盐价上涨的问题上;更重要的影响是,它营造了一种官商互庇的机制,使得相关官员忽视对盐价的监督职责,为盐商滥抬盐价提供便利和庇护。而从根本上说,盐商能够借助以上诸多理由增长盐价的基石,则是在与盐务官员达成合作之后的盐价"随时销售"的惯例。

杨宗仁奏折所揭示的实质,无疑很好地回击了雍正元年四月谢赐履奏折中所陈述的各种提高盐价的理由。而杨宗仁再奏不久之后,谢赐履也再次向皇帝陈奏,否认杨宗仁折中所说的商人夹带无课之盐、湖广多销二百二十余万引全系漏课等事。他指出,盐价稍长"于民无损",但是令商人亏本发卖,则"有误于国课",并强调"自(杨宗仁)减定盐价以来,已误四阅月矣,若再将不合之处行查,则益致迟延,本年新纲必致贻误"。而相对于前次请求湖广盐价"或仍照各省盐法规例,照依时价销售。或即照湖广督臣所定之价每包量增一二分(销售)",这一次,谢赐履明确提出"将楚省革除规礼核算,

---

① 最典型的例子是,康熙四十三年前后,朝廷增加织造河工铜斤脚价等项捐解共30多万两,为补偿盐商的这笔支出,朝廷恩令淮盐每引加不纳课之盐42斤。然而实际上,两淮盐商一直将这笔30多万两的花费算进成本,摊入盐价之中。参见(清)王世球《两淮盐法志》卷一〇《课入四·成本上》,于浩辑《稀见明清经济史料丛刊(第一辑)》,北京:国家图书馆出版社,2008年,第688—689页。

每包照时价减去六厘"销售。①

表面看来,谢赐履此奏理由充分。然而,细细分析就会发现,谢赐履完全没有正面回应杨宗仁所揭示的盐价实质问题。他不再像前次那样解释盐价增长的理由,而是强调盐价增长并不会对民众造成什么不利,并把重点放在盐商利益对盐课的重要性上。除此之外,根据前述杨宗仁奏折可知,杨宗仁的本意是,革除陋规可以使官员失去庇护盐商的经济动因,从而防止盐商滥抬盐价,达到降低盐价的效果。而谢赐履此次奏请,则将杨宗仁的意图转化为将革除盐规所减少的盐商成本摊入盐价之中,从而达成杨宗仁希望的降低盐价的效果,以尽量平息纷争。

杨宗仁和谢赐履,一个是湖广总督,一个是两淮巡盐御史,他们对盐价的争论,显然是出于自身不同的立场。② 但是,从两者各自带有主观意图的陈述中,还是可以得到实际市场上造成盐价变动的相关信息。正如上文所述,诸如因天气变化引起的盐产变动,朝廷盐课、捐输报效的增加以及盐商送给官员的陋规等,都是从经济理性角度可以分析的盐价变动的基本因素。③

---

① 中国第一历史档案馆编:《雍正朝汉文朱批奏折汇编》第1册,第541—542页;中国第一历史档案馆编:《雍正朝内阁六科史书·户科(四)》,桂林:广西师范大学出版社,2007年,第346页。

② 对于杨宗仁和谢赐履的争论,张小也和巩立彬分别从自己的论述角度,概括性地描述两人的争执。但本文的立论角度是从这些争执出发,分析背后的盐价实质。参见张小也《清代私盐问题研究》,第52—54页;巩立彬《清代两淮盐区盐政与地方督抚的关系》,《盐业史研究》2011年第1期,第34—35页。

③ 此外,需要注意的是货币流通增加和私盐流通对湖广盐价可能造成的影响。对于货币流通,根据全汉昇、王业键、岸本美绪等人的研究,康熙中后期以来,由于外来白银的流入,国内货币流通量增加,市场整体物价出现上涨的趋势。不过,从康熙后期至雍正初年,物价上涨的趋势尚较缓慢,这一趋势是否会直接反映在盐价的上涨上,尚存在一定的疑问。杨宗仁和谢赐履的叙述,也都没有提到这一点。而对于私盐流通,虽然湖广淮盐边界地区容易受到粤盐、川盐的侵越,但是清朝前期位于中心地带的汉口尚未受到私盐的严重干扰,私盐亦不至于对盐价造成太大影响。而官盐商自身携带的私盐往往以官盐价发卖,其流通量应在盐商定价的考虑之内。参见全汉昇《美洲白银与十八世纪中国物价革命的关系》《清中叶以前江浙米价的变动趋势》,全汉昇《中国经济史论丛(二)》,第542—586、587—595页;王业键《清代(1644—1911)物价的长期趋势》,《上海经济研究》1983年第2期,第42—50页;[日]岸本美绪《清代前期江南的米价动向》《清代前期江南的物价动向》,[日]岸本美绪《清代中国的物价与经济波动》,第85—124、125—160页。

面对杨宗仁和谢赐履的分歧，雍正皇帝并未直接给出朱批，而是交由户部“速议具奏”。然而，户部的决定让人颇感意外，部议决定汉口盐价就按“每包一钱二分五厘至三分”的时价销售，不仅全然否定了杨宗仁核减的盐价，甚至超出了谢赐履的“依时价销售，每包减去六厘”的预期。① 这就是此次湖广盐务风波第一阶段的结果：部定盐价“每包一钱二分五厘至三分”出台。

从雍正元年三月杨宗仁核减湖广盐价，直到七八月间户部决议出台，几个月内，两淮巡盐御史谢赐履和湖广总督杨宗仁进行了多番周旋。然而，这只是湖广盐务风波之一端。风波之另一端，体现于两淮盐商和地方势力给汉口盐市造成的混乱。雍正元年八月，奉命典试湖广的广西道监察御史漆绍文向皇帝奏报：“督臣杨宗仁到任，始行核减，一包卖银一钱，乃数月以来，商人竟不将盐速运至楚，以致市少见盐。七月初间，盐益缺少，小民持钱入市，竟有守候终日，空手而归者。”②而谢赐履亦曾奏：“现运到楚盐包出示后，已被小贩乘贱买去囤积”③；“因湖广督臣杨宗仁核减盐价，地棍希图囤积贵卖，一时强买至五十余万引”④。说明杨宗仁以行政手段核减湖广盐价之后，两淮盐商利用对湖广盐业市场的垄断，停止运盐，减少汉口食盐的供应，使得盐价飞涨，而汉口“小贩”“地棍”也趁乱囤积，造成盐市的混乱。由此可见，在地方干预之外，因扬州盐商和地方势力运作引起的市场供需变化，对盐价涨落产生了更为直接的影响。

（二）第二阶段（雍正元年八月至雍正元年十二月）：从杨宗仁反对部定盐价到雍正钦定盐价

雍正元年七八月间，户部核定盐价的出台似乎意味着杨宗仁和谢赐履的纷争得到朝廷的仲裁，湖广盐务风波可以暂且告一段落。

然而，事实并非如此。户部决议偏向两淮盐商，这让杨宗仁极为不满，

---

① 中国第一历史档案馆编：《雍正朝汉文朱批奏折汇编》第1册，第912页。

② 中国第一历史档案馆编：《雍正朝汉文朱批奏折汇编》第1册，第821页。

③ 中国第一历史档案馆编：《雍正朝汉文朱批奏折汇编》第1册，第278—279页。

④ 中国第一历史档案馆编：《雍正朝汉文朱批奏折汇编》第2册，第890—891页。

他没有遵照户部的意见，转而奏请皇帝钦定盐价："商民皆系朝廷赤子，无一不在圣主兼爱之中，所有应增盐价，伏乞皇上钦定。"①这再次引发纷争。

清朝向来有"凡关盐务之事，督抚理应会同该御史酌量料理"②的协商机制，在这一机制下，皇帝希望地方官员和盐政官员能够共同商议解决盐务问题，而不是动辄由朝廷直接出面解决。然而，在此次湖广盐价事件中，杨、谢纷争不断，协商无果，而汉口盐市也出现混乱，民食有缺。雍正本以为户部决议可以解决此事，没想到杨宗仁却不依不饶。杨宗仁的此次奏请，惹得雍正皇帝极为恼火，他严加训斥杨宗仁："此事尔料理不堪，糊涂之极。朕原谕会同谢赐履会议具奏，尔不会盐臣，任己意妄奏。民乃朕民，商亦是朕民，尔身为大吏，不思商民之便，国课之需，但图眼下一身之名，不管国家商民一体。"并再次命令杨宗仁"速速与盐臣确议妥当具奏"。③ 被雍正训斥之后，杨宗仁再也不敢固执己见，立即让汉口岸价照依部议发卖，④问题似乎得到解决。

尽管如此，雍正可能是有感于前次杨宗仁和谢赐履会商的无果，此次他还是钦派吏部左侍郎黄叔琳和谢赐履一起前往楚省，与杨宗仁酌定盐价，⑤从而引发了更为精彩的故事。

雍正元年十二月，钦差大臣黄叔琳向皇帝奏报了此次酌定盐价的结果，其在奏折中写道：

> 臣等遵查历年盐价贵贱之因，率由场灶产盐多寡不一，运到口岸先后不齐，岁时丰歉不常之故。康熙三十年间楚省盐价实止一钱，是以前督臣杨宗仁照此减定，兼革通省陋规，亦冀稍便于民，其于迩年正杂加增实未深悉。而盐臣谢赐履专司鹾政，通计铜斤、织造、河工并带征等

---

① 中国第一历史档案馆编：《雍正朝汉文朱批奏折汇编》第1册，第912页。

② （清）王定安等：《两淮盐法志》卷一《王制门·制诏一》，《续修四库全书》第842册，第621页。

③ 中国第一历史档案馆编：《雍正朝汉文朱批奏折汇编》第1册，第912页。

④ 中国第一历史档案馆编：《雍正朝汉文朱批奏折汇编》第2册，第135页。

⑤ （清）王定安等：《两淮盐法志》卷一《王制门·制诏一》，《续修四库全书》第842册，第621页。

项,每年加增数十万两,不得不代商人缕晰陈奏。除照裁革陋规,每包减去六厘外,于价贱时每包以一钱一分九厘为率,于价贵时每包不得过一钱二分四厘。①

这封奏折名义上由黄叔琳、谢赐履、杨宗仁联名上奏,实际上由黄叔琳主导。细细读来,此折是在隐晦地偏袒谢赐履,为盐商说话。黄叔琳在谈论盐价贵贱的原因时,不痛不痒地将之归结于场产、运输和岁时丰歉问题,甚至连皇帝、杨宗仁等一再强调的陋规也未提及,更没有触及盐商的垄断利润。他暗指杨宗仁不熟悉盐务,显然不认可其核减盐价的行为。他提到谢赐履专司盐政,“不得不代商人缕晰陈奏”,言语之中偏向了谢赐履,提及铜斤、织造、河工等杂项,也是在暗助商人。盐价关涉问题极多,而黄叔琳所着意提到的都是对商人有利的部分,对于商人不利之事丝毫未提。而这次核定盐价的数据,“于价贱时每包以一钱一分九厘为率,于价贵时每包不得过一钱二分四厘”,实际上就是按照汉口时价“每包一钱二分五厘至三分”减去六厘销售。虽然低于前次部议的数据,但还是达到了谢赐履的要求,偏向了两淮盐商。

尽管如此,黄叔琳所主导的定价受到雍正皇帝的认可,这意味着杨宗仁核减的盐价数据遭到朝廷的否定。② 此次定价“价贱时每包以一钱一分九厘为率,价贵时每包不得过一钱二分四厘”,即是“期于永久执行”的钦定盐价,成为此次风波第二阶段的基本结果:部议盐价转为钦定盐价。

与此同时,因杨宗仁和谢赐履的纷争而引发的两淮盐商持续罢市停运,汉口食盐供应越来越少,盐市混乱的情形,也终于在雍正元年九月杨宗仁遭到雍正训斥之后决定遵照部议盐价发卖淮盐而有所缓解。到雍正元年十二月,钦定盐价出台之后,湖广盐务风波正式宣告结束。理论上,两淮盐商重新开始陆续运盐,汉口食盐供应逐渐增加,盐价也会逐渐下降。但是,实际

① (清)王定安等:《两淮盐法志》卷九九《征榷门·成本上》,《续修四库全书》第844册,第616页。

② (清)王定安等:《两淮盐法志》卷九九《征榷门·成本上》,《续修四库全书》第844册,第616页。

上,从雍正二年闰四月湖南正考官庄清度给皇帝上的《密陈楚省盐价钱粮等事折》可以看出,由于市场对政策反应的滞后性,结束罢市几个月的汉口盐市依然尚未完全恢复常态,盐价依然高昂。该折写道:

> ……目今武昌之盐价每包至一钱六分矣,远而郧、襄等处,又不知几何也。长沙之盐价每包至一钱八分矣,远而辰、永等处又不知几何也。况因盐开关,又已数番。一则民人汪五因买盐拥挤踹踏毙命,一则盐道查拿抢买之人,而令箭为百姓夺去。①

杨宗仁核减盐价之前,汉口盐价每包一钱二三分,经过罢市风波之后,雍正二年闰四月,武昌的盐价为每包一钱六分。武昌离汉口至近,运输费用较低,从武昌的盐价可以猜测,此时汉口的盐价依然高于雍正元年三月杨宗仁核减盐价之前的水平,也明显高于雍正元年十二月朝廷钦定的盐价"于价贱时每包以一钱一分九厘为率,于价贵时每包不得过一钱二分四厘"的水平。庄氏奏折还指出,汉口盐市风潮极大地影响了湖广各地的食盐市场,随着汉口公共口岸价格的上涨,湖广襄阳、郧阳,湖南长沙、辰州、永州等地的盐价不可避免地都出现了极大的增长。除此之外,在盐商罢市期间,汉口盐市出现了民众因买盐拥挤而遭踩踏丧命的事件,甚至出现了当地百姓反抗盐道官员的社会不稳定现象。

因杨宗仁核减盐价而引起的湖广盐务风波充分说明,杨宗仁干预盐价的举动,经过盐商罢市抗议、盐务官员上奏反对、户部和钦差大臣两次重新制定盐价之后,最终归于失败。盐商停运、"地棍"囤积所引起的市场供需失衡,使得汉口盐价不仅没有按照杨宗仁的意图下降,反而迅速上涨。数月之后,朝廷钦定盐价实施的效果才初步呈现,两淮盐商停止罢市,汉口盐市恢复供应,杨宗仁核减盐价所引起的风波逐渐平息。

三、受贿案件揭发与盐价回归"随时销售"

杨宗仁与谢赐履的纷争,引起户部、钦差大臣和雍正皇帝的介入,最终

---

① 中国第一历史档案馆编:《雍正朝汉文朱批奏折汇编》第2册,第957页。

以部定盐价和钦定盐价的先后出台为标志,显示地方行政长官此次出于对“民食”的考虑而企图限制盐价的行动归于失败,盐商以及盐务官员的愿望总体得到满足。这一故事过程,陈东有已经有所论述,他将风波之起因和处理结果均归因于雍正皇帝自私和无常的个人性格。① 不过,陈东有可能没有注意到的是,就在几个月之后,跌宕起伏的湖广盐价事件又起波澜,从而暴露出更多的曲折内情和复杂动因。

雍正二年六月,当两江总督查弼纳奏请将浙江镇江府食盐改行两淮盐时,雍正皇帝在朱批中写道:“与谢赐履、黄叔琳、噶尔泰共同详议具奏。”②此时的黄叔琳已经由吏部左侍郎调任浙江巡抚,在涉及两淮和两浙盐务的事件中,让其参与会商,无可厚非。然而,奇怪的是,仅仅一个月之后,当两江总督查弼纳奏报“将改食浙江盐为两淮盐一事,臣已恭录谕旨咨行谢赐履、黄叔琳、噶尔泰,俟臣等共同详议后另行具奏”时,雍正在“黄叔琳”三个字旁批道:“黄叔琳毋庸阅看,岂有负朕之理!”③这一旁批有点让人摸不着头脑,雍正皇帝为什么突然对黄叔琳态度大改?

原来,就在查弼纳两封奏折的前后间隙期,雍正皇帝收到直隶总督李维钧对黄叔琳劣迹的控告。其中一件便是指控黄叔琳在核定湖广盐价时,收受了两淮盐商的贿赂。其折略云如下:

> 臣闻扬州有吴雨山者,系盐商吴世昌之管账人也,于上年黄叔琳赴湖广查理盐务,候于中途,以万金贿求说情,点为今年总商。吴雨山在官无名,借吴世昌商名,忽点为总商第二名,此显然可考者。黄叔琳因查理湖广盐务,夤缘营私两淮商人费至二十七万两。今番过扬,复索商人酬仪二万两。黄叔琳到浙抚任才二三月,即将银四万两托吴世昌即吴雨山(吴世昌为商名,吴雨山为人名——引者注)会至京铺。皆出商

---

① 参见陈东有《雍正初年湖广盐价风波议》,《江西财经大学学报》2001 年第 3 期,第 52—58 页。

② 中国第一历史档案馆译编:《雍正朝满文朱批奏折全译》上册,合肥:黄山书社,1998 年,第 846 页。

③ 中国第一历史档案馆译编:《雍正朝满文朱批奏折全译》上册,第 877—878 页。其中谢赐履原文误为谢泗利,应为满文奏折译成汉文时译音笔误。

人之口，两淮纷传已久，其经手过付未能得其确实。①

这封奏折揭露了黄叔琳与两淮盐商，尤其是与吴雨山复杂的金钱关系。盐商吴雨山以向黄叔琳行贿的方式，借助黄叔琳的情面成为两淮总商；而黄叔琳担任浙江巡抚之后，托付吴雨山帮其汇兑白银四万两。除此之外，黄叔琳以钦差大臣的身份查办湖广盐务时，索取两淮盐商二十七万两，后又借机需索盐商酬仪两万两。尽管这些传闻只是出自商人之口，尚未得到证实，但是，雍正皇帝仍然对此勃然大怒。雍正二年八月，他派遣李周望、塞楞额、噶尔泰前往两淮，“严审定拟具奏”②。

在现有史料中，笔者并未找到李周望、塞楞额、噶尔泰关于此案的奏折，无法详细了解此案审理的情况。不过，从雍正二年十一月两江总督查弼纳所上的《奏报钦派大臣来两淮查办盐案情形折》，我们可以窥见此案审理的一些精彩内情。该折所揭示的黄叔琳受贿案件审理的相关信息如下。

经过钦差大臣的审讯，“吴玉善（即前文之吴雨山）供出银六万两。经讯三十名商头，又供银十二万两。后经严审，供银二十万两。吴敦厚、程公义供银二十七万两内，含有致谢银二万两。又供此银乃最初允诺之数额，后因黄叔琳将盐价银从部定价每包减少六厘，故未给最初允诺银。黄叔琳升授浙江巡抚之后，恐各商人怨尤于黄叔琳，经共同商议之后，央托吴玉善将壬寅帮余银六万两送给黄叔琳，而黄叔琳未收受”。尽管供词有异、数额不一，不过可以确定的是，此时盐商都承认他们曾经向黄叔琳行贿，请求黄氏在核定湖广盐价时偏向两淮盐商。③

不过，等到黄叔琳从杭州前来扬州接受审讯之后，这种情形出现了变化。“黄叔琳仅供从吴玉善处借银一千五百两，吴玉善等亦改供，前所供二十七万两者，实因畏惧刑讯而含混供认，……已击掌吴玉善。二十日审讯

① 中国第一历史档案馆编：《雍正朝汉文朱批奏折汇编》第1册，第433—434页。材料引自《黄叔琳劣迹片》，原来收录在雍正元年五月十八日《直隶巡抚李维钧等奏密陈蓝翎六哥独霸煤窑万民受害折》附件中。经过笔者考证，《黄叔琳劣迹片》的时间应该是在雍正二年六月前后。

② 中国第一历史档案馆译编：《雍正朝满文朱批奏折全译》上册，第898页。

③ 中国第一历史档案馆译编：《雍正朝满文朱批奏折全译》上册，第986页。

时,夹讯黄叔琳家人陈凯,未供认。又击掌吴敦厚。连续审讯多次,各商人皆供认并无二十七万两之事,曾商议若盐价定高,可给黄叔琳十二万两银,后因盐价定低,亦未将所存六万两送给黄叔琳。”盐商改供、否认行贿之后,此案进入瓶颈,钦差大臣虽再次审讯商人,也并无实质进展。直到十一月初,钦差大臣停审此案,返回京城。①

由于雍正皇帝的命令,此案初期审理颇为严厉,牵涉甚广,甚至闹出人命,引起两淮盐商的极大不安。可是自从黄叔琳到达扬州后,形势突然大变,此案竟然停审、无疾而终。为何如此?查弼纳称:“扬州人或言大臣等收人央托,故而速结,如何查访,亦无实据。或许从京城前来时,就有人央求,或许途中有人央求,或许书办身死,且来后时日已久,故而速结,亦难逆料。”②可以推测,此案可能还有更多的内幕,牵涉更大的势力,而这背后的势力则是审案大臣也不敢触碰的,因而才突然停审。

虽然此案审理并无结果,但是,材料所提供的丰富信息已经足够我们推测雍正元年十二月黄叔琳核定湖广盐价的内情,即是:当两淮盐商得知朝廷派遣黄叔琳核定盐价之后,便向黄叔琳示好并许以巨额贿赂,希望他能够按照上次部议的数据核定湖广盐价,即盐价按照当时汉口的时价销售。黄叔琳收盐商钱财、受盐商所托,在核定湖广盐价时确实偏向了两淮盐商。然而另一方面,可能是碍于湖广总督杨宗仁的固执,或者是其自身想要适度地显示一个钦差大臣的“公平”立场,黄叔琳并没有完全顺从两淮盐商的意图,按照前次部议核定湖广盐价,而是决定盐价按照时价减去六厘销售。这一价格实际上就是当初两淮盐政谢赐履向雍正皇帝请求的价格,部分满足了两淮盐商的要求。

黄叔琳受贿案的揭发,增添了我们对朝廷钦定盐价的认识。表面上完全由官方核定的盐价,实际上少不了商人的参与。两淮盐商利用向钦差大臣行贿的方式,构建与官员的金钱关系,对盐价的制定施加实质性的影响。不过,钦差大臣核定的盐价只是偏向而非完全满足盐商的要求,则说明这种

---

① 中国第一历史档案馆译编:《雍正朝满文朱批奏折全译》上册,第986页。

② 中国第一历史档案馆译编:《雍正朝满文朱批奏折全译》上册,第986页。

影响力也具有一定的局限性。毕竟,受贿官员在核定盐价时,需要考虑的不仅仅是盐商的利益,还需权衡其他,比如盐政的基本宗旨、其他官员的态度、皇帝交代的使命等。

黄叔琳受贿案只是湖广盐价案的序幕,随着时间的推移,湖广盐价案暴露出更为惊人与复杂的内情。雍正三年正月,两江总督查弼纳上《查核湖广盐价银事折》,从中我们可以知道一些端倪,折文略如下:

> 此地所需六万两银一事,经臣详核访询,据前任督管盐税之谢思力(即谢赐履——引者注)具奏湖广削减盐价一事,奉旨交部议定盐价。商人听闻后,即相商于此地,点拨银两,请部定不减价。商人头目吴敦厚、程功义二人收敛六万两银,托请在京之承办户部两淮盐务之蔡氏,央求户部及怡亲王、国舅隆科多。银由京城拨给,给某地多少,此地人并不知实数,称蔡氏为户部书办,又称其像神主般行事。程功义之弟郎中程寅亦管办此事。①

材料显示,雍正元年七月,在皇帝命令户部核议盐价之后,两淮盐商代表吴敦厚、程功义随即筹集六万两,向户部官员蔡氏行贿,央求户部及怡亲王、隆科多,请求湖广盐价按照时价销售。而两淮总商程功义的弟弟程寅此时在朝中担任郎中,也为此事谋划出力。根据上文的论述可知,显然,经过两淮盐商的运作,部议盐价满足了两淮盐商的要求。

两淮盐商能够迅速地得知雍正命令户部核议盐价,并迅速地找到户部官员蔡氏行贿,进而央求户部高官及怡亲王、隆科多,充分说明在此之前,两淮盐商已经在朝中建立了稳固的政商关系,拥有迅速的信息渠道以及良好的人脉。而此次核定盐价,两淮盐商以行贿的方式,再次建立了与相关官员的金钱关系。不仅如此,"管办此事"的在朝郎中程寅是程功义之弟,说明除了金钱关系之外,两淮盐商与朝中官员还有密切的人际关系。正是借助政商之间复杂的金钱、人际关系,两淮盐商成功地介入了户部对湖广盐价的核定,使得部议盐价满足了他们的要求。

---

① 中国第一历史档案馆译编:《雍正朝满文朱批奏折全译》上册,第1027—1028页。

从黄叔琳定价受贿案到部议盐价受贿案，湖广盐价事件暴露出越来越复杂的内情，涉及的朝中官员越来越多，就连雍正皇帝最信任的弟弟怡亲王和朝廷重臣隆科多也牵涉其中。这种情形或许能够解释为什么钦差大臣李周望、塞楞额、噶尔泰在两淮审理黄叔琳案时会突然停审，无果而归了。而雍正三年正月两江总督查弼纳此奏上后，雍正帝也因此案“无辜株连怡亲王”，决定“化解”，并不深究，湖广盐价受贿案最终不了了之。[①] 黄叔琳则因“受盐商吴雨山贿”，只受到“解任革职三年”的处罚。[②]

雍正元年十二月黄叔琳定价成为朝廷钦定的盐价，使得湖广盐价的制定方式发生某种程度上的变化，盐价“随时价而销售之”变成官定盐价。虽然雍正二年黄叔琳定价受贿案被揭发，但是其制定的盐价并没有被否定，钦定盐价依然具有官方权威。

尽管钦定盐价的数据在一定程度上偏向两淮盐商，但是，钦定盐价的存在也意味着盐商失去自行定价之权，这也自然逐渐成为他们增长盐价的障碍。因此，两淮盐商迫不及待地要摆脱钦定盐价的束缚。雍正二年两淮潮灾的出现，给予盐商一个很好的机会。当年七月，江浙沿海发生严重的潮灾，“海潮冲决范堤，沿海二十九场，溺死灶丁男妇四万九千余名口，盐地草荡尽被漂没”[③]。潮灾的出现无疑会使产盐成本增加、场盐产量减少，进而影响从出场以至汉口口岸等各个环节的盐价。随后的十二月，新上任不久的两淮巡盐御史噶尔泰即借这次潮灾向雍正皇帝奏请：“海潮淹没，灶煎不继，盐少价贵，成本倍增，祈随时销售。”[④]

不知是鉴于杨宗仁核减盐价的教训，抑或是考虑到沿海潮灾的严重，还是确实具有“盐价之贵贱，亦如米价之消长，岁歉则成本自重，价亦随之，岁丰则成本自轻，不待禁而自减”的价格涨落观念，此次雍正皇帝认同噶尔泰

---

① 中国第一历史档案馆译编：《雍正朝满文朱批奏折全译》上册，第1027—1028页。

② （清）王赠芳等：道光《济南府志》卷三七《宦迹五》，《中国地方志集成·山东府县志辑》第1册，南京：凤凰出版社，2004年，第200页。

③ （清）尹继善等：《江南通志》卷首三之一，《文渊阁四库全书》第507册，上海：上海古籍出版社，1987年，第100—101页。

④ （清）王定安等：《两淮盐法志》卷九九《征榷门·成本上》，《续修四库全书》第844册，第616—617页。

的意见，认为盐价应该“随时销售”，“以便商民”，并命令“该部于此本内一并确议具奏”。[1] 在雍正皇帝表态之后，部议的结果是：

> 两淮南北行盐，除壬癸二纲(指的是康熙六十一年和雍正元年的纲盐——引者注)积存廪盐，系从前煎办之额，应仍令照依平价运销外。其自雍正二年海潮淹没以后，煎办不继，商本自必倍增，兼之挽运水脚，理难责令照依平价销售，应令该御史将淮南湖广等处行盐，以本年成本之轻重，合挽运远近脚价，酌量时价，谕令商民公平买卖，随时销售。不得禁定盐价以亏商，亦不得高抬时价以病民。每年仍将各该地方所卖盐价，数目分晰报部。[2]

户部决定，除康熙六十一年和雍正元年积存的食盐仍然按照钦定盐价销售之外，雍正二年以后的盐价由盐商依据成本、运费等因素“酌量时价”发卖。部议结果意味着钦定盐价从此失去效力，盐价回归“随时销售”的体系。不过，为了对盐价进行有效的监督，防止盐商滥抬盐价，户部仍要求两淮盐政部门将各地所卖盐价的数据，上报户部查核。而到了雍正五年五月，两淮巡盐御史噶尔泰再次以“四省盐价，自海潮之后，成本既重，价值自不能不为稍昂，且四省道路远近不齐，早晚时价高低难定……难以一定价值分晰具报”为由，请求盐价数据不用上报户部查核，这一请求也获得了朝廷的同意。[3] 自此之后，湖广盐价不仅回归“随时销售”，而且也摆脱了户部的监控，两淮盐商得以在定价上获得更大的主动性。不过，这一主动性的发挥依旧不能忽视地方官员的调控之权。

朝廷钦定盐价的出台意味着盐价制定方式在某种程度上发生转变，价由商定变成价由官定。然而，随着雍正二年噶尔泰奏请的成功，盐价又回归到“随时销售”体系之下。钦定盐价如同昙花一现，成为一段小小的插曲，价

---

① (清) 王定安等：《两淮盐法志》卷一《王制门 · 制诏一》，《续修四库全书》第 842 册，第 622 页。

② (清) 王定安等：《两淮盐法志》卷九九《征榷门 · 成本上》，《续修四库全书》第 844 册，第 616—617 页。

③ (清) 王定安等：《两淮盐法志》卷九九《征榷门 · 成本上》，《续修四库全书》第 844 册，第 616—617 页。

由官定再次转为价由商定。这也意味着,经过多番周旋反复之后,最终,雍正初年的湖广盐价事件还是以盐价回归“随时销售”而落幕。

结　论

雍正元年杨宗仁核减湖广盐价及其引起的一系列事件充分显示了地方官员、盐政官员、盐商等力量利用各种话语和行为在盐价问题上进行的博弈,这些反复周旋的过程本身即是盐价制定机制的具体呈现。在这一过程中,我们不仅抽象地看到市场供求关系、天气变动、自然灾害,地方督抚、两淮巡盐御史、两淮盐商、户部官员、皇帝、钦差大臣等力量对盐价制定的各种作用,而且实实在在地看到这些力量交织运作于盐价的具体动态过程。从这些具体过程和抽象关系中,我们可以总结,清代盐价的制定,呈现出结合市场和行政等多种力量共同运作的机制,并且这种机制不因盐价制定方式的变化而改变。不管是盐商定价还是官方定价,清代湖广盐价的制定都包含着官商的合力运作,渗透着市场和行政的双重作用。

而在各种力量的作用中,本文所论述的雍正二、三年黄叔琳定价受贿案和部议盐价受贿案的揭发,显示出政商关系在此次朝廷定价事件中具有突出意义。第一次在部议盐价时,两淮盐商即发挥其与朝中官员的金钱、人际关系,成功地介入了户部对湖广盐价的核定;第二次当雍正皇帝钦派黄叔琳核定湖广盐价时,他们利用向其行贿的方式,构建官商之间的金钱关系,再次对盐价的制定施加实质性的影响。由此,我们可以发现此次汉口盐价制定的一个重要侧面,那就是,在面对地方行政长官的限价之举时,盐商除了利用罢市停运等市场经济行为向地方官员施压之外,更重要地是利用政商之间的金钱、人际关系来获得朝廷、户部以及相关官员的支持,以达到符合自身利益的官方定价。显然,政商之间的各种利益关系成为此次盐价制定中商人和官员、市场和行政共同发挥作用的一个良好的媒介和渠道。

本文的论述也说明,清廷,尤其是皇帝,对盐价制定具有在市场供求关系约束之下的最强话语权。[①] 但是,相对于直接参与盐价的具体制定,皇帝更加愿意依赖多重力量的牵制关系来掌握盐价制定的最终尺度。其实,朝廷正是利用本文所总结的盐价制定机制来协调财政收入、地方民食和商人利润,从而在国家财政和社会安定之间获得平衡。

关于清代盐价的制定,前辈学者意见纷纭,有的认为由朝廷控制,有的认为或由官方或由市场定价,更具代表性的观点则指出由消费者、地方官、盐商和国家四种力量共同影响盐价。本文的故事则显示,在这些力量之外,气候状况以及市场供求关系等因素也对盐价的制定发挥作用。而更重要的是,本文将各种影响因素落实到具体的运作层面,展现了清代盐价制定的动态过程和运作机制,并重点揭示这一运作机制的一个重要环节:政商关系。正是政商关系,而不仅仅是抽象的盐商和官员,成为此次汉口盐价制定的关键所在。

---

① 需要说明的是,陈东有强调雍正皇帝对湖广盐价风波之发生和结果的核心作用,与本文强调雍正皇帝在盐价制定机制中的最强话语作用,立论视角有所不同。陈东有是对事件发展过程本身的分析,而笔者立足于对清代盐价制定机制的考察。并且,在对事件过程的具体分析上,陈东有认为雍正皇帝的个人性格决定了风波的起因与结果,本文则以更多的史料揭示该事件具有更为精彩的后续内情,而促成该事件发生与转变的原因复杂多样,除了陈东有提及的雍正皇帝的性格因素外,还包括雍正初年的盐务形势、督抚和盐政官员的争执、官员受贿案的发生以及沿海潮灾的发生等。参见陈东有《雍正初年湖广盐价风波议》,《江西财经大学学报》2001 年第 3 期,第 52—58 页。

晚清徽州乡村社会的经济生活图景

——以《局董日记》为中心的考察*

王云云

（安徽医科大学马克思主义学院）

康　健

（安徽师范大学历史学院）

摘　要： 晚清具有多重身份的徽州乡绅汪光淼撰写的民间文献《局董日记》，详细记载了晚清时期徽州府祁门县乡村社会中的店铺经营、茶叶贸易、民间借贷、劳动力市场、催征钱粮和田地收租等全方面的经济生活图景，集中反映太平天国战后徽州乡村社会中的传统与新变的诸多面相。通过考察《局董日记》的内容，可进一步认识晚清徽州乡村社会经济实态。

关键词：《局董日记》；晚清；徽州；乡村社会；经济生活图景

日记作为一种民间文献，是以记录作者个人生活为主要内容的一种载体，属于一种"微观"史料。徽州日记种类多样，内容丰富，价值颇高，已日益引起学界关注。① 在徽州日记研究方面，王振忠教授用力最勤，取得的成就

---

* 本文为用友基金会"商的长城"重点项目"近代徽州茶商珍稀资料整理与研究"（2019－Z08）的阶段性成果。

① 关于《畏斋日记》的研究成果较多，如刘和惠《读稿本〈畏斋日记〉》，《中国史研究》1981 年第 1 期；［日］ 涩谷裕子《明清徽州农村的"会"组织》，周绍泉、赵华富主编《95 国际徽学学术讨论会论文集》，合肥：安徽大学出版社，1997 年，第 151—158 页；［韩］ 权仁溶《清初徽州一位生员的乡村生活——詹元相〈畏斋日记〉为中心》，《徽学》第 2 卷，合肥：安徽大学出版社，2002 年，第 89—103 页。

最为丰硕。[1]

近来笔者在王振忠教授主编的《徽州民间珍稀文献集成》第3册中阅读到《清光绪祁门历口利济桥局局董日记》[2](以下简称《局董日记》)。关于《局董日记》作者乡贯、姓名考证、社会身份和利济桥、水利设施等乡村公共工程的兴修,笔者已另文探讨,在此不再赘述。[3]《局董日记》除了记载桥局公事之外,还大量记载作者汪光淼个人的日常生活,举凡逢年过节送礼、婚丧嫁娶往来、亲友的身体疾病情况,科考教育,商业经营、劳动力价格、催征钱粮、田地收租情况、乡村社会的各种纠纷等有关生活的方方面面,都有涉及,集中反映了19世纪晚期徽州乡村社会的生活风貌、风俗民情、教育文化和商业发展情况。[4] 下面笔者以《局董日记》为核心资料,对晚清徽州府祁门县乡村社会中的经济图景作一初步考察。不当之处,还请专家指正。

---

① 王振忠:《明清以来的徽州日记及其学术价值》,《第二届传统中国研究国际学术讨论会论文集(二)》,2007年,第362—380页;《从〈应星日记〉看晚明清初的徽州乡土社会》,《社会科学》2006年第6期;《抄本〈习登日记〉——一册徽州学徒的日记》,《古籍研究》2002年第2期;《一册珍贵的徽州盐商日记——跋徽州文书抄本〈日记簿〉》,《历史文献》第5辑,上海:上海科学技术出版社,2001年;《徽商日记所见汉口茶商的社会生活——徽州文书抄本〈日知其所无〉笺证》,《文化遗产研究集刊》第2辑,上海:上海古籍出版社,2001年;《寻根途中的徽州人》,《寻根》2007年第1期;《徽商展墓日记所见徽州的社会与民俗——以〈(歙县)大阜潘氏支谱附编·文诗钞〉为中心》,上海图书馆编《中国谱牒研究》,上海:上海古籍出版社,1999年;《从新发现的徽州文书看"叫魂"事件》,《复旦学报》2005年第2期;《徽州女童的战争日记》,《安徽师范大学学报(人文社会科学版)》2005年第2期;《杭州徽商子弟眼中的太平天国史事——新发现的徽州日记稿本〈记事珠〉解题》,《九州学林》第11辑,上海:复旦大学出版社,2006年;《稿本〈南旋日记〉与胡雪岩籍贯之争的再探讨》,《徽州社会科学》2006年第4期,等等。

②《清光绪祁门历口利济桥局局董日记》,王振忠主编《徽州民间珍稀文献集成》第3册,上海:复旦大学出版社,2018年,第361—543页。以下凡是引用该日记之时,不再注明主编、出版社和出版年份等信息,特此说明。

③ 参见拙文《晚清徽州乡村社会的公共工程建设——以〈清光绪祁门历口利济桥局局董日记〉为中心的考察》,《徽学》第12辑,北京:社会科学文献出版社,2019年。

④ 关于《局董日记》反映的晚清徽州乡村社会中的生活风貌、风俗民情、教育文化等日常生活方面的研究,可参阅拙文《晚清徽州乡村的日常生活图景》(待刊)。

一、《局董日记》及其作者

《局董日记》1 册,清光绪写本,共有 182 叶,另散件 1 叶,全文 39 000 多字。该日记第 1 叶和最后几叶略有残缺,其他内容保存完整,详细记载了作者从光绪四年六月十九日至光绪七年十二月底的个人见闻及乡村社会的经济、社会、教育、民间信仰和修造利济桥的相关事情,内容丰富,集中反映了 19 世纪中后期徽州乡村社会风貌,具有很高的研究价值。

《局董日记》主要记录了从光绪四年到光绪七年底的作者个人生活情况和其所见所闻之事。从记载的时间来看,《局董日记》详细记载了光绪四年从六月十九日到十二月二十八日,光绪五年、六年从元旦(大年初一)到十二月三十日(除夕),光绪七年从元旦(大年初一)到十二月底止的内容。也就是说,《局董日记》记载的时间跨越 4 个年头,其中,光绪四年仅有半年,五年、六年、七年则是一整年的事情都有记录。

从内容来看,《局董日记》记载的内容十分丰富。概括来说,包括个人"私事"和"公事"两大类事情。前者包括个人家庭日常生活、乡村见闻、人情往来(拜客送礼、各种宴席等)、婚丧嫁娶、科举考试、民间信仰、宗族祭祀、乡村纠纷、商店经营、茶市信息、田地收租等。后者则包括两大块内容,第一为桥局公事,主要是有关利济桥重建的筹备工作、桥局办公、下乡劝捐、订立工程承包合约、勘查石料情况、监督造桥、各种工匠的分工任务和工资情况、匠班治安规约、工程进展与验收等情况;第二为作者作为地方乡绅协助知县下乡催征钱粮和调解乡村纠纷。在各种内容中,因作者作为重建利济桥的局董,故关于桥局的公事在日记中占有的篇幅较大,内容较为集中,提供了不少关于桥梁建设的细节,为研究晚清徽州乡村社会公共工程建设实态提供了十分宝贵的素材。

从日记内容来看,汪光淼多次参加科举考试,但始终未能通过乡试,没有获得举人功名。在光绪七年三月、四月和五月等几个月的日记中,他大量抄录历代科举世家和官宦世家,如溧阳史氏、昆山徐氏、桐城张氏等家族的关于科举教育、人文修养的诗文和楹联等内容。由此可知,他始终抱有强烈的对科举功名的追求，但现实却又一次次让他失望，于是通过在日记中抄录这些内容寄托自己的科举理想。同时，他也抄录陆九渊、苏轼、陈继儒等历代名人关于修身养性和治家的格言，试图以此来提升自身的修养。① 由此可见，汪光淼既对科举仕途抱有理想，也积极讲求个人修养和家庭教育。关于《局董日记》的作者汪光淼，族谱资料有如下记载：

(91 世)光淼，光祉，榜名汇江，字春江，号虚舟。咸丰九年邵院三名，入学邑文庠。同治六年朱院一等二名，补廪。光绪八年徐院，考取临贡，由岁贡生咨部注册，以教职补用，授修职郎，选用教谕。公践履笃实，纯心读书，惟体气虚弱，因加涵养，诗文愈见清真，岁试、科试，辄列前茅。咸丰辛酉，贼驻贵池、石埭，合境难民无算，乏食汹汹，公撰代饥民乞食启，并先自赈，人因感动，存活甚众。光绪戊寅，历口利济桥汜[圮]，公经捐督造，三年成功。甲申又遭水损，迄今病涉，人多叹息，谓公若在，桥已复成。生于道光十年庚寅五月初三日戌时，殁于光绪十一年四月二十七日巳时。聘渚口岁贡生倪世隆女彩辉，娶桃源贡生陈驾之公妹陈氏，生于道光九年己丑四月十一日辰时，殁于光绪十八年二月二十日卯时。子一：思祖。②

由此可见，在光绪八年，通过选贡的方式，汪光淼"以教职补用，授修职郎，选用教谕"，终于得到一个教谕的官职。

值得关注的是，光淼还是一位具有多重身份的人物。《局董日记》记载，他还与亲友在祁门西乡闪里镇合伙开设和兴店、喻义店，从事商业经营，每年获得一些收入。此外，他还曾做过塾师，在西乡西塘村坐馆教书。③ 他也热衷于地方公益事业，太平天国运动时期，徽州惨遭战乱，民不聊生。他积极赈济难民，挽救了不少人的生命。尤为值得一提的是，光绪四年利济桥被大水冲毁，重建利济桥之时，他出任桥局局董，负责监督工程建设事宜，"经

① 《清光绪祁门历口利济桥局局董日记》，《徽州民间珍稀文献集成》第 3 册，第 487—514 页。
② 《舜溪汪氏重修宗谱》卷一〇《世系 · 正卿公下一大公房伏生公派五》。
③ 《清光绪祁门历口利济桥局局董日记》，《徽州民间珍稀文献集成》第 3 册，第 370 页。

捐督造,三年成功”①。到光绪九年二月,利济桥兴建完工。《局董日记》详细记载了他从光绪五年至七年兼任桥局局董期间所承担的各种工作。

二、晚清徽州乡村社会的经济生活图景

《局董日记》不仅记载了徽州乡村社会日常生活的各种图景,还记载了大量有关乡村社会经济生活的诸面相,举凡商铺经营、茶叶贸易、民间借贷、催征钱粮、田地收租和劳动力价情况,皆有涉及。通过这些经济信息,能够从一个侧面了解晚清徽州乡村社会民众经济生活的基本情况。

(一)商业经营

《局董日记》记载了不少商业店铺的经营情况,且日记作者汪光淼也是一位商人,曾和亲友一起合伙经营商业店铺。因此,日记对于这些商业字号的记载最为集中。

光绪四年六月中旬的水灾,不仅造成汪光淼老家受灾,也使得他在闪里、历口开设的店铺受到严重损失。六月二十日,汪光淼从闪里回来的朋友口中得知,他在闪里的喻义店水齐柜台,但没大事。② 但他与汪仰南、冯濬川等人合伙在历口开设的和兴店遭受很大损失,七月中旬的狂风暴雨使得“店背后冯姓虎形坟山几抱围古木当腰折断,压在店屋中”,导致店铺的部分建筑倒塌,于是他们一起商量重新建造中间一进。③

从日记内容来看,和兴店、喻义店是汪光淼经营的主要店铺,在日记中频繁出现。无论是作者下乡劝捐,还是平时外出,经常在这两个店里用餐、住宿。如光绪五年二月二十日,汪光淼和桥局同仁一起到河东冯宅、河西许宅劝捐,就和桥局同仁在和兴店吃早饭、用晚宴。④ 三月十三日,汪光淼同汪

① 《舜溪汪氏重修宗谱》卷一〇《世系·正卿公下一大公房伏生公派五》。
② 《清光绪祁门历口利济桥局局董日记》,《徽州民间珍稀文献集成》第3册,第362页。
③ 《清光绪祁门历口利济桥局局董日记》,《徽州民间珍稀文献集成》第3册,第366—367页。
④ 《清光绪祁门历口利济桥局局董日记》,《徽州民间珍稀文献集成》第3册,第371页。

殿三、冯胜英、汪耿扬等人到沿边峡城劝捐,中午到闪里,住寓喻义店,当晚在该店住宿用餐。①

关于汪光淼经营的和兴店、喻义店的资本来源,日记中无明确记载,但从其分家析产的情况可略知一二。光绪六年九月初六日,汪光淼与族中的族叔、子侄一起分家析产,对"己置屋业、店屋、田租,与弟、延寿叔,品搭均分,尚不失先祖南陔公遗意,令人称羡,晚备酒二席"②进行析分。由此可知,汪光淼与族人析分的产业主要包括曾祖荣序(号南陔)遗存下来的产业和自己购置的产业。从中可推知,其商业资本来源大致包括两种:一是承祖,即继承祖业;二是自身经营资本。

既然是合伙经商,店铺的经营情况自然是汪光淼需要关注的。因此,日记中除了提到他在和兴店、喻义店用餐、住宿外,还提及他盘查账簿的情况。光绪五年十月廿八日的日记记载:"闪轿回家,查喻店帐[账],春位四年戊寅结,共收货钱九千三百五十二文。"③由此可知,汪光淼从闪里回到家中后,开始盘查喻义店在光绪四年的收支情况,当时该店共收货钱九千三百五十二文,尚有一定盈利。光绪五年除夕,汪光淼付喻义店货钱二百九十二文,④清理了账务。

既然是开店营业,进货发货自然是商店的日常业务。光绪五年十二月二十三日,喻义店给汪光淼发来的货物清单的信息,颇为珍贵,现摘录如下:

省五十边二包,一百六十(文);
二百边一包,八十(文);
一两双响,二扎,六十四(文);
四号红通一斤,五十六(文);
一四箔三条,一百四十四(文);
光古,一刀,卅二(文);

① 《清光绪祁门历口利济桥局局董日记》,《徽州民间珍稀文献集成》第 3 册,第 374 页。
② 《清光绪祁门历口利济桥局局董日记》,《徽州民间珍稀文献集成》第 3 册,第 459 页。
③ 《清光绪祁门历口利济桥局局董日记》,《徽州民间珍稀文献集成》第 3 册,第 408 页。
④ 《清光绪祁门历口利济桥局局董日记》,《徽州民间珍稀文献集成》第 3 册,第 429 页。

子午香,十支;十(文);
木兰香,四十四,四十(文);
一八支烛一斤,百廿(文);
称灯,半斤,七十二(文);
法烛,四两,卅(文);
四两双盖一支,卅六(文);
熟花生二斤,百十二(文);
新中和半斤,百廿(文)
瑞鱼,八斤,一百四十(文);
共计钱一千二百八十四文。①

从这份货物清单中可知,汪光淼经营的商店是一家杂货店,商品种类繁多,举凡鞭炮、花生、木香、鱼、箔、香料等都有,而且这些商品的价格都有记载,从中可以得知这些商品的基本物价行情。加之,当时已是腊月二十几号,距离除夕较近,这些商品很可能是汪光淼经营的年货商品。

和兴店也是汪光淼与亲友合伙经营的。从日记内容来看,汪光淼占两股,修理店铺时,他以此为出资标准,花钱六十九千七百七十三文。② 光绪五年十月廿日,汪光淼代二哥光礼收和兴店洋二十元,其中,十元直接寄给二哥家,供他们家用;剩下十元"众备屯石灰",以便日常使用。③ 光绪六年,和兴店出现经营困难,到二月初尚未开门营业,合伙人汪仰南请汪光淼一同商讨,并请他代为清理账务。④ 至于和兴店的账务如何清理,日记中没有记载,但该店并未倒闭,一直在营业,这是可以肯定的。在光绪七年九月初一日,汪光淼收到和兴店的息洋二十元,⑤似乎该店后来的效益还不错。

作为和兴店的股东之一,汪光淼也常收到该店送来的一些物品。现罗列如表1所示:

---

①《清光绪祁门历口利济桥局局董日记》,《徽州民间珍稀文献集成》第3册,第416—417页。
②《清光绪祁门历口利济桥局局董日记》,《徽州民间珍稀文献集成》第3册,第429页。
③《清光绪祁门历口利济桥局局董日记》,《徽州民间珍稀文献集成》第3册,第410页。
④《清光绪祁门历口利济桥局局董日记》,《徽州民间珍稀文献集成》第3册,第427页。
⑤《清光绪祁门历口利济桥局局董日记》,《徽州民间珍稀文献集成》第3册,第529页。

表1　汪光淼所收和兴店物品一览

时　　间	内　　　容
光绪五年五月初三日	承和兴宝号送来白面姜一斤,绿豆糕一斤,盐子十八元,粽卅个
光绪六年四月廿四日	和兴店送来白麦姜一斤,杏酥一斤
光绪六年八月初八日	和兴店送来加料小酥两斤,与二兄分收
光绪六年十二月十八日	承和兴店送果子二包,麻酥、雪枣,红燭一对
光绪七年九月□□[廿日]	收和兴号盐一角,又油纸一张
光绪七年十月二十日	收和兴号边猫二斤,寄上岩祥回家

从表1可以看出,汪光淼常在逢年过节前后收到店里赠送的物品,这些物品多是面条、糕点、鸭蛋、枣子、猪油、糖果、粽子等日常生活中的常见食品。

日记中关于汪光淼商铺经营的具体情况,缺乏记载,无法得知其具体收支情况。但从日记中可知,除了经营店铺外,店租收入也是其收入来源之一。光绪五年十月初十日,汪光淼收取其父购置的商铺店租银八两一钱。①

汪光淼和桥局人员在下乡劝捐之时,除了在自己经营的和兴店、喻义店食宿外,也在沿途的其他旅馆用餐、住宿。具体情况如表2所示:

表2　汪光淼和桥局人员下乡劝捐食宿一览

时　　间	内　　　容	资料来源
光绪四年七月二十三日	动身到历口曹村益丰店留宿	第367页
光绪五年二月十八日	下午到局晚饭,和兴店宿	第371页
光绪五年二月二十日	河东冯宅、河西许宅写乐输,合局人同在和兴店早饭晚酒	第371页

①《清光绪祁门历口利济桥局局董日记》,《徽州民间珍稀文献集成》第3册,第406页。

(续表)

时　　间	内　　容	资料来源
光绪五年二月二十一日	宋村冯宅写乐输,肇馨茶号晚席	第 371 页
光绪五年二月二十二日	大树下冯宅写乐输,冯景山先家午饭,大茂榨晚酒	第 371 页
光绪五年二月二十五日	西塘黄宅写乐输,永顺号晚酒	第 372 页
光绪五年二月二十七日	马儿坦、择墅岭各处写乐输,义泰号晚酒	第 372 页
光绪五年三月十三日	同殿、胜、耿在茶科树底陈清远兄家早饭,由沿边、峡城各村写捐;午到闪寓喻义店	第 374 页
光绪五年三月十五日	午轿回闪,仍寓喻义店	第 375 页
光绪五年三月十八日	午到新安洲(隔闪十五里),寓恒春宝号(上湾汪汝常兄、箬坑王康侯兄合开)	第 376 页
光绪五年三月十九日	午到赵家(下湾对面,只隔一河),晤赵岱宗先,印光前、丽三兄,回上湾汉邦兄家晚餐,复恒春店宿,王康侯兄自饶到店	第 377 页
光绪五年三月二十三日	自高塘度榉木岭,到闪寓喻义店;殿、耿廿四日回家,予在店住,候收各处乐输单	第 379 页
光绪五年闰三月二十四日	同殿兄肇馨茶号晚饭	第 381 页
光绪七年八月□□日	殿、蔼至闪,住喻义店	第 528 页

表 2 显示,汪光淼和桥局人员下乡劝捐住店的内容共出现 17 次,涉及益丰店、和兴店、喻义店、肇馨茶号、大茂、义泰号、恒春宝号等 8 家字号。其中,和兴店和喻义店为汪光淼与亲友合伙开设的店铺,剩下 6 家为其他旅店。查《重建历口利济桥众善捐输芳名册》(以下简称《捐输芳名册》)可知,大茂、义泰号、和兴、永顺等 4 家商铺皆开设在历口街。① 喻义店开设在闪里,而恒

①《重建历口利济桥众善捐输芳名册》,《徽州民间珍稀文献集成》第 3 册,第 259—263 页。

春宝号由上湾汪汝常、箬坑王康侯合伙开设在新安洲。由此可见，上述商店平时既买卖商品，也接待行旅用餐和住宿。

值得注意的是，历口是祁门西乡最为繁华的商业重镇，历口街河东、河西两边的商业店铺林立，据《捐输芳名册》记载，参与乐捐的商号就有 38 家。这些商家除了直接捐资修桥外，还有以抽取店铺利润的方式进行捐款的。对此，光绪五年十二月初一日的日记记载："河东、河西店家每日愿捐，每年约计钱二百千文，本年自七月初一日起，作半年扣。"①可见，当时历口河东、河西的商家店铺从每日商店收入中拿出一部分利润作为乐捐款，每半年扣一次，每年大概能够捐资 200 千文。这种捐资方式在《捐输芳名册》中没有记载，这也进一步显示出日记具有较高的学术价值。

值得关注的是，利济桥的桥局也设在历口商号。光绪五年二月十八日，桥局成立之时，暂设在义泰店；闰三月初八日，桥局暂时搬到附近的迎晖书屋。四月初二日，"各匠起工修理双和店作桥局"。五月初一日，双和店修理完毕，桥局正式搬到该店，此后桥局一直在此办公。②

日记除了大量记载一些商业字号外，还记载了丰富的茶市讯息。众所周知，在近代转型时期，徽商迎难而上，创立了"屯绿""祁红"等新的茶叶品牌，徽商的发展迎来新的契机。尤其是祁红后来居上，成为近代中国最为著名的茶叶品牌，闻名海内外。祁门红茶创立于同光之际，不仅改变了徽州茶业的产业结构，而且使得祁门民众形成经营红茶的风气，带动了全县社会经济的发展。③《局董日记》记载了光绪六年和七年的祁门茶市贸易讯息，尤以祁门红茶的内容较为集中，这为了解祁红创制初期的发展提供了宝贵的材料。

祁门红茶产量以南乡和西乡为多，品质也最优，"植茶为大宗，东乡绿茶得利最厚，西乡红茶出产甚丰，皆运售浔、汉、沪港等处"④。"西南两乡务农

① 《清光绪祁门历口利济桥局局董日记》，《徽州民间珍稀文献集成》第 3 册，第 411 页。

② 《清光绪祁门历口利济桥局局董日记》，《徽州民间珍稀文献集成》第 3 册，第 379—383 页。

③ 关于近代祁门红茶产业的生产、加工、贸易与区域社会变迁的具体情况，可参阅康健《近代祁门茶业经济研究》，合肥：安徽科学技术出版社，2017 年。

④ （清）刘汝骥：《陶甓公牍》卷一二《法制 · 祁门民情之习惯 · 职业趋重之点》，《官箴书集成》第 10 册，合肥：黄山书社，1997 年，第 601 页。

者,约占十分之七,士、工、商仅占十分之三,多借茶为生活,营商远地者,除茶商而外,寥寥无几。"[①]可见,晚清时期,经营茶叶成为祁门民众的主要生计来源。

汪光淼所在的历口、闪里和箬坑就是西乡著名的产茶区,民众普遍从事茶叶经营。光绪六年正月初七日的日记记载:"接二兄店盘帐[账]信,店中旧岁生意,除与镜之二家支用外,尚可补红茶亏蚀,伙计辞桃源淦茂、加用、明杨弟,余俱照旧。"由此可见,汪光淼不仅与亲友合伙开设杂货店,还从事红茶贸易。这条资料显示,汪光淼在光绪五年的红茶生意中有所亏损。[②]

茶叶具有很强的季节性,一般来说,每年三四月份,茶叶贸易开始兴起。祁门红茶主要是在九江和汉口贸易,因此,两地茶市行情直接影响祁门红茶商人生意的兴衰。光绪十二年,祁红鼻祖胡元龙就曾因在九江卖茶错失时机,造成生意亏损。[③]《局董日记》中对祁门红茶号在九江、汉口的贸易情况记载较多。光绪六年四月十六日,汪光淼接到二哥光礼的来信,得知九江、汉口的茶市讯息:"接二兄来信,泰来亨头字红茶,九江出三十七两,未卖,抵汉口,售四十一两,甚获厚利。十一日成盘,十五三更信到闪。"[④]由此可知,汪光淼等人经营的泰来亨的头批红茶因九江茶价较低,运到汉口以高价卖出,获得厚利。光绪六年四月十七至二十日,怡丰红茶头字,在汉口单价售三十七两五钱。[⑤] 光绪七年四月廿九日的日记记载:"历口怡恒隆,十八日发红茶,汉口售卅四两五钱,有利息。亿同昌,九江售廿八两。"[⑥]这些资料显示了光绪六年、七年祁门红茶贸易的主要商埠九江和汉口的茶价波动,若结合《申报》同一时期对两地茶价的记载,就能更为深入地了解当时九江、汉口两地祁门红茶市场价格的波动情况。

在祁门红茶创立之初,祁门南乡贵溪的胡元龙、西乡闪里的陈烈(丽)清

① 李家骈:《祁门全境乡土地理调查报告》,《安徽省立第二师范学校杂志》1914 年第 4 期,第 6 页。

② 《清光绪祁门历口利济桥局局董日记》,《徽州民间珍稀文献集成》第 3 册,第 423 页。

③ 《光绪十七年祁门胡上祥立遗嘱章程文》,清抄本。

④ 《清光绪祁门历口利济桥局局董日记》,《徽州民间珍稀文献集成》第 3 册,第 440 页。

⑤ 《清光绪祁门历口利济桥局局董日记》,《徽州民间珍稀文献集成》第 3 册,第 440 页。

⑥ 《清光绪祁门历口利济桥局局董日记》,《徽州民间珍稀文献集成》第 3 册,第 505 页。

和黟县的余干臣三人并驾齐驱，为祁门红茶的创制、发展作出重大贡献。但目前学界对胡元龙、余干臣研究较多，但对陈丽清①的红茶经营较少涉及，可能是与资料缺失不无关系。《局董日记》记载了陈丽清经营的怡丰茶号在光绪早期的具体情况，在一定程度上弥补了以往研究的不足。光绪六年四月十七至二十日，怡丰红茶头字，在汉口单价售三十七两五钱；②光绪七年五月十九日的日记说，闪里怡丰茶号因经营需要，想来历口兑换洋钱，但后来听说县城兑换比价有所回升，于是转到县城兑换。③

2019年2月11日，笔者在《局董日记》作者汪光森所在的祁门西乡下汪村考察之时，在其后人家中发现七八十件民间契约文书。这些契约文书内容丰富，举凡买卖契约、商业合同、书信、账单、桥记碑文、告示土地执照等，均有涉及。时间跨度，上起乾隆年间，下到民国时期，主要以咸丰、同治和光绪年间的文书居多。其中，就有一件告示文书提到汪氏族人与陈丽清间的红茶牌号纠纷。因该文书十分珍贵，为便于论述，现将其全文摘录如下：

> 公牌私霸，瞒算不清，叩赏讯断，抑强扶弱事，缘怡丰、恒德祥，系中外通商，祁邑极有名誉之牌□，□年获利，生意发达。因另租开一茶栈，名曰裕丰，恒德祥生家亦有股份。自此股份增加，论旧约只十二股。而陈丽清词称：一□零五股，有有其名，而无其人，本[在?]有借名其人，而实仍归清，本可丽清之获利百倍于生也。生等因怡丰、裕丰皆清一人掌管，念管鲍公财之义，隐忍不言，殊清鸟[枭]獍为心，见生祖父相继逝世，欺生兄弟弱肉可食，非种必锄。旧冬托词歇业，今复暗使伊侄孙祖章出身，依旧照开，所公共怡丰、恒德祥牌号，竟自霸为己有，声言只伊能用，同股本均不能用。而历年积余号，庇又不邀公澈算，以清交推。该公共牌号既已云歇，何又私开。今既照开，何又称歇业，足见歇非真

① 陈光楷，名天水，字丽清，由监生例授县丞衔，生于道光三十年庚戌六月三十日。《桃源陈氏宗谱》卷七《世系·保极堂志晟公支》，清光绪三十年刻本。2018年2月13日，笔者在陈光楷玄孙陈瑞君先生的陪同下，寻访陈光楷墓地，见有两块墓碑：一块为民国二年所立，一块为民国三十六年重修墓地之时所立。由此可见，陈光楷去世于民国二年。

② 《清光绪祁门历口利济桥局局董日记》，《徽州民间珍稀文献集成》第3册，第440页。

③ 《清光绪祁门历口利济桥局局董日记》，《徽州民间珍稀文献集成》第3册，第514页。

歇,开非公开。其非鸟吞,而何况中人王悦、陈炳蔚,即启泰等,陈郊、陈廷侯、陈汉父等,俱诉清私霸非理。

捧读宪批,恒德祥牌号,既系公共老牌无属,股东均可通用,陈丽清亦不得据为己有等谕。咸颂宪台至公至明,信不愧为民之父母,而丽清殊恃富恃强,概可想见。兹已守候数日,邀中算处不图,竟不闻问,藐其奈何。为此再叩。

宪大人师鉴情,作主恩赏,集讯候约断结,以免讼累,大德为天,楚项顶上尔。

此单切勿遗失。①

从上到祁门县官方文书来看,晚清时期,怡丰、恒德祥等茶号都是著名的祁门红茶牌号,生意兴隆,获利颇多。恒德祥牌号原来系舜溪汪氏与陈丽清合伙开设的红茶字号,各自占有一定的股份。后来参与合伙贸易的汪氏父子相继去世,其牌号的生意经营主要由陈丽清负责。于是陈丽清借此机会,独占该牌号的经营权,并暗中指使其侄孙陈祖章帮助打理红茶生意,借此将原先汪、陈两家共同合伙经营的"公共怡丰、恒德祥牌号"占为已有。不仅如此,陈丽清还"声言只伊能用,同股本均不能用",明目张胆地说,怡丰、恒德祥等牌号只有他一人才能使用,占有股份的汪氏合伙人均不能使用该牌号进行红茶贸易。

地方官府根据汪、陈两家的说词,经调查,最后指出:"德祥牌号,既系公共老牌无属,股东均可通用,陈丽清亦不得据为己有。"明确提出恒德祥牌号属于汪、陈两家合伙经营的公共牌号,两家股东都可以使用,陈丽清不能据为己有。

虽然官府已作出判决,但从后来的实际情况来看,陈丽清却"恃富恃强",无视官府裁判,不仅将这些公共牌号占为己有,后来还将恒德祥交给自己的儿子陈大荣经营。② 民国初年的调查显示:"茶商经济,则以浮梁磻村之

---

① 该文书为祁门下汪村汪氏族人收藏。

② 徐海啸:《徽州红茶文化研究——以桃源为例》,合肥:合肥工业大学出版社,2017 年,第 10 页。

汪某,祁门闪里之陈某,历口之汪某,贵溪之胡某,建德之王某、胡某为较裕。且多自行种茶,以茶商而兼园户,烘制尤极适宜,故售价较高,而岁货赢利焉。"[①]这里的"闪里之陈某"即指红茶商人陈丽清家族。可见,从光绪初年到民国初期,其家族的红茶贸易仍然十分兴盛。

《局董日记》除了记载祁门红茶贸易情况,还记载了祁门红茶贸易的一些侧面。光绪七年五月初九日,怡和江西毛峰清茶的售价为二十八两八钱。[②] 七月二十一日,冯景山等人到汉口售卖绿茶回来,送给汪光森洋糖一瓶、蒲扇一把。[③] 由此可见,在祁门红茶创立之后,西乡也有一些商人同时从事红茶和绿茶贸易。这在一定程度上修正了以往学界普遍认为祁红创立之后,绿茶仅限于东乡的陈说。

(二)民间借贷

在日常生活中,民众难免会因各种原因遇到经济困难,不时会向亲友、钱庄、当铺等借贷,以周转资金,或渡过危机。《局董日记》记载了一些徽州民间借贷[④]的信息。具体如表3所示:

表3 《局董日记》所见民间借贷情况

序号	时　　间	借　贷　情　况	资料来源
1	光绪五年十二月	与宗弟面结年头各用三千百七十文……外又借去洋一元,存清明用洋二分;廿一收,又辉祖手借钱二百五十文	第419页
2	光绪五年除夕	旧云路侄借钱七百文,收光洋一元钱,收洋去讫	第421页
3	光绪六年三月二十一日	德修回家借去钱五百文	第437页

① 谢恩隆等:《调查祁浮建红茶报告书》,《农商公报》13期,1915年8月,第2页。
② 《清光绪祁门历口利济桥局局董日记》,《徽州民间珍稀文献集成》第3册,第507页。
③ 《清光绪祁门历口利济桥局局董日记》,《徽州民间珍稀文献集成》第3册,第522页。
④ 关于清代徽州民间借贷的具体研究,可参阅吴秉坤《清至民国徽州民间借贷利率资料汇编及研究》,上海:上海交通大学出版社,2015年。

(续表)

序号	时　　间	借　贷　情　况	资料来源
4	光绪六年三月廿六日	陈成之先借去洋五元(邑收还讫;成之先本年两学,计洋二十元)	第437页
5	光绪六年三月二十七日	王周盛亲借去洋八元,邑收还讫 叶仲升先借去洋一元(六月收还,讫) 芹弟借钱一百文(与寓家酒钱)	第438页
6	光绪六年十二月二十一日	栗里王周盛亲翁借去洋四元,订明年茶市归还	第475页
7	光绪六年十二月二十六日	洪盛借去洋八元,潘金钩经手立契,高坦坪田租押,因其女婿火烧登儒叔门下山茶科,愿认挖土	第478页
8	光绪七年十二月二十四日	耿兄借洋四元,又前欠洋一□[元]	第540页

从表3可以看出,在上述8次民间借贷中,汪光淼都是以债主的身份出现,说明其具有一定的经济实力。第四例陈成之因上学费用缺少而借钱。第五例汪光淼的族弟汪光芹因欠酒家住宿费借钱。而第六例栗里王周盛是汪光淼的亲戚,借银洋四元,约定明年茶市再偿还借款,这从一个侧面显示,茶叶收入在祁门民众生活中占有重要的经济地位。第七例中,洪盛借钱颇值得分析。洪盛因其女婿误烧汪光淼族叔汪登儒的茶科山而借钱,这次借钱可能数额较大,他邀请潘金钩作中订立借约,并以高坦坪田租作抵押,来向汪光淼借钱。第八例为汪光淼族兄汪耿扬向其借钱,而汪耿扬曾于同治十一年担任当涂训导,可见,他虽身为基层官员,但生活中也有缺钱的时候。

(三)劳动力市场

《局董日记》还记载了轿力、脚力等劳动力的价格情况,从一个侧面反映晚清徽州社会相关领域劳动力市场的价格。日记记载,汪光淼和亲友出行

普遍乘坐轿子,但大多数情况没有注明轿夫的花费,只有6次记载了轿力钱的支出。现对轿力价格加以统计,具体如表4所示:

表4 《局董日记》所见轿力钱一览

序号	时　　间	轿　力　钱	资料来源
1	光绪五年三月十八日	同殿、耿兄闪雇长夫六名(每名自食,二百文一日),度新安岭,午到新安洲(隔闪十五里)	第376页
2	光绪五年三月二十日	王天化兄轿同到长滩赵家,赵作舟兄款茶点午饭,并给轿夫八人酒饭	第377页
3	光绪五年闰三月十七日	□[历]口雇轿出邑(照桥局价,轿力钱八百四十文)	第380页
4	光绪六年二月二十三日	动身往郡岁试,历口行夫二名,自家到郡,计洋三元,钱四百文,是夜宿桥局	第431页
5	光绪六年三月廿八日	郡轿动身订到邑,计洋二元,钱四百文	第438页
6	光绪七年三月初二日	闪里轿来……谨初母家来粿五百四十个,鸡子五十元(鲜亥三斤);外,又与谨初子　元,送汝侄粿廿二个,系轿夫顺便送来,给力钱三百文	第494页

从表4可知,汪光森常乘坐轿子出行,轿力的工钱既有用货币支付的,也有用招待酒饭的方式给付的,但以货币支付的形式居多。根据路途的远近不同,轿力钱也有高低之分。第一例显示,从闪里雇轿夫到新安洲,15里路需200文。第二例轿夫的费用是用款待酒饭的形式给付的。第三例显示了桥局事务的通常价格,从历口乘轿到祁门县城的价格为840文。第四、五例,这2次乘坐轿子,是汪光森乘轿往返徽州府参加科考。从中可知从其家下汪村到徽州府城,雇用2名轿夫,花费洋银3元;从徽州府城雇轿到祁门县城,花费洋元2元,钱400文。由2次路程轿夫的价格情况,可推算从县城到其老家下汪村,轿力钱不足洋1元。第六例,轿力钱300文,是指从闪里到下汪村的费用。

日记中关于来回传递讯息的脚力钱也多有记载。具体情况,如表5所示:

表 5 《局董日记》所见脚力钱一览

序号	时　　间	脚　力　钱	资料来源
1	光绪五年十一月二十七日	辉祖为旺祖疾来局雇轿,往石潭请医未到,代芹弟付轿工钱四百文,腊月收还讫	第 410 页
2	光绪六年八月初二日	回来客鞋二双,荷包一斤(内银一锭),计一两,丝带一条,洋巾一条;庄人使力钱四百文	第 448 页
3	光绪元年八月初八日	下聘……回来鞋两双……使力钱四百文①	第 449 页
4	光绪六年十月初九日	客庄人五棹早棹盒茶……小客每名脚力,钱四百文	第 464 页
5	光绪六年十月十九日	叶增保兄着轿来接姑嬉,未去,款待饭给脚钱二百文,重光由叶村去	第 466 页
6	光绪六年十月二十日	茶姐去,送粽二盒,计八十,菜四(鸡钱二百文,亥一斤二两,鱼二尾,子四元);使力钱一千六百文,来接人脚钱二百文	第 466 页
7	光绪六年十二月廿日	回送果子两包,麻酥、雪枣,香干四扎;使力钱二百文	第 475 页
8	光绪六年十二月廿祀日	使力钱二百文(庄人比日回)	第 476 页
9	光绪七年正月十四日	县考……门斗陈欣来报头案(因新年款棹盒子茶,给纸包钱一百文)	第 485 页
10	光绪七年正月十八日	县考……门斗来报二场案;取再试,绍祖第十七,思祖第五十七;给纸包钱六十	第 487 页
11	光绪七年正月二十六日	县考……门斗报县正案,绍祖第二十,思祖亦取终场,正案六十一(终场取八十名,门斗给饭,与钱八十文)	第 489 页

① 按:光绪元年这条记载记录的是光绪元年作者儿子思祖下聘礼定金的事情。作者将其抄录到日记中,主要是作为其子婚礼仪式中的一个过程性内容。

（续表）

序号	时　　间	脚　力　钱	资料来源
12	光绪七年三月十三日	丙森代思祖挑书箱出邑（计大洋五十三斤，与挑力钱四百文）	第495页
13	光绪七年五月初六日	原差行四月十五票，十一日回去，给钱三百文	第506页

表5记载脚力费13例，反映了光绪元年到光绪七年各种脚力费用的开支情况。其中第九、十、十一例为参加科考，门斗来回传报科考成绩的费用，第十三例为衙门差役传唤信票费用，其余10例皆为普通脚力费。

从具体费用情况来看，脚力钱基本在200文到400文之间波动，其中第一、二、三、四、十二例，每名脚力的花费都是400文。这5次脚力的时间跨度从光绪元年到光绪七年，说明这7年中脚力钱十分稳定，没有波动。第五、七、八例，每名脚力的花费都是200文，说明路程可能较上述几例为近，所以价格较低。第九、十、十一例为汪光森子侄参加县试之时，门斗将每场考试结果从县城传递到其家中的人力费，每次费用都不同。报头案之时，在元宵节之前一日，尚在新年中，汪光森除了给门斗100文外，还款待其喝茶用餐；门斗报二场案的费用是60文；报正案之时，除给门斗80文外，还供其饭食。这三次县考门斗费用都在100文以下，这从一个侧面反映了晚清时期徽州府祁门县生员考试中县试阶段门斗的费用情况。第十三例是祁门县衙中衙役将传唤信票给涉案人员的费用，花费300文，当时汪光森在历口桥局，这个价钱是从县城到历口的费用。

（四）催征钱粮

完成州县定额的赋税收入是州县官最为重要的职责。因此，为保证按期征收足额赋税，州县官常采取很多催征钱粮的措施，他们或是亲自下乡催征赋税，或是请地方代理人代为催征钱粮。①《局董日记》记载了光绪五年至

---

① 有关清代地方州县官赋役征收职能的研究，可参阅瞿同祖《清代地方政府》，北京：法律出版社，2014年，第205—218页。

七年,祁门县赋税征收中催征钱粮的信息。通过这些记载,能都深入了解晚清时期徽州地区赋役征收实态。

日记第一次记载祁门知县下乡催征钱粮是在光绪四年十一月十八日,当时黄知县到汪光淼老家下汪村催征钱粮,①但具体情况缺乏记载。光绪五年新上任的祁门知县柯家璆,于当年十一月初一日亲自下乡催征钱粮。② 这是《局董日记》中首次记载柯县令下乡催征钱粮。十一月二十一日,柯知县先在叶村催征,后又到汪光淼老家下汪村的五约会催征,而当时他正在历口桥局,于是派局丁回去了解情况。二十二日下午,汪光淼从局丁那里得知,柯知县继续到其他村落催征,然后"走箬坑、文堂,由下路回城"③。汪光淼之所以要了解柯县令返程路线,就是想接待地方父母官并拉拢关系。因他具有生员的身份并兼任利济桥桥局局董,是地方比较有影响力的乡绅。但从日记来看,这次柯知县没有从历口回县城,而是直接由箬坑、文堂等下路返回县衙,所以,这次汪光淼未能如愿。

光绪六年十一月,柯知县再次亲自下乡催征钱粮。这次柯知县催征规模较大,一起二三十人,势必要达到预期效果。十三日,他们从自箬坑动身,粮差、头牌等先到汪光淼所在的下汪村,很快柯知县和随行的三十多人到达村中,当即在村中的道生祠办公,处理催征钱粮之事。但汪光淼和族众无法筹集足额的钱粮,于是由他负责接待柯知县一行人等,在家中备茶点、晚餐,将他们先安顿下来。当时"户房柜上停序和家,差停自顺兄店,夫安置必炎家歇店"④,安排好这些人等的住宿后,汪光淼立即召集附近马山的叶用宾和五约内的各村负责人一起商讨,决定照"各村久则出费",筹集资金,完纳钱粮。但第二天上交的钱粮尚未足额,税差人等人在村中停留,汪光淼在家中备上席招待他们。日记记载了这次用餐情况,当时是"八小盘,四暖锅(刺参鸡一,大淡炆囱一,鱼肚浮元一,粉皮煎付白菜心一)"⑤。可见伙食颇丰。

---

①《清光绪祁门历口利济桥局局董日记》,《徽州民间珍稀文献集成》第3册,第369页。
②《清光绪祁门历口利济桥局局董日记》,《徽州民间珍稀文献集成》第3册,第409页。
③《清光绪祁门历口利济桥局局董日记》,《徽州民间珍稀文献集成》第3册,第410页。
④《清光绪祁门历口利济桥局局董日记》,《徽州民间珍稀文献集成》第3册,第470页。
⑤《清光绪祁门历口利济桥局局董日记》,《徽州民间珍稀文献集成》第3册,第470页。

光绪七年，祁门知县因未能在规定时期内征收足额的赋税，十分着急。于是在六月中旬给汪光淼写了一封信，请他在桥局催捐。该书信原件虽然没有保存下来，但汪光淼在日记中抄录了这封信的内容，现将该信件内容转录如下：

> 久违芝采时，切葭思敬维，升祉崇臻，履祺迪吉为颂。弟日前因公晋省，系奉上台催迫，诚为不仍己之行。旋时又以委员久住，赶紧办竣，交委回销，政拙才疏，徒为惭歉。所幸近来雨旸时，若可卜丰收，同为欣幸也。贵局桥工茶市之际，□捐缴到若干，有无價捐之款，念念弟所输之，□久拟缴请，亦因度支拮据，以致迟迟。兹特措就净光本洋三十三元，并捐条一纸，祈查收，将去岁捐条检交来差带回，以便涂销为祷。耑此敬请升安，诸惟雅照不一，贵局各位统此致候。①

从这封信的内容来看，祁门知县到安徽省府公干，接到上司催缴赋税的命令，但又无计可施，无法筹集定额的赋税，因而为此烦恼。于是写信给汪光淼，请他在茶市来临之际，在民众收入有保障的情况下，以桥局的名义劝捐，要求捐洋 33 元，并立捐条一纸。汪光淼收到祁门知县这封劝捐信之后，慷慨解囊，立即“缴桥工捐洋三十三元”②，以解知县燃眉之急。这封信具体而微地反映了州县官钱粮征收之不易。该信件是了解晚清徽州地方赋役征收实态的绝佳资料，因而具有很高的价值。

交纳一定的国课是王朝治下编户齐民的基本要求。《局董日记》记载，光绪七年九月二十日，汪光淼请其子思祖带洋 24 元，到祁门县衙完纳自己和族众应缴的钱粮。③ 祁门知县为筹集赋税之事，再次下乡催征钱粮，十一月十六日到达历口桥局，汪光淼备席招待知县一行人员。当日下午，知县一行人等动身到黄龙口催征钱粮。十七日，祁门知县从十七都催征钱粮返程，汪光淼再次在桥局设宴接待，下午知县返回县城。④

---

① 《清光绪祁门历口利济桥局局董日记》，《徽州民间珍稀文献集成》第 3 册，第 517 页。
② 《清光绪祁门历口利济桥局局董日记》，《徽州民间珍稀文献集成》第 3 册，第 517 页。
③ 《清光绪祁门历口利济桥局局董日记》，《徽州民间珍稀文献集成》第 3 册，第 531 页。
④ 《清光绪祁门历口利济桥局局董日记》，《徽州民间珍稀文献集成》第 3 册，第 536 页。

从《局董日记》在光绪五年、六年、七年多次记载祁门知县亲自下乡催征钱粮、征收赋税的情况来看,晚清时期,地方州县的赋税征收存在不少困难,州县官常为不能及时上缴足额的赋税而忧虑。祁门知县每次下乡催征钱粮所到的村落,如文堂、下汪村、箬坑、彭龙、黄龙口、叶村等,都是地方望族聚居之地,也是著名的产茶村落,[①]有不少富户。这说明一些富户、大户所在的村落承担了地方赋税的重要负担。而祁门知县下乡催征钱粮,多由汪光淼负责接待,不仅显示出具有生员身份的他与地方父母官具有良好的私人关系,同时也说明他在乡村社会中具有很高的威望。

(五)田地收租

明清时期,徽州是一个宗族势力较为强固的地区,大姓多聚族而居,形成一个强大的宗族社会,具有严密的宗族制度。族产作为宗族制度的经济基础,受到徽州宗族的重点关注,形成一套严密的族产管理制度。徽州宗族一般都拥有一定数量的族产,普遍采取租佃方式经营族产。明清时期,徽州租佃制十分盛行,佃种宗族田地的既有宗族的佃仆,也有一般佃户。[②] 汪光淼所在的汪氏宗族多采取租佃方式经营。《局董日记》详细记录了汪光淼所在的汪氏宗族收租的情况,对于了解晚清时期徽州宗族的田地经营管理具有一定的价值。

从日记内容来看,汪氏族产类型很多,既有田产,也有祀产、会产。这些族产不仅数量众多,而且分布很广。现逐一论述日记所载的汪氏族产基本情况。

每年秋收之前,汪光淼都会亲自或派族人前往族产所在田地监督稻谷收成。如光绪六年八月十八日,荧祖往大沧监谷。[③] 光绪六年九月初五日,汪光淼从桥局动身下乡收租,其行程安排是"到三洪石监小方丘租谷,下午

---

① 关于祁门西乡的著名产茶村落,可参阅康健《近代祁门茶业经济研究》,合肥:安徽科学技术出版社,2017年,第40页。

② 相关研究可参阅章有义《明清徽州土地关系研究》,北京:中国社会科学出版社,1984年;《近代徽州租佃关系案例研究》,北京:中国社会科学出版社,1988年。

③《清光绪祁门历口利济桥局局董日记》,《徽州民间珍稀文献集成》第3册,第453页。

到陈田良谷家宿，明日顺便监大方丘”①。

《局董日记》记载，汪光淼的族叔、族兄和子侄经常到各地收租。日记中记载的最早的一次收租是光绪五年九月二十六日，当时正是秋收的时候，族人到舒家弯收租 16 秤，其中，犬叔 10 秤，廿八会 4 秤，坎 2 秤。② 可见，这次收的田租既有个人的田租，也有会社的地租，如廿八会。

半坑是汪氏宗族一个重要田产所在地，族人多次前往此处收取田租。光绪五年十二月二十五日，汪光淼的族叔延寿、荣祖进半坑收众租钱。这次地租是以货币的形式缴纳的，其中，收四英“谷钱三百六十文，收王神佑亲坦租钱二百文，收胡初喜谷钱八百文”③。光绪六年十二月廿三日，绍祖、思祖进半坑收租钱，④这次没有具体记载收租数额。

曹村也是汪氏宗族的另一个重要田产所在地，日记常有记载汪氏族人到此监租、收租。光绪六年十二月十六日，“收曹村洪兴旺、汪光感坦租洋一元，又钱六百文”⑤。光绪七年七月十七日，汪光淼请曹仪甫代收曹村的租谷，但具体收租情况没有记载。⑥ 光绪七年九月初一日，汪光淼在曹村收租谷，这次记载较为详细，特罗列如下：

> 与曹村之母面结前年租谷，该洋三元。旧年谷洋十六元，收代付会洋十三元五角，新旧共欠洋五元五角。
>
> 又，五亩丘四年谷五秤五斤，五年谷十秤零五斤。三亩丘六年出谷六秤，共存谷二十二秤。⑦

从上揭文字可以看出，这次在曹村收的并不是当年的租谷，而是光绪四年、五年、六年等前几年的租谷。具体来说是，收曹之母亲光绪五年租谷 3 元，六年田租 16 元，尚欠六年、七年田租 5 元 5 角；收五亩丘光绪四年租谷 5 秤 5

① 《清光绪祁门历口利济桥局局董日记》，《徽州民间珍稀文献集成》第 3 册，第 458 页。
② 《清光绪祁门历口利济桥局局董日记》，《徽州民间珍稀文献集成》第 3 册，第 405 页。
③ 《清光绪祁门历口利济桥局局董日记》，《徽州民间珍稀文献集成》第 3 册，第 419 页。
④ 《清光绪祁门历口利济桥局局董日记》，《徽州民间珍稀文献集成》第 3 册，第 476 页。
⑤ 《清光绪祁门历口利济桥局局董日记》，《徽州民间珍稀文献集成》第 3 册，第 473 页。
⑥ 《清光绪祁门历口利济桥局局董日记》，《徽州民间珍稀文献集成》第 3 册，第 521 页。
⑦ 《清光绪祁门历口利济桥局局董日记》，《徽州民间珍稀文献集成》第 3 册，第 529 页。

斤,五年租谷10秤5斤;收三亩丘租谷6秤,这两处田租合计存谷22秤。

汪氏宗族的田产除了舒家弯、半坑、曹村外,大沧、土塴下也是汪氏重要的族田所在,如光绪七年八月初八日,荧祖前往大沧收租谷。① 光绪六年十一月二十一日,汪光淼从曹浩清那里收“土塴下五年租谷八秤”,折合租谷洋元1元、钱300文。②

除关注监租、收租外,汪光淼还重视对租谷簿的管理,如光绪七年九月初十日,他请侄子绍祖誊众存产业的租谷簿,以备日后核查。③ 同时,为满足生活需求,他也会购置一定的田产,如光绪六年八月二十日,他从栗里王应祥手中购置塘背坞口田产计实谷4秤2斤,田皮一并在内,花费“价洋六元二钱,中资钱二百四十文”④。

徽州山区面积广大,山场也是徽州宗族重要的族产。养山会是管理山场的一种民间社会组织,在徽州广泛存在,如嘉庆年间祁门西乡王氏宗族的《环溪王履和堂养山会簿》,早为学界所关注。⑤ 汪光淼所在的下汪村汪氏宗族也有养山会,每年有一定的山租收入。如光绪五年十二月二十七日,汪光淼付给养山会并众谷钱1 190文。⑥ 光绪六年四月廿五日,佳成来票发养山会谷7秤。⑦

结　　语

晚清时期,徽州社会遇到“千年未有之变局”,太平天国战乱在徽州持续十多年,对徽州社会造成重大影响。举凡战争所到之处,房屋尽毁,人员伤亡,财产被劫,民众流离失所。战争后,徽州社会呈现出一片凋敝的景象,社

① 《清光绪祁门历口利济桥局局董日记》,《徽州民间珍稀文献集成》第3册,第527页。
② 《清光绪祁门历口利济桥局局董日记》,《徽州民间珍稀文献集成》第3册,第471页。
③ 《清光绪祁门历口利济桥局局董日记》,《徽州民间珍稀文献集成》第3册,第529页。
④ 《清光绪祁门历口利济桥局局董日记》,《徽州民间珍稀文献集成》第3册,第455页。
⑤ 陈柯云:《略论明清徽州的乡约》,《中国史研究》1990年第4期。
⑥ 《清光绪祁门历口利济桥局局董日记》,《徽州民间珍稀文献集成》第3册,第419页。
⑦ 《清光绪祁门历口利济桥局局董日记》,《徽州民间珍稀文献集成》第3册,第441页。

会秩序、宗族制度亟须重建。① 不仅如此,西方经济势力不断渗透,徽商的商业发展也面临严峻挑战。因此,在咸同兵燹之后,徽州民众、乡绅和商人积极投入地方社会秩序的重建,力图振兴徽州。《局董日记》为祁门西乡下汪村汪光淼撰写的个人生活记录,详细记载了光绪四年至七年,徽州乡村社会的公共工程建设和社会生活中的风俗民情、经济生活和乡村纠纷,集中反映了战争后徽州民众重建地方社会秩序的实践和日常生活图景。

汪光淼具有多重社会身份,他有生员身份,做过塾师,经过商,兼任桥局局董,这样丰富的社会阅历,使得他在乡村社会具有很高的威望。在汪光淼笔下,晚清时期的徽州乡村社会面貌呈现出"传统"与"新变"的一面。徽州乡村社会中的公共工程建设、宗族制度、民间信仰、科考教育和乡村纠纷等,都是传统徽州制度的延续。但在近代转型时期,徽州社会又呈现出"新变"的一面,这在经济生活中表现得较为明显。在西方经济势力的不断渗透下,徽商迎难而上,创立"祁红""屯绿"等新的茶叶品牌,迎来商业发展的新契机。《局董日记》就记载了祁红创制早期的发展情况,尤其对九江、汉口等茶市讯息的记载较为详细。此外,日记还记录了祁红创始人之一陈光楷及其怡丰茶号的经营情况。这些记载都弥补了以往学术研究中对于祁红早期历史关注的不足。

当然,《局董日记》作为个人生活记录,其叙事是以汪光淼为中心展开的,故其内容仅展现了晚清徽州乡村社会的一个侧面,并非整体社会图景,具有一定局限性。但不可否认的是,《局董日记》集中展现了晚清徽州乡村社会公共工程建设、日常生活、经济生活和乡村社会的诸多面相,通过对该日记的考察,仍可窥视晚清徽州乡村社会实态纷繁复杂的图景。

---

① 可参阅拙文《晚清江南望族的修谱动员——以〈申报〉为中心》,《安徽史学》2017 年第 4 期。

无徽不成镇：清代汉口谢氏徽商之考察

张　绪

（安徽大学徽学研究中心）

摘　要：在清代国内的商业舞台上，徽商是一支颇具影响力的地域性商帮，其经营活动范围甚为广阔，足迹几遍宇内。作为当时全国四大名镇之一的汉口镇，是长江中游地区一个重要的商业市场，也是徽商开展经营活动、进行商业博弈的一个主要聚集地。在清代汉口镇的商业市场发展中，徽商是一支不容忽视的中坚力量，其经营行业种类涉及盐业、茶业、粮食业、布匹业、钱业等诸多行业。《清康熙中期旅汉口谢氏徽商文书》记载了清代康熙年间谢氏徽商在汉口镇的商业经营活动，以及置产、质典、借贷等其他经济活动。通过文献分析可以发现，谢氏徽商在商业经营上颇为灵活，拥有较强的经济实力，属于"善贾"之人，其商业经营内容和经营方式折射出清代前期两湖与江南在经济发展道路上的差异以及在地域经济上的联系。谢氏徽商在汉口的经济活动，亦反映出清代徽商与汉口乃至长江中下游地区城镇商业发展的密切关系，生动地诠释了"无徽不成镇"这句俗谚的历史内涵。

关键词：清代；汉口；徽商；谢氏；商业；康熙时期

徽商是自明中叶以后在全国商界迅速崛起的一支颇具影响力的地域性商帮，他们"借怀轻资，遍游都会，因地有无以通贸易，视时丰歉以计屈伸。诡而海岛，罕而沙漠，足迹几半禹内"①，活动地域范围非常广阔。其中，沿江及运河一线都是他们的重要经营地。汉口镇作为沿江的一座重要商业都

---

① 万历《休宁县志》卷一《舆地志·风俗》。

会，有着“九省通衢”之誉。在这座商业重镇中，徽商是为数众多的一个客商群体，“楚之汉镇为商贾云集之区，而新安人来于此者尤多”①。

关于明清时期汉口徽商群体的研究，虽然学术界已有一定程度的讨论，但是这些成果②多为宏观性的论述，只是一般性地探讨徽商在汉口镇的经营和文化活动，及其对汉口教育和地方风俗之影响，具体而细致的个案研究尚不多见，这可能与相关的文献材料不足有关。不过令人欣喜的是，在《徽州文书》第3辑第1册中收录有《清康熙中期旅汉口谢氏徽商文书》，它主要记录了康熙年间谢氏徽商在汉口镇的一些经济活动，涉及经营行业、经营方式、产业购置、借贷关系等，该文书为具体研究清代汉口徽商以及汉口商业发展历史提供了珍贵史料，其学术价值不言而喻。有学者曾利用此份文书来说明清代徽商在经营方式上的变化，③不过并未对文书的内容进行细致的解读。因此，本文仍以该份文书为讨论对象，进一步解读其所包含的历史信息，以期增进和丰富我们对清代徽商及汉口经济史的认识。

一、汉口：商业都会与徽商聚集地

作为武汉三镇之一的汉口，地处长江中游，汉水与长江在此交汇，颇负商业盛名，这里曾经是古代徽商开展商业活动、追逐商业利润的一个重要市场。

① （清）董敷桂：《紫阳书院志略》卷八《复新安巷碑记》，李经天等点注，武汉：湖北教育出版社，2002年，第294页。

② 相关成果有：张海鹏、王廷元主编《徽商研究》，合肥：安徽人民出版社，1995年；李琳琦《徽商与清代汉口紫阳书院——清代商人书院的个案研究》，《清史研究》2002年第1期；张小平《汉口徽商与社会风尚——以〈汉口丛谈〉为例》，《安徽史学》2005年第1期；林承园《清至民国时期徽商与汉口市镇的发展》，《江汉大学学报(社会科学版)》2012年第4期；林承园《清初至民国时期的汉口徽商》，安徽大学硕士学位论文，2013年；卞利《无徽不成镇——明清时期的徽商与城市发展》，《社会科学》2011年第1期；刘伯山《清代徽商在经营方式上的变化——从〈清康熙中期旅汉口谢氏徽商文书〉说开来》，《中国社会经济史研究》2015年第4期；陈锋《人口流动与文化的传播——以清代徽商移居汉口为例》，《人文论丛》2019年第1辑，武汉：武汉大学出版社，2009年，第185—191页。

③ 刘伯山：《清代徽商在经营方式上的变化——从〈清康熙中期旅汉口谢氏徽商文书〉说开来》，《中国社会经济史研究》2015年第4期。

自明朝成化初年汉水改道以来,汉口便迅速发展成为全国一个重要的商业都会,“人烟数十里,贾户数千家,鹾商典库咸数十处,千樯万舶之所归,货宝奇珍之所聚,洵为九州名镇”①,汉口镇也因此被称为“天下四聚”之一,与朱仙、佛山、景德一并跻身于全国四大名镇之列。当时汉口镇繁盛的商业景象,在相关地方志文献中也多有记载,如“汉口镇,在城北三里,分居仁、由义、循义、大智四坊。当江、汉二水之冲,七省要道,五方杂处,由额公嗣至艾家嘴长十五里,陆居则蜂房蚁垤,舟居则鱼鳞鹰阵……”②,“闻昔兹邑,汉皋最为殷阜,地当八达之衢,舟楫所萃,上自三巴、两粤、南楚,下迄江淮,西则密迩荆襄,商船连樯,几于遏云碍日。百货充牣,摩肩击毂”③。可见,汉口镇的商业颇为兴盛,它已经成长为长江流域一个十分重要的商业中心,其市场辐射范围覆盖多省,甚为广阔。

汉口镇独特的商业优势吸引着全国各地的商人来此开展商业活动,并纷纷建立自己的会馆和公所,正所谓:“一镇商人各省通,各帮会馆竞豪雄。”④“其中徽商、晋商等均为汉口市场之中坚。”⑤徽州人最早到汉口镇从事商业活动的时间虽然无法精准地确定,但可以肯定的是,在明代就已经有不少徽州人来此开拓市场,经营商业贸易,而且在他们中间,有些人正因为经商而定居于该镇,成为“新汉口人”,如汉镇人氏项大德,“其先歙人,祖璘贸迁汉口,因家焉”⑥。

徽商在汉口镇经营的行业种类众多,代表性的行业有盐业、茶业、布匹业、钱业等。如歙县人洪淑鉴,“业盐,为汉口总商”⑦。歙人吴美堂亦“业鹾汉口”,且“富而好奇”。⑧ 徽州盐商不仅在汉口的商业市场中拥有较大影响

---

① (清)范锴:《汉口丛谈》卷三,清道光二年刊本。

② 乾隆《汉阳县志》卷六《城池》。

③ 同治《续辑汉阳县志》卷首《汉阳县事无锡王庭桢序》。

④ (清)叶调元:《汉口竹枝词》卷一《市廛》,总第22首。参见徐明庭辑校《武汉竹枝词》,武汉:湖北人民出版社,1999年,第35页。

⑤ 任放:《明清长江中游市镇经济研究》,武汉:武汉大学出版社,2003年,第320页。

⑥ (清)范锴:《汉口丛谈》卷三。

⑦ 民国《歙县志》卷九《人物志·义行》。

⑧ (清)范锴著、江浦等校释:《汉口丛谈校释》卷四,武汉:湖北人民出版社,1999年,第374—375页。

力，而且财力雄厚，在处理与地方势力的纠纷、维护徽州人的集体利益中也颇为得力。如徽州商人江禹治，“总司汉鹾，调济得当”，“汉皋新安会馆之建，经营赞助，与有力焉。其马头出路为土人阻抑，非君排解无能得也”。[①] 茶业是汉口镇商业经济发展颇为倚重的一个贸易领域，尤其在汉口开埠通商以后，随着外销市场的扩大，该镇的茶叶贸易更趋兴盛，诚如清末湖广总督张之洞所言：“汉口商务之盈绌，尤专视茶叶之盛衰。”[②]茶叶成为晚清汉口市场的最大宗商品，“其出口货值约占汉口全部土货出口货值的40%左右”[③]。茶叶市场的繁荣吸引着许多客籍商帮，不少徽州茶商亦在此聚集，从事茶叶生意，如婺源梓里人王元社，“壮贾汉阳，家渐裕，嗣偕堂侄业茶于汉……”[④]此外，还有一些徽州商人在汉口从事布匹、钱业等生意，如黟县人余立达，本性仁厚，“与弟立昌贾于鄂之汉口，诚实无伪，所设大兴银硃行、正元绿布号，一市闻名”[⑤]。黟县古筑人孙式道，“初业儒，嗣迫于家计，父令赴汉皋改习钱业。粤氛猝至，避难归家。乱平，二次至汉，锱铢积累，自创钱号，遂以起家”[⑥]。

徽商在汉口镇经营商业的同时，还积极参与当地慈善与公益事业建设，他们通过自己的善行和义举，展现出好义的一面，堪称“义商”之典型。如歙县江村人江承东，“少服贾于汉阳”，“乾隆辛酉岁，棚民猬集汉口，承东密遣子侄，于除夕每棚暗给银钱，同辈有仿而行之者，全活甚众”。[⑦] 汉口镇地处长江与汉水交汇处，人口密集，街道拥挤，水、火灾害时有发生。在灾害发生之际，徽商常会竭力进行救助，据称：“汉口居人稠密，二水奔湍，祝融风涛，其灾非他处可比。新安程子云偕其宗人楚峦倡捐芦席千万，遇火灾，则给被灾之户构舍栖息……”[⑧]歙县人鲍兆瑞，“为扩厥业，客汉皋”。在他经商汉

① 乾隆《橙阳散志》卷三《人物·义行》。
② （清）张之洞：《张文襄公全集》卷一〇三。
③ 杜七红：《论茶叶对晚清汉口市场的影响》，《江汉论坛》1999年第6期。
④ 光绪《婺源县志》卷四〇《质行八·人物十一》。
⑤ 余攀荣、余旭升编修：《黟县环山余氏宗谱》卷一八《懿行》，民国六年木刻本。
⑥ 民国《黟县四志》卷七《人物·尚义》。
⑦ 民国《歙县志》卷七《人物志·义行》。
⑧ （清）范锴：《汉口丛谈》卷四。

口期间,亦经常为人排难解纷,“汉皋常患火灾,延烧辄千百户,旧有广庇会,用以恤被灾者,久而弛,力倡复之”①。婺源商人查树英,“生平不吝推解,尤多隐行。道光戊申、己酉间,汉口水灾,平地浸丈余,深巷居民困甚。英乃蒸豆驾艇,往来其间,周饥拯溺,弥月全活多人。水稍退,复倡捐议赈,人咸义之”②。婺源商人吴永钥也是一位好义之士,在汉口发生水灾时,曾“雇舟救援,全活甚众”③。婺源商人程然,“弱龄佐父贸易汉皋,仗义疏财,凡有求助,无不周恤”④。在来汉口从事商业贸易的黟县籍商人中,也有不少好义之士。如余立达,不仅做生意能够诚实守信,而且具有仁者之风,他曾“在汉镇捐资造救生船,置义冢,施棺木,商望益归”⑤。另一位黟县商人余应庚,“性仁厚,贾于鄂汉,有所获,辄济人灾难,其因匮乏而假贷者,不计利,不责偿。又置义冢于旅地,任乡人埋葬”⑥。黟县屏山人许爵,“商于楚”,“躬俭乐施,随力济人,佽助婚葬,襄成汉镇诸义举……”⑦黟县城西隅人余振铎,“在汉镇倡捐,造船救生,他如置义冢、施棺木,善举甚多”⑧。余昌健亦“于汉上置救生船”⑨。此外,对于来汉经商的同乡人,一向看重桑梓情谊的徽商更会积极、热情地给予扶持和帮助。如黟县人姚振钟,“经商于湖北之汉口镇,见义勇为。在汉创办笃谊堂,以联乡谊”⑩。婺源人程栋,“贾于汉口,颇获利”,“在汉数十年,多善举,欲求生活者,必力为汲引,贫不能归者,酌给以资,内外亲朋,咸怀其德”。⑪ 休宁古林人黄焉学,因家贫,“服贾江汉”,“侨汉口,则倡捐修复三元殿为海阳公所。其病者,即于以居;旅榇之未归者,亦于以寄”。⑫

---

① 民国《歙县志》卷九《人物志·义行》。
② (清)查庆曾编修:《婺源查氏十一修族谱》卷尾之四《行实》,清光绪十八年活字本。
③ 光绪《婺源县志》卷三五《人物十·义行八》。
④ 光绪《婺源县志》卷三三《人物十·义行六》。
⑤ 余攀荣、余旭升编修:《黟县环山余氏宗谱》卷一八《懿行》。
⑥ 余攀荣、余旭升编修:《黟县环山余氏宗谱》卷一八《懿行》。
⑦ 同治《黟县三志》卷七《人物·尚义》。
⑧ 同治《黟县三志》卷七《人物·尚义》。
⑨ 同治《黟县三志》卷七《人物·尚义》。
⑩ 民国《黟县四志》卷七《人物·尚义》。
⑪ 光绪《婺源县志》卷三九《质行七·人物十一·壬午续编》。
⑫ 道光《休宁县志》卷一五《人物·尚义》。

二、汉口谢氏徽商及其主要经济活动

如前所述，在清代，由于汉口镇在商业环境上占据着巨大优势，所以不少徽商寄身于此，在风云诡谲的商海中博弈争利。他们在演绎自我人生历史的同时，也无意识地具体化了徽商的历史。然而，在众多的徽州商人中，能够有幸留名于史者并不算多。《清康熙中期旅汉口谢氏徽商文书》的发现，为我们细致地了解清代徽商在汉口的经营活动，提供了颇具价值的历史信息。据文书资料显示，谢氏徽商在汉口镇的活动时间是在康熙年间。关于谢氏徽商的经营行业，我们可以从以下所引录的这份文书中得知：

> 立议合同汪元长、谢胪一，向因两家各有绸布店业开立汉镇，历年收看客货，以致获利艰难。今两家情同志合，议请谢占武兄坐庄苏州，置买绸布等货，开单下苏，公同酌议，各开各店，应用之货，以便配搭发卖。所买之货来汉，照单均分，毋得推委。在汉置粮等货下苏，得利照本分息，在苏对会亲友银两置货。倘货未到而会票先至，各照来信会票应付。其有货来或要多收者，照苏原价加利三厘钱，以补少收之家。又在汉两店来往，议定现兑银两加利五厘钱，庶彼此通融而攸远矣。
>
> 但两地买卖货物，不得恂私肥己，倘有此情，神明鉴察。今欲有凭，立此合同二纸，各执一纸存据。
>
> 计开
>
> 一议谢占武兄俸金九五色银三十两
>
> 一议公帐[账]之银无得代亲友买物①

由此件文书可知，谢、汪两姓商人在汉口镇主要从事绸布生意，货源来自苏州。后来因为生意难做，“获利艰难”，所以他们不得不从长计议，共同寻求应对之策：一方面着手在两湖中心市场——汉口收购粮食，并将其运往位于长江下游的粮食需求地——苏州售卖；另一方面在丝织手工业发达的苏州

---

① 刘伯山编著：《徽州文书》第3辑第1册，桂林：广西师范大学出版社，2009年，第18页。

购置绸布等货，然后将其贩往汉口售卖。为了便于贩运，赚取商业利润，谢、汪两姓商人采取了两地（汉口、苏州）设庄、“配搭发卖”、兼营其他“应用之货”的经营方式。汉口和苏州都是当时全国著名的区域市场中心，分别位于长江中游的两湖地区和长江下游的江南地区，两地之间的不同货物往来反映了长江流域不同地区之间的经济联系。而且，他们所采取的这种经营策略或经营模式还折射出清代江南地区与两湖地区经济发展道路的差异，即江南“蚕桑经济”与两湖“粮食经济”这两条不同的地域经济发展路径。其实，江南地区原先以盛产粮食而闻名，曾经有着“江南熟，天下足”的美誉。至明清时期，江南地区走上了一条商品化程度更高、更具利润空间的“蚕桑经济”发展道路，丝织手工业的发展也趋于兴盛。而地处长江中游的两湖地区则随着土地的不断开垦以及水利工程的大量兴修，逐渐发展成为当时全国重要的粮食产区，最终形成了“湖广熟，天下足”的局面，粮食成为两湖地区向外输出的一项大宗商品。在此基础上，两个地区凭借长江水道的天然联系，形成了一种地域经济互补、协作发展的关系，进而在市场上相互联系，彼此依存。

除了在汉口、苏州两地分别贩卖绸布、粮食等货物外，谢氏徽商在汉口镇的其他经济活动就是购置基地、房铺等产业。众所周知，徽州人在经商成功之后，其商业资本的一个重要流向[①]或者出路就是在徽州本土或者客居地置办基地、房铺、田地等产业。如歙县人叶淳就曾经在安徽沿江地区和州含山县购置土地，设立田庄。[②] 在晚清时期，徽州盐商江仲馨亦在安徽和州境内购置过庄田、州镇店屋、仓房等多项产业。[③] 谢氏徽商在汉口从事商业贸易的同时，也在当地广置产业。为了更直观地说明问题，现将《清康熙中期旅汉口谢氏徽商文书》中涉及谢氏徽商参与基地房产交易的文书进行统计和归类，制成表1。

---

① 关于徽商的商业资本出路，学界已有讨论，大致将其归纳为田产投资、宗族建设、乐善好施、培养子弟、奢侈性消费等几个方面。

② 民国《歙县志》卷九《人物志·义行》。

③《二房资产清簿》，复印本，安徽大学徽学研究中心资料室藏。

表 1 《清康熙中期旅汉口谢氏徽商文书》中谢氏徽商参与基地房产交易情况

文书编号	交易类型	立契人	受契人	交易物	地点	成交价格	立契时间	备注
0008	绝卖	王殿侯	谢	基地一所，土库楼房铺面六重	循礼坊二总	纹九银 720 两整，答贺表劝、起神一并在内	三十四年十一月初十日	
0011	绝卖	李东恺、建北、孟濬、晋侯、仲翰	谢	基地一叚[段]	循礼坊二总下岸	纹九价银 66 两整，答贺表劝、折席、小礼、杂项一并在内	三十五年十二月十一日	正契
0014	杜卖	邓昇如同弟聚芝	谢	土库基地房屋一业，通前至后，共计九进	循礼坊头总上岸	纹九正价银 2 800 两，满门答贺表劝银 300 两，起神下匾移扦画字折席银 100 两，共计纹九银 3 200 两整	三十九年十二月	
0015	绝卖	吴秀之	谢	价置基地自盖土窨楼房一重，左右竹瓦披二间，并前竹屋一间，屋后空有墙脚一道	循礼坊四总	纹九银 65 两整；外满门答贺表劝、折席等项，并加赎此房基地老约，共纹九银 18 两整	四十年七月二十八日	

(续表)

文书编号	交易类型	立契人	受契人	交易物	地点	成交价格	立契时间	备注
0018	质借	吴蕴予	谢友兰	所购邓聚芝房基并原印契质	文公祠前	本纹银1 000两整,每月1分8厘行息	四十年十一月	欲作十股承买邓聚芝房基,以宽其巷
0021	绝卖	刘汉逸、汉章、汉宗、汉程	谢	明瓦楼房二间、披厦一间		纹九银68两整,表劝、起神、迁居、折席、小礼一概在内	四十二年六月十七日	吐退收约
0023	质典	王允奏	谢	基地土库房屋一所	循礼坊头总正上岸	典价纹九银100两整	四十三年十月二十八日	4年为限,此业现系吴容若租赁开行
0025	绝卖	王德卿同男殿极、殿侯	谢	自置基地盖造土窨楼房一间,并前竹厢一间,后竹披铺面二步	循礼坊四总	纹九价银112两整,答贺表劝、起神、折席、杂项一应在内	四十四年十月	

注:1. 表中立契时间均在康熙年间;2. 本表据《清康熙中期旅汉口谢氏徽商文书》整理而成,详见刘伯山编著《徽州文书》第3辑第1册,桂林:广西师范大学出版社,2009年,第3—18页。

由表 1 可知，谢氏徽商在汉口镇曾经参与过多次基地房产交易，房屋基地、铺面成为其重要的置业对象。其中，谢氏以受契人身份直接购置产业 6 次，订立质借、质典契约各 1 次。从文书中所提及的地产位置来看，谢氏徽商所置产业位于循礼坊，该地是当时汉口镇一个颇为知名的商业区，据《汉口小志》记载："汉口镇在郡城南岸，西则居仁、由义，东则循礼、大智，四坊廛舍栉比，民事货殖，盖地当天下之中，贸迁有无，互相交易，故四方商贾辐辏于斯。"[①]能在这样一个商业黄金地段多次购置基地、房铺等产业，说明谢氏徽商的经济实力非同一般。关于此点，我们从相关交易价格中也能证得一二。如在康熙三十四年十一月初十日，谢氏购买王殿侯基地及土库楼房铺 6 重，支付时价纹九银 720 两；在康熙三十九年十二月，谢氏购买邓昇如、邓聚芝出卖的土库基地房屋 1 业，所付银两高达 2 800 两，同时还要支付满门答贺表劝银 300 两、起神下匾移扦画字折席银 100 两，共计 3 200 两整。在产业购置中，一次能支付如此多的银两，绝非普通的小商人能够办到。再从交易频率来看，如以康熙三十四年十一月初十日至康熙四十四年十月的 10 年时间来计算，谢氏徽商共计置产 6 次，支付银两总额达 4 249 两；若以年数进行平均，平均每年支付银两数额为 424.9 两；若以次数平均，平均每次支付银两数额约为 708.17 两。这些银两都被用于购置基地房屋产业，且交易活动比较频繁，年均交易数额和每次交易数额也都比较高，这更足以说明谢氏徽商的经济实力比较雄厚。又如在康熙四十年十一月，为拓宽文公祠前面的巷路，吴蕴予与汪天泽等人商议，通过谢友兰向吴客代借银两，承买邓聚芝基地房屋，并以"其地东首盖造铺面，西首捐出七尺，修路作巷"[②]。为偿还这笔借款，吴蕴予等人打算将盖造的 10 栋铺楼均作 10 股派分，每股 200 两，但事情的发展却不尽如人意："承议者寥寥无几，不特盖造无出，且促偿无策。"[③]迫不得已，吴蕴予又再次托请谢友兰转借万全典之银，来偿还给吴客。然而，"借贷负利将及一载，不料人心涣散，仅出不过一二股，尚欠俱多，典银催逼

---

① (清) 范锴：《汉口丛谈》卷三。
② 刘伯山编著：《徽州文书》第 3 辑第 1 册，第 14 页。
③ 刘伯山编著：《徽州文书》第 3 辑第 1 册，第 14 页。

无偿,只得浼中将此屋地并原印契质借到谢名下本纹银一千两整,每月一分八厘行息,此银偿其前借,议将店屋造成取租,以偿谢宅之利,俟日后有成股者相还……”①这件事情几经波折,无奈之下,吴蕴予只得以此屋地印契作为质押,向好友谢友兰借款 1 000 两纹银,才还清了前项债款。至于这件事情的下文,由于缺乏相关材料,我们无从知晓。不过值得注意的是,在这件事情中,谢友兰起着较为关键的作用,吴蕴予通过他向吴客、万全典行代借银两,又向他质借 1 000 两纹银,其财力之可观不难想见。由此表明,汉口谢氏徽商确实具有相当的经济实力和影响力。

从文书记载来看,谢氏徽商在汉口镇的经济活动还涉及质典和借贷。如下面抄录的一份质典基地文契,该契订立于康熙四十三年十月二十八日,其内容全文如下:

> 立质典基地文契人王允奏,今将自置循礼坊头总正上岸基地土库房屋一所,现系吴容若租赁开行,今凭牙中汪天泽等议明,将本行所赁租券内,每年拨出纹九银贰拾四两整,言定期限四载,情愿质典与谢名下管业。当日得受典价纹玖银壹佰两整,系允亲手收讫,并非债利准折等情。自典之后,其吴行照拨租银任谢另换租券,自便管业,取租作利。倘日后吴行更易,于数不敷,在允承补。俟期满之后,仍照原价赎取,不得借辞短少,如预期取赎,但所有费用,照派认还。今欲有凭,立此质典文契,付谢为照。其银系九七色九五兑,附批。
>
> 康熙肆拾叁年十月二十八日　立质典基房文契王允奏
>
> 凭官牙　汪天泽
>
> 张赤公
>
> 凭中人　汪锡侯、陈载熙、
>
> 程宗周
>
> 官契循礼坊第伍号②

① 刘伯山编著:《徽州文书》第 3 辑第 1 册,第 13 页。

② 刘伯山编著:《徽州文书》第 3 辑第 1 册,第 16 页。

这份质典文契由王允奏立，他将1所位于循礼坊头总正上岸基地土库房屋的租赁收益权（每年纹九银24两，期限4年，共计96两），质典给谢姓徽商，所得典价纹九银为100两整。在获得此项产业的租赁收益权后，谢氏徽商拥有“另换租券”“取租作利”等权益。同时还在文契中规定，如果此后房屋承租方吴容若行出现更易的情况，那么租赁收益的不足之数，要由王允奏承补。这份质典文契的订立显然对谢氏徽商有利，其利益得到充分保障。

大概由于其财力比较雄厚，谢氏徽商也经常会成为债权人，如表2所示。

表2　债权人谢胪一外借款项明细

债务方	债权方	借款数额	利　息	借款周期	立约时间
陈有章	谢胪一	77两7钱	2分/月	1年	康熙四十三年六月初九日
程宗周	谢胪一	144两3钱33分	如过期，2分/年起息	3年	康熙四十四年正月十六日
张仲景	谢胪一	232两6钱7分	如过期，2分/年起息	3年	康熙四十四年正月十六日

资料来源：本表据《清康熙中期旅汉口谢氏徽商文书》整理而成，详见刘伯山编著《徽州文书》第3辑第1册，第15—16页。

从表中可以看出，谢胪一共计借出3笔钱款，其中借给陈有章本金77两7钱，借款周期为1年，月息2分；借给程宗周、张仲景的钱款分别为144两3钱33分、232两6钱7分，这2笔钱款的借款周期均为3年，而且在借款周期内，不需要支付利息，只是规定，如果超过期限，才以年利率2分起息。值得注意的是，后2笔借款发生在同一天，金额都在100两以上，这种情形可能是彼此关系熟悉、出于人情考虑而借出的款项。

从以上论述，我们似乎可以推断，在汉口镇商界打拼的谢氏徽商应该不属于小商人之列，其经济实力至少处于中上等水平。应当说，谢氏徽商在汉口镇的经营活动是比较成功的，无论是从其经营策略、经营方式来看，还是就其经济能力而言，都称得上是“善贾”，属于成功型商人。

结　语

作为清代中国沿江地区的一个重要商业都会,汉口镇拥有强大的商业能量,吸引着包括徽商在内的众多客籍商帮来此经营贸易。在汉口商业市场中,徽商是一支不容忽视的中坚力量,他们经营内容广泛,涉及盐、典、茶、布匹、粮食等众多行业,成为影响和推动清代汉口商业市场发展的一股劲流,并在当地公益与慈善事业的建设中发挥着积极作用。

谢氏徽商作为清康熙年间汉口众多客籍商人中的一员,能积极地顺应市场环境变动,灵活地调整经营策略,以两地设庄、“配搭发卖”、兼营其他“应用之货”的经营方式,在汉口、苏州两地从事粮食和绸布的贩运贸易,这一现象折射出清代两湖与江南两大地域不同的经济发展道路,以及它们之间所存在的经济联系。谢氏徽商在汉口镇除从事商业经营外,还涉及置产、质典、借贷等多种经济活动,显示出较强的经济实力,处于中上贾水平,属于“善贾”之列。谢氏徽商在汉口镇的一系列经营活动,在一定程度上反映了徽商在清代汉口镇历史发展进程中的真实状态,以及徽商与汉口乃至长江中下游地区城镇商业发展的密切关系,生动地诠释了“无徽不成镇”这句俗谚的历史内涵。

旅浙徽属保商公会考述

吴秉坤
（黄山学院图书馆）

摘　要：旅浙徽属保商公会是清末徽商在浙江省建立的同乡组织，一直以来未曾被学术界关注。不同于一般的会馆和同乡会，旅浙徽属保商公会试图定位为商会组织，以维护旅浙徽商之权益，并能够在新安江上征收厘捐，组织武装巡船，以保障旅外徽商的行旅安全。

关键词：旅浙徽商；保商公会；新安江；零货捐

明清以来，旅居外地的徽商在各城镇纷纷建立同乡机构，用以联络乡谊、团结互助，大体可分为传统的会馆和近代的同乡会，学界著述颇丰，兹不赘述。然旅外徽商有一特殊组织“旅浙徽属保商公会”却还未有专门的研究，[①]故有必要对该组织成立的前因后果作一番考述，以供学界参考。

一、旅浙徽属保商公会成立的缘起

徽州地处万山丛中，自古以来，主要靠新安江水路与浙江交通，人员物资往来频繁，此线路可谓徽州经济之生命线。然针对徽商的抢劫时有发生，特别是浙江严州一带的水路，在清末民初的混乱局势下，盗匪频繁，严重威胁旅浙徽商的人身财产安全。光绪三十三年十二月初六日，徽州信客宋三

---

① 唯有王振忠根据所藏徽州文书，考察了该组织在浙江严州的分支“旅严保商分会”。详见王振忠《新安江上的徽商武装巡船》，《寻根》2003 年第 2 期。

禄、王春喜等收带浙江金华、衢州、严州三地徽信，被严州东关厘卡多方留滞，行至马目埠时天色已晚，被盗匪多人登舟抢劫，失去徽信千余封，计银六千元左右。所谓信客，是专门为旅外徽商捎带书信、邮寄银钱之人。年关将近，整个徽州都在盼望着旅外徽商的书信与钱财，不料被匪人洗劫一空。故而，此事造成很大的震动，旅浙徽商多方奔走呼吁，要求官府及时破案，《申报》亦报道了此案侦破的前后过程。

然而，在此案侦办过程中，地方官府的推诿、懒政与包庇，引发了旅浙徽商的愤怒与担忧，当时就有旅浙徽商投书给《申报》称："……（案发）次日，奔赴建德县署□控，门者拒而不纳，经旅严徽商公禀，始于初九日诣勘。并闻马目埠驻有防兵，盗来竟不出队，盗去亦不跟追。嗟我徽商行李一肩，既已豺狼当道，家书一纸，复又鳞雁难通，棘地荆天，将何以善其后耶？还望徽商筹一善法。"①这封匿名徽商公开信反映了旅外徽商的共同心声，故而旅浙徽商于光绪三十四年二月初四日集会于浙江严州新安会馆，准备筹集资金，添设武装巡船，以官督商办的形式，为往来新安江上的徽商提供安全保障。当时的新闻报道称："浙东上江水巡改良会成立。去腊，严陵马目埠、乌石滩徽信船两次被盗，徽人筹商善后，特于初四日在严郡新安会馆开会，到者二三百人，将旧有巡船两艘禀请官督商办，以立基础，再由发起高、汪、宋、纪诸君筹集经费，添设巡船，择要分布，常川梭巡，以补官力之不足。"②该徽商组织的成立，得到了浙江巡抚的认可，光绪三十四年四月，浙江巡抚批示："据禀已悉，徽、严壤地毗连，河道一水可达，近因严河不靖，盗案叠出，并河道年久失疏，拟同集资，不领公款，亦不派及浙民，设立徽商公所，捐办巡船拾号，稽查保护，并疏通河道，系为保护商旅有益起见，应行照准。"③但是，该徽商组织并未局限于严州一地。旅浙徽商于光绪三十四年二月集会于严州后，又于三月集会于浙江省会杭州，成立了浙江省范围内的徽商组织，下设金华、衢州、严州三个分支，当时新闻报道称："徽商会议防盗。去腊，严陵马目埠、

① 《申报》1908年1月25日，第20版。

② 《申报》1908年3月15日，第12版。

③ 转引自王振忠《新安江上的徽商武装巡船》，《寻根》2003年第2期。

乌石滩徽信船屡次被盗，旅浙徽商在杭垣安徽会馆及新安惟善堂连日开会，筹商徽江[①]善后之策，公推李蠡莼侍郎为会长，汪子谷甲商为坐办，举定庶务员四人，专司其事，一面由金、衢、严徽商发启人在各郡组织事务所，添办巡船数艘，常川梭巡，借资保护。"[②]

那么，该徽商组织的正式名称是什么？前述新闻报道所称，有新派的"水巡改良会"，也有旧式的"徽商公所"，难以定论。但至光绪三十四年七月份时，其名称可确定为"保商公会"，各分支为"保商分会"。据《申报》报道："徽商保商公会成立。旅浙徽商人数颇多，现由商人方曾卿发起，邀集旅省同乡设立保商公会，组织章程悉仿照城北商会办法，于前月借江干安庆会馆开成立大会，遵照部章，投票选举前工部侍郎李昭炜为总理，绍所甲商汪似祖为协理，特于前日缮呈简章，暨总、协理衔名，呈请农工商务局，转详抚宪，咨部立案。"[③]如何确定该"保商公会"是前述徽商组织的延续？一方面，两者的领导人相同。前者以李蠡莼侍郎为会长，甲商汪子谷为坐办；后者以李昭炜侍郎为总理，甲商汪似祖为协理。据婺源县志，"李昭炜，号蠡莼，理田人"[④]。则李昭炜与李蠡莼实为同一人，汪似祖与汪子谷也应为同一人，以名、字分别称呼而已。另一方面，在保商会正式成立后，为了筹集和保障运转经费，特向往来新安江上的徽人征收厘捐，现存有两份民国初年的收据，分别由旅浙保商公会与旅严保商分会开具，前者内容如下：

茶商协助巡费收照

旅浙徽属保商公会为掣给收照事。案照严河上下游一带，盗匪充斥，抢案迭出，行旅视为畏途。前清末叶，旅杭同乡呈请浙抚批准，组织徽属保商公会，创办徽商巡船，由官厅委员管带，扼要驻防，并派兵随船护送，借资保卫在案。惟经常费巨，非筹集的款，势难持久。民国肇兴，续经呈明浙军都督，循照旧章，凡徽产引茶，每箱带收本会经费洋六厘，

---

① 新安江亦称徽河、徽江、徽港。

②《申报》1908 年 4 月 26 日，第 12 版。

③《申报》1908 年 9 月 22 日，第 12 版。

④ 民国《重修婺源县志》卷二三《人物志》。

用助饷需。今据过裕昌祥号徽产引茶四十八箱,计收捐洋二角八分八厘,合给收照征实,此照。

中华民国　年　月　日　给①

通过这份收据,可知“保商会”的成立是为了保障新安江上往来徽商的行旅安全,继而证实了“保商会”与前述徽商组织“水巡改良会”或“徽商公所”的前后相承关系。现存徽州文书中亦有不少“保商会”活动的记录,光绪三十四年水灾《徽属义赈征信录》中即有杭州保商会的捐款记录,如七月初八日杭州保商会宁瑨香、李蠡莼、汪子谷捐款英洋一千元。② 杭州徽商木业公所于光绪三十四年九月到宣统元年六月的收支账目中就有“保商公会一百二十元”的支出记录。③ 宣统年间《袖珍日记》记录了经钱塘江、新安江返回徽州沿途各厘卡之税捐,即有“支钱五百文付保商会”④。至于徽州日记《绘事日利》于民国十年五月记载“保商会着两勇持枪护送至深渡回严”⑤,则说明保商会自光绪三十四年成立后至少持续活动了十四年。

二、旅浙徽属保商公会成立的目标

旅浙徽商为何前后两次在杭州召集成立大会?现在看来,旅浙徽商在光绪三十四年三月第一次于杭州召集成立大会时,其目标是建立一个保护徽商的民团组织。而在光绪三十四年七月第二次于杭州召集成立大会时,其目标是建立一个保护徽商的商会组织。前文史料云,其于七月份成立保商公会时,组织章程悉照商会办法,并于成立一个月后,呈请浙江农工商务局,转详抚宪,咨部立案。这是清末新政时,地方商会成立的标准程序。如

① 黄山学院图书馆特藏部藏。旅严保商分会开具的收照,详见王振忠《新安江上的徽商武装巡船》,《寻根》2003年第2期。

② 转引自张小坡《论晚清徽商对徽州社会救济事业的扶持——以光绪三十四年水灾赈捐为例》,《安徽大学学报(哲学社会科学版)》2009年第5期。此份史料亦证明李蠡莼、汪子谷即李昭炜、汪似祖。

③ 转引自王日根、徐萍《清后期杭州徽商木业公所的剖析》,《浙江学刊》2014年第5期。

④ 转引自王振忠《清末徽州学生的〈庚戌袖珍日记〉》,《安徽史学》2009年第1期。

⑤ 转引自王振忠《新安江上的徽商武装巡船》,《寻根》2003年第2期。

果能够批准立案,对于维护旅浙徽商利益而言,意义重大。因为清末以降的商会是法定的商人组织,具有民间和官方的双重因素,是官府和商民之间的纽带和中介,如清末新政时商部奏定的《商会简明章程》第七款规定:“商会总理、协理有保商、振商之责,故凡商人不能伸诉各事,该总、协理宜体察属实,于该地方衙门代为秉公伸诉,如不得直,或权力有所不及,应即禀告本部核办。”①但是,清末新政时期的《商会简明章程》仅规定各省就地设立商务总会及分会,并未对客籍商人能否组织商会作出说明,这样就对旅居当地的客籍商人不利。就算客籍商人加入本地商会,由于主客之间的利益纠葛,客籍商人的呼声也很难被重视。如果旅浙徽属保商公会能够在农工商部立案,被承认为商会,则属于中国商会史上客籍商会的第一例。

可惜,当时的浙江官府对此予以坚拒,其理由即尚无客籍商会之先例。“徽籍保商公会不符部章。……兹悉,农工商局汤总办以该商等禀设保商公会,查核简章,大致仿照部定商会章程办法,实一商会性质,惟定名为徽州旅浙保商公会,选举人及被选举人资格不出徽籍六县,是仅属徽商一部分而言,检查部定章程,无此办法,应否准予立案,仰候详请抚宪批示,再行饬遵。”②“浙抚批商务局详请设立保商公会文云,旅浙徽商拟设保商公会,所呈草章系为徽籍自联团体保护商人起见,其第二章声明有与杭州商会互通声气维持等语,于本城商会尚无窒碍,自应准其试办。惟查第九章辛癸两条有向商部直接办事之权,是与浙省商务总会各具独立性质,一城两会,未奉明文,他省亦无似此成案可援此两条,必须议明更正。盖徽人既在浙省经商,亦与浙人之旅徽相同,遇有此地交接之事,必当和衷共济,如有应归本城商会公议调护之处,应于此时妥为订明,期与部章商律不相违背,方为正办。浙商亦勿因其组织公会,遽怀畛域,仰即转饬原禀徽商及本城商务总会一体知照,并令订限会议。”③可见,浙江省抚最终将保商公会定性为“徽籍自联团体”,否认其商会之地位与权利,凡有官商交涉之事,须由浙江本地商会代为

① 《申报》1904 年 3 月 21 日,第 1 版。
② 《申报》1908 年 9 月 29 日,第 12 版。
③ 《申报》1908 年 10 月 24 日,第 11 版。

处理,旅浙徽商的创新尝试最终落空。

三、旅浙徽属保商公会与“徽杂货捐”的关系

旅浙徽商致力于建立自己的商会组织可能还与“徽杂货捐”有关。前文提及,旅浙徽商在徽州信客被劫案发生后,投书《申报》,控诉官府对徽州信客被劫案不作为。其实,前文只是引用了徽商来函的后半篇,信件的前半篇则反映了其对“徽杂货捐”的强烈不满:“徽属僻处万山,绝少土产,商人回里,食用品物不免宽带,沿途各卡遂有零货捐名目。二十二年间,余在杭省联合同乡,禀奉牙厘总局宪批,准零货名目永远革除,并给示勒石在案。频年浪迹徽港,久未经行。前阅报纸来函门,刊登徽商行路难一则,始知零货捐改名杂货捐,其留难阻滞一如曩时。……嗟我徽商行李一肩,既已豺狼当道,家书一纸,复又鳞雁难通,棘地荆天,将何以善其后耶? 还望徽商筹一善法。”①“筹一善法”,既要能防范劫匪对徽商财物的觊觎,又要能阻止厘卡巡丁对徽商财物的盘剥。

革除“徽零货捐”一案,在发起人徽商汪炳森编撰的《徽河零货捐小史》中有详细记载。根据记载,清代徽商在江浙从事盐业、典当业者多,富商巨贾颇不乏人,每寄家信必带银钱,年节之时多至千金,皆专设信客往来。信客即以此钱办民间日需之物,贩运买卖,借以生利,非若他处信客往来带货无多者可比,名曰“徽信货”。故浙江省境内的新安江上,各厘卡对往来徽信货估本抽捐,名曰“徽信货捐”,仅徽州一府信货有此特殊待遇。至清代末年,时事变迁,徽州盐商与典商一落千丈,故而往来“徽信货”逐渐减少,“徽信货捐”也大幅缩水。各厘卡为了补足税额并乘机捞取油水,遂将返乡徽商所带零星行李勒令报捐,名曰“徽零货捐”。旅外徽商群情激愤,“徽商一肩半肩之行李搜括靡遗,…… 两浙之地大矣,五方之人杂矣,别商无而徽商独有,如公道何?”②于是旅浙徽商于光绪二十一年、二十二年分别向兰溪厘局、严州厘局、浙江厘捐总

---

① 《申报》1908 年 1 月 25 日,第 20 版。

② 汪炳森:《徽河零货捐小史》,民国十一年(1922)秋月,黄山学院图书馆特藏部藏。

局上书陈情请愿,最终由浙江厘捐总局发布告示,将“徽零货捐”名目永远革除,严禁各局卡司巡苛索舞弊,并将告示勒石立碑,分置各卡,以便往来周知。

但是,“徽零货捐”的革除并不是靠公道人心,而是靠徽商在官场的人际关系。汪炳森在跋语中详述了革除此项苛捐杂税背后的人脉关系:时任兰溪厘局委员的郑季雅与汪炳森(廪贡生)有师生情谊,在郑季雅的支持下,汪炳森会集旅居兰溪的有功名职衔的徽商领袖联名上书兰溪厘局和严州厘局,并由郑季雅书信一封予严州厘局,从而获得两地厘局的支持。第二年至省会杭州,进谒严州厘局的前任委员、徽州同乡胡晋甡,胡晋甡与浙江省牙厘总局提调桐城王静山关系紧密,由王静山出面与浙省藩宪疏通,方才获得顺利解决。然而,政既以人兴,亦以人亡。不到十年,浙江的厘捐税卡又巧立名目,以“徽杂货捐”的名义盘剥返乡徽商,使徽商发出“豺狼当道”之慨。其实,从《申报》刊登的徽商来信中“(光绪)二十二年间,余在杭省联合同乡”一语可以看出,当年革除“徽零货捐”案的发起人汪炳森就是这封匿名徽商来函的作者,很可能也是保商会发起人“高、汪、宋、纪诸君”之一。

故而,“旅浙徽属保商公会”的成立,徽河信客被劫案只是诱因之一,另一诱因或者目的是想借机革除“徽杂货捐”。光绪三十四年正值清末新政之时,清政府鼓励民间成立商会组织,用以协调官商,振兴经济。如果由商会出面,可以就革除“徽杂货捐”之事与官府直接沟通,甚至将舆情直达农工商部。而此事与浙江本地商人没有利害关系,杭州总商会可谓不闻不问。旅浙徽商唯有成立自己的商会组织,方能维护旅浙徽人的权益,这应该是旅浙徽商将“保商公会”重新定位为商会组织的根本目的。

如前所述,此次成立浙江徽籍商会愿望落空,故而革除新安江“徽杂货捐”的期望也无法达成。但徽商汪炳森并未放弃,1922 年时他已年届七旬,再次呼吁革除“徽杂货捐”,并由旅苏徽州同乡会出面向浙江省政府提起呈请,他本人则将前清时革除徽河零货捐的各种往来公文汇编为《徽河零货捐小史》,作为此次革除徽河杂货捐的法律依据。虽然最终无果,但旅外徽商仍未放弃。1927 年 3 月,旅沪徽宁同乡会电函浙江省财政委员会,要求撤除“徽零货捐”,即“徽杂货捐”,“行旅之人无论如何必携有铺陈箱笼及零星用具,此而须捐,则未免迹近苛求,用敢据情转请贵会俯念行旅困苦,将此种零货捐名目赐予撤除,庶民众不致再受此种苛征暴敛"①。6 月份,旅沪徽宁同乡会再次呈请皖浙两省革除徽河零货捐。② 1928 年 3 月,旅沪徽宁同乡会继续呈请皖浙两省革除徽河零货捐。③ 经过如此锲而不舍的努力,浙江财政厅终于下令各统捐局:"遇有旅客携带物件,凡应行报捐者,自应饬令照章完捐,此外不得稍有需索留难,严加督饬,照章办理在案。兹据前情,所称经过各局,仍有托名抽取零货捐,每担索费六角,多不填给捐票,如果属实,尚复成何事体。今再严令查禁,仰该局长遵照,嗣后务应随时督饬,照章查验收捐。倘再有此项情事,一经发觉,定予重惩。凛之,此令。"④

至此,"徽零货捐"或"徽杂货捐"最终在形式上再次被革除禁止,前后历经二十余年矣。

结　语

对于"徽零货捐"或"徽杂货捐"的革除,"旅浙徽属保商公会"可谓毫无建树。然在维持江面治安、捍卫徽商行旅方面成效如何?在其成立的两年后,据新闻报道:"由杭州上驶过严郡之淳安、遂安而达徽州之屯溪一带,时有抢劫行旅之案。入夏以来,多至三四十起。七月初,黟县茶商某君往返十日,被劫两次,失赃三千余元,报县请缉,影响全无,业经上控抚院。日前又有徽商公所董事刘廷璧等具呈抚宪,谓七月二十三日又有商人汪万寿等在建德县属停船被盗戕伤事主,(按六、七两月建德县严东关以上商船被劫者多至十九案)吁请从严查办,以安商业。"⑤可见,在清末民初的乱世背景下,仅靠徽商的自身力量无法保障其行旅安全,保商公会的安保作用可谓差强人意,其费用甚至成了徽人返乡途中不得不交的苛捐杂税之一,故最终被徽人抛弃,泯没于历史长河之中。

---

①《申报》1927 年 3 月 21 日,第 11 版。
②《申报》1927 年 6 月 17 日,第 15 版。
③《申报》1928 年 3 月 5 日,第 14 版。
④《申报》1928 年 4 月 8 日,第 9 版。
⑤《申报》1910 年 9 月 20 日,第 12 版。

“并力作于山”：生存空间拓展、水资源利用与清前中期屯溪村落的空间分布演变(1693—1823)*

卢　东
(安徽大学徽学研究中心)
王开队
(安徽大学徽学研究中心)

摘　要: 随着清前中期社会经济的持续发展,人地关系日益紧张,以及新作物栽培技术的成熟和推广等,以农业耕作为表征的地域开发更为深化,而生存空间的拓展则在一定程度上引起了乡村聚落体系的空间分布变化。在人地矛盾较为突出的形势下,徽州府屯溪周边的山地和丘陵间的大量水利设施随之修建,该区域因而成为府域内人口迁移的重要方向,由此明代以来屯溪一带的村落空间分布格局发生改变。至道光时,屯溪村落呈现出阶梯状的层级展开和条带状的分布态势。从清前中期屯溪村落的空间分布演变过程来看,其演变趋向显示出较强的稳定性,因人口繁衍而产生的生存空间拓展需求,是村落空间分布演变的主要推动力量;而不同环境下的水利行为,对村落空间形态及其分布也有着重要影响。

关键词: 屯溪;村落;人地关系;水资源利用;空间分布

清前中期,大一统国家进一步巩固,国策的调整以及新作物栽培技术的成熟和推广等使得农耕经济高度繁荣。在以农业为支柱产业的传统社

---

* 本文曾发表于《中国农史》2021 年第 2 期。

会,农业生产条件较好的地区自然汇聚了大量人口,人口分布的稠密相对而言也反映了地域开发和发展的差异,如江南地区、中原地区的人口密度较之他地为大。① 进一步来说,人口的增殖在一定程度上会促使密集区的人口向稀疏区流动,这种流动倾向引起人口生存空间的扩展,可能会刺激和推动新一轮地域开发的进程。长期以来,山地丘陵广布的中国东南地区,由于适宜规模化耕作的空间相对狭小,在人口持续繁衍增殖的情形下,除对外迁徙外,山区开发也往往成为开拓生存空间的重要选项,②历史时期的徽州便是如此。宋元以降,徽州人多地少的矛盾不断凸显,至明清时,生产条件较好的屯溪盆地人口已高度饱和,人地矛盾愈演愈烈。③ 除部分成年男子外出经商外,对于大多数无法从事经商的民众而言,不断向山区进发以解决生计成为这一时期徽州常见的现象。而作为传统农业社会人类作用于地表的集中物化反映——乡村聚落,其空间分布演变则是对这一过程最直接的记录。

屯溪,位于传统徽州核心区域屯溪盆地的东南部,其主体地域为河谷盆地,周边分布着山地丘陵等。汉晋以后,其境内由于篁墩的存在,是传统徽州移民迁入的主要集散地;至明清后,因水运便捷,屯溪一跃成为徽州境内最为重要的物流码头,因而其在历史时期徽州的历史发展过程中扮演着极为重要的角色。当然,屯溪也因此成为探讨移民背景下中国南方区域社会变迁的重要区域。譬如著名学者唐力行等早在20世纪90年代就提出“以屯

---

① 葛剑雄主编、曹树基著:《中国人口史　第五卷　清时期》,上海: 复旦大学出版社,2001年,第721页。

② 关于历史时期南方山区开发,请参阅陈桥驿《历史上浙江省的山地垦殖与山林破坏》,《中国社会科学》1983年第4期;曹树基《明清时期的流民和赣南山区的开发》,《中国农史》1985年第4期;傅衣凌、杨国桢《明清福建社会与乡村经济》,厦门: 厦门大学出版社,1987年;[荷]爱德华·费梅尔《清代大巴山区山地开发研究》,《中国历史地理论丛》1991年第2期;张芳《明代南方山区的水利发展与农业生产》,《农业考古》1997年第1期;张建民《明清长江流域山区资源开发与环境演变——以秦巴山区为中心》,武汉: 武汉大学出版社,2007年;鲁西奇、董勤《南方山区经济开发的历史进程与空间展布》,《中国历史地理论丛》2010年第4期,等等。

③ 赵赟、满志敏、葛全胜:《徽州地区土地利用变化驱动力分析(1500—1900)》,《复旦学报(社会科学版)》2002年第5期。

溪盆地为中心的环状”徽州地域开发理论模型，[①]并认为其对于阐释徽州地域空间的演进有着重要启发意义，是“徽州学的基础工程之一”[②]。不过，此后学界于此少有讨论。那么，随着清前中期人地矛盾的进一步加剧，[③]作为传统徽州核心区域的屯溪一带，其历史景象是怎样的呢？我们不妨以这一时期屯溪境内村落的空间分布演变来窥探一二，以期能够深化对历史时期徽州区域社会发展，尤其是人地关系演变的认知，不当之处，尚祈正之。

一、清代屯溪村落发展的历史基础

屯溪在不同语境下指代有所不同，作为地名泛称，其内涵比较宽泛，既可以为建制屯溪区内的城乡聚落，又可以指现今屯溪城市建成区，还可以特指屯溪老街。故有必要对本文中“屯溪村落”概念作一个基本的阐释。屯溪作为政区，是“历史的现象”“历史的产物”，“是前代的承袭或变革”，[④]现今其政区范围应有“历史上的屯溪地域”与之对应，我们可以概称为“屯溪地区”。在不同时间断面下，这一地域范围有所差别。

清代屯溪地区大致与明清时期休宁县黎阳东乡、黎阳西乡、由山东乡、由山西乡的地域范围相当，乡下各有数都、图。按其方位和所处的地形地貌，大致可分为河谷盆地、低山丘陵和高丘陵群三种类型。[⑤] 其中，黎阳西乡的十四都、黎阳东乡的十六都和二十一都等大部位于屯溪中东部的河谷盆地；由山西乡的二十三都、由山东乡的十八都和二十二都等，位于河谷盆地

① 唐力行等通过对人口、村庄的计量分析，认为徽州歙县、休宁和绩溪三县区域发展的核心区为屯溪盆地，过渡环状地带主要为低山丘陵，边缘环状地带则为高山和丘陵。见唐力行、［美］凯瑟·海泽顿《明清徽州地理、人口探微》，《中国社会经济史研究》1989 年第 1 期。

② 唐力行：《徽州宗族研究概述》，《安徽史学》2003 年第 2 期。

③ 徐国利：《明清徽州人地矛盾问题再研究》，《史学集刊》2020 年第 3 期。

④ 周振鹤、李晓杰：《中国行政区划通史 · 总论、先秦卷》，上海：复旦大学出版社，2009 年，第 13 页。

⑤ 有必要说明的是，这里所指的河谷盆地主要特指在皖南万山之中受河流冲积作用而形成的具有些许平原特征的“平地”。事实上受山地、丘陵切割，这些河谷盆地面积较小且分布相对零散，而较为成片、面积较大的即为屯溪盆地。参见屯溪市地方志编纂委员会编《屯溪市志》，合肥：安徽教育出版社，1990 年，第 40—41 页。

较为狭小处,多为低山丘陵挤压;其余各都多处于低山丘陵地带;屯溪北部的十五都则主要位于高丘陵群。严格来说,清前中期,该区域内并无城市聚落,所有聚落均为村落。① 要之,本文之"屯溪村落"指的是特定地域内的村落集合,即"清前中期屯溪地域范围内的村落集合",简称"屯溪村落",并非专指"屯溪村"。当然,清代屯溪村落的发展必然是建立在明代基础之上的,故有必要对明代屯溪村落的发展情况作一个简要的论述。

明代屯溪地区隶属南直徽州府休宁县。明初休宁县设置十二乡,编户一百六十里,②里又为编制黄册的基础单位,每一里编制一册并在册的首页以一图总括之,③ 故"里"和"图"大致相通。据明制里(图)按相对均等原则以户为基准单位进行划分,一里编有 110 户,④一定程度上能够反映出人口数量,进而反映出村落规模。⑤ 图是纳税单位,官修地方志书对其记载较为详细,而万历《休宁县志》(万历三十五年,1607)所记的图数一直为后世地方志沿袭,因此,图只能相对准确地反映万历时屯溪地区的人口规模。与万历《休宁县志》刊刻时间较为接近的地志文书《休宁名族志》⑥,刊印于天启六年(1626),⑦是书对彼时屯溪村落记载得更为详细,这是因为"新安聚族而居,绝无一杂姓搀入者"⑧。而《休宁名族志》"凡大姓聚居者"无不记载,大体反映了明代屯溪村落发展之概貌。两部志书恰可相互比对(见表 1)。

---

① 屯溪在明中叶后逐渐成为徽州的中心市镇之一,但与近现代城市概念相去甚远,在 20 世纪 30 年代左右,屯溪方可称为城市。关于市镇、城市、城镇等概念的比较和辨析,参见成一农《当代中国历史地理学研究(1949—2019)》,北京:中国社会科学出版社,2019 年,第 50— 56 页。

② (明)程敏政:《休宁志》,《北京图书馆古籍珍本丛刊》第 29 册,北京:书目文献出版社,2000 年,第 469 页。

③《明太祖实录》卷一三五"洪武十四年正月",台北:台湾"中研院"历史语言研究所,1962 年,第 2143—2144 页。

④ 周绍泉:《徽州文书所见明末清初的粮长、里长和老人》,《中国史研究》1998 年第 1 期。

⑤ 人口是村落规模的主要评价标准,参见陈芳慧《村落地理学》,台北:五南图书出版公司,1984 年,第 2 页。

⑥ 本文使用的版本是安徽省图书馆所藏的影印本。(明)曹嗣轩:《休宁名族志》,禹成华编《徽州名族志(下)》,北京:全国图书馆文献缩微复制中心,2003 年。

⑦ 朱开忠:《徽州名族志影印前言》,禹成华编《徽州名族志》,第 3—6 页。

⑧ 张海鹏、王廷元主编:《明清徽商资料选编》,合肥:黄山书社,1985 年,第 30 页。

表 1 《休宁名族志》记载的乡都村落表

		《休宁名族志》记载的乡都村落		万历《休宁县志》村图计数	
乡	都	村	村数	村数	图数
黎阳西乡	十四都	石砘、居安、藻阁里、隐冲、竹林、北楼、北村、约山、佘家坞、梅林、潜阜、厚村、方山石门	13	11	11
	十五都	新屯、资口、仙林	3	2	6
黎阳东乡	十六都	率口、溪东、屯溪、黄石、沙园、率东、草市、坑口、塘尾、朱塘	10	9	8
	二十一都	泰塘、藏溪、兖山、榆村、富昨、占田	6	5	5
由山东乡	十八都	隆阜、博村、油潭、高枧、唐田、奕淇、黎阳、闵口、萝山、珠里、水泾堺	11	7	12
	二十二都	雁塘、汪塘干、洋湖	3	4	8
	二十三都	商山、砂田、孙田、新渡、吾田	5	4	9
由山西乡	十七都	流塘、蟾溪、安岐、易村、查塘、瑶干、林塘、合干、江村、山头、水坑口	11	8	7
	二十四都	石佛、古塘、汪关、浮潭、月潭、里坞、黄村、霞阜、洪家山、星洲	10	8	7
	二十五都	西干、钟泽、环谷、溪头、洪方、会里、朱村、瑶溪	8	7	7
合　计			80	65	80

资料来源：《休宁名族志》，万历《休宁县志》卷一《隅都》。

《休宁名族志》共记载屯溪地区相关村落 80 个，而万历《休宁县志》共记村落 65、图 80。[①] 两志所载村落较为重合的，多位于河谷盆地，如十六都、二

① （明）李乔岱纂修：《休宁县志》卷一《隅都》，明刻本，中国国家图书馆藏。

十一都之下的村落;差异较大的村落多处于山丘地带,多在十七都、十八都、二十四都等之下。从万历《休宁县志》中图的计量来看,其图数约占休宁县总图数的三分之一强。处于河谷盆地的十六都等,图数相对较少;而位于屯溪中西部低山丘陵地带的十八都等,村少图多的现象十分明显,可见后者的单位村落规模相对较大。从宗族迁徙繁衍的时空路径来看,山丘地带的村落多为后发之村,以程氏宗族为例,早在宋代,程氏便在河谷盆地的中心位置——率口,聚居繁衍,[①]而程氏在屯溪西部的发展则晚之许多。蟾溪村的程氏直至正统年间方才“发轫为后进”[②];合干村的程氏“出忠壮公之后”且世系、宗谱详备,但其族人直至嘉靖年间方才以孝而闻名乡里。[③] 再如汪祁,该支程姓为程元谭之后,约南宋中期迁居于此,子孙多有贤达为官者,且时间上较蟾溪、合干二村为早,[④]应该是屯溪西部比较有影响力的程姓支族。总之,从宗族聚居发展情况来看,虽然部分宗族迁入山丘地带的时间比较早,但真正能够做到“达于乡里”,多是在明代中前期,所以基本可以推断屯溪山丘村落有所发展的时段集中在明代,而河谷地带的村落相对而言则更早。

两部志书较为完整地呈现出明代屯溪村落的差异分布,河谷盆地的村落发展较早且数量相对较多,而低山丘陵地带的村落则是后发之村,村落数量相对较少,分布较为稀疏。但从图数来看,两种地形村落的人口规模大致相当,甚至低山丘陵的村落单位人口更多,一定程度上反映出明后期山丘地带已有相当程度的人口集聚。

二、清前中期屯溪的人口增长与水利开发

明代,屯溪村落呈现出密于河谷疏于山丘的空间分布态势。而明清鼎革后,清政府逐步稳固政权,社会经济迅速恢复。相对安定的社会经济环境为人口长时期的稳定增长提供了有利条件,而由此积累的庞大人口数量,“形成了

---

① 《率口程氏续编本宗谱》,明隆庆三年刻本,安徽大学徽学研究中心藏。
② (明) 曹嗣轩:《休宁名族志》,禹成华编《徽州名族志(下)》,第 787 页。
③ (明) 曹嗣轩:《休宁名族志》,禹成华编《徽州名族志(下)》,第 789 页。
④ (明) 曹嗣轩:《休宁名族志》,禹成华编《徽州名族志(下)》,第 790 页。

区域人口生存的压力和人口的危机”[①]。屯溪地区亦如是景，人地矛盾更为尖锐，土地空间的紧张促使人口向山区等人口分布稀疏地带迁移。然“谷非农不生，农非水利不殖”[②]，山区水资源的紧张及其不均衡分布制约着区域规模化开发，水利由是成为屯溪山区深度开发的重要基础和表征。

（一）清前中期屯溪人口的迅速增长——来自宗族祠堂的佐证

清前中期，休宁县共修成两部《休宁县志》，一部成书于康熙三十二年（1693，下称康熙县志），另一部则是道光三年（1823，下称道光县志）编修，两部志书时间跨度约130年，其中记载了大量人口数据，大致勾勒出这一时段人口的变迁轨迹。明洪武四年（1371），休宁县“户三万九百八十五，口一十五万四千二百九十五”，经明代近300年的增长，至崇祯十五年（1642），休宁“户四万三千九百九十一，口一十七万九千七百一十九”[③]，共增13 006户，25 424口。清代人口统计单位异于明代之“户口”，为“丁口”，康熙三十二年（1693），休宁不过6.5万余丁；[④]据相关研究，至嘉庆末，休宁县已有58.5万余丁。[⑤] 以万历时屯溪地区与休宁全县图数比例——1∶3推算，明初屯溪地区约有1万余户，5万余口；明末约1.4万余户，近6万口；年均增近15户，37口。康熙时屯溪约有丁2万余，嘉庆末年约有丁12万余，130年间增长近乎6倍，年均增长近77丁。不论是增速还是增量，清前中期数据比明代均高出许多。[⑥]

---

① 葛剑雄主编、曹树基著：《中国人口史　第五卷　清时期》，第836页。

② （清）何应松：道光《休宁县志》，《中国地方志集成·安徽府县志辑》第52册，南京：江苏古籍出版社，1998年，第74页。

③ （清）廖腾煃修、（清）汪晋徵纂：《休宁县志》，《中国方志丛书》华中地方第90号，台北：成文出版社，1970年，第357—362页。

④ （清）廖腾煃修、（清）汪晋徵纂：《休宁县志》，《中国方志丛书》华中地方第90号，第383—384页。

⑤ 凌翠萍：《徽州地区历史人口数据集成与考释》，上海师范大学硕士学位论文，2012年。

⑥ 本文仅据研究之主体材料——休宁地方志中的人口数据，大致论述屯溪地区的人口变迁趋势，其具体人口数据参见何炳棣《明初以降人口及其相关问题：1368—1953》，葛剑雄译，北京：生活·读书·新知三联书店，2000年；曹树基《中国人口史　第五卷　清时期》；凌翠萍《徽州地区历史人口数据集成与考释》，等等。

在“自古皆聚族而居,故举隅都以知氏族,即知氏族以识户口”①的徽州,特别是明清时期,大族、望族与村落之间形成一定的结构关系。② 某种程度上,徽州村落亦为宗族社会在地表空间的映射。进而言之,“村落家构祖祠,岁时合族以祭”,“宗有谱,族有祠”。③ 祠堂作为宗族繁衍变迁的重要见证和宗族社会中最基本的要素之一,是徽州村落的核心组成部分。祠堂之制始于《朱子家礼》,因为古代宗庙祭祀制度“不见于经”,而且至宋代,祭祀制度多用“俗礼”,故朱熹将立于家族或家庭之中的祭祀场所称为“祠堂”。④ 祠堂的兴建与维修要花费宗族一定的物力财力,是宗族兴盛与否的重要象征,因而基本可以认定,凡能修建出祠堂就表明该段时间内其宗族实力尚可;而宗族的兴旺与否又与宗族人口的多寡有着密切关联,故祠堂变迁折射出屯溪地区人口增长和流动的某些特征。

据道光县志的记载,此时屯溪地区的祠堂数量共计 65 个,其修建时间最早为五代时期,相对集中于明中后期。就本文研究时段作大致区分,将康熙时已建有的祠堂定义为旧有祠堂,计为 38 座,而建于康熙至道光年间的 27 座则为新建祠堂。为简明阐述,根据道光《休宁县志》等相关记载整理如下(见表 2)。

表 2　道光《休宁县志》中宗祠统计表

乡	都	至康熙时已建	康熙—道光新建
黎阳西乡	十四都	5	2
	十五都	1	2
黎阳东乡	十六都	6	2
	二十一都	5	0

① (清)凌应秋:《沙溪集略》,邵宝振校注,芜湖:安徽师范大学出版社,2018 年,第 222 页。
② 唐力行:《徽州宗族社会》,合肥:安徽人民出版社,2005 年,第 36 页。
③ 许承尧:《歙事闲谭》,李明回等点校,合肥:黄山书社,2001 年,第 605 页。
④ 解光宇:《朱子〈家礼〉中的祠堂及其意义》,《朱子学刊》2016 年第 2 期。

（续表）

乡	都	至康熙时已建	康熙—道光新建
由山东乡	十八都	8	3
	二十二都	2	7
	二十三都	3	3
由山西乡	十七都	3	3
	二十四都	4	1
	二十五都	1	4
合　计		38	27

资料来源：道光《休宁县志》卷二〇《祠堂》。

从新旧祠堂比例来看,南唐至清康熙近 800 年时间所建祠堂约占 58%，而清前中期新建祠堂约为 42%，足见屯溪地区宗族组织在清前中期繁衍发展势头十分迅猛。为简明呈现各都新旧宗祠的对比,据上表数据绘制下图：

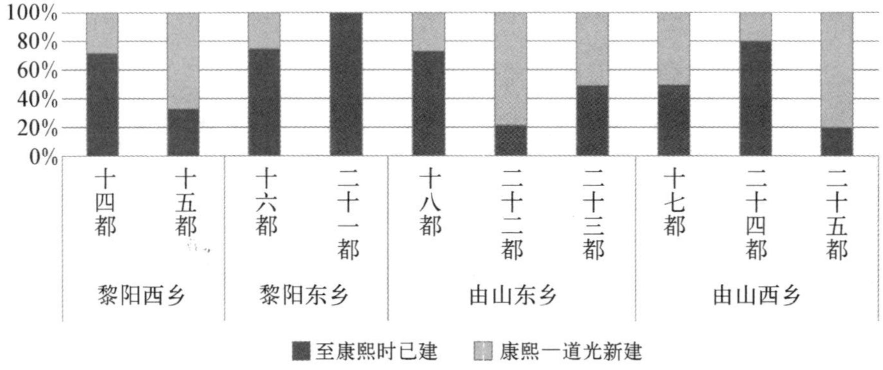

图 1　清前中期屯溪地区各都新旧宗祠对比图

就各都新旧祠堂的具体比例来说,十四都、十六都、二十一都等位于河谷盆地,新祠堂数量较少;十五都、十七都、二十二都、二十三都、二十五都等多为山丘地形,其新祠堂数量较多,占比较高;而十八都、二十四都等都,与位于河谷盆地的各都情形大致相同,这是因为率水、横江等大溪流经这些都,都内沿溪河谷亦为宗族聚居的集中区域,故其祠堂变迁与十四都等相若。

总之,康熙至道光时期,新建祠堂数量较多,几为总数之半,其分布集中于十五都、十七都等山丘地带,表明该地的宗族实力在清前中期有着极大的提升,一定程度上反映出该地区人口的增长。“新安之民皆聚族而处,其在邑者十之一,其在乡者十之九。”①以乡村聚居为主要聚落形态的徽州,在土地资源难有加增的情况下,清前中期,屯溪人地矛盾的尖锐亦是空前的,故徽人不得不“并力作于山”②。但山丘地区生产异常艰辛,“其田尽累十数级,不能为一亩,虽勤用其力,计其所收仅能饷给其半”③,而能否在山区进行农耕作业,则在很大程度上取决于水资源的开发和利用。

(二)康熙、道光时期水资源开发和利用

正所谓“生齿日繁,生计日隘”④,生产条件比较优渥的河谷盆地,生存空间不断被缩小,人口不得不向山地丘陵等地段迁徙。就屯溪地区而言,水势利下,河谷盆地自得其利,而周边的山地丘陵相对而言,难得水利。修建水利设施成为山区缓解水资源压力和改善生产环境的重要措施,由此,水利设施也成为山区区域开发的重要标尺。

聚落的选择通常会考虑到水源关系,“水口”也是徽州村落环境的重要象征和标志。⑤ 新安江及其支流沿岸河谷往往相对平坦,在自然水体上修建的水利设施通常规模大、效用高,生活取水亦相对便捷。显然,大溪两岸是相对理想的聚居点,明代屯溪地区村落分布亦在此较为密集。屯溪域内也分布着一些潭、湖等水域,但更多的是带有明显人工修建色彩的“塘”,塘的

---

① (清)丁廷楗修、(清)赵吉士纂:《徽州府志》,《中国方志丛书》华中地方第237号,台北:成文出版社,1975年,第306页。

② (清)黄应昀等:《婺源县志》卷四《风俗》,清道光六年刻本,中国国家图书馆藏。

③ (清)何应松:道光《休宁县志》,《中国地方志集成·安徽府县志辑》第52册,第87页。

④ (清)何应松:道光《休宁县志》,《中国地方志集成·安徽府县志辑》第52册,第43页。

⑤ 殷永达:《论徽州传统村落水口模式及文化内涵》,《东南文化》1991年第21期。

名称与村落亦有相当关联，如十四都的程子塘、十六都的朱塘、十七都的林塘、二十一都的泰塘等，均有与之相邻相应的同名村落。此外，油潭、阳湖等，并非单独水体，而是因新安江水势较大以致"涌现如湖"①，亦有村落与之对应。"宋淳熙间休宁有塘五百一十处"②，明弘治《休宁县志》却仅记塘八处。③ 而清代两部县志对水利的记述要详细很多，为简明体现康熙至道光年间水利设施数量及其效用变化，现按相关记载，对水利设施等要素进行定量分析(见表3)。

表3 清前中期屯溪地区水利设施及其效用对比表

乡	都	康熙			道光			变量		
		设施数量	溉田面积	平均溉田	设施数量	溉田面积	平均溉田	设施数量	溉田面积	平均溉田
黎阳西乡	十四都	18	2 583	143.5	20	2 823	141.15	+2	+240	−2.35
	十五都	5	370	74	5	370	74.00	0	0	0
	合计	23	2 953	128.39	25	3 193	127.72	+2	+240	−0.67
黎阳东乡	十六都	12	1 610	134.17	13	1 810	139.23	+1	+200	+5.06
	二十一都	30	3 117	103.9	32	4 295	134.22	+2	+1 178	+30.32
	合计	42	4 727	112.55	45	6 105	135.67	+3	+1 378	+23.12
由山东乡	十八都	26	1 623	62.42	26	1 648	63.38	0	+25	+0.96
	二十二都	12	899	74.92	12	949	79.08	0	+50	+4.17
	二十三都	12	4 733	394.42	12	4 733	394.42	0	0	0
	合计	50	7 255	145.1	50	7 330	146.60	0	+75	+1.5

① (明)何东序、(明)汪尚宁：《徽州府志》，《北京图书馆古籍珍本丛刊》第29册，第52—53页。

② (明)汪舜民：《徽州府志》卷二《地理二·食货一·水利》，《天一阁藏明代方志选刊》，明弘治十五年刻本影印本。

③ (明)程敏政：《休宁志》，《北京图书馆古籍珍本丛刊》第29册，第491页。

(续表)

乡	都	康熙			道光			变量		
		设施数量	溉田面积	平均溉田	设施数量	溉田面积	平均溉田	设施数量	溉田面积	平均溉田
由山西乡	十七都	28	4 643	165.82	28	4 642	165.79	0	-1	-0.04
	二十四都	14	1 076	76.86	14	1 341	95.79	0	+265	+18.93
	二十五都	28	1 008	36	28	1 008	36.00	0	0	0
	合计	70	6 727	96.1	70	6 991	99.87	0	+264	+3.77

资料来源:康熙《休宁县志》卷二《塘堰》、道光《休宁县志》卷四《灌溉》。

从康熙县志和道光县志的记载来看,两个时代,屯溪乡都的水利设施数量具有一定的共同性:均是由山西乡最多,由山东乡次之,黎阳东乡为三,黎阳西乡为末;十七都、十八都、二十一都、二十五都等设施数量较多,十五都数量最少,其余各都相差不大。再看水利设施的溉田面积,由山东乡最多,由山西乡次之,黎阳东乡再次,黎阳西乡最少;其中,二十三都的水利设施溉田面积最大,几为数乡之和,十七都、二十一都、十四都等皆次之。就平均溉田面积而言,由山东乡最大,黎阳西乡、黎阳东乡次之,由山西乡最小。从两朝设施数量、溉田面积及其均值的变量来看,增幅以黎阳东乡最大,水利设施增加数个,溉田面积增加 1 300 多亩,平均溉田面积增加了 20 多亩;由山西乡、黎阳西乡溉田面积均增加 200 多亩,但由于两乡水利设施变化的不同,其平均溉田面积也不相同,由山西乡在水利设施数量未有增加的情况下,其平均溉田面积增加了 3 亩多,黎阳西乡的平均溉田面积则稍有下降;此外,由山东乡溉田面积及其均值小有增加。细察各都的变量,其水利设施数量增减幅度相对较小,溉田面积则多呈现增长的态势,如二十一都新增溉田面积 1 100 多亩,十四都、十六都、二十四都等溉田面积亦增加了 200 多亩;二十一都、二十四都的平均溉田面积增量较大,尤其是二十一都增长超过 30 亩,二十四都也增长近 20 亩,十六都、二十二都增量则在 5 亩左右,其余各都的平均溉田面积均或减少,或持平微增。总之,随着清前中期屯溪地区水利设施建设的推进,耕田面积大体呈现增长的态势,特别是二十四都等河谷盆地周边的山丘地带,其溉田面积增长的势头十分明显。

通过以上分析,可以相对明显地看出水资源利用的地域差别。彼时徽州水利设施主要可分为坝、堤、堨、塘、射等,"凡叠石累土截流以缓之者曰坝;障流而止之者曰堤;决而导之,折而赴之,疏而泄之曰堨;潴而蓄之曰塘;御其冲而分杀之曰射"①。清代两部县志所记屯溪地区的水利设施主要为堨和塘,堨既截流拦水、抬高水位,又将潴蓄之水引入田中,具有节省人力、灌溉面积广等优点。② 如黎阳西乡十四都的陈公堨,灌溉横江北岸"石砘、潜阜、竹林、梅林"等村田地 1 900 余亩;其对岸的千秋堨,则灌溉南岸"林塘、源塘、后塘、叶祈、珠里、隆阜"等诸多村落田地 40 多顷;由山东乡二十三都的前坑堨,溉田面积多达 2 230 亩。③ 但堨的修建难度亦相对较大,虽然屯溪地区的横江、新安江河段水流平缓、水源充沛,筑堨却依然有着诸多困难,一般民间力量很难完成,多由宋元时代休宁县令调动宗族等社会资源修筑而成。如位于屯溪盆地横江水域的陈公堨,"宋熙宁间知县陈时所开,因名焉";再如陈公堨上游位于休宁县安乐乡的东干堨,为"(元元贞时)知县陈发开渠"④。可见宋元时代,堨等较大型的水利设施的兴建多以休宁官方作为主导力量。

至明清时,东干堨、陈公堨以及千秋堨等所处的横江水段,虽然水流相对平缓,但"深潭低岸",水量较大而堤岸缓平。长此以往,江水"渐无束缚",以致东干堨等"倾圮而无存",陈公堨及千秋堨也免不了"废圮"仅存"灌渠旧迹"的结局,⑤其修缮"往往费大而中阻"⑥。而由于徽州地方宗族力量的日

---

① 许承尧:《歙县志》,《中国地方志集成·安徽府县志辑》第 51 册,南京:江苏古籍出版社,1998 年,第 68 页。

② 吴媛媛:《明清时期徽州民间水利组织与地域社会——以歙县西乡昌堨、吕堨为例》,《安徽大学学报(哲学社会科学版)》2013 年第 2 期。

③ (清)何应松:道光《休宁县志》,《中国地方志集成·安徽府县志辑》第 52 册,第 76—78 页。

④ (明)程敏政:《休宁志》,《北京图书馆古籍珍本丛刊》第 29 册,第 491 页。

⑤ (清)何应松:道光《休宁县志》,《中国地方志集成·安徽府县志辑》第 52 册,第 76 页。

⑥ (清)何应松:道光《休宁县志》,《中国地方志集成·安徽府县志辑》第 52 册,第 602 页。

益壮大,这一时期,修筑、维护水利设施的主要责任则转由徽州宗族群体承担,这些宗族也由此取得水利设施的主导权。地方文献于此多有记载,如明初隆阜戴尚清率众修筑千秋堨,并"奏奉户部勘合,子孙世为堨长葺之";"天顺八年(1464),休宁县令委汪世宁为堨长,筑充山堨"①;弘治时,二十二都雁塘人"吴存浩、存威捐资伐石,重筑巴潭堨"②;延至清初,"汝吉汪先生"力主修筑东干堨,"独肩其责,鸠工伐石,不一载而复还旧观,计费万二千金有奇";清中期还有"上资人汪先伊,字五就"③,发现其村"溪岸坏",便"筑坚堤,易土以石,计二里许,乡间为树碑立祠,曰五就公堤"④,等等。宗族修筑水利设施的行为亦因此得到徽州地方社会的普遍赞扬:"其水利所及,下焉饱其家族,中焉惠其乡里,上焉给其国用。"⑤这种行为不仅彰显了宗族实力、提高了宗族声望、增强了宗族在地方社会的影响力,还满足了一定的现实生产、生活需求。

细察横江河谷地带隆阜戴氏宗族的公共水利事务活动,除戴尚清率众筑千秋堨外,还有诸多事例。如嘉靖间戴景全"慕义好施,建梁缮亭甚多,本村千秋桥弘治独立",戴广宪"任侠多豪举,倾重资倡建屯溪石桥";⑥万历时戴文耀"独修本村大路直至屯溪",亦有族人主导再修镇海桥并筑亭其上。⑦延至清代,戴纯恩看到"本村石堨颓圮",以中产之资"独立营造,自博村以下田亩皆赖灌溉"。⑧ 十六都的朱塘原为两山之间潴水之低地,常有洪害,乾隆时戴震设计出"塘窨"(放水竖涵),并砌石坝高3丈、长12丈9尺、宽6丈6尺,以此阻水;坝下开水沟,并依托涵管建水闸;⑨旱则蓄水,洪则放水,趋利

① (清)沈葆桢总裁、(清)何绍基等纂:《光绪安徽通志》卷六八《河渠志·水利治绩》。
② (清)汪舜民:《徽州府志》卷二《地理二·食货一·水利》,《天一阁藏明代方志选刊》。
③ (清)何应松:道光《休宁县志》,《中国地方志集成·安徽府县志辑》第52册,第602页。
④ (清)何应松:道光《休宁县志》,《中国地方志集成·安徽府县志辑》第52册,第389页。
⑤ (明)程敏政:《休宁志》,《北京图书馆古籍珍本丛刊》第29册,第567页。
⑥ (明)戴尧天修:《隆阜戴氏族谱》卷一《懿行录》,明崇祯五年刻印本,中国国家图书馆藏。
⑦ 民国《隆阜戴氏荆墩门家谱》,民国二十三年戴延礼钞本,中国国家图书馆藏。
⑧ (清)何应松:道光《休宁县志》,《中国地方志集成·安徽府县志辑》第52册,第366页。
⑨ 黄山市屯溪区地方志编纂委员会编:《黄山市屯溪区志》,北京:方志出版社,2012年,第1406页。

祛害，道光县志赞之可“溉田二千余亩”，“每亩可得水五次”。[①] 由此可见，戴氏宗族围绕“横江水域”的公共水利活动事项，数量既多且持续时间较长，显示出在沿溪河谷地带地域开发过程中对于水源的重视。由此，戴氏宗族也取得了地方水利资源的主导权，其日益兴盛或与此紧密相关。戴氏在明初便已分出十三门，之后各门相继持续发展，宗族规模日益壮大。[②] 与此同时，这对其聚居村落的空间分布形态也产生了重要影响。

与堨相比，塘作为蓄水之洼地，溉田面积比之堨往往较小，灌溉效用相对较低。但塘也有其自身优势，其对于自然水体，如河流的依赖相对较低，即便在江河水域覆盖不及的山丘地带，也存在具有一定储水功能的山沟谷地等天然洼地。因此塘的开凿建设相对简便，修筑成本和工程量较小，故而明清时，徽州民众因需开塘较为普遍。如乾隆四十五年(1780)，祁门十四都二图溶源叶氏便请匠人立约开塘：

清乾隆四十五年四月江右熊应时立承做水塘约

立承约人江右熊应时：今承到冯叶二姓名下，土名石际坞口水塘一所。三面言定，是身承去，自工自食，面定工食银二两正。包过三年，不卸不漏，如有卸漏，自工自食重修赔还，不得异说。银当即付一月，仍一月到八月找足。自承之后，二各无悔，如悔者将罚银三钱，工用仍依此约为准。今欲有凭，立此承约存照。

乾隆四十五年四月廿日立承约人熊应时

代笔中汪鸣青[③]

从文书内容来看，开筑塘堰已成为一类专门的“技术工种”，充分显示出当时徽州民间开塘具有一定的普遍性和较强的自主性。由于开塘的花费均由自身承担，故而塘的财产性和私有性比较明显，在此基础上，其产权亦较为清晰，以至于其亦需课税，在产权流转时还需缴纳契税。如嘉庆九年(1804)五

① (清)何应松：道光《休宁县志》，《中国地方志集成·安徽府县志辑》第52册，第82页。
② 郑晓春：《明代休宁隆阜戴氏荆墩门的派分、建构及生活——以一则正统十一年商人家庭阄书为线索》，《古代文明》2016年第4期。
③ 刘伯山编著：《徽州文书》第6辑第1册，桂林：广西师范大学出版社，2017年，第67页。

月,休宁县二十都四图程恺庭,便立契将田、塘卖与同都九图的张德圣:

嘉庆九年五月二十都四图程恺庭立杜卖田塘赤契

二十都四图立杜卖契人程恺庭:今因正用,自愿将土名古井巷合业田,业两丘,本家合得分法,原租玖秤,实硬租四秤半,计田税一亩一分一厘一毫,系伏字贰千捌佰贰拾号。又将土名仝塘,税壹分玖厘贰毫四丝,仝字仝号四至照依鳞册管业。今凭中立契出卖与同都九图张德圣名下为业,当日三面议定,时值价九五色银拾贰两整,其银当日此即一并收足,其田并塘即交与受买人管业、牧苗、受税、办粮无异。所有税粮在本图五甲程益伟户内,即行起推入于同都九图八甲程士远户内,办纳粮差无辞。其田及塘如有内外人言,以及来历不明、重复交易等情,尽是出卖人承值,不涉受买人之事。今欲有凭,立此杜卖契久远存照。

嘉庆九年五月日立杜卖人程恺庭

凭中朱立

依书程仲舒①

在程恺庭的"卖田契"文中,塘与田几乎别无二致,均需登记在鱼鳞册中以"管业、受税",且在其产权流转时需注明税额。该契为"立杜卖契",即断卖契,可见塘产主可全权处置该塘。由以上案例基本可以推断,明清时期,徽州塘的开凿难度和成本相对较小,其修凿、管理一般相对自主,并且塘产与田产有着诸多相同之处,边界清楚、产权明确且需课税,可传子孙,亦可流转。

正因为塘的上述特性,山丘地带的水利开发尤其重视塘的修筑。如许氏宗族聚居的二十四都孚潭村,位于率水北岸,虽有率水过境,但低山丘陵广布,河谷面积较小,地形水文环境与隆阜大不相同。当有限的河谷开发殆尽时,自然水体难以覆盖的区域无法建堨,此时塘即成为修建水利设施的主要选项。在乾隆年间编修的村志——《孚潭志》中,共记载了村内"含塘、石塘"等12处塘堰,其数较为可观。不过,其中却几乎未提及许氏族人开筑和管理塘的活动。反观《孚潭志》对许氏宗族其他公共事务的记载则不在少数。如"许琛,字

---

① 刘伯山编著:《徽州文书》第5辑第10册,桂林:广西师范大学出版社,2015年,第10页。

思泽，邻村霞堡有朱都者，恃其膂力横行不法”，“公设法除之，宗祠奉祀至今不替，以报德焉”；“许机，字伯权，让兄产、建宗祠，不吝千金”；“许苗，字子实，捐资购石莲山，筑大士阁”，等等。[①] 而之所以不载许氏宗族筑塘、修塘的相关活动，很可能是由于修建塘等水利设施大多依靠个体力量，无需宗族集体力量的参与，故而不必入志。至于塘与孚潭一地的地域开发，我们可从塘田的相关记载窥得一斑。在《孚潭志》中，塘多与田对应，如“含塘”与“含塘下田”、“石塘”与“石塘下田”等。进一步统计《孚潭志》中的田亩面积，其标明面积的田共有 28 处约 481 亩，其中“塘田、源田”有 10 处约 300 余亩，[②]塘田占比很高，这充分说明孚潭一地开塘的主要目的就是垦辟田地。由此我们可以想见，明清时期，屯溪地区山丘地带开塘蓄水为水利开发的主要模式，依塘耕作是农业生产的重要形式，其塘的数量应是十分庞大的，而联系紧密的塘与田作为村落生产空间的重要组成部分，对于村落空间形态也具有重要影响。

清前中期，屯溪区域内的水利设施数量及其效用差异，显示出不同地形之间生产条件的较大差距，体现出地理环境对地域开发的重要影响。水利设施数量、溉田面积的增加与村庄数、人口数量的增长，是山丘地带持续开发、社会经济不断发展的一体两面。一方面，随着人口的增加、村落的增多，对土地的需求不断加大；另一方面，水利设施的完善以及开垦面积的增加，既是这种需求的体现，又成为村庄、人口数量增长的前提和保障。

三、清代前中期屯溪村落的空间分布态势

清前中期，屯溪地区人口增长较快、增量较大，推动了盆地周边山区的持续开发，水利设施的修建即为其重要的表征和基础，由此引起的生存空间的拓展，改变了自明代以来屯溪村落的分布态势，村落发展呈现出新的特征。清代康熙、道光《休宁县志》对于乡都之下的村落，记述较为详细，我们

---

① （清）许显祖：《休宁孚潭志》，《中国地方志集成·乡镇志专辑》第 27 册，上海：上海书店，1992 年，第 275—276 页。

② （清）许显祖：《休宁孚潭志》，《中国地方志集成·乡镇志专辑》第 27 册，第 282 页。

能够据此大致复原清前中期屯溪地区的村落分布和变迁情况。康熙县志是清朝入关定鼎后首次号召全国各地修志书以示国家正统的产物,因此其体例、内容较于前志均有差别,既吸纳了前志“体要、简言、详覆”等优点,又对前志中疏误之处进行考证订讹。① 现据是书所记屯溪乡都图村绘制表4。

表4 康熙县志所载乡都村落表

乡	都	村	村数	图数
黎阳西乡	十四都	石硃、居安、约山、隐冲、梅林、潜阜、竹林、北村、古楼、厚村、方山、佘家坞	12	11
	十五都	新屯、资口	2	6
黎阳东乡	十六都	溪东、草市、屯溪、率口、富上、沙园、由坑、坑口、黄石、唐霞、钓桐涧、洪田	12	8
	二十一都	太塘、藏溪、兖山、榆村、塘尾、占田、兖山渠	7	5
由山东乡	十八都	隆阜、博村、油潭、黎阳、叶祈、闵口、奕淇、高枧、珠里	9	12
	二十二都	雁塘、汪唐关、洋湖、瑶干、瑶溪	5	8
	二十三都	商山、新渡、浯田、荪田	4	9
由山西乡	十七都	流塘、汪祈、林塘、合干、流边村、易村、山头、江村	8	7
	二十四都	石佛、古塘、芳干、浮潭、霞阜、黄村、里坞充、高堨	8	7
	二十五都	西干、钟泽、环谷、溪头、洪方、会里、朱村	7	7
合 计			74	80

资料来源:康熙《休宁县志》卷一《隅都》。

从康熙县志的记载来看,村数较《休宁名族志》略少6个,较万历《休宁县志》多出9个,图则沿袭万历《休宁县志》没有变化。可见在明后期至清前中期这一段时期内,屯溪村落亦受鼎革影响,但整体影响不大。明代中后

① 刘道胜:《徽州旧志研究》,安徽师范大学硕士学位论文,2003年。

期，徽州地区多受兵扰匪祸，相对封闭的地理环境未能完全隔绝外界环境变化带来的搅扰，“徽州以明末最富厚，遭兵火之余渐逐萧条，今仍不及前之（明末）十一”①。但崇山峻岭亦为天然的保护屏障，如嘉靖三十四年（1555）“倭寇入绩溪”，而休宁民众“相惊倭至”，“城居者避入山林”。② 再者，徽人崇尚聚族而居，“十民九居乡间”，自晋唐来“一姓相继，百世不迁，海内独有”，故徽州相对平稳地渡过了政权交替，王朝更迭带来的波动逐渐消融于乡土之中。况且从徽州归附清廷至康熙三十二年县志修成，毕竟已承平二十余年，业已有所恢复，故而此时屯溪村落数量较明后期呈现出稳中略降的态势。

康熙中后期以降，清政府外患渐弥，内乱渐止，社会生产迅速恢复。徽州更是如此，徽商汇聚了大量社会财富，这是徽州社会文化、教育等多个领域长期繁荣的重要物质保障；③随着乾嘉学派的兴起，戴震等徽州学人的思想一度引领全国潮流，④徽州传统社会在清中叶攀至发展顶峰。在这种背景下，屯溪村落在原有基础之上进一步发展，尤其体现在官修志书记载的村庄数量上。万历《休宁县志》所记屯溪村落为 65 个，少于同期修撰的《休宁名族志》的 80 个，在明清鼎革动乱的影响下，康熙县志中仍记有 74 个村落，而道光县志所记村落则达到 144 个。从村庄数量猛增的情况来说，至道光时，屯溪村落已发展到较高水平（见表 5）。

表 5　道光县志所载乡都村落表

乡	都	村	村数	增量		新村占比
				较 1626 年	较 1693 年	
黎阳西乡	十四都	石砘、居安、约山、隐冲、梅林（有渡）、潜阜、竹林、北村、古楼、厚村、方山、东湖、景川、佘家坞	14	1	2	14.3%

① （清）丁廷楗修、（清）赵吉士纂：《徽州府志》，《中国方志丛书》华中地方第 237 号，第441 页。
② （清）廖腾煃修、（清）汪晋徵纂：《休宁县志》，《中国方志丛书》华中地方第 90 号，第160 页。
③ 张海鹏、王廷元主编：《徽商研究》，合肥：安徽人民出版社，1995 年，第 507 页。
④ 周晓光：《徽州传统学术文化地理研究》，合肥：安徽人民出版社，2006 年，第 4 页。

(续表)

乡	都	村	村数	增量		新村占比
				较1626年	较1693年	
黎阳西乡	十五都	新屯、资口、东干、仙人林、洋坑、程子塘、石牌头、上坦	8	4	6	62.5%
黎阳东乡	十六都	溪东、草市、屯溪、率口、长干塝、富上、沙园、由坑(尤溪)、坑口、黄石、唐霞、钓桐滩、湖边、社屋前	14	4	2	14.3%
	二十一都	太塘、藏溪、兖山渠、榆村、塘尾、詹田、富昨、白际、望岭山、小姑潭、腾紫关、桃梅	12	6	5	41.7%
由山东乡	十八都	隆阜、博村、由潭、黎阳、叶祁、闵口、高枧、珠里、茅山、孙打鱼、汪百祥、霞山	12	1	3	33.3%
	二十二都	雁塘、傍霞、孝敬、闵口、坊口、合阳、洋湖、汪塘干、朱村、榆伦、牡丹花	11	8	6	72.7%
	二十三都	商山、新渡、浯田、荪田、几山头、里村、沾源、木充、张边、溪西、小贺、苦竹田、长干、首源、邵家村、下坞	16	11	12	75.0%
由山西乡	十七都	流塘、汪祁、林塘、合干、溪边村(蟾溪)、易村、江村、上黄、余麻塘、郁源、南干店、西充、蜈公岭、前山、朱村、寺前金、泉水塘、榉林	18	7	10	61.1%
	二十四都	石佛、古塘、芳干、浮潭、霞阜、黄村、里坞充、高堨、星洲、燕塘、钗坑、洪家山、巴家坞、西岸、溪洲、大路、井巷、渔滩、里田、西坑、林田	21	11	13	52.3%
	二十五都	西干、钟泽、环谷、溪头、洪方、会里、朱村、杨村、瑶溪、长岭、巴塘、巴方、东邱、下庄、瑶干、屏峰山、山下湖、许村	18	10	11	50%
合计			144	64	70	

资料来源:道光《休宁县志》卷一《隅都》。

道光时，屯溪村落数量几乎倍于前志，较1626年的《休宁名族志》增加了64个，较1693年的康熙县志增加了70个，而《休宁名族志》与康熙县志的村落数大致相同，故其迅猛增长集中于1693—1823年，即清前中期这130年间。从屯溪全域来看，《休宁名族志》中所记80个村落，有14个村落未见于康熙县志，11个村落未见于道光县志；故1626—1693年，屯溪村落存有率为82.5%，至1823年，村落存有率不降反升为86.25%。康熙县志中的74个村落，未见于道光县志的仅3个，故1693—1823年，村落存有率高达95.95%。细究各都村落增量，以二十三都、二十四都、二十五都村落增长数目最大，均在10个以上，十五都、十七都、二十一都、二十二都等村落增量亦较大，均在5—9个间。这些增量中并非全为前志未载，从1823年道光县志中各都新出现的村落数量和全都村数的比值来看，十五都、二十二都、十七都、二十三都、二十四都等均在50%以上，十八都、二十一都、二十五都在30%—50%之间，十四都和十六都在30%之下。这表明该段时期内，十五都等新生村落较多，村落发展最快；而十八都约三分之一为新村，发展亦较快；十六都等新村最少，村落变迁最为稳定。综观屯溪村落的存有率、各都增量及新村占比等数据，在全区村落存有率较高的情况下，村落增量较大、新村占比较高的都相对集中于山丘地带，特别是屯溪西部、西南的低山丘陵地区。

从以上分析，我们可以看出1626—1823年近200年间屯溪村落变迁的些许特征：首先，屯溪村落整体处于稳定存续、不断发展的态势，村落空间不断向山丘地带拓展，尤其是1693年后，村落发展愈加稳定的同时，发展速度明显提升。而山区村落并非是粗暴开发而形成的居民点，其发展具有一定质量，如二十四都的孚潭村，乾隆年间修了村志。其次，屯溪村落发展呈现出较强的稳定性，村落变迁主要集中在低山丘陵地带，其变动性寓于稳定性之中。再者，屯溪区域开发与村落发展辩证统一，区域开发侧重体现生产空间的变化，是聚落产生与发展的核心动力之一。而"稍筑室宅，遂成聚落"①，聚落作为人口重要的居住场所，是生活空间的集合，两者共同构成了人口的生存空间。要言之，清前中期，屯溪村落空间演变脉络可大致总结为，从相

① (东汉)班固：《汉书》卷二九《沟洫志》，北京：中华书局，1962年，第1692页。

对宜居的河谷盆地向相对不宜居的山丘地带拓展，尤其是低山丘陵地带。至道光三年（1823），屯溪村落的空间分布既呈现出以河谷盆地、低山丘陵、高丘陵群为主要地形差异的阶梯状分布，又呈现出以河流为主线向外发散的带状分布形态，这与明后期屯溪村落密于河谷、疏于山丘的空间分布态势具有较大差异。

那么，这一时期，屯溪地区不同环境下以水利设施为代表的区域开发模式，对其村落空间形态具有什么样的影响呢？面对不同地区的地理环境，人类生产活动的差异往往呈现出不同的生产空间，亦由此对其村落空间形态产生不同的影响。当清前中期屯溪地区人口的生存空间随着区域开发的深入而拓展时，聚落空间相应地也会有所变化，前述隆阜村、孚潭村大体可以说明这个问题。聚居于隆阜的戴氏族人，身处横江水畔地势较为平缓的河谷盆地，积极投身于公共水利事业，取得了地方水利社会中的优势地位，掌握了相对优渥的生产资源，为宗族人口持续增长提供了重要条件。开阔的河谷地带也为戴氏族人提供了相对广阔的生存空间，在传统村落居住条件下，其村居屋舍整体上多以相对扁平的样式展开，这一点无论是在明末的《隆阜村居图》①还是民国时期的《屯溪五乡镇图》②中，都体现得较为明显。前者中，隆阜的村落形态明显呈现出沿江团条状的分布态势；后者亦大抵如此，而这一村落空间分布形态直至现当代依然如此，大体未有变化。反观孚潭村则与隆阜村不同，其水利设施以塘为主，依塘辟田是其主要农业生产方式，但为节约土地资源，人口居住空间一般不会随着生产空间的开拓而随意转移，因此在《孚潭志》的“村图”③中，孚潭村落形态呈现出明显的点团状分布态势。但塘及田作为生产空间的重要一环，其数量的增加和面积的扩大一定程度上代表着生存空间的开拓，当然其亦为村落空间范围扩展的重要象征。值得注意的是，当宗族人口向山丘开塘垦田时，村落空间向山区拓展，由于塘、田的产权明确，其空间边界也是相对清晰的，而当公共资源如自

---

① 黄山市屯溪区地方志编纂委员会编：《黄山市屯溪区志》，第 70 页。
② 黄山市屯溪区地方志编纂委员会编：《黄山市屯溪区志》，第 55 页。
③（清）许显祖：《休宁孚潭志》，《中国地方志集成·乡镇志专辑》第 27 册，第 271 页。

然水体也成为村落生产空间的一部分时，其公共属性往往会造成相邻村落空间边界的相对复杂。这一点，早在明代便已有体现，如万历四十年(1612)，孚潭许氏因率水一处河段的水权与洪方汪氏发生诉讼争端，便是一例。事件起因是，汪氏在许氏业渔之率水河段引水浇田，并报备县府“升科”计入汪氏“文昌户”内，但许氏自明初便科业于此，产权清晰，汪氏所为在一定程度上侵占了许氏之水权。经诉讼后，官方认定双方纠纷河段为“官河”，在“汪氏田亩升科合法”“许氏祖传佥业不失”的前提下，裁决双方“各纳各税，息讼无争”。[①] 两村纠纷、分割水权既是水权利益之争，也是规定村落空间边界的重要行为。徽人遇事纷争多以宗族协调解决，不决则讼之官府。在人口持续增加、人地关系更为紧张的清前中期，这种情境发生的概率更是可以想见。就此而言，在相对有限的范围内，山丘地带村落空间的扩展，不但受到自然环境的影响，还与社会人文环境息息相关，其形态往往是村际、族际不断摩擦和妥协的结果。一言以蔽之，清前中期屯溪地区村落空间形态是自然地理环境和社会地理环境交融影响的结果。

余　论

明中叶至清前中期，新作物的引进和种植及税收政策的调整和实施等，促进社会经济持续发展，人口数量大为增加。繁华富饶的江南地区是人口聚集的重要区域，而传统政治经济体系下的“隙地”、王朝疆域内的“化外之区”，也成为人口流动的重要去向。这些“内地的边缘”区域因其“相对不可控”的特性往往是动乱和新思潮的源地。[②] 宋代的徽州便颇具这类特征，其既是方腊起义的主要策源地，也是朱子理学形成、传播的重要区域。在经过元明数百年的发展之后，明清时的徽州已为“东南邹鲁”“天下富州”，但其域内的“边缘、隙地”依然存在，成为清前中期地域开发的重点区域。至明代，

---

① 阿风：《明代大造黄册与水权诉讼——以〈万历四十一年至四十三年休宁县升科水利河税事抄招〉为中心》，《安徽大学学报(哲学社会科学版)》2019 年第 3 期。

② 鲁西奇：《内地的边缘：传统中国内部的“化外之区”》，《学术月刊》2010 年第 5 期。

屯溪河谷盆地的开发已近完备;清前中期,盆地周边的山丘地带成为人口的重要流向地,大量水利设施的修建极大地改善了山丘地带的生存条件,这既是山丘地带不断得到开发的重要体现,也为山区人口的聚集和增长奠定了重要基础。与之相对应的是,生存空间向山区拓展亦引起了屯溪地区村落空间分布的变化,明后期屯溪地区村落密于河谷、疏于山区的分布态势至清前中期发生了重要改变。康熙至道光时期,屯溪村落的空间分布较为迅速地向山丘地带拓展,并展现出愈加快速、稳定的发展态势。至道光时,屯溪村落整体分布呈现出相对密集的阶梯式分布,即河谷盆地、低山丘陵和高丘陵群三个类近圈层状的阶梯分布,但又相对集中分布于大溪沿岸,呈现出条带状的分布态势。可以说,屯溪村落分布在该时段呈现出较强的稳定性和鲜明的层次性。

综上所言,我们不难看出,地形地貌与水文环境是历史时期屯溪村落空间分布演变的基础,人口的流动是村落空间分布变化的主要因素,而不同环境下的水利行为对村落空间形态及其分布则有着重要影响。明清易代,在本地人口快速增长和外来人口持续迁入的双重压力下,“并力作于山”对于缓解日益紧张的人地矛盾起到了一定的作用。由水而陆、由平地而山区依次寻求生存空间的拓展,依然是中国南方移民地区区域社会演变的重要历史逻辑。也正是这种历史变迁在不同地域的持续演进,才填补了一个个“隙地”,由此构成了传统中国不同层次的政治经济和文化体系。而作为对“隙地”不断填充的乡村聚落则为我们考察地域社会变迁提供了重要视角。

元末明初徽州地区军政机构的演变*

王　浩

（安徽大学徽学研究中心）

摘　要：元末明初徽州地区的军政机构，经历了分枢密院（辖翼元帅府）—兴安卫/徽州卫—徽州守御千户所—新安卫的建置沿革。这一过程既是徽州地区在元明之际由乱入治在军政制度上的反映，也展示了明王朝的国家力量在一个具体区域确立统治的过程。

关键词：军政制度；新安卫；徽州

有明一代，卫所制度不仅是重要的军政制度，卫所还是一种带有军事性质的行政区划地理单位，“涉及到明帝国的版图、管理体制、土地、户籍制度、人口迁移等一系列问题”①。因此，卫所制度一直是明史研究的热点领域。学界对明代卫所的研究，除了考察卫所制度本身涉及的军户、军屯、军役等军制史范畴内的问题外，较为关注州（县）、卫关系以及卫所制度下明代的社会变迁、军民关系等重要问题。② 总体上看，明代卫所研究相对集中于边疆、

---

* 本文曾发表于《徽学》第15辑，北京：社会科学文献出版社，2021年。本文为2018年度安徽省哲学社会科学规划重大项目“徽学研究资料整理”（AHSKZD2018D08）的阶段性成果。

① 邓庆平：《明清卫所制度研究述评》，《中国史研究动态》2008年第4期，第14页。关于明代卫所研究的详细综述，可参见吴才茂《20世纪以来明代卫所制度研究述评》，常建华主编《中国社会历史评论》第18卷，天津：天津古籍出版社，2017年。

② 相关研究成果十分丰富，略举数例：于志嘉《卫所、军户与军役——以明清江西地区为中心的研究》，北京：北京大学出版社，2010年；李新峰《明代卫所政区研究》，北京：北京大学出版社，2016年；林昌丈《明清东南沿海卫所军户的地方化——以温州金乡卫为中心》，《中国历史地理论丛》2009年第4期；赵世瑜《卫所军户制度与明代中国社会——社会史的视角》，《清华大学学报（哲学社会科学版）》2015年第3期；宫凌海《明代中叶沿海卫所的初步地方化——以浙江观海卫为例》，《历史教学问题》2015年第1期。

海疆及民族地区,研究内容多为卫所建成后相关制度的沿革或卫所与地方社会的关系,对于明朝建立初期内地卫所的建置沿革演变则关注较少。

徽州地区早在至正十七年(1357)①即归附朱元璋集团,是明朝建立的早期兴王之地之一。由于密迩南京,明初之人视徽州为"京畿大郡"②,甚至认为"东南巨郡,惟徽为最"③。自至正十七年徽州地区为朱元璋集团所控制,至洪武二十三年(1390)新安卫的设立,徽州地区的军政机构经历了复杂的沿革演变。这一过程既是徽州地区于元明之际由乱入治在军政制度上的反映,也从某一侧面展示了明王朝力量在一个具体区域确立统治的过程。本文希望通过对元末明初徽州地区军政制度建置沿革的考述,深化我们对明代徽州社会以及明代卫所发生史的认识。不当之处,仰祈方家指正。

一、邓愈守徽时期(1357—1361)

至正十七年(1357)邓愈率兵进军徽州,随即成为该地区的最高军政长官,直至四年后调离该地。这一时期,徽州地区的最高军政机构是邓愈任职的分枢密院,下辖雄峰翼元帅府。另有设于婺源州的星源翼分院以及设于各县的民兵万户府。

(一)分枢密院与雄峰翼元帅府

至正十七年(1357)七月,朱元璋部邓愈、胡大海等兵取徽州,"改徽州路为兴安府,立雄峰翼元帅府,命邓愈守之"④。

朱元璋部先后在二十余个据点设立翼元帅府,其普遍原则为:每占领一

① 朱元璋集团初起一直采用小明王政权的龙凤纪年,本文为行文简便计,多采用元顺帝至正年号或干支纪年。

② (明)陈循:《芳洲文集续编》卷二《送尹同知之任徽州府序》,《续修四库全书》第1328册,上海:上海古籍出版社,2002年,第43页。

③ (明)程通:《贞白遗稿》卷二《送黄太守序》,《景印文渊阁四库全书》第1235册,台北:台湾商务印书馆,1986年,第733页。

④《明太祖实录》卷五"丁酉七月乙酉",台北:台湾"中研院"历史语言研究所,1962年,第56页。

路，必改路为府以管民，设翼元帅府管军镇守。不过邓愈并非任职于雄峰翼元帅府，《明太祖实录》记载邓愈在此前后（1357—1358）的官职升迁经历如下：

> （丁酉［1357］七月）壬午，以元帅邓愈为行枢密院判官……①
>
> （戊戌［1358］三月）壬戌……元江浙行省左丞杨完者遣兵来攻，邓愈出兵击之，杀其将李副枢，众溃，降其溪洞兵三万人，升愈为同佥行枢密院事……②
>
> （戊戌九月）戊戌，升邓愈佥行枢密院事。③

邓愈由院判升至佥院的过程中，实录一直作“行枢密院”官而非“分枢密院”官。但李新峰认为，江南行枢密院不可能设在徽州这个不太重要的据点，也不可能由邓愈这个名位并不很高的武将主掌，④故此时邓愈任职的机构实为分枢密院（或曰枢密分院）。⑤ 枢密分院分设于朱元璋部占领之各府，供院判、同佥甚至副使等高官任职。而府、翼名义上分属江南行省与江南行枢密院，但此时一切为军事服务，故级别较高的分枢密院镇守官统领府、翼。⑥ 因此，邓愈作为此时徽州地区的最高军事长官，兼统军民。

邓愈占领徽州府城后，以元代徽州路治为分枢密院治所（此即明代之徽州府衙）。⑦ 枢密分院下辖各级机构依次为雄峰翼元帅府（对应兴安府）—总管府（对应各县）—万户府。万历时，休宁人程一枝在其所作《程典》中，记载了徽州初附时休宁的情形：“总管张思总镇我县（休宁），盛百户、杨先锋来

---

① 《明太祖实录》卷五“丁酉七月壬午”，第 56 页。

② 《明太祖实录》卷六“戊戌三月壬戌”，第 65 页。

③ 《明太祖实录》卷六“戊戌九月戊戌”，第 67 页。

④ 李新峰：《明前期军事制度研究》，北京：北京大学出版社，2016 年，第 13 页。

⑤ 明代徽州的地方文献多沿袭《明实录》关于邓愈官职的记载，将此时邓愈任职的机构称为“行枢密院”而非“分枢密院”。

⑥ 李新峰：《明前期军事制度研究》，第 11—12 页。

⑦ （明）彭泽修、（明）汪舜民纂：弘治《徽州府志》卷五《公署·郡邑公署》，第 3 叶 a，《天一阁藏明代方志选刊》第 21 册，上海：上海古籍书店，1982 年。按：原文为“国朝总兵官、卫国公邓愈以为行枢密院，重建仪门”。如前文所论，此处之“行枢密院”应为“分枢密院”。类似的错误记载较多，下文还将出现，不再一一注明。

我乡招抚居民。”[①]可见当时分枢密院已在县一级建立总管府,并分派百户、先锋等低级将领招抚四乡。休宁人朱升于次年(1358)即曾应休宁总管张思之邀作《行枢密院判官邓公勋德颂》,歌颂邓愈治徽的功绩。[②]

不过此时的邓愈“往来江浙,以徽为驻军之所”[③],作为徽州地区的最高军事将领,他在对徽州境内未下州县及邻近区域不断用兵以扩大地盘的同时,还需要应对元朝军队的反攻。在此期间,雄峰翼元帅府在历次军事行动中发挥了关键性作用。摘引实录记载如下:

> (丁酉[1357]七月)丙戌,(邓愈)命元帅叶公权、汪君信等取黟县。[④]
>
> (戊戌[1358]正月)乙卯,行枢密院判邓愈遣部将王弼、孙虎及汪同、孙茂先等取婺源州。兵至城西,与元守将铁木儿不花战,自旦至日昃,杀伤五百余人,不下。乃分门逼之,茂先攻北门,王弼、孙虎攻南门,汪同攻东门,三道并进,复杀三千余人,遂拔其城。斩铁木儿不花,获士卒三千人。复遣万户朱国宝攻高河垒,克之。[⑤]
>
> (戊戌四月)庚午,元左丞杨完者以舟师攻徽州,胡大海等击败之,擒其将董旺、吕升。明日,元帅何世明等复败其军,擒其将黄牛儿等。[⑥]
>
> (戊戌十月)壬午,雄峰翼总管胡天福、袁政、江大亨率兵攻开化,败其千户邵某,斩首五百级,生擒达鲁花赤脱脱铁木儿。[⑦]
>
> (戊戌十二月)辛卯,雄峰翼元帅王遇成会宁国兵徇昌化县,获元守将万户奔马,又与元帅孙茂先合兵破泥窑寨。[⑧]

---

① (明) 程一枝:《程典》卷六《本宗年表第二上》,第31叶b—32叶a,明万历二十六至二十七年家刻本。

② (明) 朱升:《朱枫林集》卷七《行枢密院判官邓公勋德颂(并序)》,刘尚恒点校,合肥:黄山书社,1992年,第108页。

③ (明) 彭泽修、(明) 汪舜民纂:弘治《徽州府志》卷四《名宦》,第50叶a。

④《明太祖实录》卷五“丁酉七月丙戌”,第56页。

⑤《明太祖实录》卷六“戊戌正月乙卯”,第62页。

⑥《明太祖实录》卷六“戊戌四月庚午”,第65页。

⑦《明太祖实录》卷六“戊戌十月壬午”,第69页。

⑧《明太祖实录》卷六“戊戌十二月辛卯”,第74页。

(己亥[1359]正月)戊午,雄峰翼元帅王遇成、孙茂先率兵攻临安,张士诚遣其右丞李伯昇来援,茂先击败之。伯昇复敛兵退守,茂先攻之不克,引兵还。①

从一些记载还可见上述战斗的细节:

(杨)完者自浙江又乘兵来薄雄峰翼城。(胡)大海与(邓)愈激将士,明赏格,命胡天福、袁政、江大亨、朱宝等择敢勇士出战,众咸推(谢)成及程国胜。成即率数百人横刀鼓噪冲之,众皆辟易,自相蹂躏。诸军继之,遂覆其师,生擒胡辛等二百人,完者几为成所擒,仅以身免,遂引还嘉兴,自是不敢复犯雄峰翼城。论功,以成为最,成与国胜以功俱迁总管。②

于此可见当时徽州地区战斗之激烈。

在另一次军事行动中,《明实录》中出现了"雄峰翼分院"之名:

(辛丑[1361]六月)丙午,雄峰翼分院元帅王思义克鄱阳之利阳镇,擒贼首王文友及其部属,戮之,遂会佥院邓愈兵于三洞源,议取浮梁。③

"雄峰翼分院"仅见于此,对照下文所论"星源翼分院",可知此处之"雄峰翼分院"所指实即邓愈任职之分枢密院。或因此时(辛丑,1361)星源翼也开设分院,故称"雄峰翼分院"以示区别。

上述军事行动,有些是在邓愈直接指挥下进行的,有些则并未见邓愈身影,这当与其"往来江浙"有关。当然,作为此期徽州地区的最高军政长官,邓愈还处理了大量民政事务,对于元末徽州的由乱入治发挥了关键作用,朱升对此有简要记载:

立城堡,作庐舍,旬日竣事,而民不知有役。纳降附,下条教,村疃帖服,而民不知有军。分兵戍诸县,抡才以官治之,军民有职,上下相

---

① 《明太祖实录》卷七"己亥正月戊午",第 79 页。

② (明)佚名:《秘阁元龟政要》卷一,《四库全书存目丛书》史部第 13 册,济南:齐鲁书社,1996 年,第 235 页。

③ 《明太祖实录》卷九"辛丑六月丙午",第 114 页。

维,遗黎乃知免矣。①

此外,邓愈还以礼敦请歙县人唐桂芳,“俾掌儒学”②。可见作为高级武将,邓愈兼统军民。虽在守徽期间也曾因筑城一事颇招民怨,③但邓愈对于徽州从元末乱局中迅速恢复稳定,还是很有功劳的。

上引实录中多次出现雄峰翼武官元帅、总管、万户,可见该机构组织完备。地方文献对于雄峰翼的记载也较多,《程典》除了记载雄峰翼设置于丁酉年(1357)外,还提到戊戌年(1358)十二月兴安府“募民兵戍雄峰翼”,以及休宁临溪人程善于甲辰年(1364)“补雄峰翼百户”④。休宁人任原于元末组织义军,后归附朱元璋,“积功至显武将军、雄峰翼管军万户”⑤。而邓愈任职的分枢密院则尚未见有文职官或首领官的记载,且邓愈离徽后也未见继任者,万历《休宁县志》更是直言“龙凤八年(1362),革行枢密院”⑥。相比较而言,分枢密院所统的雄峰翼元帅府作为领兵作战的实际单位,在地方社会的记忆中更为清晰。

(二)星源翼分院

约略同时婺源又有星源翼分枢密院之设,较为特殊。

星源乃婺源别名,元元贞元年(1295)升婺源县为州,洪武二年(1369)复降婺源州为县。⑦ 星源翼分院之设,与婺源人汪同关系密切。据赵汸记载,汪同少年时即不事笔墨,又不乐耕耨,行为不检束。至正十二年(1352)闰三月二十一日,蕲、黄红巾军攻陷婺源,乡里多遭焚掠,民不安其生。汪同遂与兄汪叡(1323—1401)倡义起兵,依山谷之险,保聚捍御。吴观国、吴止善、叶

---

① (明)朱升:《朱枫林集》卷七《行枢密院判官邓公勋德颂(并序)》,第108页。

② (明)钟亮:《南雄路儒学正白云先生唐公桂芳行状》,(明)程敏政辑撰《新安文献志》卷八九《行实》,何庆善、于石点校,合肥:黄山书社,2004年,第2199页。

③《明太祖实录》卷六“戊戌十二月庚辰”,第70页。

④ (明)程一枝:《程典》卷六《本宗年表第二上》,第32叶b、33叶b。

⑤ (明)曹嗣轩编撰:《休宁名族志》卷二,胡中生、王夔点校,合肥:黄山书社,2007年,第293页。

⑥ (明)李乔岱纂修:万历《休宁县志》卷一《舆地志·沿革》,抄明万历刻本。

⑦ (明)彭泽修、(明)汪舜民纂:弘治《徽州府志》卷一《地理一·建置沿革》,第4叶a。

宗茂等当地大族纷纷来投，赵汸本人也曾参与其事。数年之间，汪同率军转战徽州各地，且数次率兵至江西饶州等处配合元军作战，累官至治中兼浙东同知副都元帅。① 至正十七年(1357)九月，因与元朝徽州守将不和，汪同降于邓愈：

癸酉朔，元婺源州元帅汪同与守将铁木儿不花不协，以总管王起宗、黟县尹叶茂、祁门元帅马国宝诣雄峰翼降。上命皆仍其官。②

汪同被送至南京，朱元璋将其放回。汪同随即率旧部参与攻占婺源的军事行动，时在次年正月。③ 汪同在占领婺源等战事中屡立战功，加之其在徽州地区颇具影响力，而婺源与江西接壤，当时是临近陈友谅集团的前沿阵地，战略位置重要。故有星源翼分枢密院之设：

(戊戌[1358]十二月)己丑，立星源翼分院于婺源，以元帅汪同为院判。④

不过，据弘治《徽州府志》所载，“戊戌冬，(汪)同筑婺源城，建左、右翼总管府，以(汪)养中为左翼总管”⑤。可见婺源虽设分院，但并未下辖翼元帅府，而是仅统领两个总管府，故名为分院，实为一元帅府规模。

汪同任院判后，“筑城治兵，始戊戌(1358)十二月，岁己亥(1359)冬告完。为四门，门各重檐复屋，城上环树杨柳，官舍仓廪一新。于是饶之德兴、浮梁皆来附，儒贤并归，军集食足，分兵教战，名誉甚隆”⑥。其时朱元璋对汪同较为看重，曾亲自修书致之：

庚子(1360)六月初三日茶源关歇马。偶遇万宣使至，动问，说称星原翼田野辟，黎民乐。拆开赍到公文，内云修城事理，军民人等甚是，极

① (元)赵汸：《东山存稿》卷七《资善大夫淮南等处行中书省左丞汪公传》，《景印文渊阁四库全书》第1221册，第350—353页。
② 《明太祖实录》卷五“丁酉九月癸酉”，第56页。
③ 《明太祖实录》卷六“戊戌正月乙卯”，第62页。
④ 《明太祖实录》卷六“戊戌十二月己丑”，第74页。
⑤ (明)彭泽修、(明)汪舜民纂：弘治《徽州府志》卷九《人物三·义勇》，第33叶a。
⑥ (元)赵汸：《东山存稿》卷七《资善大夫淮南等处行中书省左丞汪公传》，第354页。

得其当。重务出积粮储,从其与便,勿使我多忧。途间亲书不备。寄书人朱,枢密院判汪同阁下。①

不过朱元璋对汪同绝非完全信任,早在汪同投降之初,即令其家属搬到南京居住,显为牵制之意。② 事实上汪同的确心存元室,就在前引书信写就前后,在率军攻打饶州不利时,汪同只身弃军走浙西,又北赴元廷,复受元命,经略两淮,直至为张士诚所害,死于姑苏。③ 星源翼分院并未因汪同弃军北走而撤销,直至至正二十一年(1361),明实录中尚有"星源翼判官俞茂攻德兴,克之"④的记载。

婺源的一些民间文献中留下了关于星源翼的记载。婺源人许溥化于元末率义师保障乡闾,归附邓愈后"授院判汪同下管军镇抚,董筑星源翼城"⑤。吴观国原为婺州路医学录,壬辰(1352)兵起后与汪同举义兵保障乡里,"太祖高皇帝龙飞江右,劝主帅纳款,拜枢密分院都事"⑥。婺源沱川余氏族谱中录有两道星源翼分院发布的榜文,其一为《禁戢榜》,其文为:"皇帝圣旨,吴国公钧旨,江南等处行枢密院星源翼分院……戊戌,遣兵下婺源。府君陈状分院……给榜禁饬侵掠。"其二为《抚安榜》,其文为:"皇帝圣旨,江南等处行枢密院星源翼分院见为守御事。已经招安婺源州乡都人民各安生业……"⑦ 两篇榜文的精确性虽有待考证,但星源翼确实存在并发挥治理之责则无疑问。

星源翼分院与上述雄峰翼曾在一些场合同时出现。赵汸曾提到自己作为隐士受到朱元璋的征召时,"……星源翼差官及婺源州官,同雄峰翼使者、兴安府委官、休宁县吏赍公文币帛,为参议官、左右司官同禀都堂钧旨,以汸

① (明)朱国祯:《涌幢小品》卷一《御札》,北京:中华书局,1959年,第4页。
② (元)赵汸:《东山存稿》卷七《资善大夫淮南等处行中书省左丞汪公传》,第355页。
③ (元)赵汸:《东山存稿》卷七《资善大夫淮南等处行中书省左丞汪公传》,第354—355页。
④《明太祖实录》卷九"辛丑九月甲寅",第120页。
⑤ (明)汪叡:《处士诚斋许公溥化墓志铭》,(明)程敏政辑撰《新安文献志》卷九七《行实·材武》,第2513页。
⑥ (明)彭泽修、(明)汪舜民纂:弘治《徽州府志》卷九《人物三·义勇》,第33叶b。
⑦ 转引自王振忠《明以前徽州余氏家族史管窥》,《徽学》第6卷,合肥:安徽大学出版社,2010年,第102—103页。

为隐士,下其书所在官司,以礼敦遣者”①。此处府(州)、翼同时出现,可见地方上并行军、民两套行政机构。

综上,星源翼分院为朱元璋根据婺源当时特殊的情势及为纳降汪同而设,但因设于一州(县),规模仅为一元帅府,在汪同投元后仍存在。

(三) 民兵万户府

《明太祖实录》记载至正十八年(1358)朱元璋下令设民兵万户府之谕旨:

> 辛丑,立管领民兵万户府。谕行中书省臣曰:“古者寓兵于农,有事则战,无事则耕,暇则讲武。今兵争之际,当因时制宜,所定郡县,民间岂无武勇之材。宜精加简拔,编辑为伍,立民兵万户府领之,俾农时则耕,闲则练习,有事则用之,事平,有功者一体升擢,无功令还为民。如此则民无坐食之弊,国无不练之兵,以战则胜,以守则固,庶几寓兵于农之意也。”②

民兵万户府之设,旨在籍民为预备兵,经战斗锻炼后选其可用者入伍。民兵万户府在级别上低于总管府,上统于镇守官,徽州各县也曾设立。绩溪县于己亥年(1359)十一月“立民兵万户府,招农家充军。数余七百,意犹未已,衣装兵具,民皆苦之……催促上道打衢州”③。休宁亦曾设有民兵万户府,但知县张起宗“建言民兵万户府不便事,太祖高皇帝可其奏”④,遂革休宁之民兵万户府,事在至正二十二年(1362)。⑤ 可见各县设废不一。民兵万户府实为当时一特殊的军事机构,故附述与此。

另外,《明实录》又有所谓“徽州永平翼”的记载:

---

① (元) 赵汸:《东山存稿》卷三《答蔡参政书》,第 243 页。

② 《明太祖实录》卷六“戊戌十一月辛丑”,第 69 页。

③ (元) 舒頔:《贞素斋家藏集》卷三《招军行》,第 14 叶,清道光刻本,中国国家图书馆藏。

④ (明) 程敏政纂修:弘治《休宁志》卷二《宦迹一》,《北京图书馆古籍珍本丛刊》第 29 册,北京:书目文献出版社,2000 年,第 479 页。

⑤ (明) 程一枝:《程典》卷六《本宗年表第二上》,第 33 叶 a。

乙丑,陈友谅守浮梁院判于光、左丞余椿与饶州幸同知有隙,出兵攻之。幸同知走,光等遂遣人以浮梁来降,命光等仍守其地。既而友谅遣其参政侯邦佐复攻陷浮梁,于光等败走。光独乘轻骑谒上于龙江,授行枢密院判官,令戍徽州永平翼,赐衣冠金环而遣之。①

"庚子"为至正二十年(1360)。《明太祖实录》"洪武二年十二月庚寅"条下附录"于光传"时亦再次记载此事,②然与此处引文无异。《明实录》的记载应源自宋濂为于光所作的墓志铭:

岁庚子,徐(寿辉)之柄臣陈友谅杀徐而自立,更伪号曰汉。君乃泣曰:"我与陈皆徐君之臣,陈不道乃尔,我可北面而事之耶!"当是时,皇上龙飞临濠,定鼎建业,豪杰之士争相奔走。君遣使者奉币以浮梁降,上悦而受之。君轻骑谒上于龙江,诏宰臣燕飨之,礼意优渥。赐以金雕顶帽暨锦袍一袭,授通议大夫、行枢密院判官,戍徽州永平翼,遣之镇。行十里所,复趣还,解金连环并绦授之,且曰:"予赐卿冠、衣,不可少此,故又召卿来尔。"君感知遇之深,誓殚报效。③

不过宋濂此文对于"徽州永平翼"未作更多介绍。目前关于"徽州永平翼"的记载仅见于此,具体所指为何,俟考。

二、王克恭守徽时期(1361—1366)

至正二十年(1360)汪同弃军北走后,婺源局势又趋动荡,"或言(同)死,或言(同)亡,瞋目语难者簧鼓其间,讹言汹汹,变且复作"④,一些"头目军士背恩为恶,互相仇杀"⑤。在这样的情形下,朱元璋派其侄女婿王克恭出镇婺

① 《明太祖实录》卷八"庚子七月乙丑",第108页。
② 《明太祖实录》卷四七"洪武二年十二月庚寅",第944页。
③ (明)宋濂:《文宪集》卷二二《故怀远大将军同知鹰扬卫亲军指挥使司事于君墓志铭》,《景印文渊阁四库全书》第1224册,第235页。
④ (元)赵汸:《东山存稿》卷二《送总制王公移镇新安诗序》,第226页。
⑤ (明)叶真寿:《请赎父罪书》,(明)程敏政辑撰《新安文献志》卷七《奏疏》,第221页。

源，又于次年（1361）移镇徽州，接替邓愈。王克恭治徽前后长达六载，至至正二十六年（1366）移镇绍兴，是这一时期徽州地区的最高军政长官。①

弘治《徽州府志》记载，王克恭初莅婺源时的职衔为"镇国上将军、驸马都尉"②，笔者以为，此乃明人追记之语。王克恭之妻为朱元璋兄朱兴隆之女福成公主，作为太祖侄婿，按明制应为仪宾，但因太祖念及其兄朱兴隆早亡，故克恭仍得驸马都尉之封。③ "镇国上将军"为武散官名，金代始置，元代沿置，秩从二品。④ 明朝建立前朱元璋官制多仿元代，比照《明实录》所载前此一年（1359）常遇春的官职：

> （己亥［1359］四月）戊寅，立枢密分院于宁越府，以常遇春为镇国上将军、同佥枢密分院事守之。⑤

可知同佥为从二品武官，故此时王克恭也应以从二品高官任职于星源翼分院。赵汸则多以"总制"⑥称呼镇守婺源的王克恭，李新峰认为此总制"是官位不一定很高但兼制军民的一方长官"⑦。赵汸在一篇代替王克恭起草的祭文中强调"克恭钦承朝命，来镇于兹，抚军字民……"⑧，可见王克恭此时确负有兼制军民之责。

对于王克恭移镇徽州时的职衔，弘治《徽州府志》记作"同知徽州指挥使司"⑨，又提到"后指挥副使王克恭复以（元徽州路治所）为指挥使司"⑩。此处的"同知""指挥副使"均为卫指挥使司职官名，而徽州卫所之创设，时在至正二十四年（甲辰年，1364）。《明太祖实录》记载如下：

---

① 王克恭治徽事迹，可参拙文《元明之际王克恭抚理徽州考》，《徽学》第10辑，北京：社会科学文献出版社，2018年。
② （明）彭泽修、（明）汪舜民纂：弘治《徽州府志》卷四《名宦》，第84叶a。
③ 《明太祖实录》卷六〇"洪武四年正月庚寅"，第1171页。
④ （明）宋濂：《元史》卷九一《百官七・武散官》，北京：中华书局，1976年，第2321页。
⑤ 《明太祖实录》卷七"己亥四月戊寅"，第83页。
⑥ 如前引赵汸《送总制王公移镇新安诗序》。
⑦ 李新峰：《明前期军事制度研究》，第122页。
⑧ （元）赵汸：《东山存稿》卷五《祭婺源汪王庙文》，第312页。
⑨ （明）彭泽修、（明）汪舜民纂：弘治《徽州府志》卷四《职制・兵卫官属》，第50叶a。
⑩ （明）彭泽修、（明）汪舜民纂：弘治《徽州府志》卷五《公署・郡邑公署》，第3叶a。

(甲辰[1364]十二月)丙辰,改雄峰翼为兴安卫,寻又改为徽州卫。①

兴安卫之设并非单独之举,而是与该年朱元璋创设卫所体制密切相关。是年三月,朱元璋置武德、龙骧等十七卫亲军指挥使司,且"先是所得江左州郡置各翼统军元帅府,至是,乃悉罢诸翼而设卫焉"②。据此,雄峰翼、星源翼(甚或徽州永平翼)当均废于此时,且雄峰翼改兴安卫,星源翼则废而不存,故徽州地区仅设一卫。

从字面上分析,兴安卫是位于建康以外无亲军卫名号的普通卫,但李新峰通过对江阴、宜兴、广信、沔阳、六安诸卫的考察后指出,甲辰年(1364)三月设置的十七亲军卫实际上囊括了建康和外地的所有守军。诸卫本司在内、分司在外,外地军队以某卫分司的名义列入十七卫。③ 据此,"改雄峰翼为兴安卫"之间,雄峰翼必也经历了一个先隶某亲军卫分司、后转为兴安卫的过程。只是这一过程为时仅数月,《明太祖实录》在记载上遂加以简化处理。

实录所云"寻又改为徽州卫",似乎"兴安卫"一名使用时间颇短。但奇怪的是,《明太祖实录》记载王克恭由徽州"将兵屯杭之于潜,为桐庐、昌化诸军声援"时,其官职为"兴安卫指挥",事在乙巳年(1365)岁杪,④则直至此时,兴安卫之名仍在使用。笔者推测,兴安卫改名徽州卫,应与兴安府改名徽州府相关。按邓愈于至正十七年(1357)进兵徽州后,改"徽州路"为"兴安府",至于后者何时改名为"徽州府",现存徽州地方文献中有不少记作甲辰年(1364)者,恰与兴安卫改名徽州卫同年,如:

(龙凤)十年甲辰,大明改兴安府为徽州府。⑤

---

①《明太祖实录》卷一五"甲辰十二月丙辰",第211页。

②《明太祖实录》卷一四"甲辰三月庚午",第185页。

③ 李新峰:《明前期军事制度研究》,第38—40页。

④《明太祖实录》卷一八"乙巳年十二月乙卯",第255页。

⑤(明)李乔岱纂修:万历《休宁县志》卷一《舆地志·沿革》。

龙凤十年,大明改兴安府为徽州府,领县五州一。①

然而不少史籍则将兴安府改名一事系于"吴元年":

国朝初改兴安府。吴元年改徽州府,属浙江,后改直隶京师。②

(休宁县)元属徽州路。丁酉年属兴元[安]府。吴元年仍旧为徽州府。③

要知朱元璋集团明确使用"吴元年"纪年者,仅丁未年(1367)一年而已,但上引两处的"吴元年"并未明言是年即丁未年,故不能据此即断言兴安府改名一事发生于丁未年。笔者注意到,在一些徽州史籍中,"吴元年"实乃甲辰年:

吴元年甲辰,改兴安府为徽州府,领县五州一。④

之所以出现此类误载,当与朱元璋于甲辰年(1364)称吴王密切相关。不过当时朱元璋仍用龙凤年号纪年,后世之人不知此中详情,误将称王与改元合二为一,加之朱元璋确曾使用"吴"纪年,故上引嘉靖年间方信所作《新安志补》遂有"吴元年甲辰"之说。迨至清初,此说为康熙《徽州府志》沿袭,该书有"(至正)二十四年甲辰即龙凤十年明太祖吴元年"的提法,并将随后之乙巳年(1365)、丙午年(1366)分别记作"吴二年""吴三年"。⑤

然而史料中确也有将兴安府改名一事明确系于丁未年者:

丁未,吴元年,夏四月,更我(府)为徽州府,隶中书省。⑥

当然,此种说法在明代徽州的地方文献中仅见于此。总体上看,徽州地方文献对于兴安府改名徽州府一事之系年,以甲辰年为多。上引实录对于王克

---

① (明)范涞:《休宁范氏族谱》卷七《谱表》,明万历二十一年家刻本,第19叶a。

② (明)彭泽修、(明)汪舜民纂:弘治《徽州府志》卷一《地理一·建置沿革》,第4叶a。

③ (明)程敏政纂修:弘治《休宁志》卷一《建置沿革》,第464页。

④ (明)方信撰:《新安志补》卷一《郡邑沿革表补》,肖建新、李永卉点校,芜湖:安徽师范大学出版社,2012年,第9页。

⑤ (清)丁廷楗修、(清)赵吉士纂:康熙《徽州府志》卷一《舆地志上·建置沿革》,《中国方志丛书》华中地方安徽省第237号,台北:成文出版社,1975年,第192—193页。

⑥ (明)程一枝:《程典》卷六《本宗年表第二上》,第34叶a。

恭官职的记载,或为史官之笔误。

史料中对于兴安卫/徽州卫的记载很少,以致明中期以后,地方社会对此几乎忘却。万历《休宁县志》未载兴安卫之设,而是直言“洪武三年(1370),更雄峰翼为徽州千户所”①。《程典》也提到庚戌年(洪武三年,1370)夏四月,“更雄峰翼为徽州千户所”②。弘治《徽州府志》也未载兴安卫之设立,该书对于丁酉年(1357)至徽州千户所设立前的徽州兵卫官属,记载如下:

> (院判)邓愈,丁酉年(1357)七月领兵至郡,往来江浙,以徽为驻军之所。辛丑年(1361)十月调征江西,始去郡。见名宦志。
>
> 以下皆国初丁酉年至洪武二年(1369)未设卫所特差开疆守御官。
>
> (同知徽州指挥使司)王克恭。辛丑年十月自婺源移镇徽州,丙午年(1366)十月移镇绍兴。见名宦志。
>
> (指挥副使)刘贞。丙午年十月至,吴元年(1367)五月以事去。
>
> 刘仲才。吴元年五月至,洪武三年(1370)三月调守静州。③

方志编者对丁酉年(1357)至洪武二年(1369)的徽州军政系统作了统一处理,模糊称作“特差开疆守御官”,不仅忽略了元末徽州地区从分枢密院到兴安卫/徽州卫的重要军事制度变革,也使徽州曾由高级将领邓愈、王克恭统一管理军民政务的事实湮没不彰。

王克恭治徽前后六年,弘治《徽州府志》记其职衔为“同知徽州指挥使司”“指挥副使”,实应为王氏于甲辰年(1364)兴安卫/徽州卫设立后之官职。目前所掌握的材料尚难说明1364—1366年间,王克恭是否被剥夺管理徽州地区民政事务的权力。但不得不承认,王克恭于丙午年(1366)离徽后,相继担任指挥副使的刘贞、刘仲才已经是专任卫所的武职官员,不再兼理民政。邓愈以武将领开疆之功,王克恭以亲贵专守御之责,皆得总领军民,综治一府。但随着徽州局势日趋稳定,明朝统治渐趋稳固,这样的局面不复出现。

---

① (明)李乔岱纂修:万历《休宁县志》卷一《舆地志·沿革》。

② (明)程一枝:《程典》卷六《本宗年表第二上》,第35叶a。

③ (明)彭泽修、(明)汪舜民纂:弘治《徽州府志》卷四《兵卫官属》,第50叶a。

三、徽州守御千户所时期(1370—1390)

关于徽州守御千户所之创设,前引万历《休宁县志》及《程典》均系于洪武三年(1370),《明太祖实录》亦系于是年四月。①

明制,需要驻防又无需设卫的次要据点,设守御千户所。改徽州卫为守御千户所,表明明朝建立后,徽州地区在军事上的重要性明显降低。随着疆土日广,徽州逐步由前线变成腹里,至迟从邓愈调离徽州开始,徽州对于朱元璋集团而言,其军事上的重要性已开始下降。明朝建立后,徽州虽成为京畿大郡,但并无派重兵驻守之必要,此时改卫为守御千户所,顺理成章。

值得注意的是,《明太祖实录》提到洪武十五年(1382)十月"置徽州守御千户所"②,而在洪武十三年(1380)正月因"罢中书省,升六部,改大都督府为五军都督府"布告天下时,明确提到中军都督府在外直隶卫所中有徽州守御千户所。③《中国行政区划通史·明代卷》一书的编者也注意到此点,并推测徽州守御千户所在洪武十三年至十五年(1380—1382)之间经历过一次废除、重设。④ 弘治《徽州府志》对于"洪武三年开设徽州守御千户所注调守御官"的记载如下:

> 千户唐震。洪武三年(1370)四月至,洪武九年(1376)十二月调凤阳。
>
> ○以下皆洪武三年开设徽州守御千户所注调守御官。
>
> 朱兴。洪武三年四月至,四年(1371)去。
>
> 孙贵。洪武四年九月至,九年十二月调守通州。
>
> 黄德。洪武九年九月至。
>
> 张兴。洪武十年(1377)正月至。⑤

---

①《明太祖实录》卷五一"洪武三年四月丁丑",第1008页。
②《明太祖实录》卷一四九"洪武十五年十月戊子",第2350页。
③《明太祖实录》卷一二九"洪武十三年正月癸卯",第2053页。
④ 郭红、靳润成:《中国行政区划通史·明代卷》,上海:复旦大学出版社,2007年,第552页。
⑤(明)彭泽修、(明)汪舜民纂:弘治《徽州府志》卷四《职制·兵卫官属》,第50叶a。

由于洪武十年(1377)以后,徽州守御千户所的职官缺载,故而无法得知该所在洪武十年以后,尤其是洪武十三年至十五年(1380—1382)之间的实在情形。很明显,与徽州卫的主官指挥副使相比,徽州守御千户所的主官——千户,作为更低级别的武官,对地方政务并无多少发言权可言。

徽州府与徽州卫、徽州守御千户所的关系,可以从徽州府衙的位置变化曲折反映出来。前已述及,元代徽州路治所先后被作为分枢密院和兴安卫/徽州卫治所,而当时的兴安府(徽州府)治"权设于其右廉访分司衙"①。洪武三年(1370)守御千户所设置时从该处迁出,复为府治所在。文武衙门位置的变迁,亦可见彼此权势高下变化。

需要对婺源的情形作一点补充说明,如前所述,婺源于戊戌年(1358)开设星源翼分院,至甲辰年(1364)设兴安卫时撤销,但官方对于婺源驻军还是有特殊安排。弘治《徽州府志》提到婺源有守御百户所之设:

> 守御百户所,即元之星源翼,在双桂坊。国朝洪武初建徽州守御千户所,分军更番守镇。洪武三十二年(1399)革去,永乐三年(1405)仍前守镇,当年就发屯种。宣德间知县李元凯奏革。②

可见徽州守御千户所设置后,特设一百户所驻扎婺源,"分军更番守镇",建文年间废除,永乐初复设,直至宣德年间才最终废除。

四、新安卫之创设(1390)

据《明太祖实录》所载,洪武二十三年(1390)四月,改徽州千户所为新安卫指挥使司。③ 弘治《徽州府志》提到,该年"五月初三日,调指挥佥事陶谨将千户所改作新安卫指挥使司,其内设经历司、镇抚司、旗纛庙。其中门之外设左、右、中、前、后五千户所"④。该书还详细记载了新安卫的职官设置:

---

① (明)彭泽修、(明)汪舜民纂:弘治《徽州府志》卷五《公署·郡邑公署》,第3叶a。
② (明)彭泽修、(明)汪舜民纂:弘治《徽州府志》卷二《地理二·古迹》,第16叶a。
③《明太祖实录》卷二〇一"洪武二十三年四月戊午",第3009页。
④ (明)彭泽修、(明)汪舜民纂:弘治《徽州府志》卷五《公署·兵卫公署》,第13叶b。

> 新安卫指挥使司指挥使一员,正三品。指挥同知二员,从三品。指挥佥事四员,正四品。卫镇抚一员,从五品。以上俱武职世袭。
>
> 经历司,经历一员,从七品。知事一员,正八品。以上俱文职,今省知事。
>
> 左、右、中、前、后五千户所,正千户各一员,正五品。副千户各一员,从五品。百户各十员,正六品。所镇抚一员,从六品。以上俱武职,世袭。[①]

从此,明代徽州地区的卫所制度正式定型。

从兴安卫/徽州卫—徽州守御千户所—新安卫的建制演变,表面上是徽州一地的军政制度变迁,实则与明代前期卫所制演变密切相关。兴安卫之设正值卫所制初定,改设徽州守御千户所则或许牵涉到洪武三年(1370)的卫所改制。[②] 明代卫所制于洪武七年(1374)正式定制,何以在十六年之后改徽州守御千户所为新安卫,其中缘由,限于史料,尚难确知。

明制,卫所军平时不按战斗状态编组,只是归卫所管理,担当操练、守城、屯田等职责,与一般居民生活无异,故而卫所实为地方社会之重要组成部分。自建立后,除了操练、守城、屯田、运粮、镇压匪寇等职责外,新安卫开始积极参与地方社会的各项事务,一些世袭军户家族更通过联姻等方式融入地方社会。当然,这些内容均已超出本文的讨论范畴,尚俟另文专论。

结　语

弘治《徽州府志》卷四《职制》对于徽州的兵民之治有过一段不甚明晰的叙述:

> 本府自建置以后,方兵、民之未分也,统治于郡邑之官。及兵、民之既分也,民属于郡邑,兵属于翼、卫之官矣。[③]

---

① (明) 彭泽修、(明) 汪舜民纂:弘治《徽州府志》卷四《职制·兵卫官属》,第49叶b—50叶a。

② 关于洪武三年的卫所改制,参见李新峰《明前期军事制度研究》,第36—37页。

③ (明) 彭泽修、(明) 汪舜民纂:弘治《徽州府志》卷四《职制》,第4叶a。

之所以说这段话不甚清晰,是因文中“本府自建置以后”所指时间不明。徽州府之设置,至迟在甲辰年(1364),推其前身兴安府之设立,则更在七年之前。但不论以何者起算,文中所谓兵、民未分之时“统治于郡邑之官”,可谓大谬,且与历史事实恰恰相反。自至正十七年(1357)邓愈奉命进军徽州,至至正二十六年(1366)年初王克恭离徽,在这八九年时间里,徽州确是“兵民未分”,不过,所有事务一统于最高军事长官——先为邓愈,后为王克恭,而非郡邑之官。

邓愈以分枢密院高官治徽,建立雄峰翼元帅府而下一套严密的军事机构。府、县等文职衙门虽然相继建立,但邓愈作为最高军政长官兼治府、翼,体现一切为军事服务的大方针。此期,又因婺源的特殊情势以及纳降汪同的需要,于婺源一州(县)之地置星源翼分枢密院。两个分院名义上是平级关系,但后者规模有限,加之汪同在军中之声望地位无法与邓愈匹敌,且又有弃军北走之事,故而笔者认为星源翼分院地位应低于雄峰翼分院。同一时期,徽州各县又有民兵万户府这一特殊的军事机构存在,但存废不一。

王克恭守徽期间,徽州军政制度上的重大变革有二:一为革分枢密院,一为设兴安卫/徽州卫。两者相辅相成,实为一体之两面。这两项改革,已经显示出军、民分治的重要趋向。但王克恭拥有亲贵的特殊身份,仍然可以过问民政事务。不过自王克恭而下出镇徽州的武官,由于丧失了这种特殊身份,其权柄不断缩小。

洪武三年(1370)徽州守御千户所的创设,可以说是上述过程的终点,即徽州地区的军民分治最终完成。某种程度上,也标志着徽州地区形成于元末乱局的战时统治状态宣告结束,进入明朝治世的正常状态。至于徽州千户所本身的废设以及新安卫的建立,都可视作单纯的军事体制改革,不涉及徽州全府大局。

居乡论执政：汪道昆评说徽州官府治理*

祝　虹

（安徽师范大学历史学院）

摘　要：退职乡居时的汪道昆是当时徽州士林的领袖人物，其人对于当时地方官府的治理多有讨论，针对相应官员的政绩同样有所评价。这些内容部分代表了当时徽州士绅、任职官僚与上级官府的态度，也不可避免地存在一些失真之处。在这个意义上，汪道昆所作的评论能够反映当时徽州官府治理的主要状态，也能部分获知徽州乡居官僚对待地方父母官的态度。

关键词：汪道昆；乡居；官府；治理

在晚明徽州官僚群体当中，以兵部左侍郎退职的汪道昆凭其文坛声名而成为本地士人的翘楚。汪道昆与“后七子”当中的王世贞并称“两司马”，齐名于晚明文坛。其人在本地主持过丰干社、白榆社等著名诗社，成员多是颇有文名的本地士人。汪氏亦着力于提携徽州士人，乡人吴子玉有言：“于是士莫不愿修容于先生之门。”①后学李维祯也说：“而新安人以司马重，即号能言者，往往在司马法中。”②这些足可见得汪道昆在本地士林中占据的中心位置。文名之外，汪道昆的宦途跌宕起伏，亦非寻常官僚。嘉靖二十六年（1547），其人与

---

* 本文为安徽省哲学社会科学青年项目“明代徽州士绅阶层研究”（AHSKQ2021D208）的阶段性成果。

① （明）吴子玉：《大鄣山人集》卷三〇《与汪南明先生书》，《四库全书存目丛书》集部第 141 册，济南：齐鲁书社，1997 年，第 598 页。

② （明）李维祯：《大泌山房集》卷一三《荪堂集序》，《四库全书存目丛书》集部第 150 册，第 579—580 页。

张居正、王世贞同年登第，旋即出任义乌知县，三年后调任户部主事。因受兵部尚书许论的赏识，先升兵部武库司员外郎，后迁郎中。此后，外放至襄阳知府，嘉靖四十年（1561）升福建按察司副使备兵福宁，自此之后，汪道昆的官宦生活便与明廷抗倭事业多有关联。而获得官身之后的汪道昆，有着长期居留家乡的人生经历，嘉靖四十五年（1566）因贪污、酷刑等罪名于福建巡抚任上罢归，至隆庆四年（1570）起复为郧阳巡抚，此段时长三年。万历三年（1575），时任兵部左侍郎的汪道昆再次被弹劾，遂告假还乡，直至亡故，此段共十八年。如此长时段的乡居生涯，亦为其人在家乡建立长久声誉创造了条件。

在明代，徽州向来被认为是难治之地，地方官府压力素来不小。到了嘉靖至万历年间时，中国社会变化剧烈，徽州社会同样呈现出较大程度的波动。这种社会变化又给当时的地方官府造成很大的压力，为地方行政平添了多种困难。对此，身为地方士林领袖的汪道昆多有感触，并将其诉诸笔端。这些内容在一定程度上代表着那个年代徽州士人对于地方治理的认识，也有着属于汪道昆个人的独到见解。通过汪道昆的描绘，不仅可以窥得当时徽州官府的治理情况，亦可获知其人对于治理效果的态度与相应作为。从当下的研究现状来看，对于汪道昆的交游网络、文学创作与家谱编纂的讨论较多。① 就晚明徽州官府治理问题的研究而言，对于司法、赋役部分的阐述较多，少有整体性的分析。② 在此情况下，本文探讨汪道昆笔下的徽州状

---

① 对于交游网络的探讨成果有：朱泽《诗剑之交——记汪道昆、戚继光的友谊片断》，《安徽史学》1984 年第 5 期；梅娜芳《汪道昆和方于鲁的制墨业》，《新美术》2012 年第 5 期；韩晓《胡应麟与汪道昆交游考述》，《湖北大学学报（哲学社会科学版）》2015 年第 6 期。在文学创作方面的成果众多，兹举几个较为典型者，其中总论有：刘彭冰《汪道昆文学研究》，复旦大学博士学位论文，2008 年。分论部分的成果则有：徐子方《汪道昆及其杂剧创作》，《学术界》2003 年第 6 期；耿传友《汪道昆与明代隆庆、万历间的诗坛》，《中国文化研究》2006 年第 4 期；郑利华《汪道昆与嘉、万时期文坛的复古活动——以汪道昆与七子派关系考察为中心》，《求是学刊》2008 年第 2 期，等等。至于论述汪道昆家谱编纂的成果，主要有：林济《汪道昆的谱本宗与宗法收族理论》，《史学月刊》2006 年第 7 期；徐彬《万历〈灵山院汪氏十六族谱〉的编撰特点及其价值》，《池州学院学报》2012 年第 2 期。

② 诉讼方面较为典型的成果有：卞利《明代徽州的民事纠纷与民事诉讼》，《历史研究》2000 年第 1 期；阿风《明代府的司法地位初探——以徽州诉讼文书为中心》，《中国古代法律文献研究》第 8 辑，北京：社会科学文献出版社，2014 年。针对赋役的研究主要集中于（转下页）

况，以为这两方面研究的补充，祈请方家指正。

一、治理难点与政绩评说

在汪道昆的生命历程当中，经历了多位徽州府县两级官吏，尤其在其乡居之后，与地方官僚之间的各类关系愈发紧密，还为当时徽州的一些官吏作了多种不同形式的序文、碑记，以评说其人的施政。在这些文字当中，汪道昆提出了当时徽州官府所面临的治理难点及其产生的原因，进而评论了所涉官员的政绩。

（一）治理难点

通观汪道昆为地方官员所写的各类文字，不难发现，他认为由于风俗变化，晚明时期的徽州愈发难以治理："迄今俗趋愈下，不啻波流，狱讼日烦、争斗日起、盗贼日斥、困穷日益嗸嗸，故其治利用高明，视畴昔异。"①具体而言，在汪氏的文字当中，至少列举了诉讼、盗匪、赋税、荒政四件难治之事。就诉讼而言，在汪道昆笔下，"讼者盈庭"的情况在府县两级都有出现。② 甚至有时被汪道昆认为是最大的难题："新都僻居一隅，疆事寝矣，非有六传之驿骚，兵革之扰，催科之不给也，独嚣讼未熄而褊心盛气，殆不可矶。"③而造成诉讼数量日益繁多的重要原因，汪道昆在不同文字中的解释有所差异，归纳

（接上页）赋役分担上，相关成果有：［日］夫马进《试论明末徽州府的丝绢分担纷争》，《中国史研究》2000年第2期；王浩《在朝廷功令与地方公议之间——从嘉靖、万历年间休宁县的赋税争议看明代的知县行政与地方社会》，《安徽大学学报（哲学社会科学版）》2019年第4期。笔者仅看到台湾地区学者刘祥光对晚明徽州治理的总体情况有所论述，参见刘祥光《明代徽州名宦祠研究》，高明士编《东亚传统教育与学礼学规》，上海：华东师范大学出版社，2008年，第100—175页。

① （明）汪道昆：《太函集》卷六《送太守徐公副山东臬序》，《四库全书存目丛书》集部第117册，第119页。（以下引用《太函集》时，省略作者信息，"《四库全书存目丛书》集部第××册"简写为"集部第××册"。）

② 《太函集》卷五《邑大夫李君侯上计序》，集部第117册，第107—109页；卷一三《郡太守萧公五十寿序》，集部第117册，第199—201页。

③ 《太函集》卷七《太守高使君上计序》，集部第117册，第130页。

起来共有四点：一是人口密集,“顾生齿群聚,聚则易争,争则务以权力相加,故其民患讼,讼者既取必于权力,不能不烦有司”①;二是徽人性情,“新安山峭厉水清激,都人士率喜自负,务多上人,故士角名,贾角利,讼角健”②;三是官员拖宕,“率累岁不一决”③;第四则是盗匪,汪道昆觉得徽州歙县、休宁等多个县域均存在着盗患,④并且外匪内寇皆有,⑤同时盗匪很难根治,“歙盗薮率纠四方,至逋逃则散而之四方,即得其渠,莫穷其党”⑥。至于此现象产生的原因,汪道昆并未详述,只是认为徽州特殊的地理环境可能是引发此现象的重要因素:“新都四塞以为固,保界崇山,比年伏莽于邻,据金穴为利,间者揭竿以入吾境,覆婺躏休间。”⑦对于地方赋役而言,汪道昆指出,晚明徽州存在着赋役征收问题,在“征输无艺”⑧和“民困暴征”⑨两个通病之外,还存在铸钱等特殊问题。⑩ 其人还认为地方财政较为困难,“新都龠量粟而谷量人,物产故廉,不足以共岁之仂”⑪,甚至有些数据支持其论:“歙故经费岁六百缗,概以中人之家用且不给,会司农裁冗之檄下,岁损二百五十缗,是尤难也。”⑫对于赋税难题,汪道昆并未给出清晰的解释,但汪氏多次强调徽州地方田土产出不足:“新都故为瘠土,岩谷数倍土田,无陂池泽薮之饶,惟水庸为搰,搰即力田,终岁赢得几何。”⑬并且人地矛盾突出,很难完成税收缴纳:“新都皆岩邑,上地隘而生齿蕃,夫家不能什一受田,岁入不能什一取给。”⑭

① 《太函集》卷一三《郡太守萧公五十寿序》,集部第 117 册,第 199 页。
② 《太函集》卷七五《阜民楼记》,集部第 118 册,第 163 页。
③ 《太函集》卷一三《郡太守萧公五十寿序》,集部第 117 册,第 200 页。
④ 《太函集》卷二《海阳治最序》,集部第 117 册,第 84—85 页;卷五《邑大夫李君侯上计序》,集部第 117 册,第 107—109 页。
⑤ 《太函集》卷四《太守徐公上计序》,集部第 117 册,第 105—107 页。
⑥ 《太函集》卷五《李令君课最貤封序》,集部第 117 册,第 116 页。
⑦ 《太函集》卷四《送郡太守萧公入覲序》,集部第 117 册,第 103 页。
⑧ 《太函集》卷五《邑大夫李君侯上计序》,集部第 117 册,第 108 页。
⑨ 《太函集》卷八《海阳丁令君入计序》,集部第 117 册,第 141 页。
⑩ 《太函集》卷五《邑大夫李君侯上计序》,集部第 117 册,第 107—109 页。
⑪ 《太函集》卷七《送郡太守高公入覲序》,集部第 117 册,第 138 页。
⑫ 《太函集》卷五《李令君课最貤封序》,集部第 117 册,第 115—117 页。
⑬ 《太函集》卷七《新都太守济南高公奏最序》,集部第 117 册,第 132 页。
⑭ 《太函集》卷八《送胡相君擢禹州牧序》,集部第 117 册,第 146 页。

同时，汪道昆还提出，当时徽商的大量存在还会给本地赋税征收造成影响："郡人以贾代耕，贾者率炫多财，以侘鄙县。归瞰其室，阒其无余耳，视者或以金亢魄之，不减阳翟。宦兹土者不待奉檄入官，业已目摄之矣。故最则五当他人之三，殿则五当他人之七，此外肥之累。"①针对徽州荒政，汪道昆所着笔墨较多，被其称为"得民之难"②。而此论得出的原因，一是徽州地方官府必须践行荒政。在他看来，本地粮食产出很难支撑徽人日常生活："新都郡山谷中，仅当东吴一大县，缘江以上，赋倍他郡有差，任土养民，岁不足以支三月，余月皆待哺于转毂，无宿舂粮。"③徽州居民不得不依赖外粮："新都据四塞，生聚滋蕃，计口而供，岁入不支什一，灌输率自境外，至阏则嗸嗸。"④一旦出现水旱灾害，必然会出现饥民，"家不足以糊其口"⑤，以至于"境内有殍"⑥，"僵尸盈野，菜色塞涂"⑦。二是此事牵涉颇多，特别是需要应对上方的赋税压力："疏曰缓征，诏亦曰缓征，疏曰蠲恤，诏亦曰蠲恤，甫能救死于其吻，而催租之令从之是嗸嗸者，孰从其怨乎。"⑧

（二）政绩评说

汪道昆在乡居阶段，为部分考满、朝觐徽州官员作序，涉及知府萧敏道、徐成位、高时、董石，同知丁应宾，通判徐庭竹、胡邦彦，推官舒邦儒、龙膺，歙县县令姚学闵、李琯、陈九官、彭好古，休宁县令丁应泰、曾乾亨，婺源县令万国钦，绩溪县令许弘纲等人。汪氏会于这类文字中，列举官员作为，品骘其人政绩。在这些序文当中，汪道昆会对他们的施政有所评判，他对其中大多数官员均持正面的态度；仅有董石、丁应宾等部分官员，汪氏并未详述政绩，而是代之以叙述其人的基本情况。同时，由于这些官员的职位不同，故而汪

① 《太函集》卷八《送胡相君擢禹州牧序》，集部第117册，第146页。
② 《太函集》卷八《送胡相君擢禹州牧序》，集部第117册，第146页。
③ 《太函集》卷四《送郡太守萧公入觐序》，集部第117册，第104页。
④ 《太函集》卷六五《海阳荒政碑》，集部第118册，第62页。
⑤ 《太函集》卷五六《方母吴氏墓志铭》，集部第117册，第672页。
⑥ 《太函集》卷七七《登封桥记》，集部第118册，第182页。
⑦ 《太函集》卷八《送胡相君擢禹州牧序》，集部第117册，第145页。
⑧ 《太函集》卷八《送胡相君擢禹州牧序》，集部第117册，第146页。

氏所评说的政绩内容有所差异。

总体来说,对于位至知府与县令两个职位者,汪氏的评说大多不会超出前述四件事情,仅是在具体表述上有所侧重。以知府为例,在《送郡太守萧公入觐序》中,汪氏评说了其人在赋税、诉讼、盗匪等方面的政绩;[①]为徐成位所作的《太守徐公上计序》中,则提到其人在治理诉讼、盗匪上的功绩。[②] 在知县当中,汪道昆评说了歙县县令李琯在赋税、盗匪、荒政三方面的作为;[③]对之后的陈九官,则是论述其在赋税、诉讼和盗匪上的建树。[④] 而对于通判、推官之类的官员,汪道昆则是偏重于评论其人某个方面的政绩,例如品评胡邦彦与舒邦儒时,皆是论述其人在诉讼治理上的成绩。[⑤] 除这些应景之序外,汪氏还在其他类型的文章中对上述官员的施政细节予以评述,其中最为详尽者乃丁应泰。万历十六年(1588),汪道昆为休宁知县丁应泰作《海阳计对》一文,此时丁氏已主政休宁五年,文中详细论述丁应泰在前述四事上的业绩。以诉讼为例,展现了其人在不同原因的诉讼上差异化处置的方法:在市场争讼方面,"令树听审牌二十和息牌十,踵门者抱牌直入,臬而不枨";在兄弟争斗上,则是"召而谕之"[⑥];而在荒政上,汪道昆的论述更为细致,特别撰有《海阳荒政碑》一文,提到丁应泰在应对丁亥水旱灾害时,所采取的开常平仓、分区设粥场、建立社仓和外出购粮等多种应对方式。[⑦] 此外,汪道昆还为龙膺、李琯和彭好古三人作有遗爱碑,并为姚学闵、万国钦著生祠碑,这数篇碑记同样对他们的政绩细节进行了描述。其中,对于彭好古与姚学闵两人政绩的描述最为全面,在《彭令君遗爱碑》中,汪道昆对彭好古施政的多个方面都有详细的论述,就其中的赋役征收而言,汪氏不仅提到其人在征收方式上的更张:

---

① 《太函集》卷四《送郡太守萧公入觐序》,集部第117册,第103—105页。

② 《太函集》卷四《太守徐公上计序》,集部第117册,第105—107页。

③ 《太函集》卷五《李令君课最貤封序》,集部第117册,第115—117页。

④ 《太函集》卷八《彭令君归觐序》,集部第117册,第147—148页。

⑤ 《太函集》卷五《郡司理舒相君迁比部序》,集部第117册,第114—115页;卷八《送胡相君擢禹州牧序》,集部第117册,第145—147页。

⑥ 《太函集》卷九《海阳计对》,集部第117册,第151页。

⑦ 《太函集》卷六五《海阳荒政碑》,集部第118册,第62—63页。

县故分十五区，区有长主部运，官司茀程，督区长急则倾橐代输，以越瘠秦，秦无肥矣。今令君议罢区长，分里分甲就其中举肥，各帅其属，造应门籍而纳，诸外府部运则户上上者领事，中上朋从，法行乃始。①

还论述了彭知县对于歙县财政支出的控制：

故事征繇有额，费出有经，往者阑出无章，不足则贷来年之额，又不足贷及三年，防决而横流不竭不止，令君损供亿自身始，损厨传自行部始，损几筵筐篚自宾旅始，损之又损，百诎一赢。②

于《姚令君生祠碑记》中，情况亦大致如此，汪道昆叙述了姚学闵处置上述四种政务的多种方式，并且在描述其人的赋税功绩方面着墨最多。③ 但对于龙膺、万国钦和李琯三位的政绩，汪道昆则是以评说某一方面为主，具体来说，针对推官龙膺，主要评说的是其在徽州地方司法上的努力："无烦苛，无枉挠，无留行，于是境内称平。"④就万国钦而言，则主要是论述其人在荒政上的举措："令君政无不良，救荒为巨；策无不举，仓田为奇。"⑤至于李琯，则是论说其人在赋税上的作为，特别是在推行万历九年(1581)土地清丈时的奋勉："旧籍亡而新籍舛矣，虽有巧历，孰为章亥乎哉？藉令令君幸留，则不世之利也。"⑥与李琯相似者还有曾乾亨以及绩溪县令许弘纲，汪道昆专门撰有《曾令君经野记》以叙述前者清丈土地时的功绩，而在《绩溪县许令君棠阴亭碑》中，则详述了后者主持绩溪清丈时的作为。

二、评价标准与个人交情

就上述所引篇章的产生背景来看，不难发现汪道昆的评论并非空穴来

① 《太函集》卷六五《彭令君遗爱碑》，集部第118册，第75页。
② 《太函集》卷六五《彭令君遗爱碑》，集部第118册，第75页。
③ 《太函集》卷六九《姚令君生祠碑记》，集部第118册，105—106页。
④ 《太函集》卷六四《司理龙公遗爱碑》，集部第118册，第53页。
⑤ 《太函集》卷六五《婺源县万令君生祠碑》，集部第118册，第70页。
⑥ 《太函集》卷六五《李令君遗爱碑》，集部第118册，第64页。

风,多数是有所凭据的。从汪道昆的仕宦经历来看,其人对于府县两级官府的政务当是十分熟悉,同时,近二十载的乡居生活亦令其人能够深度了解徽州社会状况,故而在评骘徽州地方官员时,会有着属于自身的评价标准。此外,汪氏与当时徽州诸多官员都有密切的私人关系,此种关系对于汪道昆评判本地官员也会有影响。

(一)评价标准

就汪道昆的任官经历而言,由于曾任知县与知府两个职位,故而他对地方官员的难处有所了解。其人在嘉靖三十八年(1559)于襄阳知府任上入京朝觐,作有《上计七论》一文,对于当时地方官员的难处,有所表达,进而认为当时风俗、世人评说、上级的考核与评价等事情均会影响官员施政。[①] 而在其历官兵部时,对于属下府县两级官员的政绩亦有所考核、有所阐述,其中所依据的标准不过是公事践行的成效、官员个人操守与官员的地方声誉而已。[②] 这些任官经历自然会对汪道昆评价当时徽州官员产生影响,成为汪道昆在评价徽州官员时的重要参考。例如在评价徽州知府时,汪道昆论述了当时知府职位所面临的上级压力:"庶司承上德意,将顺不遑,抑或过于张皇,求治太急,利不盈眦,病亦随之,非始愿所及也。"[③]还有可能存在的同僚掣肘:"故治郡之难非民治之难也,亦非获上之难也,僚友兄弟信且悦为难。"[④]而在评价徽州府内知县时,汪氏对于就职知县的困难,叙述得更为详细:

> 令人而令于人,弊弊焉。役人之役,直将以簿书为寝食,直将以期会为翱翔。甚者望尘而拜,莫不上官;蒿目而忧,莫不赤子。此其焦劳胼胝,其倍无央。比及三年,则部寺诸司,什考什最;州郡守相,什则伍之;其以县最者,什二三,何堇堇也。要以当事任职,则内佚而外劳;课

---

① 《太函集》卷八四《上计七论》,集部第 118 册,第 255—260 页。
② 《太函集》卷九四《举劾有司官员疏》《举荐承委官员疏》,集部第 118 册,第 374—381 页。
③ 《太函集》卷七《太守高使君上计序》,集部第 117 册,第 129 页。
④ 《太函集》卷四《送郡太守萧公入觐序》,集部第 117 册,第 104 页。

> 绩覃恩，则内羸而外诎。即守相视令难易相悬。冢宰持天下之衡，则何以故。有国者为国重，民为民重，令于是程，功不得不核延，赏不得不雠重，故也。方内列邑以千计，广狭异域，烦简异程，冲僻异区，衷辟异俗，第能据一善地，什试什全，参则杀半，则中什可得七、得五，反是则难之，难者也幸而全者，什二三。冢宰持天下之衡，又何以故。地重则民愈重，民重则令愈重，与其恩浮于力，宁使力浮于恩，愈重故也。①

于这些因素之外，汪道昆在评价徽州官吏时，还会用到其人所具有的“治平”理念。在汪氏看来，“治平”乃儒家之核心：“吾儒六经莫非天子公卿大夫之事，不越乎修齐、治平以为言。”②同时，它还是地方治理的必备：“良弓为箕，良冶为裘，百里之命，平治之箕裘也。”③对于“治平”的具体内涵，汪氏则并未明言，但从其人对徐成位和李琯施政情况的叙述中或可窥得一二：

> 公提之若衡，持之若水，终不以贾誉而倍，平施迄今。上而直者不替，下而曲者不凌，公无容心也。始公未及下车，旧令尹之政赫然矣。或惮公过张，公既下车，务与编户休息，久之则平易可近，而革面者生心。或又虞其过弛，乃公该以天网，不用命者入之，公无容心也。要以无溢喜，无溢怒，喜怒皆得其侪，不吐刚，不茹柔，而壹禀于平康正直，其于道无违矣。④

又：

> 惟兹间右不必左，间左不必右，其斯谓君侯平善之善者也。夫平天下者，壹禀于正心，彼其辟在间左，吾为之高其手而右之，吾贾吾誉焉尔；衷在间右，吾为之下其手而左之，吾避吾嫌焉尔。时而贾誉，时而避嫌，不在民矣，以此语正，何论华戎；以此语平，何论霄壤，平平荡荡，无党无偏，本三德以建中，则平康正直者之能事也。故以正致平，惟君侯能尔。⑤

---

① 《太函集》卷五《李令君课最貤封序》，集部第117册，第115页。

② 《太函集》卷八五《释疑》，集部第118册，第256页。

③ 《太函集》卷一《送林使君序》，集部第117册，第71页。

④ 《太函集》卷四《太守徐公上计序》，集部第117册，第105—107页。

⑤ 《太函集》卷五《邑大夫李君侯上计序》，集部第117册，第107—109页。

从上两段文字可见,汪道昆认定的“治平”当是以平衡施政为上,在具体政务处置上不可偏颇。这一点在汪氏评价推官舒邦儒时有着突出的表现:“今上孳孳敕法,思得循理,无害者持天下之平,幸而民协于中,由此其选春秋刑书也。司理以经术治狱,四境之内称平,庶几哉!吾郡之皋陶矣。”①并非上述所有徽州官员的施政都能被汪道昆冠以“治平”的评价,仅有龙膺、高时、陈九官与以上三人获此殊荣,可见与叙述职位困难相比,汪道昆更为看重的是官员治理徽州时的态度与方式。

(二) 个人交情

汪道昆居乡时因其在徽州地方的身份与地位,而与当时府县各级的多数官员有所交往,并且与其中部分人物建立了深厚的交情。其中可以建立私谊的主要场合有二:一是当地方官员离职、考满或入觐时,其他官员和地方士人会集结送别,汪道昆亦在邀请之列;汪氏明言其人曾参与知府高时、董石和知县丁应泰等人的相关聚会。其二则是碰到地方官员的特殊生日,汪道昆亦会被邀请参与,如在知府萧道敏五十岁生日的活动上,汪氏便与十数位本地官员碰面。而在这些场合之外,汪道昆更多是通过诗文渠道与徽州地方官员建立起较为亲密的私人往来。如此的情谊构建方式,与汪氏本人在当时文坛的地位是分不开的。

通过创建诗社、作诗唱和和作文应酬三种方式,汪道昆建立起与地方官的稳定往来,其中与龙膺、丁应泰两人构建的关系最为紧密。就龙膺而言,其人起家于徽州推官任上,尚未正式办公便先赴汪道昆处拜见:“汪伯玉先生者,徽之千秋里人也。讳道昆,官左司马。予小子释褐徽理为万历庚辰,下车首式先生之庐。”②汪道昆亦对此次会面较为看重:“(龙膺)年始弱冠,出理新都。未及下车,庭中屏息以待。”③其后不久,汪氏便与龙膺共结白榆社,龙膺还被汪道昆任命为宰公:“遂以庚辰获隽,筮仕理官……以公暇结社白榆,太函公属予

---

① 《太函集》卷五《郡司理舒相君迁比部序》,集部第 117 册,第 115 页。

② (明) 龙膺:《龙膺集》卷八《汪伯玉先生传》,梁颂成点校,长沙:岳麓书社,2011 年,第202 页。

③ 《太函集》卷六四《司理龙公遗爱碑》,集部第 118 册,第 53—54 页。

宰之，称宰公云。”[①]白榆社，“旬月有程，岁时有会”[②]，以此为平台，两人互有诗文往来，亦有结伴观灯、畅游黄山等活动，由此而结下了深厚的友谊并一直保持到汪道昆亡故。此种情谊对汪氏评价龙膺政绩有多少影响，难以确定，不过万历十二年（1584），汪道昆曾上书许国，为龙膺首次考绩进行言说。[③] 之后，在龙膺离职前夜，龙氏还招汪道昆夜谈，[④]而汪道昆获悉龙膺因言事获贬后，则专作《闵世》为此鸣不平。[⑤] 至于丁应泰，同样是白榆社的重要成员：“入社七人，谬长不佞，君御为宰，丁元甫奉楚前茅，郭次甫隐焦山，岁一至，居守则吾家二仲洎潘景升诸宾客自四方来，择可者延之入。”[⑥]汪氏同样为丁应泰作有诸多诗句以为唱和，特别是对于丁氏的考绩，汪氏颇为关心：不仅在进京考绩之前，为其人作诗多篇；且在此事完成之后，作《首计纪事》《海阳计对》等多篇文字予以为贺。此外，汪道昆还专门行书于丁应泰，告以考绩当中应注意的各种事务，[⑦]并且在与张中丞的通信中为丁氏美言。[⑧] 尽管很难获知汪道昆与丁应泰的交游对汪氏评价丁知县政绩有何影响，但这些举动说明，汪氏对于丁应泰的评价很难不带有感情色彩。

在龙膺、丁应泰两人之外，汪道昆同样与其他官僚有着诗文往来，主要的模式是，汪氏为这些官员创作应和文字。此类文字汪氏均有留世，所作场合也不过是祝寿、送别等事，也有为他们的亲友作墓志铭等文字。这类文字，不仅仅涉及前文所提及的府县官员。[⑨] 值得注意的是知府徐成位，汪氏

---

① （明）龙膺：《龙膺集》卷七《胜果园记》，集部第 117 册，第 182 页。

② 《太函集》卷七《送龙相君考绩序》，集部第 117 册，第 133—135 页。

③ 《太函集》卷一〇一《许相公》，集部第 118 册，第 457 页。

④ 《太函集》卷一一一《司理闻报量移，招余署中夜坐》《再赠司理公五首》，集部第 118 册，第 567—570 页。

⑤ 《太函集》卷八五《闵世》，集部第 117 册，第 269—270 页。

⑥ 《太函集》卷七《送龙相君考绩序》，集部第 117 册，第 133—135 页。

⑦ 《太函集》卷一〇六《丁元父》，集部第 118 册，第 511—512 页。

⑧ 《太函集》卷一〇六《张中丞》，集部第 118 册，第 509 页。

⑨ 为徽州知府王京、古之贤之父作寿序，参见《太函集》卷一五《封大夫王太公六十寿序》，集部第 117 册，第 216—218 页；卷四二《明封承德郎户部陕西司主事梁山古公行状》，集部第 117 册，第 522—524 页。

不仅创作了相应的诗文,并且为徐氏与龙膺、丁应泰一起,创作了专门的颂文。① 还有一点亦值得玩味,对于这些官员的政绩情况,汪道昆并未表现出太多的关心,而对于如何治理徽州,他也仅与董石进行了一些讨论。② 总体而言,同上述与龙、丁二人的情况类似,汪道昆与这些官员的交情当会影响到他对于官员政绩的评判,但其具体的影响程度,未曾明说。

三、当政体验与他者判断

对于地方官员而言,他们的施政重心往往是困扰其人的治理问题,与此同时,他们在具体施政过程中,也会抱怨一些困难。有些与汪道昆乡居同时的治徽官员,遗留下了文集与文书,可以看出当事者对于徽州治理的认识。此外,部分与汪氏近乎同时乡居的本籍官僚以及此后的徽州府县官员和本籍官僚,同样会对当时的徽州治理有所评说,他们则提供了另一个观察视角。

(一)当政体验

在明代制度规定当中,对于府县两级官员所要处理的政务,有着明确的规定。明洪武年间,朱元璋颁布《到任须知》,规定了地方官员应操办的三十一件事务,并成为日后考核官员的标准。③ 对于县级官员而言,施政核心是司法、财政、治安、抚恤与教化这五类事务,其中尤以前两件事为重。④ 至于府级官员,一府之内有着多样的佐贰官、属官等,各有分管,并在总体上统领州县官吏。⑤ 此外,府内多种官制还会承担司法职责。⑥ 尽管政务类似,但

① 《太函集》卷七九《三楚升中颂郡太守云杜徐公成位》,集部第118册,第208页。
② 《太函集》卷一〇六《董使君》,集部第118册,第511页。
③ 高寿仙:《明代官员考核标准与内容考析》,《第五届中国明史国际学术讨论会暨中国明史学会第三届年会论文集》,1993年。
④ 何朝晖:《明代县政研究》,北京:北京大学出版社,2006年。
⑤ 柏桦、李瑶:《论明代府县之关系》,《河北学刊》2016年第1期。
⑥ 阿风:《明代府的司法地位初探——以徽州诉讼文书为中心》,《中国古代法律文献研究》第8辑。

受制于各地社会状况的差异，因而各地府县官员在具体治理管辖之地时也有着相当的差异。就晚明徽州而言，有些史料真实地反映出当时官员对于辖区治理的认识。县官当中，以祝世禄为例，此人是丁应泰的继任者，于万历十七年至二十四年（1589—1596）任休宁知县，与汪道昆乡居生活时段有交叉。在祝氏的尺牍当中，其人对于治理休宁的难点何在多有表露，可以被视为当时徽州知县施政的佐证之一。从祝氏的言语来看，休宁县政颇为繁杂，其中尤以诉讼最难，具体表现有二。一是在诉讼过程中，多处求援，挑战官府权威："而新安山峻水激，钟之于民，好胜自喜，词以气重，赀以气轻，求援不胜，蔑官府当道，耳而目之，视他郡加详。"[①]二是诉讼不止，常有多级上告之举："徽民负气自喜，其风习百方求胜，不得于邑，则之郡，之道，之院，甚至伪名诡籍之他方。"[②]而本籍官僚参与其中更是给其人处置诉讼增添了难度。[③] 对于休宁县的财政问题，在祝世禄看来，休宁县名实不副："今之海阳非复昔之海阳也，实则凋瘵，而饶得名人且视为宝山、金穴"，以至于其人不敢过多支出。[④] 而在分派役务时，祝氏亦说是由地方士绅倡导推行的。[⑤] 祝世禄还在尺牍当中说，徽人乡评是其人治理休宁时较大的掣肘，地方士绅、官府属吏与外出商人对这些言论皆有贡献，[⑥]甚至那些游览齐云山的士绅、官僚亦会指摘休宁政务。[⑦] 并且这种声音能够抵达京城，对地方官员仕途有着相当的影响。[⑧]

至于府级官员，古之贤在徽州的任期全部在汪道昆乡居之时，其前任是高时，继任者则是董石。同时期的歙县县令彭好古，对古之贤的施政方式颇为赞赏，以至于"每一令出，辄抽彤管簪述之"；当之贤离任时，彭好古将其收

---

① （明）祝世禄：《环碧斋集》卷四《复蒲别驾》，《四库全书存目丛书》集部第94册，第313页。（以下引用《环碧斋集》时，省略作者信息及出处册数信息。）

② 《环碧斋集》卷四《复陈徽州》，第336页。

③ 《环碧斋集》卷二《寄范宪副》，第264页。

④ 《环碧斋集》卷二《复范南昌原易》，第257—258页。

⑤ 《环碧斋集》卷四《复邑中诸父老》，第310页。

⑥ 《环碧斋集》卷二《启朱使君》，第263—264页；卷三《与陈徽州》，第305页。

⑦ 《环碧斋集》卷二《复范南昌原易》，第257—258页；卷四《复汪兰溪》，第342页。

⑧ 《环碧斋集》卷三《寄朱婺源》，第306—307页。

集的古之贤任期内“所为条教四十余种,梓之以备后观”①。这些古之贤颁布的规条即《新安蠹状》一书,其中规条名目直接反映其人的施政重心,其中的部分内容则是当时古之贤施政困难的体现。《新安蠹状》分为上、下两卷,上卷为《议稿》,下卷则有《牌票》和《告示》两部分,书末另附《训士录》和《书札》各一篇,并有凌琯与彭好古的序跋。② 从现存内容来看,古之贤治理徽州的重心是赋役与荒政,其中与赋役相关的文书共有十余篇,包括地方财政可能遇到的诸多问题。具体而言,古之贤在征收项目与征收手段两方面着力最多,前者如向上谋求革除机户、向下严禁加派,后者则有请定会计之期、永定征收之法等多项举措。与荒政有关的文书同样较多,共有六件,其中绝大部分集中于向上级请求停征或放赈之事。此外,古之贤还针对当时徽州地方的陋俗,多有举措,以求得到移风易俗的效果。对于诉讼,古之贤的重点放在钻刺一事上,认为此事乃治理诉讼频发的重要因素。盗匪一事,古之贤同样有所观照,其人的治理举措对于盗匪滋生的场合与环境,都有涉及。至于影响自身施政的因素,古之贤在到任时说道:“其他大猾神奸,盘根据窟;巨室刁民,梗化乱俗;贿赂通神,钻刺如蜮;钤制官府,强食弱肉;罔惜月旦,雌黄唇吻。有一于此,皆政之蠹。”③在任职过程中,古之贤则更多对生员群体进行多方管制,严禁他们干预官府奖励、衙门诉讼等多种地方政务。显然在他看来,地方生员是影响施政的重要因素。

(二) 他者判断

从现存资料来看,在汪道昆乡居抑或离世后不久的岁月中,本籍官僚或徽州职官对于地方治理的判断留下了一些文字,但集中于县级政务,少有论及全府治理。在徽人文集当中,与汪道昆同时的徽州本籍官僚,并未有多少人评论当时的徽州官员,即便有所评说,其中与汪道昆乡居时间重合的当事

---

① (明) 古之贤:《新安蠹状》卷末《彭好古・新安蠹状跋》,(明) 古之贤撰、卞利点校《〈新安蠹状〉点校并序》,《明代研究》第 19 期,2012 年 12 月,第 141—187 页。

② (明) 古之贤撰、卞利点校:《〈新安蠹状〉点校并序》,《明代研究》第 19 期。

③ (明) 古之贤:《新安蠹状》卷首《到任祝城隍文》。

者也不过姚学闵、丁应宾、舒邦儒等人。在这些文字当中，所提及的最大治理难点便是诉讼。对此，金瑶的评说最为明白："治休以听讼为急。"①而官员处置诉讼的掣肘则是地方豪强，②至于具体的影响方式，不仅有"权要人为之移书"③，而且有诉讼参与者的贿赂："休之俗惯嚚，而又重以贿挠当权为常。"④而在万历年间修成的一些方志当中，地方士绅则是从徽州风俗变化的角度说明地方难治，万历二十七年(1599)，退职官僚祁门余孟麟对祁门乡民日渐贫困造成的官府治理难度有所言说：

越十年，而不佞以奉使岁封，再过里中，则见士稍稍，缘饰文雅，旄倪嬉游，纷靡竞胜，故知国家德泽，休沐日久，而民至皓首不识兵革，盖晏然称乐土矣。越十年而不佞以典试江藩，取道远邑，则见公家费于灌输，岁计苦于饥馑，营卫不胜，辅养无术，心窃忧之，故知气运推迁，风景顿异，俯仰今昔，良用太息于斯矣。今又不啻，十余年而吏治实繁，民用胥匮，旁发而横索者，且有意外之扰，有司焦思而蒿目，所为返薄归庞，用节救耗，推往昔善治之利与民宜之日，惟斤斤焉。⑤

数年之后，刑部四川司郎中金继震以休宁为例，其对风俗变化的说明较为全面，他同样认为县政愈发事多：

生息繁夥，民则聚于有余，而财则争于不足，往往挟轻资而贾四方，贸平而取廉，多获赢利，老乃倦息，势所使然也。嘉隆以还，人文熙洽，科甲绳绳□迭，前者导而后者从，并歙、婺而三几倍曩。昔下至阛阓，小

---

① (明) 金瑶：《金栗斋先生文集》卷一《奉饯江夏丁侯入觐序》，《四库全书存目丛书补编》第78册，济南：齐鲁书社，2001年，第155页。

② (明) 方弘静：《素园存稿》卷九《赠节推舒公升刑部主政序》，《四库全书存目丛书》集部121册，第155页。

③ (明) 方弘静：《素园存稿》卷九《赠节推舒公升刑部主政序》，《四库全书存目丛书》集部121册，第155页。

④ (明) 金瑶：《金栗斋先生文集》卷一《赠郡别驾梓州丁翁擢守大理序》，《四库全书存目丛书补编》第78册，第150页。

⑤ (明) 余士奇修、(明) 谢存仁纂：《祁门县志·余孟麟序》，明万历二十七年刻本。

> 生诵说诗书,敦尚礼乐,竞以门第相高,卑族下走,即集资倾里闬乎,卒不得列衣冠。维衣冠而非故旧,亦不得通婚姻。入公籍世家,虽甚寠,人耻与为伍。论者谓休山峭水激,故俗矜气节强于善而不可辱,以非称东南邹鲁,斯近事之大都也。①

几乎同时,光禄寺少卿歙县人洪文衡亦有着类似的言论:“成弘以前,民间椎少文,甘恬退,重土著,勤穑事,敦愿让,崇节俭,而今则家弦户诵,夤缘进取,流寓五方,轻本重末,舞文珥笔,垂坚剌肥,世变江河,莫测底止。”故而需要“更化善治之思”。②

由于缺少直接的政书资料,很难完整勾勒出汪道昆亡故之后,徽州官员是如何治理地方的。而方志当中的多数资料均有加工,并且对于地方官员施政举措亦有割裂。在现存万历年间歙县、休宁、祁门与绩溪四县所修的方志当中,《歙志》中保存了时任歙县县令张涛的一些施政记录,能够成为相应的参考。在《歙志》考卷三《户赋》中有议十则,被认为是张涛本人所写。这些文字透露出张涛认为,在歙县范围内,赋役征收总额和征收方法上均存在着较大的问题。③ 而对于歙县地方财政,张县令显然觉得开支项目较多,造成财政困难,需要保留专门的公费财政,方才能够解决此种困境。④ 此外,张涛在任上还碰到因税收而起的诉讼问题,并且颇为头疼。⑤ 而当张氏希望进行水利兴修以纾困时,则又碰到多方阻碍。⑥ 在赋税之外,张涛显然还对地方荒政颇为上心,而此事亦是不得不为之事。⑦ 至于具体的解决办法,则是请求上级蠲免并发动地方捐献。

---

① (明)李乔岱纂修:《休宁县志·金继震序》,明万历三十五年刻本。

② (明)谢陛:《歙志·洪文衡序》,张艳红点校,合肥:黄山书社,2014年,第9—10页。(以下引用《歙志》时,省略作者信息)

③《歙志》考卷三《户赋·户赋议》《条鞭议》《又附征解议》《丝绢船税议》,第44—46、64—65、70页。

④《歙志》考卷三《户赋·供需议》《差船议》《夫马议》《备用公费议》,第66—67、69—70页。

⑤《歙志》考卷三《户赋·渔梁一带河税议》,第67—68页。

⑥《歙志》考卷三《户赋·堤河议》,第68—69页。

⑦《歙志》考卷三《恤政·振议》,第75—76页。

四、官员去向与地方态度

对于晚明地方官员的政绩判断，实际上存在着两类裁判：一是上级官僚，他们会在考察过程中对地方官员的治理成绩进行评判；二是地方士绅与继任者，他们会通过编写传记、申报先贤等方式表彰颇有治绩的官员。

（一）官员去向

尽管明代官员的考察受制于多方面的因素，但从相关制度规定来看，考察在一定程度可以被视为上级官员对于官员政绩的评判。在汪道昆乡居的近二十年里，徽州地方府县两级官僚多有变更，每位官员的任期亦多有不同，而他们的考察成绩也不尽相同。较为遗憾的是，这些相关史料多数未能存留，但这些官员的日后去向，却留有较多证据。通过这些材料，大致能够窥得上级官员对于他们政绩的态度。

首先论及汪氏评说的诸位官僚，以知府为例，参照实录与其他史料，可知徐成位后调任山东按察司副使，①高时则移位至浙江按察司副使。② 通过方志则可知，萧敏道左迁为福建盐运使司同知，③董石则可能是调职浙江按察司佥事，④通判徐庭竹升任工部主事，⑤推官舒邦儒升任南京刑部主事。⑥ 从前文和方志则可知，同知丁应宾升为大理知府，⑦龙膺则是被贬为

---

① 《太函集》卷六《送太守徐公副山东臬序》，集部第 117 册，第 119—121 页；《明神宗实录》卷一二六“万历十年七月己未”。

② 《明神宗实录》卷一七〇“万历十四年正月辛酉”。

③ （明）江大鲲：《福建运司志》卷四《官政志》，明万历四十一年刻本；（明）何乔远：《闽书》卷四九《文莅志》，明崇祯四年刻本。

④ 转引自方正《人文重镇形成的文化生态——以明代黄州府为考察中心》，武汉大学博士学位论文，2013 年。

⑤ （清）丁廷楗修、（清）赵吉士纂：《徽州府志》卷三《秩官志上・郡职官》，《中国方志丛书》华中地方第 237 号，台北：成文出版社，1975 年，第 577 页。

⑥ 《太函集》卷五《郡司理舒相君迁比部序》，集部第 117 册，第 114—115 页，（清）王泽洪：《饶州府志》卷二三《人物志・宦迹》，清康熙二十二年刻本。

⑦ （明）程楷修、（明）杨镌卿纂：《平湖县志》卷一三《名宦志》，明天启七年刻本。

温州府学教授。[①] 在知县方面,通过实录,可以确定的是,姚学闵、丁应泰与许弘纲均升职刑科给事中,[②]李瑄、万国钦与曾乾亨分别升任广西道、山西道和山东道监察御史;[③]而由方志等书则可知陈九官可能升任南京大理寺评事。[④]

对于汪道昆未曾评说的那些在他乡居时任职徽州者,在府级层面,还有知府王京、古之贤,同知李好问、徐廷龙、于翰、庄登义,通判则有高选、李廷楚、张素蕴、王完,以及推官金枝。其中通过方志大致可知,王京、李好问、徐廷龙、张素蕴疑似终官徽州,[⑤]古之贤则是巡兵东海,[⑥]李廷楚疑似升为无为州知州。[⑦] 而县级官员,由于汪道昆仅评说了歙县、休宁、婺源与绩溪四县知县,故而在此仅考察曾任此四种职务者。就歙县而言,汪道昆乡居时的四位父母官,汪氏均有评说。在休宁,除丁、曾二人外,还有陈正谟与祝世禄两人,前者因丝绢分担一事去职,[⑧]后者则是升任南京吏科给事中。[⑨] 至于婺源县令,汪道昆还未评说者则有吴瑄与赵崇善,此二人的去向分别为南京吏

---

① 罗汝怀编纂:《湖南文征》,长沙: 岳麓书社,2008 年,第 22 页;(清) 邓显鹤编纂:《沅湘耆旧集》,长沙: 岳麓书社,2007 年,第 392 页。

②《明神宗实录》卷七四"万历五年七月乙未";卷二一六"万历十七年十月戊戌";卷一七九"万历十四年十月己卯"。

③《明神宗实录》卷一六三"万历十三年七月壬午";卷二一六"万历十七年十月戊戌";卷一四〇"万历十一年八月甲子"。

④ (明) 曹臣辑:《舌华录》卷四《谑语》,《四库全书存目丛书》子部第 143 册,第 608—609 页;(清) 汪源泽修、(清) 闻性道纂:《鄞县志》卷一〇《选举志一》,清康熙年间刻本。

⑤ (明) 陶履中修、(明) 徐登瀛纂:《瑞州府志》卷二〇《人物志二 · 才臣》;(清) 冯兰森修、(清) 陈卿云等纂:《重修上高县志》卷八《人物志 · 宦绩》,清同治九年刻本;(清) 顾汧修、(清) 张沐纂:《河南通志》卷一七《选举》,清康熙三十四年刻本;(明) 何乔远:《闽书》卷一四三《闺阁志》;(清) 汪大经等修、(清) 廖必琦等纂:《莆田县志》卷一三《选举志》,清乾隆二十三年刻本;(清) 郑梦玉等修、(清) 梁绍献等纂:《南海县志》卷二〇《选举表一》,清道光十五年刻本。

⑥ (明) 古之贤撰、卞利点校:《〈新安蠹状〉点校并序》,《明代研究》第 19 期。

⑦ (清) 王庭桢修、(清) 彭崧毓纂:《江夏县志》卷四《选举志》,清同治八年刻本。

⑧ (明) 邵庶:《邑令延平陈公去思碑》,《休宁县志》卷七《艺文志 · 记述》,明万历三十五年刻本。

⑨ (清) 黄宗羲:《明儒学案》卷三五《泰州学案四 · 给事祝无功先生世禄》,沈芝盈点校,北京: 中华书局,2008 年,第 848 页;《明神宗实录》卷二九〇"万历二十三年十月乙卯"。

科给事中与四川道监察御史。[①] 而绩溪知县则有陈嘉策、黄桦与吴维魁三人，汪道昆未曾评说，其中陈嘉策升大理寺评事，[②]黄桦疑任漳平县令或被贬为福建布政使司都事，[③]吴维魁则升任刑部郎理刑淮安。[④]

从明代府县两级官员的升迁路径来看，汪道昆所评说者大都符合当时惯例，少有出格者；而汪道昆未曾评说者，则仅有部分官员贴合这个擢升习惯。[⑤] 从数量来看，即便存在人情关系，但仍可以说，在考察这些官员时，他们治理徽州的政绩能够得到上级考核者的认可。

（二）地方态度

明代地方官府与社会可以通过两种方式对离任官员的政绩进行评价：其一是名宦祭祀，其二是方志书写。这两种方式在所涉人物与评价内容上并不完全重合，但却能有效反映当时以及后世对于这些官员政绩的判定。总体而言，晚明时期，徽州地方对于汪道昆乡居时所经历的府级官员的政绩评价并不算高，但县内对于部分县令却有着相当高的正面评价。同时，还应看到，相较于名宦祭祀，方志书写中的名宦，选择范围更窄。

就名宦祭祀而言，其概念在宋代就已出现，并为明代承袭。[⑥] 明代的名宦祭祀依托于专门的名宦祠，此一性质的建筑早在洪武年间便在制度中出现，弘治中进一步推广修建，并且逐渐与乡贤祠分离，成为定制。[⑦] 对于入祠标准，《礼部志稿》当中有着明确的说明："名官崇祀以其在任能为百姓御灾

---

① 《明神宗实录》卷一〇一"万历八年六月丙辰"；卷一一九"万历九年十二月辛丑"；卷一四〇"万历十一年八月癸亥"。

② （清）丁廷楗修、（清）赵吉士纂：《徽州府志》卷五《名宦》，《中国方志丛书》华中地方第237号，第817页。

③ （清）郝玉麟修、（清）谢道承等纂：《福建通志》卷二一《职官二·总部》，清乾隆二年本；（清）蔡世钹修、（清）林得震纂：《漳平县志》卷一《舆地》，清道光十年刻本。

④ （明）刘沂春修、（明）徐守纲等纂：《乌程县志》卷六《科第》，明崇祯十一年刻本。

⑤ 唐克军：《明代官员升迁路径述论》，《史学月刊》2004年第1期。

⑥ 魏峰：《从先贤祠到乡贤祠——从先贤祭祀看宋明地方认同》，《浙江社会科学》2008年第9期。

⑦ 赵克生：《明代地方庙学中的乡贤祠与名宦祠》，《中国社会科学院研究生院学报》2005年第1期。

捍患,泽及一方,故士民相与尸而祝之,以报功也。"[①]可见地方政绩是相关祭祀的基础,而士民亦可在其中扮演相应的作用。至于徽州的名宦祭祀,至迟在弘治年间便已出现,当时祭祀的有刘炳、舒璘与郑玉三位宋元官僚。[②] 此后,不少明代府级官员陆续入祠接受祭祀,但从康熙《徽州府志》来看,与汪道昆乡居同时的徽州府级官僚却无一人被请入名宦祠中。但县级官员则大有不同,从现存方志来看,万历年间,在歙县,姚学闵、李琯与彭好古俱有专祠祭祀,[③]休宁则有曾公生祠、丁公生祠和祝公生祠以祀曾乾亨、丁应泰和祝世禄。[④] 绩溪县内的情况则略有不同,万历年间便有陈嘉策的专祠,而在清乾隆前,则有许弘纲与吴维魁合祀祠。[⑤] 婺源县令万国钦和赵崇善在清康熙之前同样有专祠祭祀。[⑥]

至于方志书写,在明清两代徽州方志当中,大都有专门的"名宦"条目。就入选标准而言,由于万历至明亡这段时间内,徽州未有府志,只得以康熙《徽州府志》中的记载以为参考:

> 一名宦有祠以奉神主,有传以纪政迹。今入祠者或不尽有传,而传之所载,又或不见诸祠,要之事实所存,以传为据,不敢以祠未入而削之也。一名宦有功德于民者,允宜崇祀,如未莅任则恩泽何加然,范史云之贤未至,莱芜亦书,于册故悉仍旧志。一旧志名宦有政迹不甚表著者,移注职官表中以省繁芜。[⑦]

在万历年间所修的县志当中,对于名宦的选择标准会因志书编者而有所不同。以《歙志》为例,"令宰・内传"一章便是为名宦而设,其选择标准显

---

① (明)俞汝楫编:《礼部志稿》卷四五《覆十四事疏》,《景印文渊阁四库全书》第 597 册,台北:台湾商务印书馆,1983 年,第 857 页。

② 刘祥光:《明代徽州名宦祠研究》,高明士编《东亚传统教育与学礼学规》,第 105 页。

③《歙志》考卷二《建置》,第 36 页。

④(明)李乔岱纂修:《休宁县志》卷二《建置志・祠亭》。

⑤(清)较陈锡修、(清)赵继序等纂:《绩溪县志》卷五《祀典・官祀》,清乾隆二十一年刻本。

⑥(清)丁廷楗修、(清)赵吉士纂:《徽州府志》卷八《祀典》,《中国方志丛书》华中地方第 237 号,第 1137 页。

⑦(清)丁廷楗修、(清)赵吉士纂:《徽州府志》卷五《秩官志下》,《中国方志丛书》华中地方第 237 号,第 749 页。

然与个人德行、官员治绩两者均有关联。[①] 而《休宁县志》则是在凡例当中对此有所言说，在此书中，只有“贤而去任，功德在人心”[②]者有传。从这些规定来看，徽州府县两级志书在选择名宦时，均会考虑其人的治理功绩。通观志书，这种记载与名宦祭祀展现出类似的特征：那些汪道昆乡居时治理徽州的府级官僚均未被府志中的“名宦”条目收录，但诸多县令却成功入选县志，并且他们并不会与名宦祭祀天然重合。在此，以歙县与休宁为例予以言说，万历《歙志》只载有姚学闵与彭好古，《休宁县志》亦仅录入陈正谟与曾乾亨。再考察其中的政绩描述，则可见其中多数是针对当时的治理难度而言。如彭好古：

> 每盗至谛训，蓦令一引，但毋株连，立杖杀之，亦不立案。人初以为太速、太酷，抑或有误。公曰：“吾即误冤人，而能速止盗，则所活人者，可以赎此酷矣。”盖杀盗仅若而人，而盗迹永绝矣。迨至凶年，而人人相戒曰：“宁死饥，毋死盗也。”戊洊饥，公行县募良民为粥，分赋饥者，虽三家之市，亦无不历，戒民“毋以酒肉供，惟以一箪器乘蔬即止”。民间分啖其粥，无论饥者感德，而饱者乐输。二年之间，赖公良法苦心，而所全活者无量数矣。寻以征去，而口碑至今在在也。[③]

又如曾乾亨：

> 性严毅，嚬笑不苟，即之温然可亲。朔望视学，肃诸生讲，书扬榷移。时兴文会，供给精洁，细加评品。刑狱详悉，务输两造。括地令下，单车周行四境，定则壤，称均平，汪司马作经野记。值大造，清黄册，大加厘正，夙弊一清。[④]

结　语

从上述情况来看，汪道昆笔下的他乡居时所经历的徽州官府治理，与当

---

① 《歙志》传卷一《令宰·内传》，第180—182页。
② （明）李乔岱纂修：《休宁县志》卷首《凡例》。
③ 《歙志》传卷一《令宰·内传》，第188—189页。
④ （明）李乔岱纂修：《休宁县志》卷四《官师志·名宦》。

时的实际情况大致类似,但也有着一定的出入。在本地官府治理难点上,汪道昆的论述大致能够代表时任官员与本籍官僚的看法。但在本地官员政绩上,汪道昆的认识就与时人有所差异了。这种状况表明,在晚明徽州官府如何进行治理一事上,当时存在着一些共识,而汪道昆的观点则是这种认识的代表。而在官员政绩的具体评价方面,虽然具体施政是其中的重要考虑因素,但受制于个人的立场与关系,则会存在部分差异。故而,汪道昆这方面的评说并不能被判定为贴近事实。从上述情况来看,他的态度更多地是与当时徽州上级官僚类似。

乡约与清代徽州基层社会治理[*]

宋　杰
（安徽师范大学历史学院）
刘道胜
（安徽师范大学历史学院）

摘　要：由明至清，设置乡约是国家对基层社会治理实施的一项重要举措。有清一代，徽州地方官府承袭明制推行乡约。基层职役定期周历城乡宣讲圣谕，地方精英积极参与宣教，将官府推行的乡约规条与民间基层组织或族规家法有机结合。清代徽州乡约制度的有效实践，一定程度上稳定了基层社会秩序，加强了地方官府对基层社会的治理。

关键词：乡约；清代徽州；基层社会治理

清代时期，国家在“州县级以下没有任何类型的正式政府存在”①。国家权力延伸至乡村社会，实现对乡村社会的控制，多是借助基层组织来实现的，乡约就是其中之一。乡约是靠“地缘关系或血缘关系组织起来的民众组织”②。有清一代，徽州乡约经历了重建、逐步完善、渐趋发达到式微的发展历程。揆诸学界对徽州乡约的研究，取得了不少成果。③ 在目前已有的研究

＊ 本文曾发表于《原生态民族文化学刊》2020 年第 3 期。本文为国家社会科学基金重点项目“民间文献与明清徽州乡村治理研究”（18AZS011）的阶段性成果。

① 瞿同祖：《清代地方政府》，北京：法律出版社，2011 年，第 5 页。

② 陈柯云：《略论明清徽州的乡约》，《中国史研究》1990 年第 4 期，第 44 页。

③ 杨懋春、杨开道、萧公权、陈柯云、常建华、卞利、王日根、董建辉等对明清徽州乡约或以专题详细论述，或在论著中着重述及；廖华生、洪性鸠、马馨、黄忠鑫、郑刚等从乡约个案研究出发，对徽州乡约关注颇多。受篇幅所限，所涉文章不能详列于此，回顾之中难免挂一漏万，祈请指正。

中，学者们对明代徽州乡约关注颇多，主要以探究乡约发展、职能演变及其与基层组织关系为重点。然对于清代徽州地方官府如何向基层推行乡约，以及乡约推行与乡村治理的内在实践等方面的研究，仍有进一步探讨的余地。本文拟以清代徽州乡约为研究对象，考察基层乡村推行乡约的实态，探讨乡约的推行与乡村社会秩序的关系，不足之处敬请批评指正。

一、清代徽州乡约的重建与创新

徽州乡约发展到明代中期之后呈现渐微之势，据康熙《休宁县志》记载："明隆庆元年（1567），俞言官之请，令郡邑各立乡约。率众讲演孝顺父母六谕，于建初寺一再行之，未几懈涣。"①徽州乡约明朝后期"未几懈涣"的局面至清初又有所改观。清朝初年，为了强化对地方的治理，官府重视乡约制度的重建。康熙《绩溪县志续编》记载："（乡约）万历年间俱照前志举行，末年渐废。顺治十年（1653），知县朱国杰选择约正，每月朔望躬至乡约所，令讲生朗诵训谕，老幼环听，一时民风丕变。"②清初，在徽州地方官员的倡导之下，乡约在基层社会再次得以推行，明末以来徽州乡约"渐废"的局面得以改观。清初，徽州乡约承袭明制，以宣讲太祖《圣谕六言》为主，以教化民众重建社会秩序为目的。

至康熙时期，徽州乡约在内容和职能上逐渐从顺治时期的"丕变"走向完善。康熙在效仿明代《圣谕六言》的基础上，创立了《上谕十六条》颁行天下。此后，全国各地再次掀起重建乡约的热潮。诸如"康熙十八年（1679），浙江巡抚陈秉直注释《圣训十六条直解》一书，奉旨颁行"所属各地。③ 除浙江之外，清康熙二十四年（1685），广东巡抚李士桢也在广东积极倡导推行乡约制度，他邀集了"省司道府厅县各官，并绅衿耆老人等共同酌议，于东西南

---

① （清）廖腾煃修：康熙《休宁县志》卷二《建置·约保》，《中国方志丛书》华中地方第90号，台北：成文出版社，1970年，第277页。

② （清）苏霍祚修：《康熙绩溪县志续编》卷二《政治志·乡约》，第18叶，绩溪县档案馆藏。

③ 卞利：《明清时期徽州的乡约简论》，《安徽大学学报（哲学社会科学版）》2002年第6期，第36页。

北四处查有宽敞的庵观寺庙或空闲房屋,各处设立乡约一所"①。受清初全国推行乡约的影响,徽州地方官府及乡村精英积极响应重建乡约的号召,这从清初休宁县各都成立乡约讲所的数量分布可窥一斑,其具体如下:

表 1　清初休宁县各都乡约所数量分布统计表

都名	四隅	一都	二都	三都	四都	五都	六都	七都	八都
乡约数	4	4	5	3	7	7	2	8	3
都名	九都	十都	十一都	十二都	十三都	十四都	十五都	十六都	十七都
乡约数	3	4	3	4	5	17	7	12	13
都名	十八都	十九都	二十都	二十一都	二十二都	二十三都	二十四都	二十五都	二十六都
乡约数	20	1	9	7	15	15	14	11	10
都名	二十七都	二十八都	二十九都	三十都	三十一都	三十二都	三十三都		
乡约数	6	10	17	5	5	6	13		

资料来源:(清)廖腾煃修康熙《休宁县志》卷二《约保》,清康熙三十二年刻本,《中国方志丛书》华中地方第 90 号,台北:成文出版社,1970 年。

根据统计,清初休宁县有乡约所 275 处,除城厢内 4 处,在乡村建立的乡约讲所仍有 271 处。设置如此众多的乡约所,也是乡村精英积极响应官府重建乡约的反映。从乡约所的分布来看,各都之间存在明显差异。数量最多的十八都有 20 处讲所;数量最少的十九都只有 1 处讲所。究其原因,或许与十八都的面积广阔、乡村数量较多有关。据清初编定的《休宁县都图甲全录》②记载,十八都下辖 12 个图,图下所辖村落主要有隆阜、下林塘、油潭、博村、方山、闵口、黎阳等近 20 个村落,平均每村不到 2 所。而十九都所辖 5 图,其中一图三、五、八、九甲,二图四至十甲,三图一至十甲,以及四图三至十

① 陈柯云:《略论明清徽州的乡约》,《中国史研究》1990 年第 4 期,第 49 页。
②《康熙休宁县都图全甲录》,清抄本,安徽师范大学图书馆藏。

甲主要在临溪村；二图一至三甲为孙岐等村。十九都五图中，一至十甲为苦竹树下。从十九都各图所辖村落及乡约讲所的数量分布来看，这符合清初“每都为约不宜大，散远不能合者稍分之”①的乡约编定原则。

康熙时期，徽州乡约组织的重构与基层保甲紧密关联。官府认为“严行保甲之法，与乡约正副共相核”，既能教化民众，也能弭盗安民。关于乡约组织依托保甲体系的重构，据徽人赵吉士在康熙《徽州府志》中的记载：

> 约会依原编保甲，城市取坊里，相近者为一约。乡村或一图，或一族为一约，其村小人少附大村，族小人少附大族合为一约，各类编一册听约正约束。每约择年高有德，为众所推服者，一人为约正，二人为约副，通知礼文者数人为约赞，导行礼仪为司讲，陈说“圣谕”。又得读书童子十余人歌咏诗歌，其余士民俱赴约听讲。②

由上述资料看，徽州乡约一方面在组织结构及宣讲仪式上日益制度化和体系化。乡约组织的管理设有约正、约副、约赞等职，乡约职位的产生以“众所推服”为原则，以“年高德重”为标准。乡约的宣讲有固定的场所和具体的仪式程序，并将记入善恶簿册等作为奖惩手段。另一方面，从乡约的编定来看，其沿袭了明代以来乡约与保甲等基层组织有机结合的趋势，官府根据地缘或血缘关系编定乡约组织。如康熙四十年（1701）休宁县五都四图编订的《保甲烟户册》中记载：

> 江南徽州府休宁县正堂加三级金，为申严保甲以靖地方事，照得保甲之法屡奉宪饬。本县莅任伊始，拟合清查编册。为此册仰保甲长，即准保内居民，毋论绅衿士庶，农工商贾民人，填注住何地方，系何生理，男丁妇女各几名口，乡约保甲姓名，逐一清编，毋许遗漏一户一丁，如违取究未便，须至册者。

---

①（清）廖腾煃修：康熙《休宁县志》卷二《建置·约保》，《中国方志丛书》华中地方第90号，第283页。

②（清）赵吉士：康熙《徽州府志》卷二《风俗》，《中国方志丛书》华中地方第237号，台北：成文出版社，1975年，第72页。

计开：

休宁县五都四图龙源地方

乡约 张维纲

保长 曹敦

甲长 邵芳

栅栏 副 更楼 座

右册仰保长曹敦准此

康熙四十年 月 十三日 册 县押①

从这份《保甲烟户册》的内容来看，官府极为重视保甲之法的施行，地方官员上任之初即要求“清查编册”，并在编册时规定应详细登载户长姓名、年龄、籍贯、现居地及生理等信息，在户内亦要载明各居民与户长的关系、姓名、年龄、籍贯、现居地及生理。此外，地方官府还要求将一图之内乡约、保甲姓名一并清编于册。康熙休宁县编订的《保甲烟户册》，也佐证了清代徽州地方官府沿袭明代“严行保甲之法，与乡约正副共相核”的做法。

清代徽州乡约与保甲并行，其在基层组织中又依据地缘或血缘关系设立。如《入清源约出晓起约叙记》中记载：“盖自十都四图升于大明万历十九年(1591)始，既升四图，即立四图乡约。因烟村涣散，分立两乡约，一清源，一晓起，各五排为一约，以人烟均，统属易也。一甲洪芳生、二甲洪胡、三甲洪遇春、六甲曹启先、九甲吴汪詹，五排联合为清源约。四甲孙国用、五甲孙义兴、七甲江永兴、八甲叶洪鼎、十甲胡先，五排联属为晓起约。”②该图自明代立图之始即依据“人烟均，统属易”的原则设立清源和晓起两约，其后又依据村落相距的远近及地方各姓宗族关系对各乡约所属户进行自我调整。其规定：“谨按：本家乡约，乃一族之统也。惟有巨乌垓廖姓、杨梅山曹姓与石镇源迁居程垓路胡姓者，原附本家约属，另外敷斗。迨今本家入清源约之始，不能无费，其巨乌垓与镇源分居来者，情愿照本家一样出费，一例

① 《康熙休宁编造保甲人户烟册》，清康熙四十年刻本，上海图书馆藏。

② 刘道胜整理：《入清源约出晓起约叙记》(清抄本)之《本家约记》，卜宪群主编《中国区域文化研究》第1辑创刊号，北京：社会科学文献出版社，2019年，第227页。

平充,编入保甲。”[①]该约建立之初,即是地方大姓宗族以血缘关系创建的乡约组织。其后,附近较小村落的他姓宗族不断附入其中,使原有的乡约组织由以血缘为主走向兼具地缘属性,并将乡约组织与保甲体系紧密融合。

至雍正二年(1724),皇帝考虑到“小民遵信奉行,久而或怠”[②]的社会现实,遂对康熙朝的《上谕十六条》重新释义,编成《圣谕广训》一书,颁行各地。徽州各县积极响应并付诸实践,如歙县人黄文炜“每朔望随僚友后,为兵民宣讲《圣谕广训》”[③]。乾隆初年,徽州地方官府重视乡约组织的建设,知府何达善曾下令府属各县乡村“慎举绅士耆老,足以典型闾里者一二人,为约正。优礼宴待,颁发规条,令劝宣化导。立彰善瘅恶簿,俾民知所劝惩”[④]。继康熙之后,徽州乡约的职能在乾隆朝不断扩大。纂修于乾隆三十八年(1773)的郑氏族谱记载:“先生承充约务公平正直,邑侯吴公常雅重之,每延见时,敬礼有加,不忍令之解役。语诸僚佐曰:‘约中若得郑某其人,乡里可以无讼。’”[⑤]郑氏在任乡约长时能够恪尽职守,也使乡约在“宣讲圣谕”教化民众的同时兼具调处乡邻纠纷的功能。再如成立于明代的祁门侯潭乡约,崇祯四年(1631)由约正汪钟清经管的约内经营账目混乱,引发了长达十年的诉讼。[⑥] 至清“乾隆五十四年(1789),徽州祁门县侯潭十二家成立的乡约会”,该约是在承继明代乡约的基础上依靠地缘关系重构的,其职能除“宣讲圣谕”之外,还利用乡约作为地域空间纽带来发展“共同的经济利益”。[⑦]

乾隆五十七年(1792),休宁县霞瀛朱氏宗族为保护村前率水河,共同订

① 刘道胜整理:《入清源约出晓起约叙记》之《本家约记》,卜宪群主编《中国区域文化研究》第1辑创刊号,第228页。

② 周振鹤撰集、顾美华点校:《圣谕广训:集解与研究》,上海:上海书店出版社,2006年,第559页。

③ (清)黄臣槐:《雍正潭渡孝里黄氏族谱》卷首序,清雍正九年刻本,上海图书馆藏。

④ 卞利:《明清时期徽州的乡约简论》,《安徽大学学报(哲学社会科学版)》第2002年第6期,第36页。

⑤ (清)郑永彬:《星源银川郑氏族谱》卷六《君胜郑先生七旬荣寿序》,清乾隆四十年刻本,中国国家图书馆藏。

⑥ 封越健:《中国社会科学院经济研究所藏徽州文书类编·散件文书(四)》,北京:社会科学文献出版社,2017年,第269页。

⑦ 陈柯云:《略论明清徽州的乡约》,《中国史研究》1990年第4期,第50页。

立禁约并上呈官府，官府下令禁止村民在“税河内任意取鱼，赤身跣足叫喊”①。霞瀛朱氏宗族通过上呈禁约，获准官批之后下达禁令颁行村里，也使宗族所立的这份禁约具有了官方法律效力。由乾隆时期的乡约来看，其沿袭了康熙朝乡约职能不断扩大的特点。诸如祁门侯潭乡约，其从“嘉庆九年（1804）到道光七年（1827）的二十多年间，乡约前后十二次买田，共用银一千二百五十七两余”②。在此期间，教化乡村民众已不是侯潭乡约的主要职能，乡约组织成为这十二家发展公产经济和承办差役赋税的纽带。揆诸侯潭乡约职能的演变，其也是清代徽州乡约职能不断扩大化的一个缩影。

然至清代晚期，受内外时局的影响，徽州乡约的职能再次回归到思想教化之上。清同治七年（1868），刑部侍郎胡肇智将前徽州婺源教谕夏炘注解的《圣谕十六条附律易解》上呈朝廷，皇帝认为“用于讲约，甚有裨益”，遂受命刊刻颁发各地。该书是从婺源乡村民众的日常生活习俗角度出发对康熙《圣谕十六条》的简易注解。夏炘在谈到编定该书的目的时说：“《圣谕广训》又恐尔军民愚鲁者多，不暗文理，不通官话。是以先就十六条用俗语解说，后附载简明律例，使尔军民中识字之人传看诵习，并讲与不识字人知道。凡农暇无事之时，或一家父子兄弟，或一里耆老卑幼，互相讲说。倘文理仍未尽晓，求村中蒙师及读书之人指受，久久自然明白，庶几风俗日美，人心日厚。”③从《易解》的内容来看，其注解《上谕十六条》是为了教化民众之用，通过乡约的宣讲，令“国家意识形态向地方社会渗透”④。正如清光绪年间，徽州绩溪许氏宗族将“圣谕”与族规家训结合进行宣讲，认为“家训所以济圣训之所不及也”，并进一步阐释了制定族规家训用语的要求，认为“家训必须粗言俗语，妇孺皆知”⑤才能达到敦伦理、正风俗的作用。从《易解》的内容来

---

① 《奉宪禁碑》。碑高 117 厘米，宽 46 厘米，立于休宁县陈霞乡霞瀛村，颁行于清乾隆五十七年（1792）三月。

② 陈柯云：《略论明清徽州的乡约》，《中国史研究》1990 年第 4 期，第 51 页。

③ （清）夏炘：《景紫堂文集》，《清代诗文集汇编》第 565 册，上海：上海古籍出版社，2010 年，第 552 页。

④ 王振忠：《明清以来的徽州村落社会史研究》，上海：上海人民出版社，2011 年，第 57 页。

⑤ （清）许文源：《光绪绩溪县南关许氏惇叙堂宗谱》卷八《家训》，清光绪十五年活字本，上海图书馆藏。

看,清代晚期徽州乡约与基层组织之间的结合相对弱化且职能渐趋单一,以教化民众和敦化社会风俗为重心。

二、清代徽州乡约的推行

纵观清代徽州乡约的发展,其一方面得益于徽州地方官府对乡约制度的重构和推行,另一方面承蒙乡村知识精英积极参与乡约理论的建设和宣教,徽州乡约才得以从组织构建逐步走向理论创新,并在徽州乡村知识精英的日常宣教之中得以完善和发展。

(一) 地方官府的重视

清初徽州地方官府重视乡约的推行,当时徽州各地"乡有约,里有保"①的现象较为普遍。亦因"乡约以劝民为善,禁于未萌。保甲以弭盗安民,防于已发"②,两者互用,对乡村社会秩序控制具有重要的影响。所以,清初徽州地方官府利用乡约来强化对基层乡村社会的控制,进而推动了乡约在乡村社会的发展。

据康熙《绩溪县志》记载:"顺治十年(1653),知县朱国杰选择约正,每月朔望躬至乡约所,令讲生朗诵训谕。"他认为:"斯其教不肃,而成其政不严。"③知县亲自参与乡约的创建,推动了绩溪乡约的重构和发展。又如康熙《休宁县志》记载:"国朝尤严保甲之令,康熙九年(1670)颁《圣谕十六条》,令天下各府州县于朔望日,官绅同阶明伦堂,以生员二名宣布条款。"④在官府高度重视保甲、乡约体系建设的背景之下,休宁县令廖腾煃积极推行乡约。其以"复实心举行,劝善化暴,奸宄潜踪"⑤为目的,促进了休宁乡约的创建,当时休宁城乡创建的乡约讲所有 270 多处。康熙时期,徽州黟县知县王

---

① (清) 廖腾煃修:康熙《休宁县志》卷二《约保》,《中国方志丛书》华中地方第 90 号,第 277 页。
② (明) 余懋衡:《万历沱川余氏乡约》卷一《保甲三则》,明万历刻本,上海图书馆藏。
③ (清) 苏霍祚修:《康熙绩溪县志续编》卷二《政治志 · 乡约》。
④ (清) 廖腾煃修:康熙《休宁县志》卷二《约保》,《中国方志丛书》华中地方第 90 号,第 278 页。
⑤ (清) 廖腾煃修:康熙《休宁县志》卷二《约保》,《中国方志丛书》华中地方第 90 号,第 278 页。

景曾也曾“历乡都,行乡约”①。清初徽州地方官府积极推行乡约,促进了乡约的重建和发展。

乾隆时期,徽州知府何达善曾亲令徽州府属各县创建乡约,要求各乡村“慎举绅士耆老足以典型闾里者一二为约正,优礼宴待,颁发规条,令劝宣化导”②。地方官府对于各图推举的充当乡约正、副等职的绅士或耆老,一般会颁发官方印照,以证明其主持乡约的合法身份和相应的社会地位。如清乾隆十二年(1747),休宁县为约副颁发的印照内容如下:

> 特受休宁县正堂加三级郑,为实行乡约,给照委任,以别责成事,照得乡约原为宣扬圣谕,化导恩氓而设。今据二十五都五图约保程士英等,公举民人程子任准充该图约副。具证前来,据此合给印照,以杜假冒。为此照给,二十五都五图约副程子任领执,每于朔望集同士民在于该图约所,恭讲宣《上谕十六条》并律例详解,化导愚顽。务须家喻户晓,如遇有雀角细故,该约务须劝释,毋致兴讼,果劝谕有方,定行给匾奖励。倘敢籍[藉]端滋事,亦必严查,究革禀道,毋违须至照者。
>
> 右照给约副程子任准此
>
> 乾隆十二年九月二十六日　礼
>
> 县　　约照③

从官府颁发的印照内容来看,其主要涉及以下内容。第一,都下各图会根据实际情况设置乡约,约正、约副由民众推举产生,并且需要经过官府颁发印照准行。其次,官府给各约颁发印照也具有相应的程序,如只有“具证前来”才能发给印照,目的是为了防止有人冒领印照。最后,是各图约正、约副的主要职责和奖励办法。各图民众推举的约正、约副的主要职责,除定期宣讲圣谕之外,调处和化解各图内部的民众矛盾也属其职责范围。此外,如果乡约“劝谕有方”,使乡村秩序稳定即会获得“给匾奖励”,对于“雀角细故”拥

---

① 陈柯云:《略论明清徽州的乡约》,《中国史研究》1990 年第 4 期,第 49 页。

② 卞利:《明清时期徽州的乡约简论》,《安徽大学学报(哲学社会科学版)》2002 年第 6 期,第 36 页。

③ 周向华编:《安徽师范大学馆藏徽州文书》,合肥:安徽人民出版社,2009 年,第 172 页。

有鸣官究治权。

清代徽州乡约的推行,除了知府、县令等地方官的重视和亲自参与之外,府属各县的教谕、训导等会定期周历乡村宣讲“圣谕”,积极参与乡约的推行。如道光二十三年(1843),夏炘任婺源教谕时,注解《圣谕十六条》以作为“宣讲圣谕”的教材,关于到婺源乡村讲约的经历,其记载道:

> 国家设立乡约教官,与有司官一体宣讲。炘于癸卯(1843)之秋备婺源教谕,婺邑山水深厚,风俗淳朴,民间最重讲约之典。凡四乡宣讲《圣谕广训》,两教官轮流分往,数载以来僻壤荒区无不周历,官民熟悉。每至一村,父老子弟咸有殷殷维絷之意,于以叹民情之大可见,而风俗之不难移易也。①

作为婺源县教谕,夏炘的职责不局限于在县学教授子弟,教化乡村民众以敦化风俗也是其职责之一。其与训导轮流前往乡村“宣讲圣谕”,长期的思想教化也使婺源各乡村的社会风气有了较大的转化,使其深感“风俗之不难移易也”。清代徽州地方官员重视和参与乡约的推行,乡约教官定期周历各个乡村“宣讲圣谕”,形成了较为完善的官方宣教体系,促进了徽州乡约的发展和乡村社会秩序的稳定。

(二)城乡精英的参与

徽州知识精英积极创建乡约理论和组织,并在城乡大力践行乡约。地方知识精英的参与是徽州乡约由理论化走向实践化的主导力量,也是乡约得以发展和完善的重要保障。明代时期,徽州城厢知识精英重视城市乡约的建设。康熙《休宁县志》记载:“万历己卯(1579),吉水曾调令我邑,始申饬举行,隅都立约所者浸盛。”②即明万历时期,休宁城厢之中设立的乡约讲所较多,乡约宣教比较盛行。夏炘对婺源“城厢之约”曾说:“婺源最重乡约,而城厢之约较四乡为尤善。”③关于“城厢之约”比“四乡之约”尤善的原因,其总结原因有三:一

---

①(清)夏炘:《景紫堂文集》,《清代诗文集汇编》第565册,第604页。
②(清)廖腾煃修:康熙《休宁县志》卷二《建置·约保》。
③(清)夏炘:《景紫堂文集》,《清代诗文集汇编》第565册,第620页。

是城厢之中主持乡约的人才不乏。如蚺城乡约主持者任期为一年,每到换届之时都能够推举家道殷实且德才兼备的人来执掌乡约;二是城厢之约的主持者大多能够秉公廉洁执约,时人对此曾说,“凡民间舛午细故,必先报明乡约排难解纷,虽杯勺之水不得入口”①;三是城厢之约的主持者能够任劳任怨并积极参与纠纷的调处。这些“尤善之处”是城厢之约比“四乡”之约发达的原因,这也有效地维护了城厢邻里关系的和谐与社会秩序的稳定。

城厢之约的设置也有一定的原则,据康熙《徽州府志》记载,“约会依原编保甲,城市取坊里,相近者为一约”②。地方结合保甲制度,按城市四隅坊里数量来设置相应的乡约组织,并根据坊里“排门”的远近确定各个乡约的管辖范围。如清康熙年间,休宁县治内四隅坊里就设有 4 处乡约所。道光年间,夏炘曾记载婺源县治内“约有九……今年夏,九约某某等以《蚺城约议集要四卷》呈阅”③等语,可见当时婺源的县治内分设 9 处乡约组织。廖华生通过对蚺城乡约的研究,廓清了蚺城在清代“设十六坊厢,划为九区,九区各以一约、二约……顺次称之。乾隆二十年(1755)以前,九区各设约二保四,合成五十四人。后因举报乏人,乾隆廿年间始改为约一保一,襄成十八人”④。从中可知,夏炘任婺源教谕时期,蚺城的乡约组织延续了乾隆时期的设置,县治内“坊厢划为九区”,按每区 1 所乡约,共有 9 处。综上所述,清代徽州城厢之约的设置主要依据坊里的“排门”编订,少则“四隅之内”各设 1 所,多则设有 9 所甚至更多。

城厢乡约在功能上除了宣教“圣谕”以教化民众之外,也兼具管理地方事务的职能。在城厢之约中宣讲“圣谕”,主要由府或县的长官来主持,夏炘也曾说“婺源宣讲旧例,城中以明府为主”⑤。这在蚺城乡约中也有所体现,其乡约宣讲的地点设在明伦堂,宣讲内容则为雍正朝的《圣谕广训》。每到宣讲“圣谕”之日,“乡约在明伦堂设好圣谕牌座,正中摆好香案,两边设讲

① (清) 夏炘:《景紫堂文集》,《清代诗文集汇编》第 565 册,第 620 页。
② (清) 赵吉士:康熙《徽州府志》卷二《风俗》。
③ (清) 夏炘:《景紫堂文集》,《清代诗文集汇编》第 565 册,第 620 页。
④ 廖华生:《清代蚺城的约保》,《安徽史学》2006 年第 5 期,第 93 页。
⑤ (清) 夏炘:《景紫堂文集》,《清代诗文集汇编》第 565 册,第 620 页。

台。文武官员到齐后一起行礼，乡约引赞。礼毕后，门役在讲台之外铺设座垫，文东武西，席地而坐。宣讲乡约登台宣讲，居民四周环听”①。从宣讲乡约者受到的礼遇来看，其应该是具有较高官阶的地方主要官员；而城厢之约中的约正，主要职责即是主持“圣谕宣教”工作。清代时期，徽州知识精英的参与推动了城市乡约的发展，也稳定了城厢的社会秩序。

同样，徽州乡村知识精英也积极参与乡约的建设，一定程度上促进了乡村乡约体系的完善和发展。例如，从明代天启六年（1626）订立的晓起约议单来看，该约自明代以来不仅约内组织结构完整，且乡约组织和职能一直延续至清康熙年间，且当时仍在发挥作用。其中，数量较多的乡村精英在乡约中接续执掌事务，对该乡约的日常管理和内部事务的处理起到重要的促进作用。兹将该乡约所立议单抄录如下：

> 立议单，乡约孙文成、孙贵忠、江应轮、洪良知、洪仁周、文广、胡宗、孙贵德、叶国祯等原于远年共立晓起堡乡约，世守至今。内胡先甲下约名胡宗，住居龙尾东岸半山西岸，向共立约，凡县官老爷及巡司查乡，一应俱照锅头供解，恐后人心不一，推故不出，今本约三面共立议单，通公为照。凡本县正佐老爷亲临查约，一应公务，并照锅头均出。如巡司及查乡公差，递年贴银一钱，付约正收公用。倘邻约欺凌生端，约众自当相护。此系共图共约，并无异议，胡先甲下，永远存照。
>
> 天启六年　三月廿四日立议单晓起堡乡约
>
> 约正　孙文成　　约副孙贵忠
>
> 约赞江应轮、洪良知　　约讲洪仁、周文广、胡宗
>
> 老人孙贵德　　堡长叶国祯
>
> 前约正生员孙大鼎　　里长孙义兴
>
> 书人叶祥
>
> 此墨系时旦边收执②

---

① 廖华生：《清代蚺城的约保》，《安徽史学》2006年第5期，第94页。

② 刘道胜整理：《入清源约出晓起约叙记》，卜宪群主编《中国区域文化研究》第1辑创刊号，第227—242页。

从议单的内容来看，其主要是明确规定“晓起约”之内各姓承役及与邻约发生冲突时要求互保的协定。从该约的组织结构来看，议单订立者分为约正1人、约副1人，约赞2人、约讲3人，前约正1人（为生员）。另外，从地方老人、堡长、里长及前约正的身份来看，现乡约的执掌者应出于殷实之家或为贤能之人。这在康熙四十年（1701）休宁五都四图所立的《保甲烟户册》中亦有体现：

第二甲甲长 张世祀

一户张维纲　年七十九岁，本县人住龙源地方，作乡约生理。

亲丁男明实	年四十二	岁	客外	生理
侄　明岳	年五十八	岁	仝	生理
侄孙　世辉	年三十三	岁	客外	生理
同居张明绶	年五十八	岁	客外	生理
弟　明炽	年三十七	岁	建德	生理
明灿	年三十三	岁	皖城	生理
侄　世盛	年三十八	岁	客外	生理
起翔	年三十七	岁	仝	生理
兆昇	年二十七	岁	仝	生理

妇女　二十　名口

家人雇人　名口

妇女　口①

从烟户册的记载看，该“家庭户”②中，甲首户户长张维刚的生理即为乡约。从第二甲所列的户丁年龄可知，甲首户张维纲的年龄为79岁，在该《保甲烟户册》所载的25户共计239口人中，其年龄最长。这符合“于本里内推选年高矜式者一人为约正，有德行兼优者二人副之”③的乡约设置要求。另外，该

① 《康熙休宁编造保甲人户烟册》。

② 参见栾成显《康熙休宁县保甲烟户册研究》，《西南师范大学学报（人文社会科学版）》2006年第6期，第40—46页。

③ 常建华：《明代宗族组织化研究》上册，北京：故宫出版社，2012年，第235页。

“家庭户”内所列人口均为张姓，男丁之中除张维纲居地为本地龙源外，其余户内男丁均客外生理。由家庭规模和财力来说，其应属于殷实之家。这也是他能够在一图之中担任乡约的重要原因。

综上两则文书来看，清代徽州乡约组织结构相对完善，乡约设有约正、约副、约赞、讲约等职位，而该约中还有地保、里长、里老等，也参与乡约议单的订立。一般而言，保长、里长及老人等在乡村社会应该是具有较高文化水平和道德威望的群体。徽州地方知识精英积极参与到乡约的创建和管理之中，使乡约的职能由以教化为主走向与保甲相融合。

（三）乡村宗族的实践

清代时期，徽州地方官府在基层乡村推行乡约制度。宗族积极响应并将乡约理论践行于宗族的日常活动之中，所以徽州宗族的“乡约化”特征较为明显。究其原因，一是受地理环境的限制，徽州宗族素有“聚族而居”的传统，单姓村落受地方推行乡约的影响较大。二是徽州宗族积极参与乡约的推行和实践，希望“通过宗族的乡约化使宗族组织化，从而强化对族人的管理”。① 在这一背景之下，徽州宗族推动了乡约的不断完善和发展。他们在族规家法的制定上摘取乡约理论；宗族的集体活动参仿乡约仪式；宗族组织结构依照乡约体系而设。

如婺源翀麓齐氏宗族制定的祠规，即以《圣谕广训》为理论依据。祠规第一条即为：“敦孝弟。孝顺德也，人不孝弟则其心不顺，犯上作乱无所不至。”并进一步解释说：“《圣谕广训》十六条目，首曰敦孝弟以重人伦，诚以孝弟所关甚大，非止一家之事而已，嗣后族内如有孝子，人不间其父母昆弟之言者，虽系布衣应照举人给胙，以助甘旨示优崇，久而不渝合族具呈有司请坊。”其后依次为“兴礼让”“严乱宗”“禁溺女”“禁鬻女”“保龙脉”“护村基”“养坟山”“修祠宇”“择祠董”“举甲催”“储义仓”“振文会”“勤职业”“备谱

---

① 参见常建华《明代徽州的宗族乡约化》，《中国史研究》2003 年第 3 期，第 135—152 页。

稿”等条。① 以上祠规，皆是将《圣谕广训》的内容与宗族的日常规范相结合。而休宁富溪程氏宗族，直接对明代国家颁行的《圣谕六言》加以阐释之后将其作为宗规，其后又将康熙朝颁行的《上谕十六条》附入家谱。谱载：“《上谕十六条》，圣人之言，广大精微。万言《广训》，明切谨密，修身齐家之道，迁善远罪之方，总不在此。宗祠内，每月朔，宜敬谨讲说，务要明白痛切，使人感动，共成美俗。”②

从清康熙至宣统，徽州族谱中将“圣谕之言”引入族规家训的事例较为普遍。徽州宗族希望利用地方官府推行的乡约来教化族众，并将乡约与宗族的规范相结合以制订族规家法。这些族规家法都给予了族长较大的宗族管理权限，他们通过宗族日常的仪式活动或者严厉的惩罚措施来约束族众的行为。乡约制度在宗族日常生活中的实践，强化了宗族对族众的领导和控制，维系了宗族内部秩序的稳定。

清代时期，徽州宗族时常将族内活动与乡约教化结合。如歙县潭渡孝里黄氏宗族，宗族之内按照乡约仪式来教化族众、践行乡约。其规定如下：

> 兹拟孟夏初一为始，每月朔望任事者齐集春晖堂，竭诚演习。先期鸣锣通知族众，是日辰巳二刻，每甲长率本甲十人同诣约所，肃静拱听，礼毕方许各散。……所以听讲之际，各人当扪心自省，平昔所为与《圣谕十六条》无相背否。倘有歉于中，即宜速改，学做好人。若作意阻挠恣情讲谤，视乡约为虚套。藐官府而不遵，则任事者例有专责，万万不容缄默。凡有闻见必秉公劝谕，是则是，非则非。恃强梗化之人，势必呈官究治，断不敢以身家而狥此不肖之情而也。③

黄氏宗族内部宣讲乡约的仪式与官方相同，时间定在每月的朔望两日。讲约的前一天以鸣锣的方式告知族众，并于第二天上午由各甲长率领前往春

① （清）齐之傒：《光绪翀麓齐氏族谱》卷二《祠规》，清光绪十二年木活字本，中国国家图书馆藏。

② （清）程兰桂校：《宣统富溪程氏祖训家规、封邱渊源合编》不分卷《富溪程氏家规序》，清宣统三年抄本，上海图书馆藏。

③ （清）黄臣槐：《雍正潭渡孝里黄氏族谱》卷四《家训·讲乡约建言》。

晖堂恭听乡约宣讲。讲约仪式结束之后,族众才能离开。在恭听乡约宣讲的时候,要求族众规范自己的行为,如与“圣谕”规定相违背的要立即改正,并端正自己的修养,学做好人。如有无视乡约所宣讲的族众,族长有权要求加以教训,顽固不化的人甚至可以扭送官府加以惩治。

总之,清代徽州宗族通过在族内宣讲乡约,起到了教化族众敦厚家风的作用,同时也有利于宗族通过乡约宣讲强化对宗族的控制,对维护徽州宗族内部的稳定和发展起到积极的作用。此外,从乡约宣讲的仪式来看,徽州宗族组织结构上也有乡约组织结构的影子。清代徽州宗族组织化重构或加强的过程,也是“在乡约制度影响下实现的”。①

三、乡约与乡村社会秩序

清代时期,徽州乡村“社会变迁加快,乡村社会的事务也变得纷繁”②,如何有效地处理基层乡村的事务,成为清代地方官府思考的问题。在民间组织高度发达的徽州,地方官府将乡约制度推行于乡村,并与基层组织有机结合。乡约的社会职能得到扩大,其在“地方公共事务的职能逐渐凸现并占主导地位”③。清代徽州乡约,一方面对乡村民众进行道德教化;另一方面也有效地加强了地方官府对乡村社会的调适和控制。

(一) 乡村风俗的敦化

官府大力推行乡约,主要目的是为了教化民众,进而达到对乡村社会的有效控制。不可否认,乡约的推行“对于移风易俗、调整人与人之间的关系、维持地方社会秩序的稳定上起到了一定的积极作用”④。曾任婺源教谕的夏炘指出:“余与父老历年讲说甚多,不尽记忆,撮其大者为《讲约余说》若干

---

① 参见常建华《明代徽州的宗族乡约化》,《中国史研究》2003年第3期,第135—152页。
② 王日根:《明清民间社会的秩序》,长沙:岳麓书社,2003年,第405页。
③ 廖华生:《清代蚺城的约保》,《安徽史学》2006年第5期,第94页。
④ 董建辉:《明清乡约:理论演进与实践发展》,厦门:厦门大学出版社,2008年,第284页。

条。言不多而意甚长，或亦教子弟厚风俗之一助乎。”[①]其常年周历乡村宣讲“圣谕”，以俟通过“圣谕”的宣讲来提升乡民的思想认识，促进乡村风俗的教化和礼俗秩序的稳定。歙县潭渡黄琯曾纂有《讲乡约建言》，据其记载，当时歙县“风俗之弊极矣，而吾乡为尤甚，匪类横行，正人缄默”[②]。其纂修《讲乡约建言》，旨在希望乡村知识精英通过宣讲乡约来“挽回”突变的社会风俗。

徽州宗族重视乡约的教化作用，他们将“圣谕”践行于族规家法之中，企图构建良好的家风示范。如休宁富溪程氏要求子孙“世守祖训，钦遵圣谕”，教导子孙“交好乡里，不与争斗”，认为乡邻之间“居住相近，田地乡邻，朝夕相见，出入相随”，如果彼此能够和谐相处，乡里便能形成仁厚之俗。[③] 徽州宗族依据“圣谕”创制的族规家训，通过族内相关的仪式活动对族众进行教化，并附以相应的惩罚措施作为保障。如茗洲吴氏宗族践行“圣谕”之规，要求族众按时完纳国课，子孙不做赌博、无赖等事。如若族众违反族规家训，轻则由族长训斥，对于情节较重且屡教不改者，则“祀不入祠、死不入谱”[④]。徽州宗族将官府推行的“圣谕”内化为族规家训，并通过家法族规来约束族众的越轨行为，这对宗族家风和乡村风俗的积极引领作用，不言而喻。

清代徽州乡约的倡行，一定程度上对乡村风俗的向善起到推动作用。如康熙时期，休宁乡村民众形成了“闻善则乐道，见不义则羞为”[⑤]的风气，道光《休宁县志》记载该地“重宗义，讲世好。上下六亲之施，村落家构祠宇，岁时俎豆其间，小民亦安土怀生”[⑥]。而夏炘通过在婺源乡村的讲约，认为当地民心风俗已有“蒸蒸向上之机”[⑦]，但是一些陈规陋俗尚未革除殆尽，人们的

---

① （清）夏炘：《景紫堂文集》，《清代诗文汇集》第565册，第605页。

② （清）黄臣槐：《雍正潭渡孝里黄氏族谱》卷四《家训·讲乡约建言》。

③ （清）程兰桂校：《宣统富溪程氏祖训家规、封邱渊源合编》不分卷《程氏规训叙》。

④ （清）吴翟：《雍正休宁茗洲吴氏家典》卷一《家规八十条》，清雍正十一年木活字本，上海图书馆藏。

⑤ （清）廖腾煃修：康熙《休宁县志》卷二《建置·约保》，《中国方志丛书》华中地方第90号，第240页。

⑥ （清）何应松：道光《休宁县志》卷一《风俗》，《中国地方志集成·安徽府县志辑》第52册，南京：江苏古籍出版社，1998年，第43页。

⑦ （清）夏炘：《景紫堂文集》，《清代诗文集汇编》第565册，第606页。

道德水平仍未尽善尽美。所以,其希望继续通过宣讲《朱子文集》中的《孝经》来教化民众,以俟达到"人心朴茂,风俗淳美"的目的。清代徽州乡约通过宗族或乡村知识精英的推行和管理,在基层乡村社会形成"提倡互敬互爱、患难与共的淳朴社会风气"①,促进了乡村社会风俗的淳化。

(二)乡邻矛盾的调处

清代时期,徽州乡约除了宣讲圣谕进行思想教化之外,在基层乡村也兼有调处乡邻矛盾的职责。乡约在乡村邻里发生纠纷之时能够"据理分解,使不至于结讼"②;在秉公调处的过程中,能使"庶人心悦服,不致匍匐公庭"③。所以,当乡邻发生纠纷之时,首先会求助于乡约来化解矛盾。如清代婺源的一份劝谕文书就曾记载:

> 立劝谕人,约邻、族等,情因土名下米坑埕上汰汪武忻、汪中涧各开茔一所,今忻茔已葬,涧亦开土欲葬,忻恐碍祖,故央约邻向阻。身等均属村邻,不忍坐视,劝涧属祖一家,既忻先葬,须让忻安祖,今涧兄弟已允不葬,以全族谊。倘后忻祖迁移此茔,任涧葬祖,忻祖不移,涧茔永不迁葬无异,今已两相允议,恐口无凭,立此劝谕,一样两张,各执一张为照。
>
> 道光十三年十二月初十日　　立劝谕人　约、邻、族等
> 约　王兴财　王成保　押
> 邻　吴名三　洪三奇　押
> 族　武盛　文彩　明远　押
> 允议　武忻　押　中涧　押
> 代书　吴名三　押④

---

① 王日根:《明清民间社会的秩序》,第394页。

② (清)夏炘:《圣谕十六条附律易解》,杨一帆编《中国律学文献》第4辑,北京:社会科学文献出版社,2007年,第569页。

③ (清)黄臣槐:《雍正潭渡孝里黄氏族谱》卷四《讲乡约建言》。

④ 黄志繁等编:《清至民国婺源县村落契约文书　贰　秋口镇(一)》,北京:商务印书馆,2014年,第346页。

此份文书虽名为劝谕，实则是一份乡约为调处乡邻纠纷而订立的协议。事情的起因缘于汪氏族人武忻和中涧，早年两人同在下米坑的地方各置一处坟地。由于武忻先于中涧在此处安葬坟茔，其担心中涧若也在此处安葬坟茔，可能会影响自家坟墓风水，遂央求乡约长王兴财、约副王成保和邻里吴名三共同来劝阻中涧安葬。经过乡约和邻里的耐心调处，中涧最终作出让步，同意暂不葬祖于此。

从参与调处事务的人员构成来看，乡约对此纠纷的调处无疑起到重要的作用。从劝谕的内容看，当乡村民众甚至宗族内部发生纠纷之时，一方或双方首先会寻求乡约来进行调处。从纠纷处理的结果来看，本属于族人之间的矛盾最终经过乡约的调处得以化解。乡约的有效调处避免了双方走上诉讼之路，也为宗族内部甚至乡村社会秩序的稳定与和谐提供了制度保障。再如清初休宁县乡约调处的一例乡村纠纷，兹抄录如下：

> 立还文书人汪礼兴等，今因搭桥自不合，私砍口宗椿樗，官人山上桥脚数根，以致状投约保。再四求合，立还文约，以后再毋得盗砍，如违听凭呈治，立此存炤[照]。
>
> 弘光元年五月十九日　　立还文约人　　汪礼兴　　陈朋
>
> 麻三　光寿　廖有寿
>
> 乡约　　倪思爱　思谅　宗樉①

上述纠纷，源于汪兴礼等人私自砍伐他人树木用于搭桥，此事被人举报到乡约倪思爱处，汪兴礼等人遂再四求合，并立下保证，以后不会违反承诺。从记载的内容来看，当乡邻因伐树产生纠纷之后，首先会到约保处进行投诉。此时乡约的职责已不局限于宣讲圣谕，而是积极参与到乡邻纠纷的调处之中。这对官方“行政组织”缺失的基层乡村，无异起到及时化解矛盾、稳定乡村社会秩序的作用。

---

① 王钰欣、周绍泉主编：《徽州千年契约文书·清民国编》第1卷，石家庄：花山文艺出版社，1993年，第9页。

(三) 乡村治安的督办

清代初期,随着乡约的重构和发展,其职权也随之扩大。清顺治时期,徽州设置乡约的目的多是为了教化民众。至康熙时期,乡约的职能已不局限于基层乡村的教化,而是逐步被地方官府赋予行使司法的职权。乡约在基层乡村,利用其"熟人关系和社会威望私下调节、调查案件"①,将地方发生的重大案件呈报官府,并协助官府调查案件。如《保龙全书》中就曾记载:

> 具呈十七都里施村乡约生员施有功、族长施文瑞,呈为违禁复横,亟叩加剿事。前蒙县台驾临亲堪,平毁灰窑,万民感德,士子沾恩。愚民施桂、施遂等未遵示禁,致生员施大任具呈严拿究治,并取遵依。今桂、遂等守法,不敢妄为,独施选、施录、施祈父子瞰大任馆中未归,恣意横行,违禁复烧。约等阻拒不遵,唏言封印,任听无何。若不呈明,恐受庇咎。为此,呈报伏乞爷台赏差拘拿,加禁剿横,万感洪恩。激切上呈。须至呈者。
>
> 康熙二十九年十二月二十一日具呈②

康熙年间,婺源县官府下令十七都禁止民众开山烧窑破坏龙脉,地方乡约曾多次向官府告发违禁者。此则材料中,乡约施有功向官府上报,早前因不遵禁约而受到惩罚的施桂等人现在遵守禁令;而施选等人明知故犯且不听劝阻,特直接向官府呈文恳请拘拿违禁者。乡约直接向官府呈报当地的治安事件,一定程度上行使了官府赋予的职权。如清顺治二年(1645),休宁地方官为审讯案件,在信牌中明确规定乡约同保甲一起参与乡村纠纷案件的实地勘察,其信牌内容如下:

> 仰原差胡靖即往十九都半边莲地方,督同干证,原、被人犯并乡约、保甲,将汪廉行所盗葬叶都春祖坟旁地,立刻眼同起举平没,具结回报,

---

① 参见李江龙《清代西和乡约职能探究——以西和县档案馆藏清代档案为例》,《档案》2017年第5期,第41—46页。

② 佘伟:《婺源〈保龙全书〉的整理与研究》,江西师范大学硕士学位论文,2010年,第83页。

无违，须牌。

右差　　胡靖　准此

顺治二年十一月十四日　户行　　定限本月回缴①

据该信牌可知，乡约作为证人，参与地方案件的调查和督办，这是地方官府扩大其职权的表现，也使得乡约渐趋职役化。至清代中期，徽州乡约参与地方治安的职权进一步扩大。如清代嘉庆时期，婺源县民程富等因坟地安葬发生纠纷，双方互殴导致死亡的刑事案件发生之后，案件由乡约直接向官府上报，并协助官府处理和查办涉案人员，具体案情如下：

嘉庆二十二年（1817）三月初一日，据乡约程林报，据程沅报称：二月二十九日，伊因与程昌栲争论王坞山坟地，经程昌栲之弟程双才欲往硬葬，伊嘱令堂弟程富前往理阻，致相争殴。被仉大别、仉俞九殴伤，至晚身死。等语。往查属实，查拿仉大别等已逃，理合报验等情到县。据此，当即饬差严拿仉大别等务获，一面带领刑件前诣相验。②

据文书分析，村民因坟地安葬出现纠纷最终引发命案，乡约程林将此事直接向当地官府上报。地方官府派员来勘验案件之时，乡约程林协同派员一起查证并再逐级上报官府。此时，乡约的职能已不局限于在乡村宣讲圣谕。其积极参与到地方社会治安的处理之中，甚至对地方发生致人死亡的刑事案件，乡约也拥有一定的处置权限。从其积极协同地方官府调查案件来看，在某种程度上，乡约已成为地方行政权力对乡村社会事务进行管理和控制的延伸。

结　语

纵观清代徽州乡约的发展，其阶段性特征较为明显。清入关初创政权

---

① 王钰欣、周绍泉主编：《徽州千年契约文书·清民国编》第1卷，第13页。

② 杜家骥编：《清嘉庆朝刑科题本社会史料辑刊》第2册，天津：天津古籍出版社，2008年，第736页。

之后，国家在城乡恢复或重建乡约组织，以稳定和控制乡村社会秩序。顺治时期，徽州乡约处于国家政权重建之后的恢复和重构阶段。乡约的职能主要是在城乡通过“宣讲圣谕”来教化民众，以图重塑城乡稳定的社会秩序。清康熙一朝，是徽州乡约制度不断完善和发展的阶段，乡约的内容和职能较前朝有了较大的变化。一是乡约的内容不断革新，清康熙帝效仿明太祖的《圣谕六言》制定了《上谕十六条》并颁行全国各地，地方官员和士绅在《上谕十六条》的基础上不断阐发扩充。二是乡约的职能不断扩大，乡约由此前的“宣讲圣谕”和教化民众，逐步渗透到基层社会的赋税催征、治安防盗、参与诉讼、发展公产、扶困救济等乡村事务之中。

雍正至道光中期，徽州乡约经历了较长时段的繁荣与发展。雍正初年，皇帝担心《上谕十六条》颁行较久，遂根据康熙《上谕十六条》，编纂了内容更为丰富的《圣谕广训》，刊刻后颁行天下。此后，徽州乡约的职能进一步扩大，乡约组织甚至成为地方士绅发展公产经济的纽带，如侯潭十二家订立的乡约。清道光中期之后，随着国内外社会环境的变化，徽州乡约宣讲的内容渐趋回归到思想教化之上，其他职能渐趋弱化。乡约承担的职能逐渐被相应的基层组织取代，“宣讲圣谕”和敦化风俗成为乡约的主要职责。

探究徽州乡约的发展，与国家、地方和乡村社会的互动密不可分。清代初起，国家希望通过重构乡约来强化对民众的礼俗教化，利用“圣谕”的宣讲来重塑国家的威望，进而维护乡村社会乃至整个国家初创政权的稳定。地方官府通过乡约的重构与推行，将国家的意志传递到乡村社会，以利于国家对乡村社会的控制和治理。同样，乡村社会风俗的淳化和社会秩序的稳定，也影响地方官员仕途的发展，这也是地方官员积极推行乡约的原因之一。徽州乡村宗族积极参与乡约的推行，他们通过承接官府推行的乡约，将其践行于宗族的日常生活之中，也使宗族行使的权利披上符合国家法律的外衣。徽州宗族利用乡约来强化对族众的控制，进而扩大了宗族在地方社会的影响。

乡约是国家权力向基层社会延伸的一种方式，徽州地方官府通过构建乡约组织，将国家意识渗透到城乡民众的日常生活之中，一定程度上强化了对城乡民众的思想控制。有清一代,徽州乡约的发展淳化了乡村社会风俗。正如赵吉士所言:“六邑之俗于时推移,而淳朴易良,古风尤未尽泯。”在缙绅的积极倡导和不断教化之下,城乡民众能“知礼让”而“厚风俗”。徽州城乡风俗的淳化,为构建稳定的基层社会秩序奠定了基础,客观上也促进了乡村基层社会的和谐与发展。

(本文在写作期间承蒙安徽师范大学王世华教授鼓励与指导、江西师范大学廖华生副教授慷慨惠赐婺源乡约资料,特此致谢!)

图书在版编目(CIP)数据

徽州文书与中国史研究. 第三辑 / 王振忠，张小坡主编. —上海：中西书局，2022

ISBN 978-7-5475-1962-2

Ⅰ. ①徽… Ⅱ. ①王… ②张… Ⅲ. ①文书档案—徽州地区—明清时代—文集 Ⅳ. ①G279.275.42-53 ②K295.42-53

中国版本图书馆 CIP 数据核字(2022)第 097615 号

HUIZHOU WENSHU YU ZHONGGUOSHI YANJIU (DI SAN JI)

徽州文书与中国史研究(第三辑)

王振忠 张小坡 主编

责任编辑 伍珺涵
装帧设计 王轶颀
责任印制 朱人杰
出版发行 上海世纪出版集团
中西書局(www.zxpress.com.cn)
地　　址 上海市闵行区号景路 159 弄 B 座(邮政编码：201101)
印　　刷 上海商务联西印刷有限公司
开　　本 700×1000 毫米 1/16
印　　张 26.00
字　　数 385 000
版　　次 2022 年 6 月第 1 版 2022 年 6 月第 1 次印刷
书　　号 ISBN 978-7-5475-1962-2/K·389
定　　价 98.00 元

本书如有质量问题，请与承印厂联系。电话：021-56044193